我们，用数字尊重社会……

We respect the society with data ...

2014 Fuzhou Statistical Yearbook

福州统计年鉴

福 州 市 统 计 局
国家统计局福州调查队 编

中国统计出版社
China Statistics Press

图书在版编目（C I P）数据

福州统计年鉴. 2014 / 福州市统计局, 国家统计局福州调查队编. -- 北京 ： 中国统计出版社, 2014.9

ISBN 978-7-5037-7194-1

Ⅰ. ①福… Ⅱ. ①福… ②国… Ⅲ. ①统计资料－福州市－2014－年鉴 Ⅳ. ①C832.571-54

中国版本图书馆 CIP 数据核字(2014)第 182579 号

福州统计年鉴-2014

作　　者/ 福州市统计局　国家统计局福州调查队
责任编辑/ 陈越月
装帧设计/ 三元素广告
出版发行/ 中国统计出版社
地　　址/ 北京市丰台区西三环南路甲 6 号　邮政编码/100073
电　　话/ 邮购（010）63376909　书店（010）68783171
网　　址/ http://csp.stats.gov.cn
印　　刷/ 闽侯县青圃印刷厂
经　　销/ 新华书店
开　　本/ 890mm×1240mm　1/16
字　　数/ 900 千字
印　　张/ 25
版　　别/ 2014 年 9 月第 1 版
版　　次/ 2014 年 9 月第 1 次印刷
定　　价/ 260.00 元

如有印装差错，由本社发行部调换。

《福州统计年鉴—2014》编委会和编辑人员

编 委 会

编 辑 部

编 者 说 明

一、《福州统计年鉴—2014》是一部全面反映福州市国民经济和社会发展情况的资料性年刊。全书收录了2013年福州市及所辖各县（市）、区、各部门经济和社会发展等方面的统计数据，以及历史重要年份福州市国民经济主要指标的统计数据。

二、全书内容分为17个篇目：（一）综合；（二）国民经济核算；（三）人口；（四）就业与职工工资；（五）农林牧渔业；（六）工业、交通邮电业；（七）固定资产投资；（八）建筑业；（九）批发零售、住宿餐饮与旅游业；（十）对外经济；（十一）价格指数；（十二）财政金融；（十三）人民生活；（十四）科技、教育与文化；（十五）卫生、体育与其他；（十六）城市比较；（十七）附录。在城市比较部分，收集了福建省各设区市、全国省会城市及副省级城市主要经济指标对比资料，各篇末均附有《主要统计指标解释》。

三、本年鉴重要统计数据的资料来源、计算口径等均在各篇另有注明。

四、本年鉴使用的度量衡单位均采用国家统一标准计量单位。

五、本年鉴表中的符号使用如下：

“空格”表示该项指标无数据、未掌握该指标数据或不足小数位的数据；

“#”表示其中项。

六、本年鉴工业部分“规模以上”工业企业系指年主营业务收入2000万及以上的工业企业；批发零售与住宿餐饮业部分“限额以上”批发零售和住宿餐饮业分别指年主营业务收入2000万元及以上的批发企业和年主营业务收入500万元及以上的零售企业、和主营业务收入200万元及以上的住宿餐饮企业。

七、本年鉴中地区生产总值、农林牧渔业总产值、工业总产值等总量指标按当年价格计算，增长速度和产值指数按可比价格计算。

八、本年鉴计算增长速度、指数均采用水平法。

九、本年鉴根据年报制度的变化，某些篇章的统计指标进行了规范和调整。

生产总值(亿元)

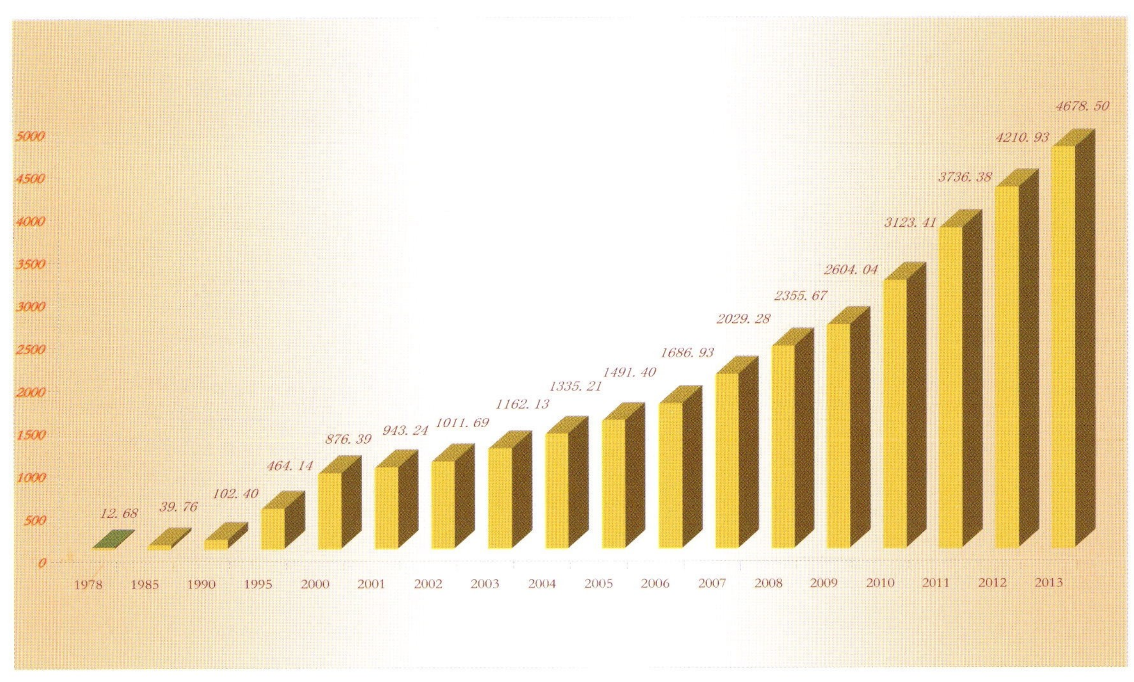

人均生产总值(元)

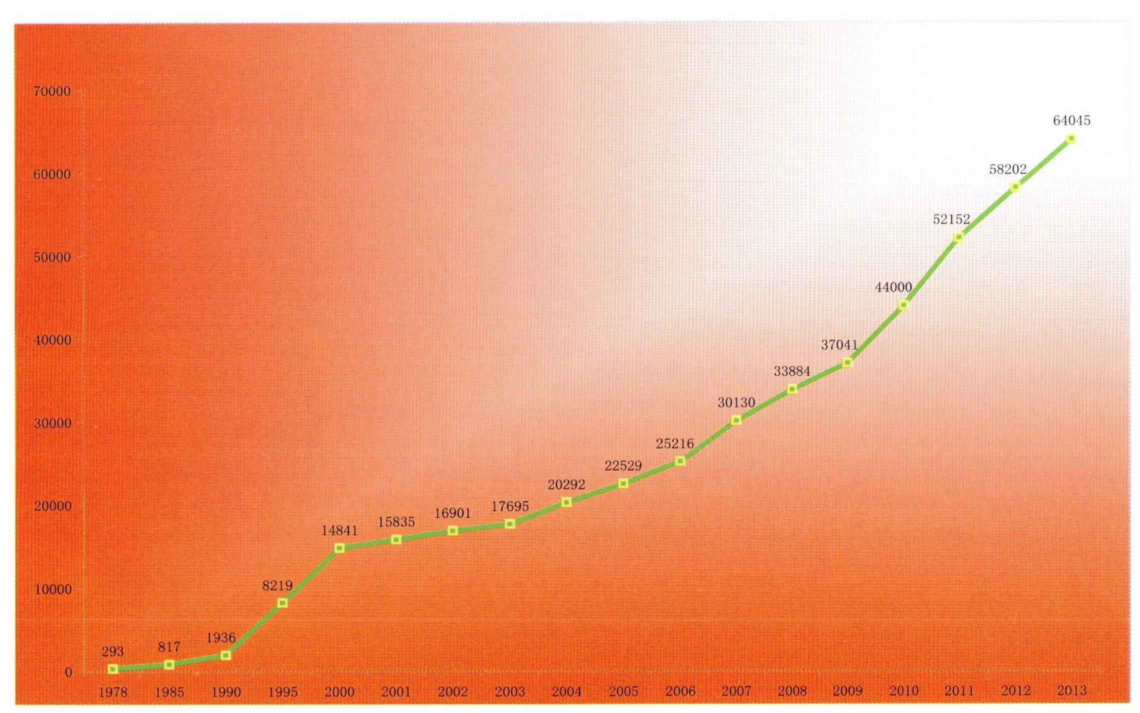

三次产业比例(%)

第一产业
第二产业
第三产业
15.43
41.34
43.23
2000年
11.72
43.30
44.98
2005年
9.05
46.06
44.88
2010年
8.60
45.80
45.60
2013年

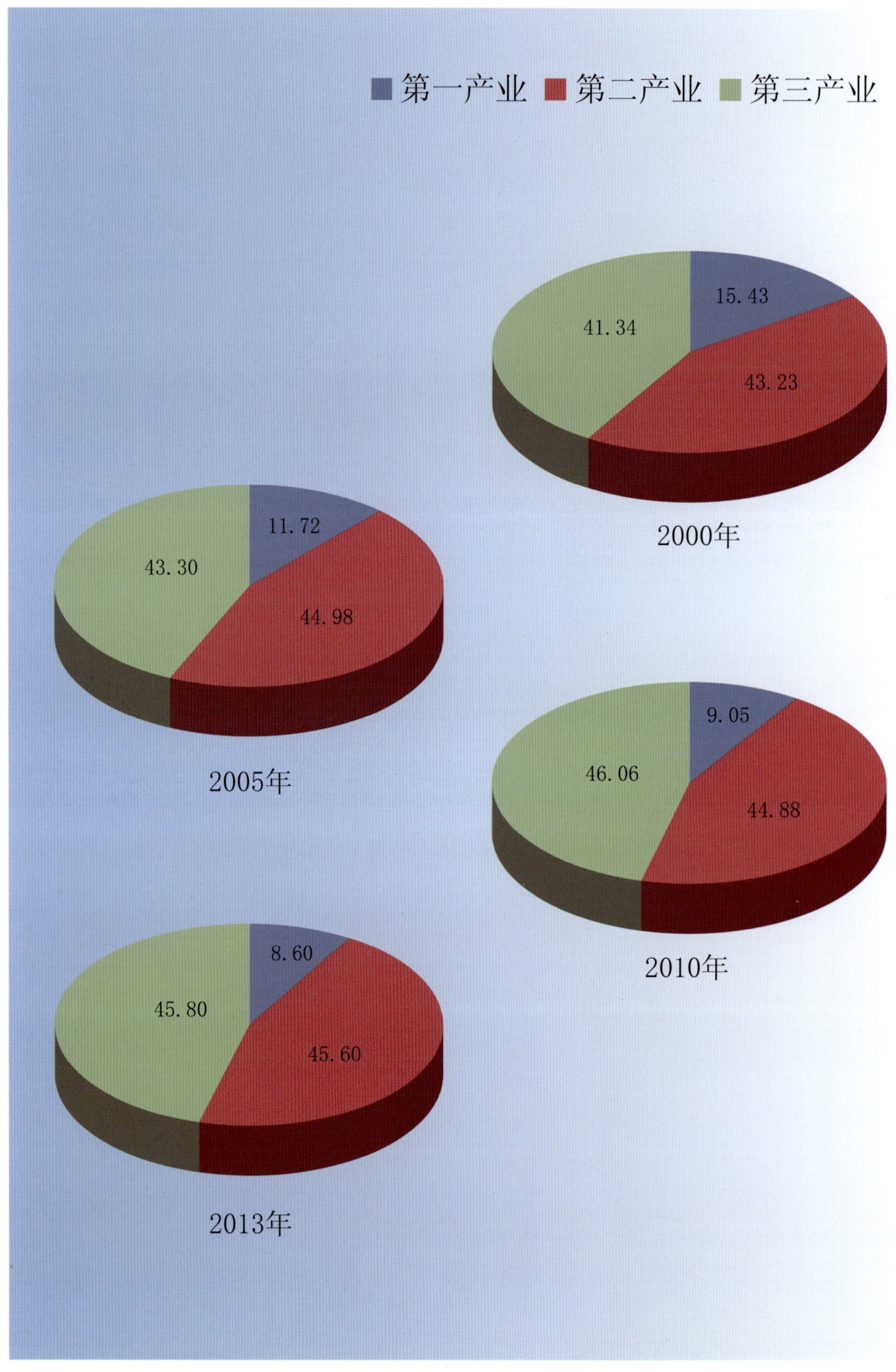

农林牧渔业总产值(亿元)

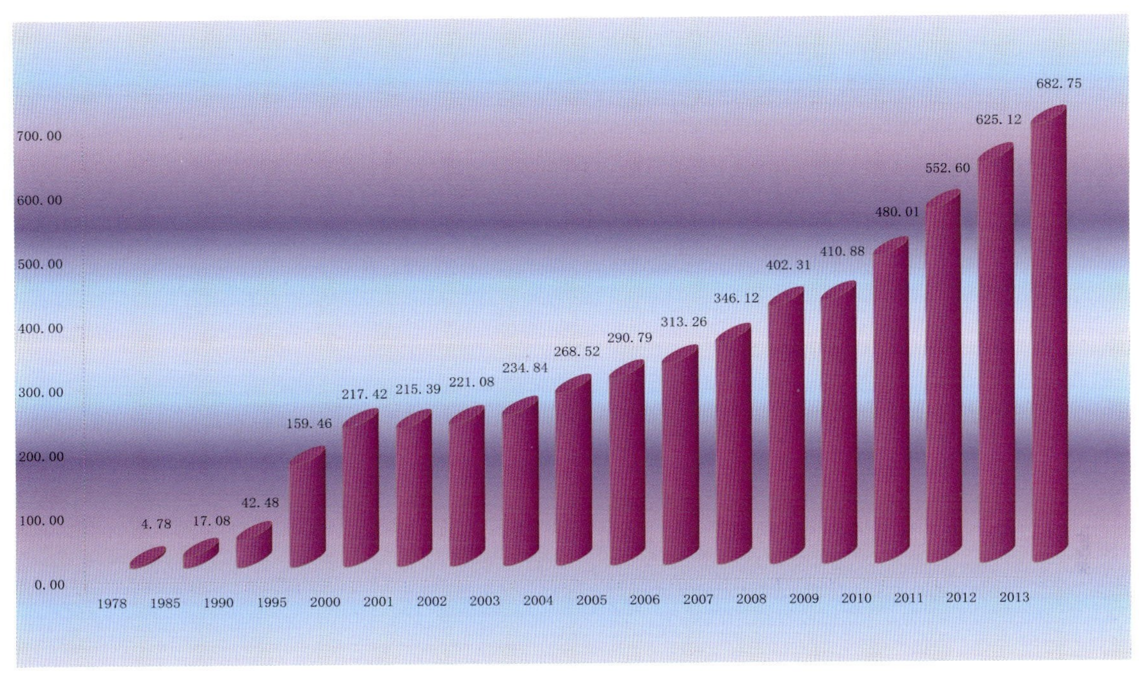

全社会固定资产投资(亿元)

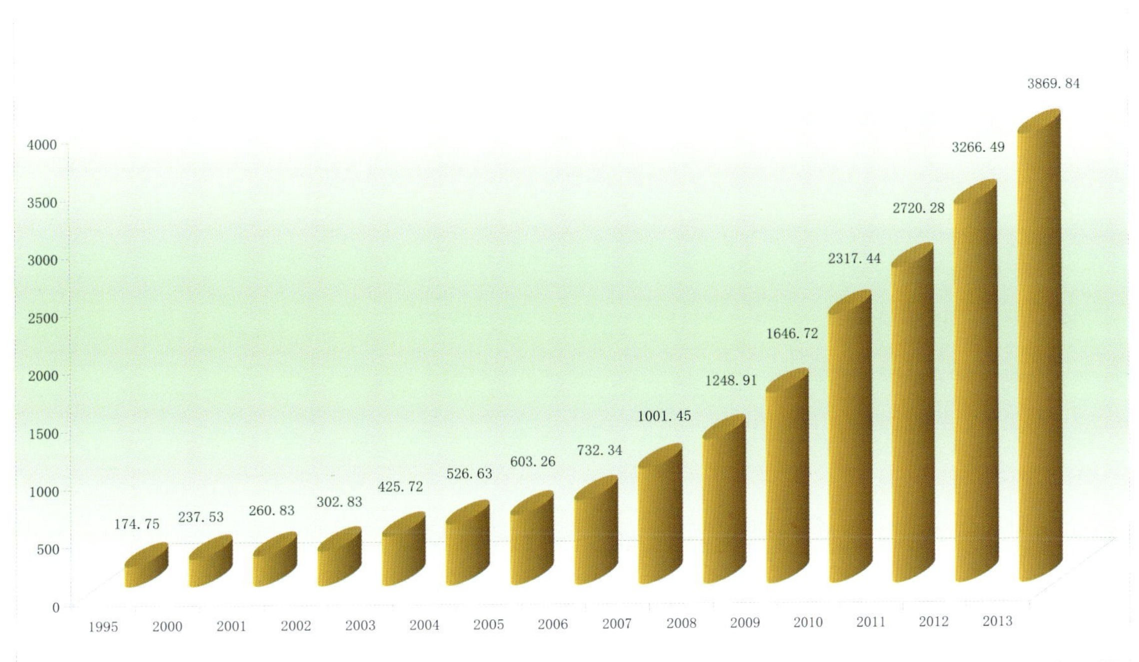

工业总产值(亿元)

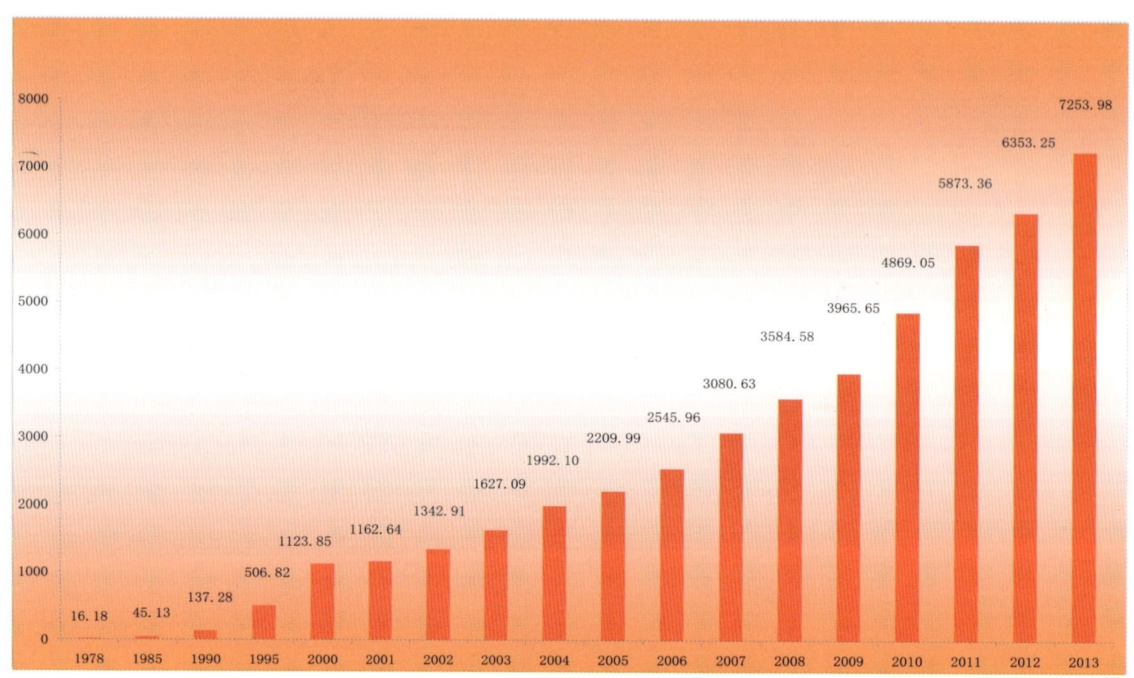

规模以上工业总产值(亿元)

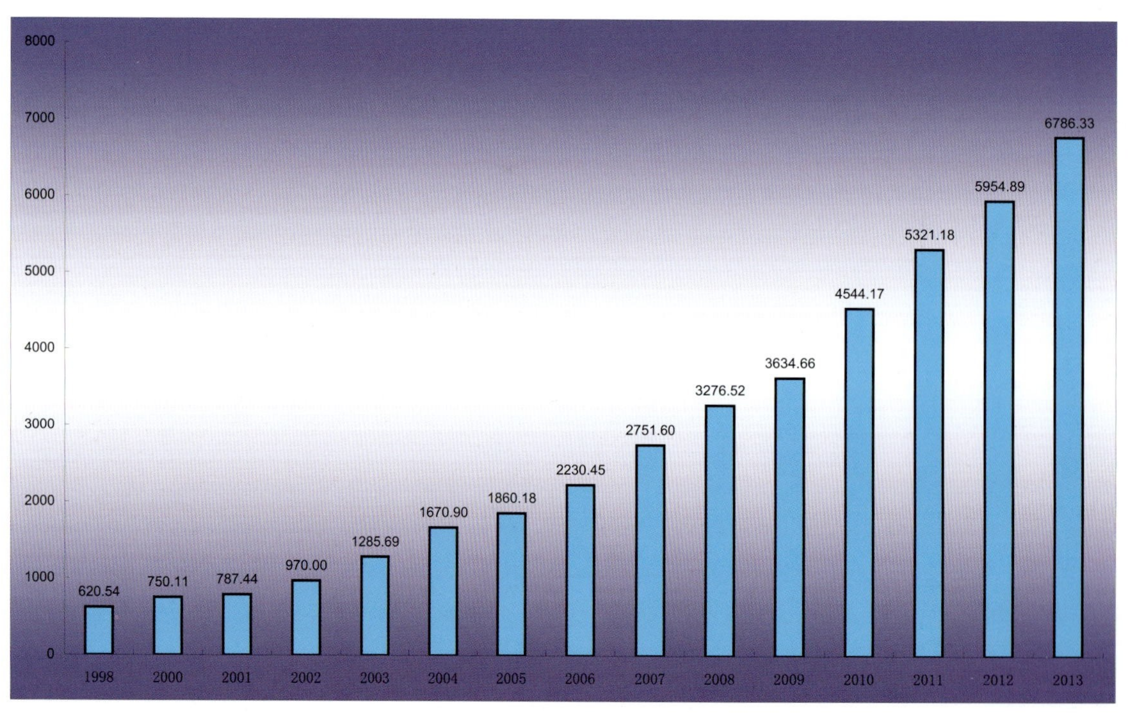

社会消费品零售总额(亿元)

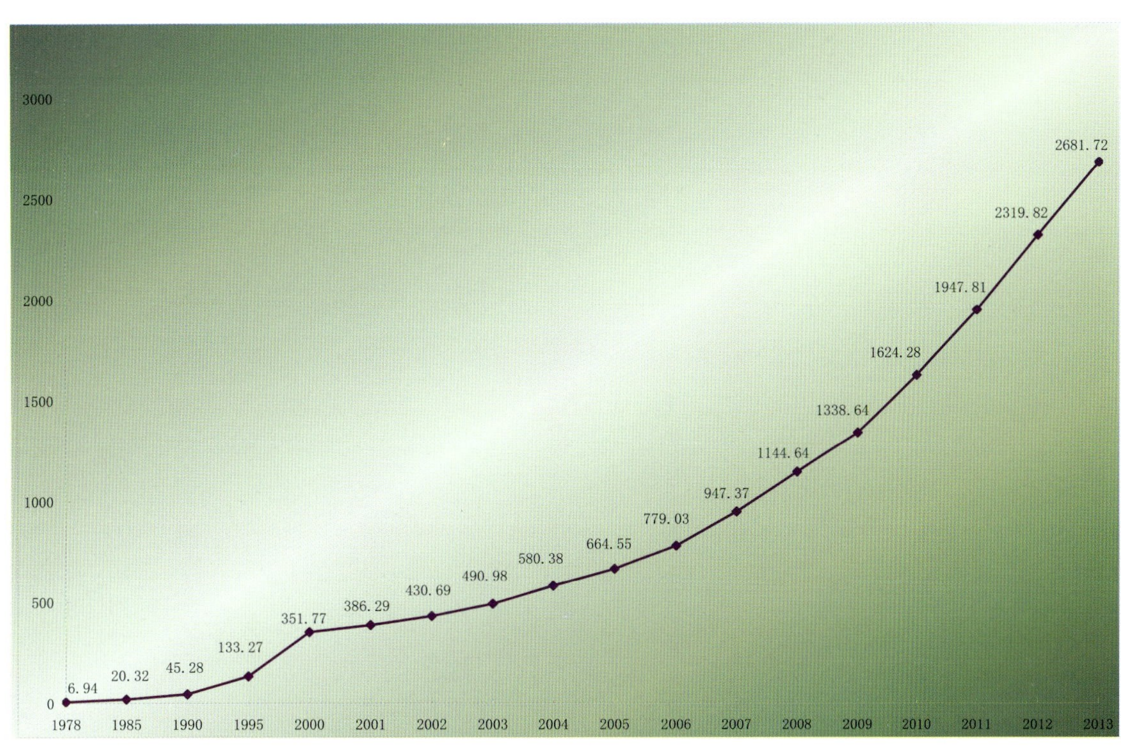

居民消费价格指数(以上年价格为100)

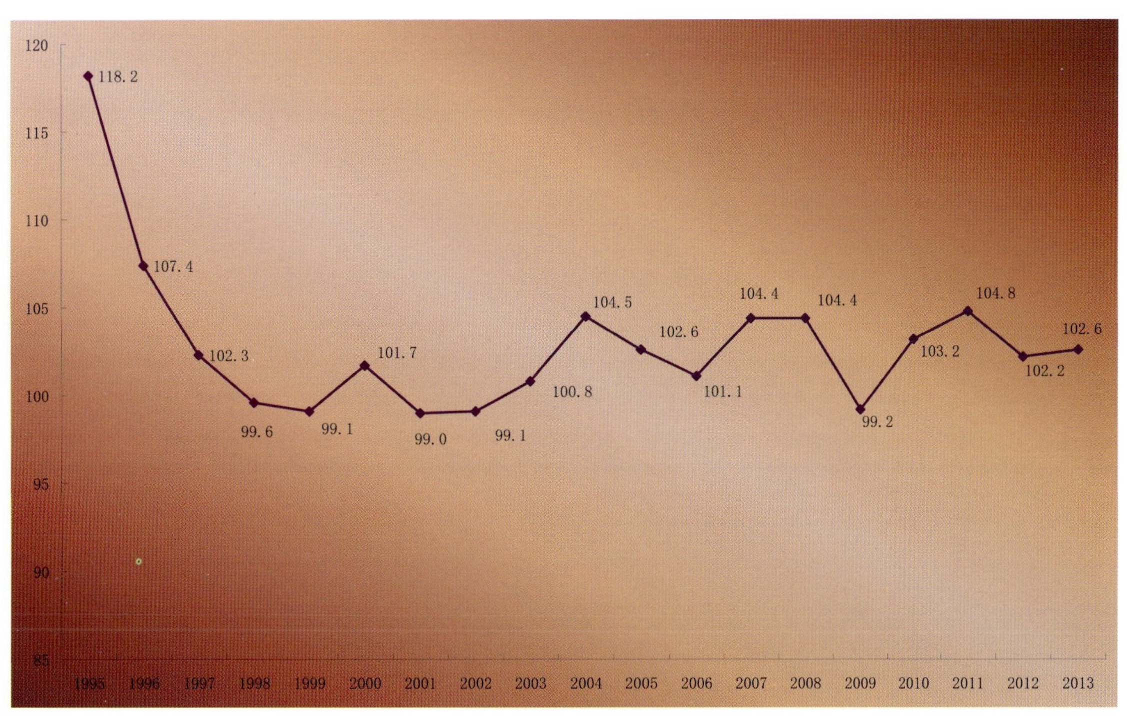

财政总收入（亿元）

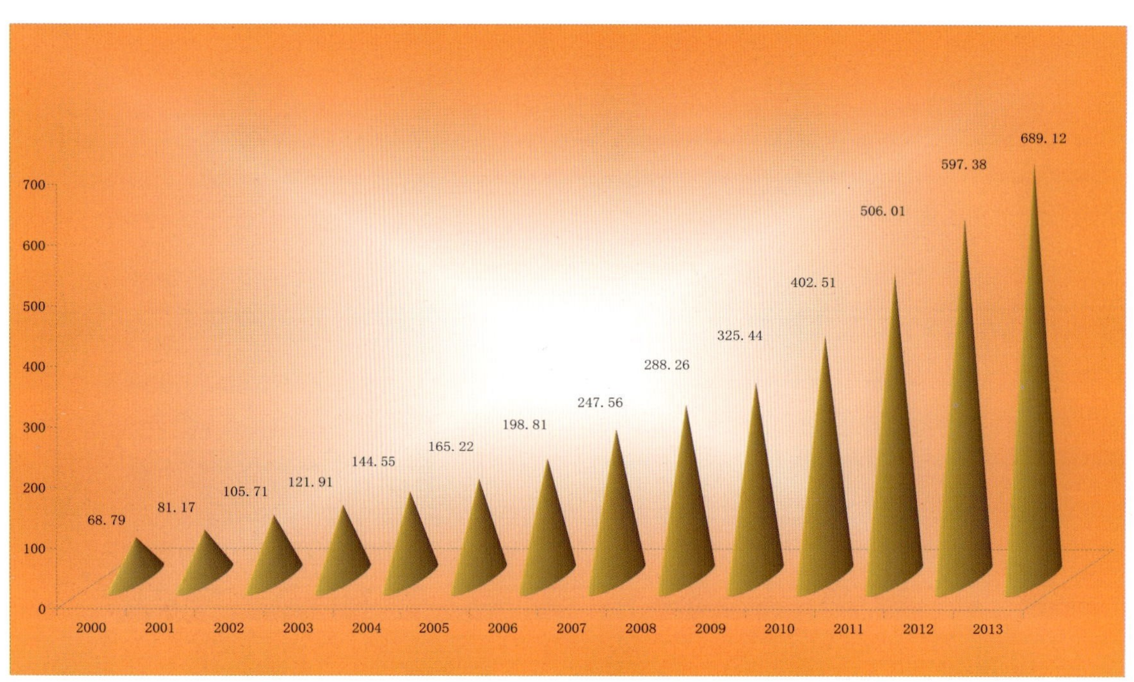

地方财政收入（亿元）

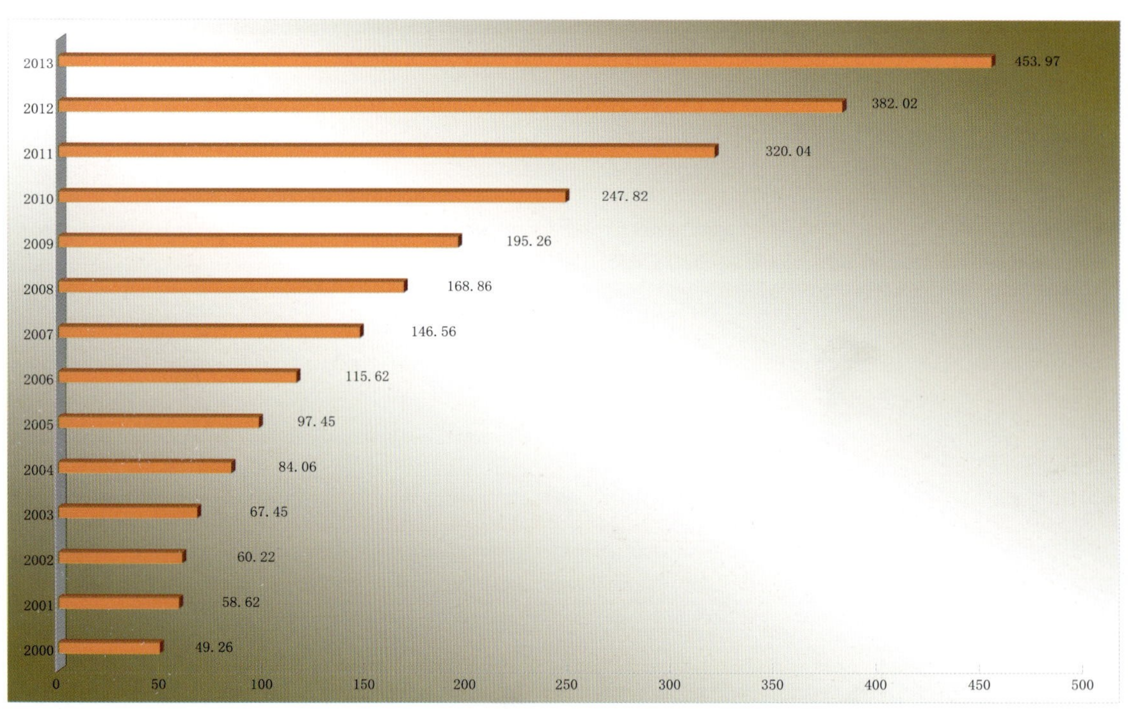

进出口总值(亿美元)

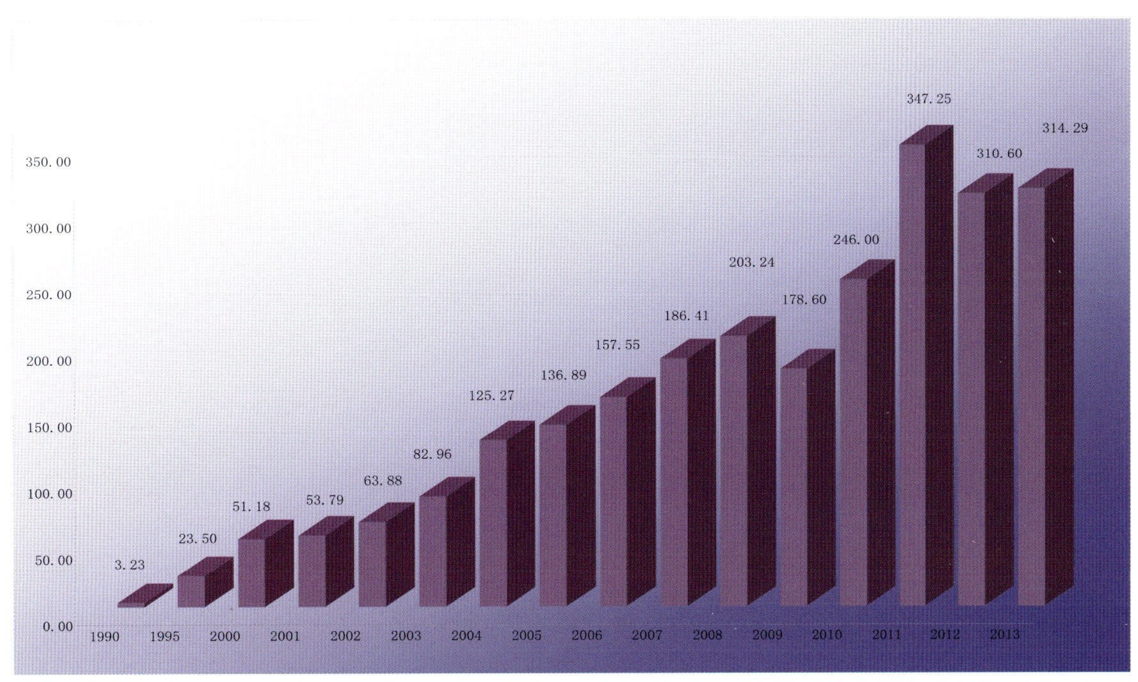

出口总值(亿美元)

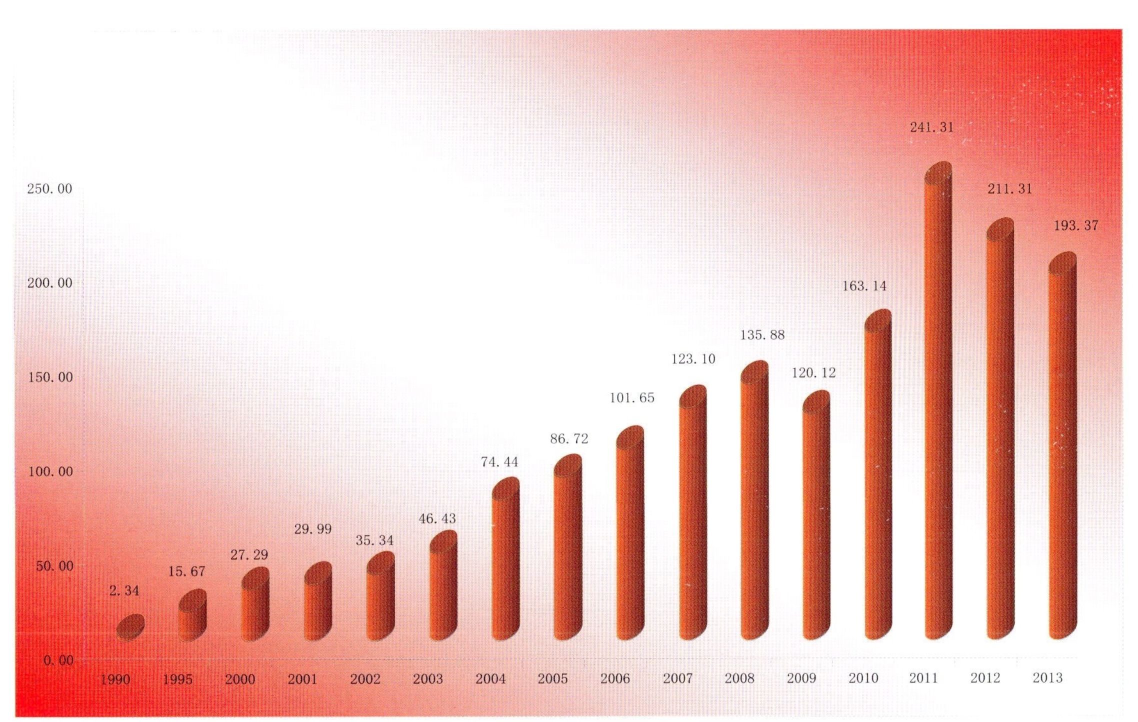

实际利用外资(验资口径,万美元)

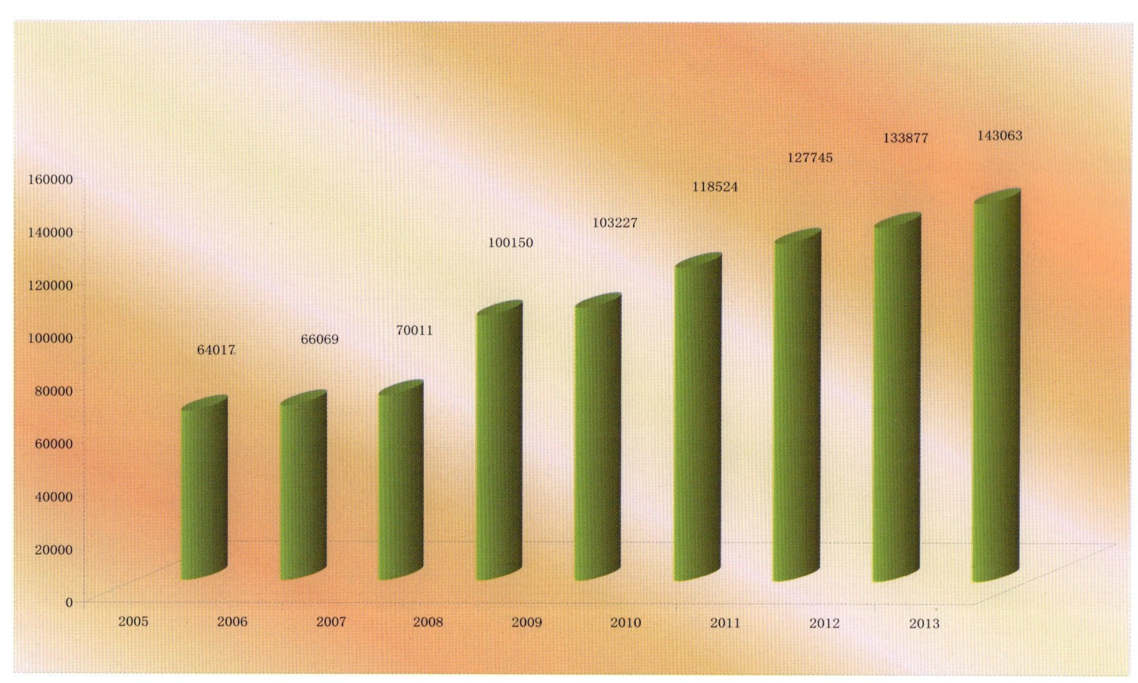

金融机构人民币存款余额(亿元)

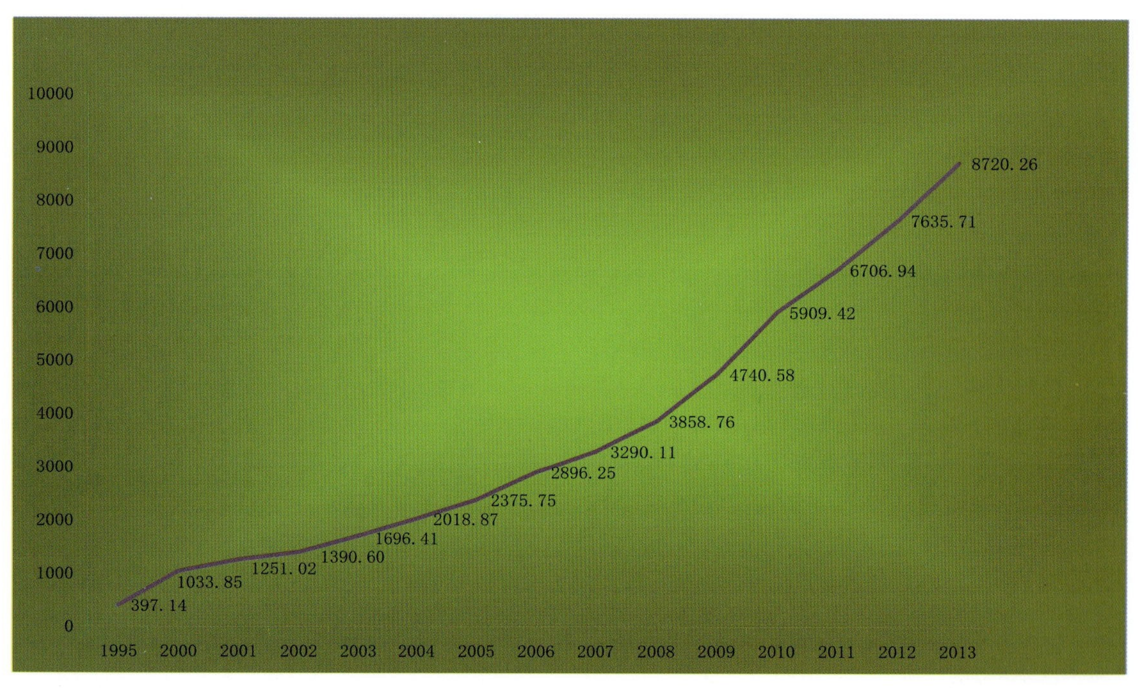

金融机构人民贷款余额(亿元)

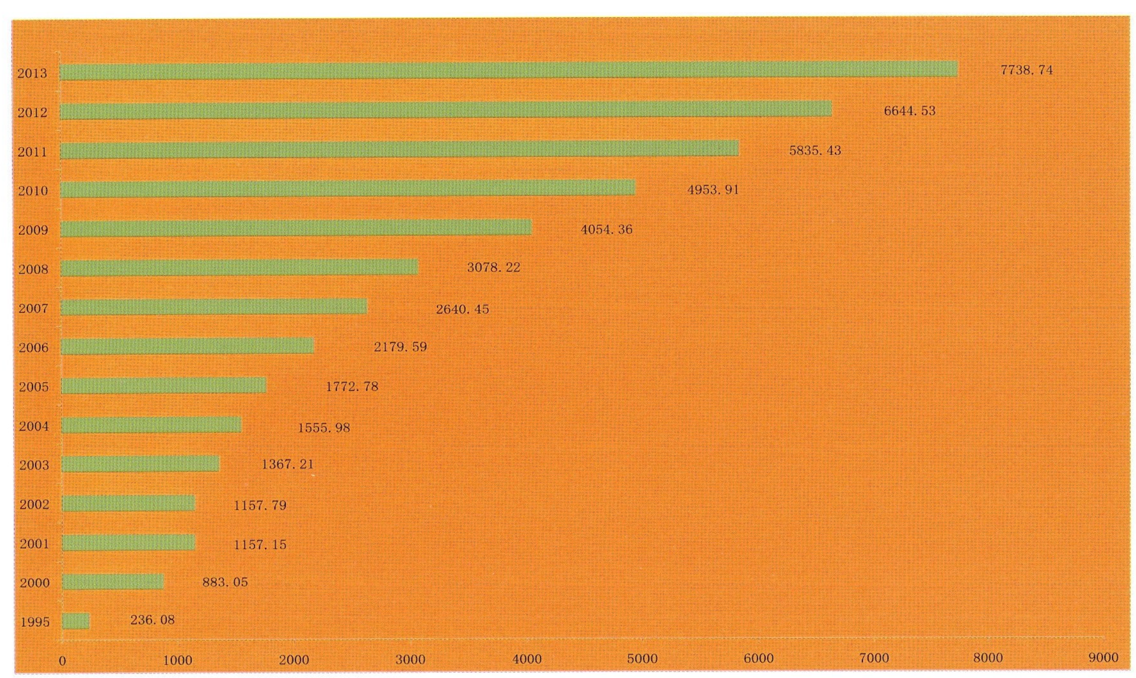

城乡居民收入(元)

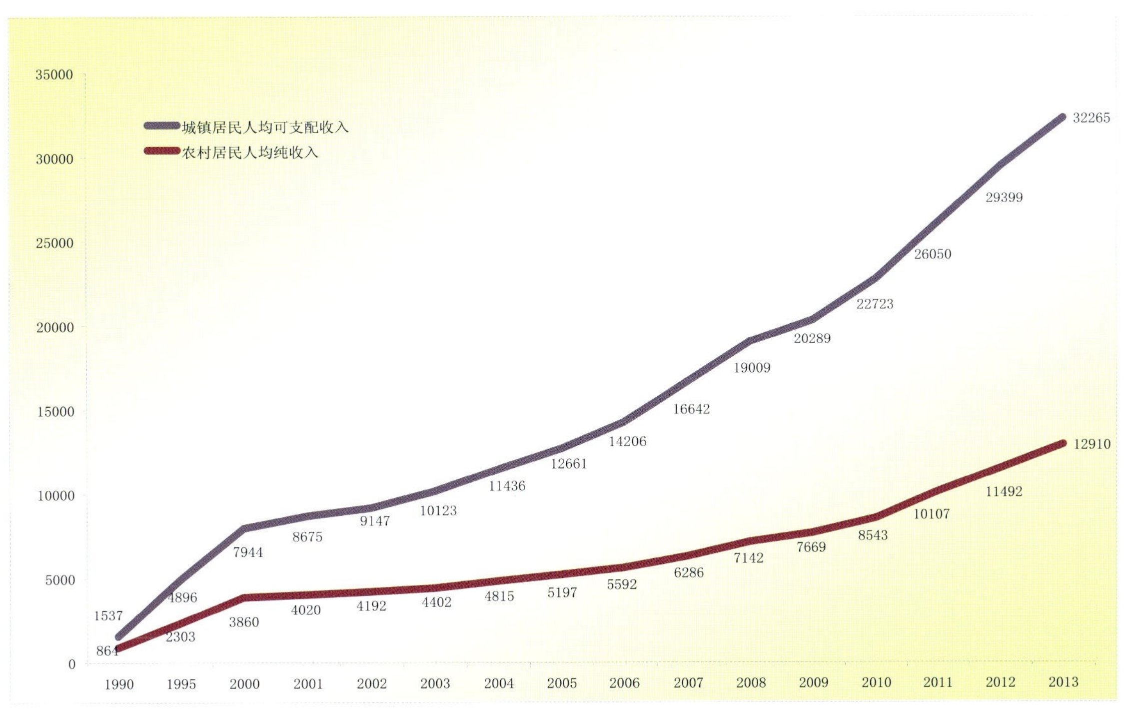

普通高校在校学生人数(万人)

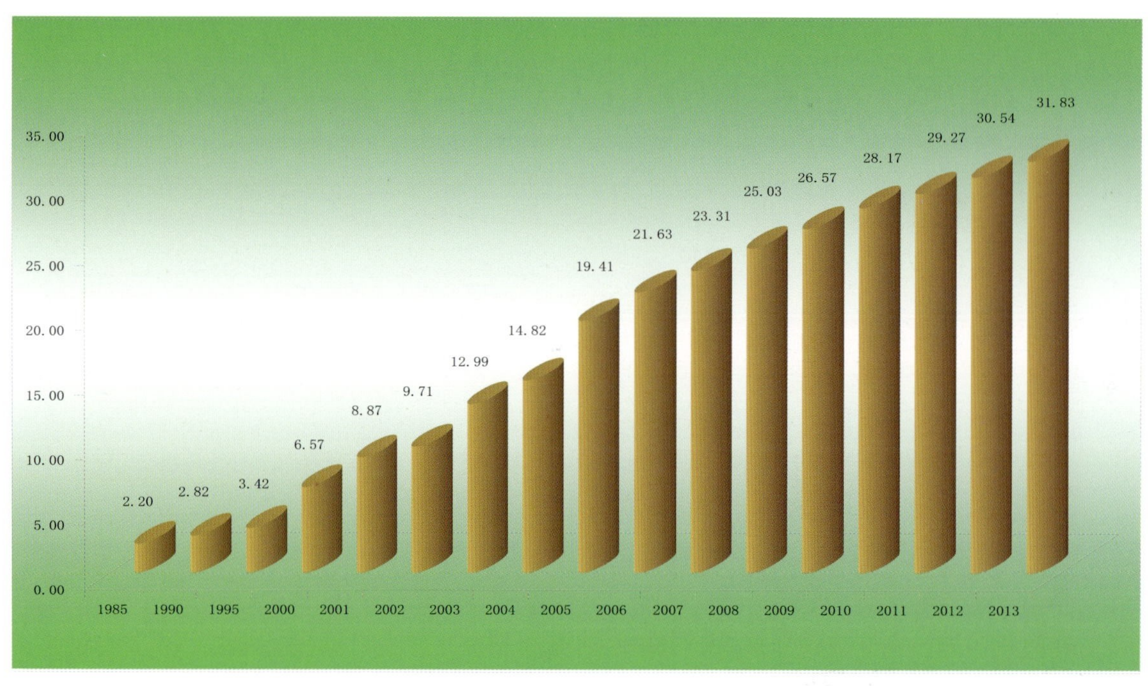

卫生医疗机构(个)

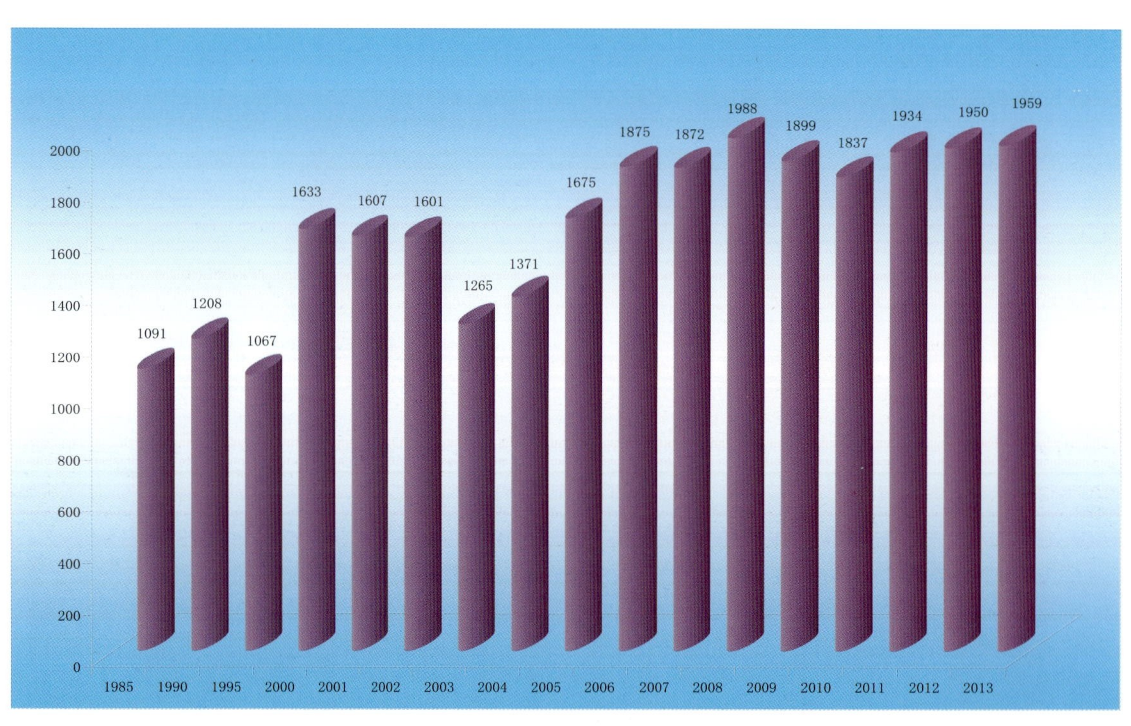

卫生技术人员(人)

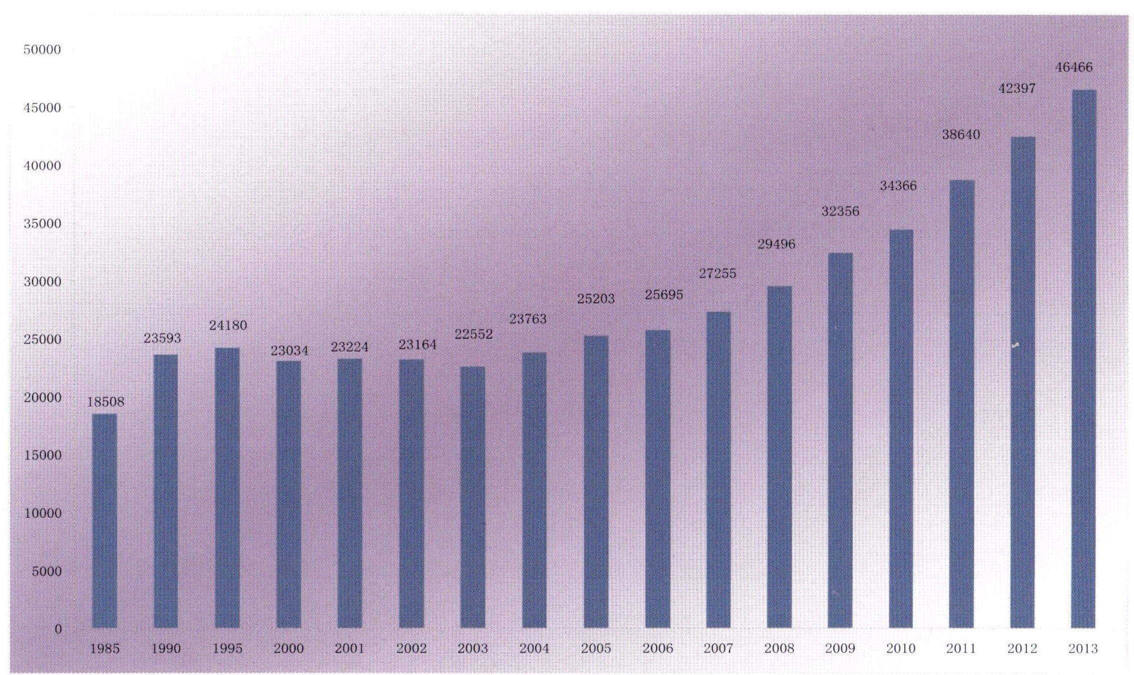

卫生机构医疗床位数(张)

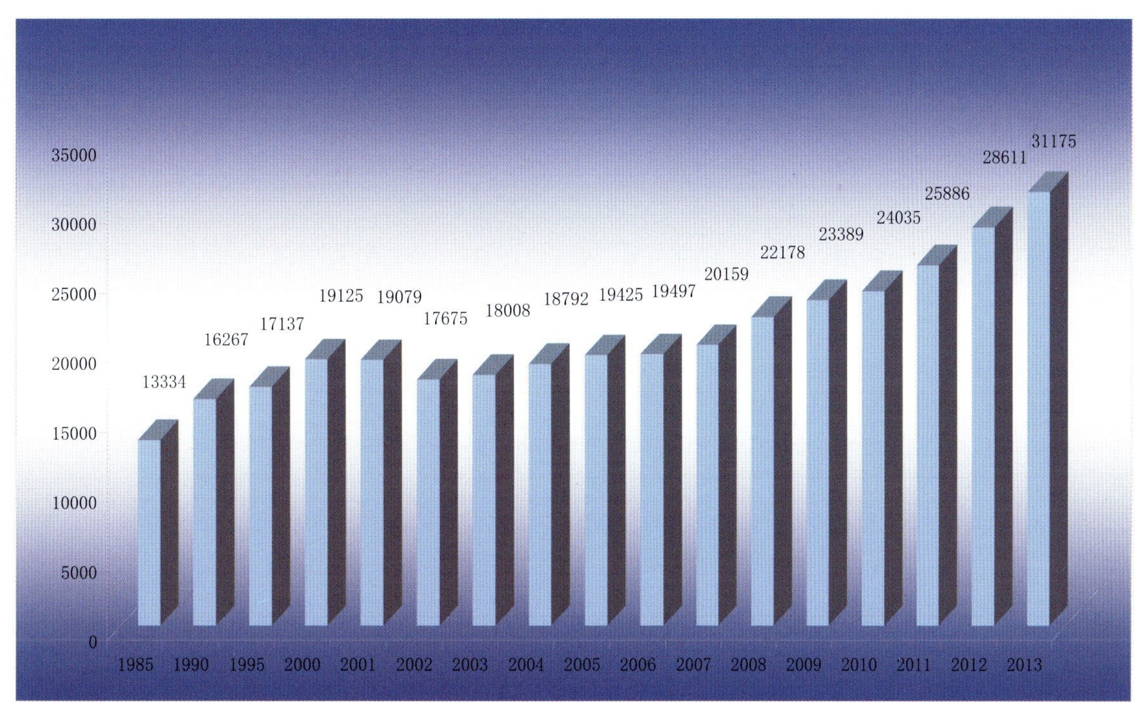

目　　录

综　　合

国民经济核算

人　　口

就业与职工工资

农林牧渔业

工业、交通邮电业

固定资产投资

建 筑 业

批发零售、住宿餐饮与旅游业

对外经济

价格指数

财政金融

人民生活

科技、教育与文化

卫生、体育与其他

城市比较

附　　录

1 综　合

1-1 行 政 区 划

（2013年末）　　单位:个

县(市)区	街道、乡(镇)数				村(居)委会数		
	合　计	街　道	镇	乡	合　计	社区居委会	村委会
总　计	**189**	**43**	**99**	**47**	**2820**	**427**	**2393**
市　区	**46**	**31**	**13**	**2**	**534**	**257**	**277**
鼓楼区	10	9	1		63	63	
台江区	10	10			52	52	
仓山区	13	8	5		166	64	102
晋安区	9	3	4	2	179	66	113
马尾区	4	1	3		74	12	62
八县(市)	**143**	**12**	**86**	**45**	**2286**	**170**	**2116**
福清市	24	7	17		480	42	438
长乐市	18	4	12	2	253	22	231
闽侯县	15	1	8	6	324	27	297
连江县	23		16	7	274	31	243
罗源县	11		6	5	196	7	189
闽清县	16		11	5	291	20	271
永泰县	21		9	12	265	10	255
平潭县	15		7	8	203	11	192

1－2　国民经济和社会发展总量和速度指标

项　　目	单　位	总量指标				
		1990 年	1995 年	2000 年	2005 年	2010 年
人口与就业						
年末户籍总人口	万人	535.30	562.27	589.23	614.84	645.90
#市区人口	万人	129.24	137.52	148.49	176.11	188.59
社会从业人员	万人	245.83	280.45	293.62	330.00	389.24
#城镇单位职工人数	万人	75.79	82.40	68.42	80.95	105.48
城镇私营个体从业人员	万人	6.19	9.67	21.30	37.19	65.35
国民经济核算						
地区生产总值	亿元	102.40	464.14	876.39	1491.40	3123.41
第一产业	亿元	29.41	98.52	135.18	174.78	282.73
第二产业	亿元	41.21	167.19	378.89	670.80	1401.92
工　业	亿元	34.50	130.01	321.15	564.20	1127.59
建筑业	亿元	6.71	37.18	57.74	106.60	274.33
第三产业	亿元	31.78	198.44	362.32	645.82	1438.76
工农业						
农林牧渔业总产值	亿元	42.48	159.46	217.42	290.79	480.01
全部工业总产值	亿元	137.28	506.82	1123.85	2209.99	4869.05
#规模以上工业总产值	亿元			750.11	1860.18	4544.17
固定资产投资						
全社会固定资产投资	亿元		174.75	237.53	603.26	2317.44
#房地产开发投资	亿元		55.00	75.85	222.03	670.69
贸易价格指数						
社会消费品零售总额	亿元	45.28	133.27	351.77	664.55	1624.28
居民消费价格指数(以上年为100)	%	100.1	118.2	101.7	102.6	103.2
对外经贸						
进出口总额	亿美元	3.23	23.50	51.18	136.89	246.00
出口总额	亿美元	2.34	15.67	27.29	86.72	163.14
进口总额	亿美元	0.89	7.82	23.89	50.17	82.86
新批外资项目	项	233	678	295	326	186
合同外资金额	亿美元	2.74	32.27	9.55	11.66	16.73
实际利用外资(历史可比口径)	亿美元	1.02	11.25	8.01	16.00	24.82
(验资口径)	亿美元				6.40	11.85

2012 年	2013 年	平均增长速度(%) 1991－2013 年	1996－2013 年	2001－2013 年	2006－2013 年	2011－2013 年
655.27	665.49	0.95	0.94	0.94	0.99	1.00
192.06	194.76	1.80	1.95	2.11	1.27	1.08
451.68	462.66	2.79	2.82	3.56	4.31	5.93
143.70	142.75	2.79	3.10	5.82	7.35	10.61
85.77	94.30	12.57	13.49	12.13	12.33	13.00
4210.93	4678.50	15.33	13.13	12.42	13.21	12.18
367.73	402.26	5.66	4.64	3.25	3.53	4.47
1905.50	2133.60	17.53	15.24	13.73	14.22	14.65
1481.99	1654.51	17.88	15.50	13.53	13.75	14.16
423.51	479.09	14.99	12.96	14.63	16.44	16.65
1937.70	2142.63	16.39	12.92	13.34	14.17	11.11
625.12	682.75	6.81	5.24	4.18	4.74	4.50
6353.25	7253.98	20.30	18.33	16.95	17.37	15.06
5954.89	6786.33				18.27	15.40
3266.49	3869.84		18.78	23.95	26.15	18.64
972.27	1264.79		19.03	24.17	24.29	23.55
2319.82	2681.72	19.42	18.15	16.91	19.05	18.19
102.2	102.6					
310.60	314.29	22.03	15.50	14.98	10.95	8.51
211.31	193.37	21.17	14.98	16.25	10.54	5.83
99.29	120.92	23.80	16.43	13.29	11.62	13.43
148	135	-2.34	-8.58	-5.84	-10.43	-10.13
20.56	20.57	9.17	-2.47	6.08	7.35	7.13
13.39	14.31				10.58	6.49

1-2 续表

项目	单位	总量指标				
		1990年	1995年	2000年	2005年	2010年
财政金融						
财政总收入	亿元		37.84	68.79	165.22	402.51
财政一般预算收入	亿元	10.94	25.82	55.35	127.68	247.82
财政一般预算支出	亿元	8.28	27.45	54.04	118.99	262.42
金融机构存款年末余额	亿元	85.41	397.14	1033.85	2375.75	5909.42
金融机构贷款年末余额	亿元	67.72	236.08	883.05	1772.78	4953.91
银行现金收入	亿元	146.54	969.89	4883.92	6499.64	6286.64
银行现金支出	亿元	133.49	947.43	4887.29	6481.51	6255.87
交通邮电						
货运总量(发送量)	万吨	1230.00	8166.00	9744.00	10175.00	14907.41
客运总量(发送量)	万人	3396.00	9529.00	8023.00	10320.00	18600.16
沿海港口货物吞吐量	万吨	615.00	1099.00	2425.00	7443.00	7124.80
人民生活						
城镇非私营单位在岗职工平均工资	元	2128	5827	11199	18314	34806
城镇居民人均可支配收入	元	1537	4896	7944	12661	22723
城镇居民人均消费性支出	元	1381	4021	6009	8382	15778
农村居民人均纯收入	元	864	2303	3860	5197	8543
农村居民人均消费性支出	元	765	1818	2921	3503	6071
教育卫生						
普通高等学校数	所	12	12	13	36	31
普通高等学校在校学生数	人	28188	34162	65737	194073	281680
普通高等学校专任教师数	人	4329	4047	4754	12698	17209
中等职业技术学校数	所	42	44	45	95	69
中等职业技术学校在校学生数	人	21551	36973	53916	122728	136177
中等职业技术学校专任教师数	人	2303	2610	2572	5045	4603
卫生机构数	个	1208	1067	1633	1675	1837
#医院、卫生院	个	198	199	242	240	202
卫生技术人员数	人	23953	24180	23034	25203	34366
#医生	人	9330	10275	10639	11056	13813
卫生机构床位数	张	16267	17137	19125	19425	24035

		平均增长速度(%)				
2012 年	2013 年	1991 -2013 年	1996 -2013 年	2001 -2013 年	2006 -2013 年	2011 -2013 年
597.38	689.12		17.50	19.40	19.55	19.63
382.02	453.97	17.58	17.26	18.62	21.20	22.36
410.73	533.84	19.87	17.94	19.30	20.69	26.71
7635.71	8720.26	22.28	18.72	17.82	17.65	13.85
6644.53	7738.74	22.88	21.39	18.17	20.23	16.03
9373.27	10504.87	13.13	13.36	11.94	4.40	13.82
48089	53333	15.03	13.09	12.76	14.29	15.29
29399	32265	14.15	11.04	11.38	12.40	12.40
20040	21695	12.72	9.82	10.38	12.62	11.20
11492	12910	12.48	10.05	9.73	12.05	14.76
8336	9311	11.48	9.50	9.33	13.00	15.32
32	32	4.36	5.60	7.17	-1.46	1.06
305386	318343	11.12	13.20	12.90	6.38	4.16
18470	19248	6.70	9.05	11.36	5.34	3.80
61	56	1.26	1.35	1.70	-6.39	-6.72
195095	166265	9.29	8.71	9.05	3.87	6.88
4967	4697	3.15	3.32	4.74	-0.89	0.68
1950	1959	2.12	3.43	1.41	1.98	2.17
226	230	0.65	0.81	-0.39	-0.53	4.42
42397	46466	2.92	3.70	5.55	7.95	10.58
16140	16880	2.61	2.80	3.61	5.43	6.91
28611	31175	2.87	3.38	3.83	6.09	9.06

1-3 各个计划时期主要经济指标总量

项目	单位	"一五"时期	"二五"时期	1963～1965年	"三五"时期	"四五"时期	"五五"时期	"六五"时期
地区生产总值	亿元	16.73	26.69	16.59	30.74	42.87	65.26	143.43
第一产业	亿元	6.70	7.46	5.94	10.82	13.11	17.91	44.84
第二产业	亿元	3.32	9.38	4.12	9.16	18.33	29.83	63.49
第三产业	亿元	6.71	9.86	6.53	10.80	11.43	17.52	35.10
工农业总产值	亿元	14.50	29.46	19.48	43.15	57.83	105.71	225.93
农林牧渔业总产值	亿元	7.74	10.51	8.60	16.56	19.33	26.17	63.94
工业总产值	亿元	6.76	18.95	10.88	26.59	38.50	79.54	161.99
财政总收入	亿元	2.23	4.79	1.95	4.20	7.67	10.54	16.98
地方财政收入	亿元	2.23	4.79	1.95	4.20	7.67	10.54	16.98
财政支出	亿元	1.08	2.17	1.26	2.42	3.98	6.21	11.81
金融系统存款年末余额	亿元	1.42	3.93	3.45	3.92	5.85	15.12	28.98
金融系统贷款年末余额	亿元	1.23	4.14	2.94	4.82	7.39	13.81	30.29
居民储蓄存款年末余额	亿元	0.35	0.55	0.70	0.82	1.27	2.99	12.36
货物发送量	万吨	391	2628	1453	2457	3466	3894	4093
旅客发送量	万人次		2643	1964	2663	2610	3346	5480
社会消费品零售总额	亿元	12.23	18.56	12.05	20.70	24.70	37.81	72.27
出口总额	亿美元						0.02	0.56
实际利用外资(历史可比口径)	亿美元						0.02	0.41
实际利用外资(验资口径)	亿美元							

项目	单位	"七五"时期	"八五"时期	"九五"时期	"十五"时期	"十一五"时期	"十二五"前三年
地区生产总值	亿元	372.02	1327.78	3743.34	5943.67	11799.33	12625.81
第一产业	亿元	108.68	295.78	630.45	750.31	1141.59	1095.08
第二产业	亿元	156.69	501.83	1532.21	2717.48	5055.87	5750.29
第三产业	亿元	106.66	530.17	1581.68	2475.88	5601.87	5780.43
工农业总产值	亿元	642.73	2147.33	5587.42	9565.34	19998.46	21341.06
农林牧渔业总产值	亿元	157.60	460.37	1009.35	1230.61	1952.59	1860.47
工业总产值	亿元	485.13	1686.96	4578.07	8334.73	18045.87	19480.59
财政总收入	亿元	42.06	94.22	298.15	708.20	1462.53	1792.51
地方财政收入	亿元	42.06	94.22	213.19	457.44	911.02	1156.03
财政支出	亿元	32.88	87.05	215.72	428.17	931.10	1307.87
金融系统存款年末余额	亿元	85.41	351.44	1033.85	2375.75	5909.42	8720.26
金融系统贷款年末余额	亿元	67.72	203.21	883.05	1772.78	4953.91	7738.74
居民储蓄存款年末余额	亿元	51.85	231.94	484.47	1155.04	2326.96	
货物发送量	万吨	4669	20940	39662	42483	68315.00	
旅客发送量	万人次	43654	26633	46189	49991	68576.00	
社会消费品零售总额	亿元	180.29	427.13	1365.78	2552.88	5833.97	6949.35
出口总额	亿美元	5.21	45.72	103.39	272.92	643.89	645.99
实际利用外资(历史可比口径)	亿美元	2.05	29.25	45.59	64.67	102.31	
实际利用外资(验资口径)	亿美元					45.80	40.47

1-4　各个计划时期主要经济指标年均发展速度

单位:%

项　　目	“恢复”时期（1950～1952）	“一五”时期（1953～1957）	“二五”时期	1963～1965年	“三五”时期	“四五”时期	“五五”时期
年末户籍总人口	103.01	102.71	102.46	102.41	101.75	102.69	101.93
#市区人口	103.61	103.72	102.95	101.31	98.81	102.08	102.14
地区生产总值	119.71	111.20	97.81	112.37	101.10	105.41	112.35
第一产业	116.58	106.85	92.96	116.75	100.15	98.57	111.59
第二产业	133.76	113.94	104.98	115.10	106.37	112.39	113.38
第三产业	121.74	109.89	108.52	105.66	97.79	105.67	111.54
农林牧渔业总产值	114.41	107.15	97.05	114.45	101.15	99.34	107.80
全部工业总产值	126.76	116.38	108.03	119.24	108.39	112.01	111.10
地方财政收入	393.50	114.20	111.06	101.67	105.39	104.74	109.92
地方财政支出		113.47	101.20	107.15	110.05	105.27	110.36
金融系统存款年末余额	162.05	122.45	122.52	95.72	102.60	108.31	120.93
金融系统贷款年末余额	132.57	158.86	127.47	89.22	110.39	108.91	113.33
居民储蓄存款年末余额	361.59	131.69	109.53	108.64	103.30	109.06	118.64
社会消费品零售总额	124.29	114.30	107.83	98.80	100.45	106.18	113.64
出口总额							
实际利用外资额（历史可比口径）							
实际利用外资额（验资口径）							
城镇非私营单位在岗职工平均工资			98.31	103.76	98.67	101.72	102.49
城镇居民人均可支配收入	111.02	107.89	102.02	105.45	103.15	103.11	103.22
农村居民人均纯收入	105.38	102.42	104.43	108.00	104.86	95.56	106.62

项　　目	“六五”时期	“七五”时期	“八五”时期	“九五”时期	“十五”时期	“十一五”时期	“十二五”前三年
年末户籍总人口	101.68	101.83	100.99	100.94	100.85	100.99	101.00
#市区人口	102.04	101.67	101.25	101.55	103.47	101.38	101.08
地区生产总值	114.04	111.07	123.62	114.98	110.99	113.84	112.18
第一产业	108.06	116.53	109.43	108.32	102.81	102.98	104.47
第二产业	116.72	106.53	126.16	119.27	113.72	113.98	114.65
第三产业	115.22	113.65	129.77	111.84	110.67	116.05	111.11
农林牧渔业总产值	109.39	108.63	112.66	108.06	103.29	104.88	104.50
全部工业总产值	117.18	119.88	127.68	121.99	116.28	118.78	115.06
地方财政收入	114.25	116.32	118.73	118.73	118.20	114.18	122.36
地方财政支出	122.04	116.16	127.08	114.51	117.07	117.14	126.71
金融系统存款年末余额	113.90	124.13	132.69	128.91	118.11	119.99	113.85
金融系统贷款年末余额	117.02	117.45	124.58	141.61	114.96	122.82	116.03
居民储蓄存款年末余额	132.81	133.22	134.93	119.24	118.98	115.04	
社会消费品零售总额	113.97	117.38	124.10	121.42	113.50	119.57	118.19
出口总额	176.85	175.98	146.33	121.42	126.01	113.47	105.83
实际利用外资额（历史可比口径）	155.92	146.03	161.56	93.43	114.84	109.18	
实际利用外资额（验资口径）						113.11	106.49
城镇非私营单位在岗职工平均工资	108.86	115.00	122.32	113.96	110.34	113.70	115.29
城镇居民人均可支配收入	116.64	117.78	126.08	110.16	109.77	112.41	112.40
农村居民人均纯收入	125.66	115.35	121.66	110.88	106.13	110.45	114.76

1－5 国民经济主要比例关系

单位:%

项目	1995年	2000年	2005年	2006年	2007年	2008年	2009年	2010年	2011年	2012年	2013年
三次产业结构											
第一产业	21.23	15.43	11.72	10.44	10.06	10.04	9.29	9.05	8.70	8.73	8.60
第二产业	36.02	43.23	44.98	42.74	41.76	41.49	42.56	44.88	45.80	45.25	45.60
第三产业	42.75	41.34	43.30	46.82	48.18	48.47	48.15	46.06	45.50	46.02	45.80
工农业总产值结构											
农林牧渔业	23.93	16.21	11.63	10.96	10.10	10.09	9.39	8.97	8.60	8.96	8.60
工业	76.07	83.79	88.37	89.04	89.90	89.91	90.61	91.03	91.40	91.04	91.40
农林牧渔业总产值结构											
#农业	31.53	28.44	27.78	28.22	26.55	21.97	26.61	27.06	26.17	25.93	25.80
林业	3.45	3.19	2.19	2.21	2.21	1.72	2.48	2.77	2.86	2.72	2.76
牧业	17.25	18.15	17.56	16.11	15.38	12.54	14.17	12.73	13.44	11.79	10.81
渔业	47.77	50.22	51.94	52.92	51.68	41.21	52.76	53.79	54.14	56.41	57.56
工业总产值轻重工业结构											
轻工业	58.41	43.88	38.93	39.70	40.14	39.84	40.48	40.04	41.17	44.77	45.88
重工业	41.59	56.12	61.07	60.30	59.86	60.16	59.52	59.96	58.83	55.23	54.12
工业总产值经济类型结构											
#国有	15.47	6.80	6.05	6.05	6.49	6.13	7.14	6.57	6.92	6.81	3.28
集体	27.59	4.99	1.52	1.52	1.43	1.12	1.09	1.20	1.59	0.55	0.44
外商及港澳台投资	45.21	70.15	59.95	59.95	55.90	54.16	50.91	51.39	49.68	46.51	44.08
全社会固定资产投资额结构											
#房地产开发投资	21.47	31.93	36.80	41.13	34.60	24.81	21.97	28.94	35.16	29.76	32.68
进出口总额结构											
出口总额	66.71	53.39	63.35	64.52	66.04	66.79	67.26	66.32	69.49	68.03	61.53
进口总额	33.29	46.61	36.65	36.65	33.96	33.21	32.74	33.68	30.51	31.97	38.47

注:工业总产值中主要比例关系2000年起为规模以上工业的比例。

1－6　主要经济指标人均值

项　　目	单　位	1995 年	2000 年	2005 年	2006 年	2007 年	2008 年
地区生产总值	元	8219	14841	20292	25216	30130	34668
工农业总产值	元	11133	22069	40854	46207	54694	62614
农林牧渔业总产值	元	2853	3709	4750	5063	5524	6354
工业总产值	元	8280	18360	36104	41144	49170	56260
全社会固定资产投资额	元	3127	4052	9855	11835	15984	19726
社会消费品零售总额	元	2385	5998	10857	12590	15121	18079
进出口总额	美元	420	874	2236	2546	2975	3214
出口总额	美元	280	466	1417	1643	1965	2146
进口总额	美元	140	408	820	903	1011	1067
实际利用外资额（历史可比口径）	美元	201	137	261	262	272	336
实际利用外资额（验资口径）	美元			97	99	104	147
财政总收入	元	677	1278	3193	3809	3951	4552
地方财政收入	元	462	944	2086	2465	2339	2667
财政支出	元	491	922	1941	2300	2284	2779
居民储蓄存款余额	元	4150	8265	18870	21193	21963	27007
银行现金收入	元	17354	83488	106182	113643	122366	99864
银行现金支出	元	16952	83375	105886	113244	121701	99192
城镇非私营单位在岗职工平均工资	元	5827	11199	18314	20666	23950	27521
城镇居民人均可支配收入	元	4896	7944	12661	14206	16642	19009
城镇居民人均消费性支出	元	4021	6009	8382	9595	11790	13541
城市居民人均可支配收入	元	5485	8301	12757	14321	16765	19140
城市居民人均消费性支出	元	4513	6417	8428	9671	11892	13662
农村居民人均纯收入	元	2303	3860	5197	5592	6286	7142

项　　目	单　位	2009 年	2010 年	2011 年	2012 年	2013 年
地区生产总值	元	38015	44000	52152	58202	64045
工农业总产值	元	68690	74755	89777	96453	108648
农林牧渔业总产值	元	6449	7476	7720	8640	9346
工业总产值	元	62241	75829	82057	87813	99302
全社会固定资产投资额	元	25845	36091	38005	45148	52975
社会消费品零售总额	元	21010	25296	27213	32064	36711
进出口总额	美元	2803	3831	4851	4293	4302
出口总额	美元	1885	2541	3371	2921	2647
进口总额	美元	918	1284	1480	1372	1655
实际利用外资额（历史可比口径）	美元	360	387	375		
实际利用外资额（验资口径）	美元	151	169	178	185	196
财政总收入	元	5108	6269	7069	8257	9434
地方财政收入	元	3065	3859	4471	5280	6214
财政支出	元	3219	4087	5076	5677	7308
居民储蓄存款余额	元	32137	36239	35518		
银行现金收入	元	93736	97906			
银行现金支出	元	93101	97427			
城镇非私营单位在岗职工平均工资	元	30704	34806	41725	48089	53333
城镇居民人均可支配收入	元	20289	22723	26050	29399	32265
城镇居民人均消费性支出	元	14105	15778	17847	20040	21695
城市居民人均可支配收入	元	20748	23246	26633	30073	33514
城市居民人均消费性支出	元	14575	16323	18363	20571	22771
农村居民人均纯收入	元	7669	8543	10107	11492	12910

1－7 平均每天主要社会经济活动

项　　目	单 位	1995 年	2000 年	2005 年	2006 年	2007 年	2008 年
地区生产总值	万元	12716	24011	40860	46217	55597	64539
工农业总产值	万元	18254	36747	68515	78335	93884	109230
工业总产值	万元	13885	30790	60548	69752	84401	98208
农林牧渔业总产值	万元	4369	5957	7967	8583	9483	11022
全社会固定资产投资	万元	4788	6508	16528	20064	27437	34216
社会消费品零售总额	万元	3651	9637	18207	21343	25955	31360
进出口总额	万美元	644	1402	3750	4316	5107	5575
出口总额	万美元	429	748	2376	2785	3373	3723
进口总额	万美元	215	654	1375	1532	1735	1846
实际利用外资额（历史可比口径）	万美元	308	219	438	444	466	584
实际利用外资额（验资口径）	万美元			175	181	192	274
财政总收入	万元	1037	2052	5355	6458	6783	7896
地方财政收入	万元	707	1517	3498	4179	4015	4626
财政支出	万元	752	1481	3256	3899	3921	4821
银行现金收入	万元	26572	134080	178072	192661	210040	173224
银行现金支出	万元	25957	133898	177576	191984	208954	172058
货运总量(发送量)	吨	223726	200493	278767	316493	346329	408016
客运总量(发送量)	人	261068	247205	282740	319178	335178	308346
沿海港口货物吞吐量	吨	30110	66438	203918	242400	176247	183633
出生人数	人	262	338	151	175	191	295
死亡人数	人	72	111	59	73	79	102

项　　目	单 位	2009 年	2010 年	2011 年	2012 年	2013 年
地区生产总值	万元	71344	85573	102367	115368	128178
工农业总产值	万元	11257	146550	176054	191188	217444
工业总产值	万元	108648	133399	160914	174062	198739
农林牧渔业总产值	万元	11257	13151	15140	17127	18705
全社会固定资产投资	万元	45116	63492	74528	89493	106023
社会消费品零售总额	万元	36675	44501	53365	63557	73472
进出口总额	万美元	4893	6740	9514	8510	8611
出口总额	万美元	3291	4470	6611	5789	5298
进口总额	万美元	1602	2270	2903	2720	3313
实际利用外资额（历史可比口径）	万美元	629	680	736		
实际利用外资额（验资口径）	万美元	283	325	350	367	392
财政总收入	万元	8916	11028	13863	16367	18880
地方财政收入	万元	5350	6790	8768	10466	12438
财政支出	万元	5619	7190	9953	11253	14626
银行现金收入	万元	163624	172237			
银行现金支出	万元	162515	171394			
货运总量(发送量)	吨	392374	408422	439143		
客运总量(发送量)	人	406508	509593	534437		
沿海港口货物吞吐量	吨	221756	195200	225158	256802	287805
出生人数	人	164	399	235	228	322
死亡人数	人	58	142	108	79	70

1－8　主要年份工农林牧渔业总产值

单位:万元

年　　份	工农林牧渔业			工农林牧渔业比重(%)	
		农林牧渔业	工　　业	农林牧渔业	工　　业
1952	20671	12316	8355	59.58	40.42
1957	36531	18524	18007	50.71	49.29
1962	51236	24505	26731	47.83	52.17
1965	78005	32123	45882	41.18	58.82
1970	106944	39840	67104	37.25	62.75
1975	158379	36946	121433	23.33	76.67
1978	209595	47780	161815	22.80	77.20
1979	243435	62811	180624	25.80	74.20
1980	273649	74270	199379	27.14	72.86
1981	312924	94961	217963	30.35	69.65
1982	351722	113907	237815	32.39	67.61
1983	427093	118985	308108	27.86	72.14
1984	545561	140784	404777	25.81	74.19
1985	622071	170781	451290	27.45	72.55
1986	709704	193788	515916	27.31	72.69
1987	904973	235441	669532	26.02	73.98
1988	1353300	337202	1016098	24.92	75.08
1989	1661737	384783	1276954	23.16	76.84
1990	1797563	424801	1372762	23.63	76.37
1991	2145024	455904	1689120	21.25	78.75
1992	2789324	574779	2214545	20.61	79.39
1993	4165533	798168	3367385	19.16	80.84
1994	5710596	1180238	4530358	20.67	79.33
1995	6662750	1594572	5068178	23.93	76.07
1996	8388792	1775241	6613551	21.16	78.84
1997	9971485	1943061	8028424	19.49	80.51
1998	11438565	2048669	9389896	17.91	82.09
1999	12662639	2152288	10510351	17.00	83.00
2000	13412734	2174225	11238509	16.21	83.79
2001	13780349	2153911	11626438	15.63	84.37
2002	15639899	2210770	13429129	14.14	85.86
2003	18619269	2348379	16270890	12.61	87.39
2004	22606158	2685026	19920952	11.88	88.12
2005	25007792	2907871	22099921	11.63	88.37
2006	28592231	3132626	25459605	10.96	89.04
2007	34267529	3461207	30806322	10.10	89.90
2008	39868889	4023099	35845790	10.09	89.91
2009	43765276	4108816	39656460	9.39	90.61
2010	53490693	4800148	48690545	8.97	91.03
2011	64259628	5526045	58733583	8.60	91.40
2012	69783741	6251218	63532523	8.96	91.04
2013	79367357	6827525	72539832	8.60	91.40

1-9 主要经济指标与全省比较

项目	单位	福州市			福建省			福州市与福建省之比（%）		
		2011年	2012年	2013年	2011年	2012年	2013年	2011年	2012年	2013年
地区生产总值	亿元	3736.38	4210.93	4678.50	17560.18	19701.78	21759.64	21.28	21.37	21.50
农林牧渔业总产值	亿元	552.60	625.12	682.75	2730.94	3007.40	3281.96	20.23	20.79	20.80
全部工业总产值	亿元	5873.36	6353.25	7253.98	30330.59	32379.94	36724.66	19.36	19.62	19.75
#规模以上工业总产值	亿元	5321.18	5954.89	6786.33	27443.90	29704.66	33853.36	19.39	20.05	20.05
全社会固定资产投资额	亿元	2720.28	3266.49	3869.84	10119.47	12709.66	15526.87	26.88	25.70	24.92
#房地产开发投资	亿元	956.45	972.27	1264.79	2402.61	2824.12	3702.97	39.81	34.43	34.16
社会消费品零售总额	亿元	1947.81	2319.82	2681.72	6276.19	7256.53	8275.34	31.03	31.97	32.41
进出口总额	亿美元	347.25	310.60	314.29	1435.22	1559.38	1693.22	24.19	19.92	18.56
出口总额	亿美元	241.31	211.31	193.37	928.38	978.33	1064.74	25.99	21.60	18.16
进口总额	亿美元	105.94	99.29	120.92	506.85	581.05	628.47	20.90	17.09	19.24
实际利用外资（验资口径）	亿美元	12.77	13.39	14.31	62.01	63.38	66.79	20.59	21.13	21.43
财政总收入	亿元	506.01	597.38	689.12	2597.01	3008.88	3430.35	19.48	19.85	20.09
地方财政收入	亿元	320.04	382.02	453.97	1501.51	1776.17	2119.45	21.31	21.51	21.42
金融机构存款年末余额	亿元	6706.94	7635.71	8720.26	21055.49	24283.68	28043.82	31.85	31.44	31.10
金融机构贷款年末余额	亿元	5835.43	6644.53	7738.74	18165.19	21209.82	24487.53	32.12	31.33	31.60
普通高校在校学生数	万人	29.27	30.54	31.83	67.48	70.14	73.05	43.38	43.54	43.57
普通中学在校学生数	万人	30.82	30.20	29.81	186.68	181.09	176.47	16.51	16.68	16.89
客运量（发送量）	万人	19507			81082			24.06		
货运量（发送量）	万吨	16029			75272			21.29		
沿海港口货物吞吐量	万吨	8218	9373	10505	37279	41359	45475	22.05	22.66	23.10
人均地区生产总值	元	52152	58202	64045	47377	52763	57856	110.08	110.31	110.70
城镇非私营单位在岗职工平均工资	元	41725	48089	53333	38989	44979	49328	107.02	106.91	108.12
城镇居民人均可支配收入	元	26050	29399	32265	24907	28055	30816	104.59	104.79	104.70
农村居民人均纯收入	元	10107	11492	12910	8779	9967	11184	115.13	115.30	115.43

主要统计指标解释

当年价格　指报告期的实际价格，如工厂的出厂价格，农产品的收购价格，商业的零售价格等。按当年价格计算，是指一些以货币表现的物量指标如工农业总产值、国内生产总值等，按照当年的实际价格来计算总量。使用当年价格计算的数字，是为了使国民经济各项指标相互衔接，便于考察当年经济效益，便于对生产和流通、生产和分配、生产和消费进行经济核算的综合平衡。

按当年价格计算的价值指标，在不同年份之间进行对比时，因为包含有各年间价格变动因素，不能确切反映实物量的增减变动。必须消除价格变动因素后，才能真实反映经济发展动态。因此，在计算增长速度时都使用按可比价格计算的数字。

可比价格　指在不同时期的价值指标对比时，扣除了价格变动的因素，以确切反映物量的变化。按可比价格计算有两种方法：一种是直接用产品产量乘某一年的不变价格计算；另一种是用价格指数换算。

不变价格　指用同类产品的年平均价格作为固定价格，来计算各年产品价值。按不变价格计算的产品价值扣除了价格变动因素，不同时期对比可以反映生产的发展速度。新中国成立后，随着工农业产品价格水平的变化，国家统计局先后五次制定了全国统一的工业产品不变价格和农业产品不变价格。从1949年到1957年使用1952年工（农）业产品不变价格，从1957年到1971年使用1957年不变价格，从1971年到1981年使用1970年不变价格，从1981年到1990年使用1980年不变价格，从1990年开始使用1990年不变价格。

平均增长速度　我国计算平均增长速度有两种方法。一种是习惯上经常使用的“水平法”，又称几何平均法，是以间隔期最后一年的水平同基期水平对比来计算平均每年增长（或下降）速度。另一种是“累计法”，又称代数平均法或方程法，是以间隔期内各年的总和同基期水平对比来计算平均每年增长（或下降）速度。在一般正常情况下，两种方法计算的平均每年增长速度比较接近，但在经济发展不平衡，出现大起大落时，两种方法计算的结果差别较大。

本《年鉴》内所列的平均增长速度，均用“水平法”计算。从某年到某年平均增长速度的年份，均不包括基数年在内。如改革开放以来的平均增长速度是以1978年为基期计算的，则写为1979－2010年平均增长速度，其余类推。

各个计划时期　表内所用各个“时期”代表的年份如下：恢复时期为1950年到1952年；第一个五年计划时期（简称一五时期）为1953年到1957年；第二个五年计划时期（简称二五时期）为1958年到1962年；第三个五年计划时期（简称三五时期）为1966年到1970年；第四个五年计划期（简称四五时期）为1971年到1975年；第五个五年计划时期（简称五五时期）为1976年到1980年；第六个五年计划时期（简称六五时期）为1981年到1985年；第七个五年计划（简称七五时期）为1986年到1990年；第八个五年计划时期（简称八五时期）为1991年到1995年；第九个五年计划时期（简称九五时期）为1996年到2000年；第十个五年计划时期（简称十五时期）为2001年到2005年；第十一个五年计划时期（简称十一五时期）为2006年到2010年。

国民经济行业分类　在统计工作中为取得分行业的数据资料并统一分类和编码，正确反映国民经济各行业的结构和发展状况，便于研究国民经济的各项比例关系，而制定的国民经济行业划分标准。按现行统计制度规定，我国行业划分为20大类，排列顺序如下：

（1）农、林、牧、渔业；（2）采矿业；（3）制造业；（4）电力、燃气及水的生产和供应业；（5）建筑业；（6）交通运输、仓储和邮政业；（7）信息转输、计算机服务和软件业；（8）批发和零售业；（9）住宿和餐饮业；（10）金融业；（11）房地产业；（12）租赁和商务服务业；（13）科学研究、技术服务和地质勘查业；（14）水利、环境和公共设施管理业；（15）居民服务和其他服务业；（16）教育；（17）卫生、社会保障和社会福利业；（18）文化、体育和娱乐业；（19）公共管理和社会组织；（20）国际组织。

三次产业　是根据社会生产活动历史发展的顺序对产业结构的划分，产品直接取自自然界的部门称为第一产业，对初级产品进行再加工的部门称为第二产业，为生产和消费提供各种服务的部门称为第三产业。它

是世界上较为通用的产业结构分类,但各国的划分不尽一致。我国的三次产业划分:

第一产业:农林牧渔业(包括种植业、林业、牧业和渔业等)。

第二产业:工业(包括采掘业,制造业,电力、煤气及水的生产和供应业)和建筑业。

第三产业:除第一、第二产业以外的其他各业。由于第三产业包括的行业多、范围广,根据我国的实际情况,第三产业可分为两大部门:一是流通部门,二是服务部门。具体又可分为四个层次。

第一层次:流通部门,包括交通运输业、邮电通讯业、商业饮食业、物资供销和仓储业。

第二层次:为生活服务的部门,包括金融、保险业、房地产业、公用事业、居民服务、旅游业、咨询信息和各类技术服务业等。

第三层次:为提高科学文化和居民素质服务的部门,包括教育、文化、广播电视事业、科研、卫生、体育和社会福利。

第四层次:为社会公共需要服务的部门,包括国家机关、政党、社团以及军队、警察等。

2 国民经济核算

2-1 总产出中间投入率和增加值率

单位:%

项目	2000年	2001年	2002年	2003年	2004年	2005年	2006年
社会劳动生产率(元/人)	**29910**	**32294**	**34590**	**38293**	**42147**	**45813**	**50355**
总产出中间投入率	**59.5**	**60.4**	**60.0**	**61.6**	**62.5**	**63.6**	**63.7**
第一产业	37.8	38.4	38.5	38.8	39.6	39.9	40.5
第二产业	71.0	71.7	71.8	71.3	72.0	74.3	75.7
工　业	72.3	72.5	72.7	72.3	73.0	74.8	76.6
建筑业	61.8	66.6	65.7	65.5	66.1	71.7	69.7
第三产业	38.5	38.6	40.4	41.5	42.5	45.7	42.7
#交通运输、仓储和邮政业	42.9	42.1	42.9	42.9	44.8	53.7	53.7
批发和零售业	36.6	37.0	40.1	39.2	39.8	29.0	19.2
金融业	16.7	18.8	37.9	43.1	45.3	53.9	59.0
房地产业	12.8	14.5	16.7	15.2	16.2	18.8	12.3
增加值率	**40.5**	**39.6**	**40.0**	**38.4**	**37.5**	**36.4**	**36.3**
第一产业	62.2	61.6	61.5	61.2	60.4	60.1	59.5
第二产业	29.0	28.3	28.2	28.7	28.0	25.7	24.3
工　业	27.7	27.5	27.3	27.7	27.0	25.3	23.4
建筑业	38.2	33.4	34.3	34.5	33.9	28.3	30.3
第三产业	61.5	61.4	59.6	58.5	57.5	54.3	57.3
#交通运输、仓储和邮政业	57.1	57.9	57.1	57.1	55.2	46.3	46.4
批发和零售业	63.4	63.0	59.9	60.8	60.2	71.0	80.8
金融业	83.3	81.2	62.1	56.9	54.7	46.1	41.0
房地产业	87.2	85.5	83.3	84.8	83.8	81.2	87.7

项目	2007年	2008年	2009年	2010年	2011年	2012年
社会劳动生产率(元/人)	**58142**	**65250**	**71369**	**82742**	**91709**	**96000**
总产出中间投入率	**63.4**	**63.2**	**62.6**	**63.2**	**63.4**	**63.2**
第一产业	41.0	41.2	41.1	41.1	41.2	41.2
第二产业	76.0	76.0	74.4	74.3	75.1	74.5
工　业	77.6	77.9	76.2	76.3	76.2	75.6
建筑业	63.7	63.2	63.3	61.4	69.7	69.7
第三产业	41.5	40.7	43.4	43.6	42.7	42.3
#交通运输、仓储和邮政业	54.7	54.8	56.1	56.3	56.5	57.2
批发和零售业	16.2	14.5	26.3	25.8	25.7	27.2
金融业	55.6	55.6	57.7	59.2	53.0	49.8
房地产业	18.5	14.0	23.3	16.7	22.8	18.3
增加值率	**36.6**	**36.8**	**37.4**	**36.8**	**36.6**	**36.8**
第一产业	59.0	58.8	58.9	58.9	58.8	58.8
第二产业	24.0	24.0	25.6	25.7	24.9	25.5
工　业	22.4	22.1	23.8	23.7	23.8	24.4
建筑业	36.3	36.8	36.7	38.6	30.3	30.3
第三产业	58.5	59.3	56.6	56.4	57.3	57.7
#交通运输、仓储和邮政业	45.4	45.2	43.9	43.7	43.5	42.8
批发和零售业	83.8	85.5	73.7	74.2	74.3	72.8
金融业	44.4	44.4	42.3	40.8	47.0	50.2
房地产业	81.5	86.0	76.7	83.3	77.2	81.7

注:1.本表均按当年价格计算;2.本表中2004年及以前年份第一产业不包括农林牧渔服务业;

2－2 主要年份地区生产总值

单位:万元

年份	地区生产总值	第一产业	第二产业	工业	建筑业	第三产业
1950	14583	7919	2051			4613
1952	23431	11231	4333	2339	1994	7867
1957	40773	14547	9449	5041	4408	16777
1962	47418	15684	11327	7484	3842	20407
1965	62052	21946	17225	12846	4379	22881
1970	69747	25181	24039	18789	5250	20527
1975	92367	24119	44093	34001	10092	24155
1978	126791	33933	59896	45308	14588	32962
1979	149738	42468	68698	50574	18124	38572
1980	181671	51745	82093	55826	26267	47833
1981	204845	61702	89158	61029	28129	53985
1982	236252	74444	101938	66588	35350	59870
1983	266527	85701	114534	86720	27814	66292
1984	324999	105812	148616	113337	35279	70571
1985	397567	121532	177895	143136	37560	98140
1986	447598	135024	191184	159933	31251	121390
1987	536612	159332	221944	181988	39956	155336
1988	759273	231086	328403	272301	56102	199784
1989	952773	267303	413194	348904	64290	272276
1990	1023959	294057	412126	345036	67090	317776
1991	1188295	317474	511091	407668	103423	359730
1992	1500027	396097	629221	498552	130669	474709
1993	2457166	530391	891704	691612	200092	1035071
1994	3490842	728654	1314413	1033673	280740	1447775
1995	4641433	985156	1671910	1300113	371797	1984367
1996	5755810	1108933	2205312	1704501	500811	2441565
1997	6873322	1209896	2674609	2147299	527310	2988816
1998	7766600	1285522	3172875	2536111	636764	3318203
1999	8273850	1348355	3480443	2855006	625437	3445053
2000	8763866	1351819	3788885	3211520	577365	3623162
2001	9432352	1326433	4094302	3469752	624550	4011617
2002	10116906	1360279	4496871	3853609	643262	4259756
2003	11621308	1436978	5489984	4638391	851593	4694345
2004	13352090	1631635	6385658	5395622	990036	5334798
2005	14913998	1747751	6707966	5641988	1065978	6458281
2006	16869271	1761368	7210483	6018520	1191963	7897420
2007	20292767	2042409	8474157	6995548	1478609	9776201
2008	23556710	2364867	9773002	7912404	1860598	11418841
2009	26040448	2420004	11081880	8916393	2165487	12538565
2010	31234091	2827270	14019195	11275850	2743345	14387627
2011	37363796	3250916	17111859	13551859	3560000	17001021
2012	42109279	3677283	19054971	14819871	4235100	19377025
2013	46784951	4022600	21336011	16545111	4790900	21426340

注:本表2013年数据为快报数。

2-2 续表

单位:万元

年 份	交通运输仓储邮政业	批发零售餐饮业	金融业	房地产业	其它服务业	人均地区生产总值(元)
1950						66
1952	1507	1814				100
1957	3214	3539				153
1962	3910	6256				158
1965	4383	4976				192
1970	3870	5090				199
1975	4628	6868				229
1978	6369	8652	8181	1791	7969	293
1979	7450	10120	9944	2094	8964	340
1980	9226	12532	12408	2643	11024	406
1981	10422	14158	13939	2987	12479	451
1982	11580	15731	16048	3313	13198	510
1983	12816	17409	17113	3668	15286	565
1984	13626	18510	18454	3832	16149	679
1985	20473	27578	26219	5544	20453	817
1986	23454	31860	31743	6712	27621	910
1987	30013	40770	40604	8723	35226	1069
1988	38601	52436	47648	10688	50411	1453
1989	55618	58833	66381	14785	76659	1838
1990	62100	61317	79921	17265	97173	1936
1991	76580	68167	92864	19904	102215	2190
1992	108374	91788	127291	26266	120990	2763
1993	229609	266950	201312	73357	263843	4441
1994	357843	358764	247363	128917	354888	6244
1995	485195	491104	373274	155118	479676	8219
1996	660012	685883	278543	161692	655435	10126
1997	734410	828821	477026	186448	762111	11891
1998	794626	940001	467615	234067	881894	13330
1999	848997	976903	425756	253258	940139	14308
2000	902028	1125373	390780	276047	928934	14841
2001	977560	1211960	413561	320973	1087563	15835
2002	1031353	1318678	377195	367755	1164775	16901
2003	1120000	1418818	451263	447554	1256710	17695
2004	1274062	1454480	529418	489638	1587200	20292
2005	1005975	1431160	474732	817981	2728433	22529
2006	1111982	1569003	679661	1243742	3293032	25216
2007	1185324	2101842	1039662	1242843	4206530	30130
2008	1338803	2509668	1368952	1243969	4957449	33884
2009	1385113	2743899	1555680	1300750	5553123	37041
2010	1581008	3397661	1847059	1349835	6212064	44000
2011	1775830	4625699	2461557	1660739	6477196	52152
2012	1827400	4975863	2909155	2227017	7437590	58202
2013	1971049	5199658	3335424	2521028	8399182	64045

2-3 主要年份地区生产总值指数

(以上年为100)

单位:%

年份	地区生产总值	第一产业	第二产业			第三产业			人均地区生产总值
				工业	建筑业		交通运输仓储邮政业	批发和零售业	
1952	117.0	110.2	155.9	160.0	150.2	118.9	118.9	113.3	114.0
1957	112.1	110.5	105.4	100.6	111.6	80.2	80.2	73.8	109.6
1962	95.6	105.9	80.3	86.0	71.1	96.6	96.6	132.2	93.8
1965	117.4	118.2	134.2	131.1	144.2	106.4	106.4	103.4	114.8
1970	107.2	110.4	120.2	118.5	126.8	91.7	93.2	94.7	107.5
1975	101.2	94.7	106.3	109.9	95.6	101.2	101.2	110.4	98.9
1978	122.0	117.9	135.0	123.4	190.8	108.4	109.4	107.2	119.6
1979	114.5	113.2	114.4	111.4	123.9	116.1	116.1	116.1	112.2
1980	119.9	117.3	120.5	111.3	146.1	122.0	121.8	121.8	118.3
1981	106.2	101.4	107.2	107.9	105.7	110.0	110.0	110.1	104.7
1982	111.1	105.3	113.3	108.1	124.5	113.5	113.7	113.7	108.9
1983	107.7	104.6	109.6	126.4	78.0	107.5	107.4	107.4	105.7
1984	118.1	121.1	123.6	125.2	118.9	106.0	105.9	105.9	116.4
1985	128.5	108.9	131.7	136.8	115.3	142.7	150.9	149.7	126.4
1986	98.8	107.8	91.6	96.7	72.0	104.5	98.9	99.7	97.7
1987	111.2	109.3	113.8	111.6	125.4	108.7	108.7	108.7	109.0
1988	126.0	109.0	147.6	149.3	140.1	104.5	104.5	104.5	121.1
1989	112.8	110.1	112.9	112.5	114.6	115.1	121.6	94.7	113.6
1990	108.2	152.1	79.0	79.0	79.0	138.9	132.0	123.3	106.1
1991	112.2	106.6	119.7	115.8	138.0	107.6	118.7	105.6	109.3
1992	119.5	111.7	121.0	124.8	106.1	124.5	130.4	133.8	119.5
1993	140.0	107.2	130.7	133.1	119.2	179.6	184.8	224.8	138.6
1994	126.1	96.3	142.1	144.3	130.5	124.0	145.2	120.4	124.8
1995	121.9	127.7	118.8	118.3	121.7	123.4	127.6	122.5	120.7
1996	122.5	118.9	129.6	129.6	129.8	115.7	122.8	133.6	121.7
1997	117.8	106.3	121.1	124.2	103.5	118.3	111.9	115.4	115.9
1998	115.7	108.7	121.1	121.2	120.3	111.2	107.7	113.6	114.8
1999	109.4	106.6	113.0	114.8	100.6	105.3	108.3	107.5	110.2
2000	110.0	101.8	112.4	114.8	93.5	109.2	109.2	115.9	107.7
2001	108.9	100.2	111.4	111.8	109.3	109.4	107.2	110.4	107.9
2002	110.2	103.9	114.0	115.7	104.3	108.3	108.0	110.4	109.7
2003	113.6	103.5	119.7	118.8	125.6	110.8	111.8	108.0	112.9
2004	112.7	103.9	114.9	115.0	114.3	112.7	115.0	109.5	112.3
2005	110.5	102.6	105.2	105.0	106.7	119.2	108.9	114.7	108.9
2006	112.5	97.0	108.3	108.3	108.4	121.0	107.8	109.3	111.8
2007	115.8	104.5	114.2	113.8	116.4	119.7	100.6	129.4	115.0
2008	113.7	104.9	113.7	113.2	116.4	115.4	110.8	113.5	112.7
2009	113.0	104.8	114.8	113.7	120.0	112.9	106.9	114.5	111.8
2010	114.2	103.9	119.1	118.8	120.8	111.5	114.4	116.7	113.1
2011	113.0	104.1	115.9	115.2	118.6	111.9	111.4	110.4	111.9
2012	112.1	104.7	114.9	114.1	118.3	110.6	103.3	108.3	110.9
2013	111.5	104.6	113.2	113.2	113.1	110.8	107.7	108.6	110.4

注:本表2013年数据为快报数。

2－4　主要年份地区生产总值指数

（以1952年为100）

单位：%

年　份	地　区 生产总值	第一产业	第二产业	第三产业	人均地区 生产总值
1952	100.0	100.0	100.0	100.0	100.0
1957	170.0	139.3	192.1	160.3	149.4
1962	152.2	96.7	244.9	241.3	119.0
1965	215.9	153.9	373.5	284.6	156.5
1970	228.1	155.1	508.7	254.5	153.0
1975	296.8	144.3	912.3	335.3	172.3
1978	387.0	188.0	1240.1	408.7	209.9
1979	443.1	212.8	1418.9	474.6	235.6
1980	531.3	249.6	1709.2	578.9	278.7
1981	564.4	253.2	1831.5	636.5	291.7
1982	627.2	266.6	2075.0	722.5	317.8
1983	675.5	278.8	2274.9	776.5	336.0
1984	797.7	337.7	2811.9	823.4	390.9
1985	1024.8	367.7	3703.0	1175.3	494.1
1986	1012.2	396.4	3391.9	1227.8	482.6
1987	1125.9	433.1	3861.2	1335.1	526.1
1988	1418.8	472.0	5699.2	1394.7	637.2
1989	1600.9	519.6	6434.4	1604.6	724.1
1990	1732.2	790.3	5080.6	2229.3	768.4
1991	1943.8	842.1	6080.7	2398.9	839.9
1992	2323.7	940.5	7359.3	2985.5	1004.0
1993	2777.8	1050.5	8906.8	3715.4	1200.0
1994	3889.0	1126.1	11641.2	6672.9	1662.7
1995	4904.0	1084.5	16542.1	8274.5	2074.9
1996	5978.0	1384.9	19652.0	10210.7	2504.3
1997	7323.0	1646.6	25469.0	11813.8	3046.9
1998	8626.5	1750.3	30842.9	13975.7	3530.4
1999	9980.9	1902.6	37350.8	15540.9	4052.7
2000	10919.1	2028.2	42206.4	16364.6	4467.4
2001	12011.0	2064.7	47440.0	17870.2	4811.0
2002	13080.0	2068.8	52848.1	19550.0	5191.1
2003	14414.1	2149.5	60246.9	21172.6	5694.6
2004	16374.5	2224.7	72115.5	23459.2	6429.2
2005	18093.8	2285.5	75865.5	27963.4	7001.4
2006	20355.6	2214.1	82162.3	33835.7	7827.6
2007	23571.7	2313.7	93829.4	40501.3	9001.7
2008	26801.1	2427.1	106684.0	46738.5	10144.9
2009	30285.2	2543.6	122473.3	52767.8	11342.0
2010	34585.7	2642.8	145865.7	58836.1	12827.8
2011	39081.8	2751.2	169058.3	65837.6	14354.3
2012	43810.7	2880.5	194248.0	72816.4	15918.9
2013	48831.6	3013.0	219849.0	80715.9	17573.2

注：本表2013年数据为快报数。

2-5 主要年份地区生产总值构成

单位:%

年份	地区生产总值	第一产业	第二产业	工业	建筑业	第三产业
1950	100.00	54.30	14.06			31.63
1952	100.00	47.93	18.49	9.98	8.51	33.58
1957	100.00	35.68	23.17	12.36	10.81	41.15
1962	100.00	33.08	23.89	15.78	8.10	43.04
1965	100.00	35.37	27.76	20.70	7.06	36.87
1970	100.00	36.10	34.47	26.94	7.53	29.43
1975	100.00	26.11	47.74	36.81	10.93	26.15
1978	100.00	26.76	47.24	35.73	11.51	26.00
1979	100.00	28.36	45.88	33.77	12.10	25.76
1980	100.00	28.48	45.19	30.73	14.46	26.33
1981	100.00	30.12	43.52	29.79	13.73	26.35
1982	100.00	31.51	43.15	28.19	14.96	25.34
1983	100.00	32.15	42.97	32.54	10.44	24.87
1984	100.00	32.56	45.73	34.87	10.86	21.71
1985	100.00	30.57	44.75	36.00	9.45	24.69
1986	100.00	30.17	42.71	35.73	6.98	27.12
1987	100.00	29.69	41.36	33.91	7.45	28.95
1988	100.00	30.44	43.25	35.86	7.39	26.31
1989	100.00	28.06	43.37	36.62	6.75	28.58
1990	100.00	28.72	40.25	33.70	6.55	31.03
1991	100.00	26.72	43.01	34.31	8.70	30.27
1992	100.00	26.41	41.95	33.24	8.71	31.65
1993	100.00	21.59	36.29	28.15	8.14	42.12
1994	100.00	20.87	37.65	29.61	8.04	41.47
1995	100.00	21.23	36.02	28.01	8.01	42.75
1996	100.00	19.27	38.31	29.61	8.70	42.42
1997	100.00	17.60	38.91	31.24	7.67	43.48
1998	100.00	16.55	40.85	32.65	8.20	42.72
1999	100.00	16.30	42.07	34.51	7.56	41.64
2000	100.00	15.42	43.23	36.65	6.59	41.34
2001	100.00	14.06	43.41	36.79	6.62	42.53
2002	100.00	13.45	44.45	38.09	6.36	42.11
2003	100.00	12.37	47.24	39.91	7.33	40.39
2004	100.00	12.22	47.83	40.41	7.41	39.95
2005	100.00	11.72	44.98	37.83	7.15	43.30
2006	100.00	10.44	42.74	35.68	7.07	46.82
2007	100.00	10.06	41.76	34.47	7.29	48.18
2008	100.00	10.04	41.49	33.59	7.90	48.47
2009	100.00	9.29	42.56	34.24	8.32	48.15
2010	100.00	9.05	44.88	36.10	8.78	46.06
2011	100.00	8.70	45.80	36.27	9.53	45.50
2012	100.00	8.73	45.25	35.19	10.06	46.02
2013	100.00	8.60	45.60	35.36	10.24	45.80

注:本表2013年数据为快报数。

2－6 主要年份第三产业增加值构成

单位:%

年 份	第三产业增加值	交通运输仓储邮政业	批发零售餐饮业	金融业	房地产业	其他服务业
1950	100.00					
1952	100.00	19.16	23.06			
1957	100.00	19.16	21.09			
1962	100.00	19.16	30.66			
1965	100.00	19.16	21.75			
1970	100.00	18.85	24.80			
1975	100.00	19.16	28.43			
1978	100.00	19.32	26.25	24.82	5.43	24.18
1979	100.00	19.31	26.24	25.78	5.43	23.24
1980	100.00	19.29	26.20	25.94	5.53	23.05
1981	100.00	19.31	26.23	25.82	5.53	23.12
1982	100.00	19.34	26.28	26.80	5.53	22.04
1983	100.00	19.33	26.26	25.81	5.53	23.06
1984	100.00	19.31	26.23	26.15	5.43	22.88
1985	100.00	20.42	27.50	26.15	5.53	20.40
1986	100.00	19.32	26.25	26.15	5.53	22.75
1987	100.00	19.32	26.25	26.14	5.62	22.68
1988	100.00	19.32	26.25	23.85	5.35	25.23
1989	100.00	20.43	21.61	24.38	5.43	28.15
1990	100.00	19.54	19.30	25.15	5.43	30.58
1991	100.00	21.29	18.95	25.81	5.53	28.41
1992	100.00	22.83	19.34	26.81	5.53	25.49
1993	100.00	22.18	25.79	19.45	7.09	25.49
1994	100.00	24.72	24.78	17.09	8.90	24.51
1995	100.00	24.45	24.75	18.81	7.82	24.17
1996	100.00	27.03	28.09	11.41	6.62	26.84
1997	100.00	24.57	27.73	15.96	6.24	25.50
1998	100.00	23.95	28.33	14.09	7.05	26.58
1999	100.00	24.64	28.36	12.36	7.35	27.29
2000	100.00	24.90	31.06	10.79	7.62	25.64
2001	100.00	24.37	30.21	10.31	8.00	27.11
2002	100.00	24.21	30.96	8.85	8.63	27.34
2003	100.00	23.86	30.22	9.61	9.53	26.77
2004	100.00	23.88	27.26	9.92	9.18	29.75
2005	100.00	15.58	22.16	7.35	12.67	42.25
2006	100.00	14.08	19.87	8.61	15.75	41.70
2007	100.00	12.12	21.50	10.63	12.71	43.03
2008	100.00	11.72	21.98	11.99	10.89	43.41
2009	100.00	11.05	21.88	12.41	10.37	44.29
2010	100.00	10.99	23.62	12.84	9.38	43.18
2011	100.00	10.45	27.21	14.48	9.77	38.09
2012	100.00	9.44	25.68	15.01	11.49	38.38
2013	100.00	9.20	24.27	15.57	11.76	39.20

注:本表2013年数据为快报数。

2－7　各个计划时期地区生产总值平均发展指数

单位:%

年　　份	地区生产总值	第一产业	第二产业	工　业	建筑业	第三产业	交通运输仓储邮政业	批发和零售业
“一五”时期	111.2	93.0	113.9	113.6	114.3	109.9	109.9	108.0
“二五”时期	97.8	100.2	105.0	109.6	98.5	108.5	108.5	117.0
调整时期	113.2	112.8	124.5	119.9	104.5	106.9	105.6	94.3
“三五”时期	101.1	98.6	106.4	107.3	103.2	97.8	97.5	100.4
“四五”时期	105.4	111.6	112.4	112.0	113.4	105.7	106.0	108.6
“五五”时期	112.4	108.1	113.4	110.6	121.2	111.5	111.7	109.7
“六五”时期	114.0	116.5	116.7	120.4	107.1	115.2	116.5	116.3
“七五”时期	111.2	109.4	106.5	107.4	102.7	113.7	112.5	105.7
“八五”时期	126.6	110.2	127.8	129.8	119.1	136.0	146.3	144.4
“九五”时期	113.2	105.8	116.8	118.7	104.0	110.9	109.3	113.0
“十五”时期	111.5	103.1	114.2	114.7	110.9	111.0	111.2	107.8
“十一五”时期	114.0	103.0	114.0	113.5	116.3	116.0	108.0	116.5
“十二五”前三年	112.2	109.8	107.2	114.7	114.1	115.9	110.1	107.7

注:本表2013年数据为快报数。

2－8　地区生产总值项目构成

(2012年)

单位:万元

项　　目	增加值	劳动者报酬	生产税净额	固定资产折旧	营业盈余
地区生产总值	**42109279**	**19064805**	**6346745**	**4730076**	**11967653**
第一产业	3677283	3578511		98772	
第二产业	19054971	8049136	3172539	1731171	6102125
工　业	14819871	5803522	2836586	1620665	4559098
建筑业	4235100	2245614	335953	110506	1543027
第三产业	19377025	7437157	3174206	2900133	5865528
交通运输、仓储和邮政业	1827400	632608	127445	660086	407261
信息传输、计算机服务和软件业	1369861	371060	88102	287627	623071
#软件业	251973	105215	12733	8046	125978
批发和零售业	4201211	1253337	1839182	203102	905590
批发业	2300358	524910	1392823	57219	325406
零售业	1900853	728427	446359	145883	580184
住宿和餐饮业	774652	406943	151225	54866	161618
金融业	2909155	803094	310140	107212	1688710
房地产业	2227017	224865	411096	1008525	582532
#房地产开发与经营业	1068230	84438	384518	13482	585793
租赁和商务服务业	1799306	635887	86460	156096	920863
科学研究、技术服务和地质勘查业	525596	268759	32911	42563	181363
水利、环境和公共设施管理业	94309	51253	2781	14016	26259
居民服务和其他服务业	612490	384196	71066	72096	85132
教　育	975174	810774	5793	86632	71975
卫生、社会保障和社会福利业	565918	374157	1182	38950	151629
文化、体育和娱乐业	380758	185683	46824	88729	59523
公共管理和社会组织	1114176	1034541		79635	

2－9 按行业分增加值

（2005－2013 年） 单位：万元

项 目	2005 年	2006 年	2007 年	2008 年	2009 年	2010 年	2011 年	2012 年	2013 年
地区生产总值	**14913998**	**16869271**	**20292767**	**23556710**	**26040448**	**31234091**	**37363796**	**42109279**	**46784951**
第一产业	1747751	1761368	2042409	2364867	2420004	2827270	3250916	3677283	4022600
第二产业	6707966	7210483	8474157	9773002	11081880	14019195	17111859	19054971	21336011
工 业	5641988	6018520	6995548	7912404	8916393	11275850	13551859	14819871	16545111
建筑业	1065978	1191963	1478609	1860598	2165487	2743345	3560000	4235100	4790900
第三产业	6458281	7897420	9776201	11418841	12538565	14387627	17001021	19377025	21426340
交通运输、仓储和邮政业	1005975	1111982	1185324	1338803	1385113	1581008	1775830	1827400	1971049
信息传输、计算机服务和软件业	467947	596254	777359	908148	1002702	1126506	1328366	1369861	1442568
# 软件业	35510	61412	98155	121151	137832	149324	225160	251973	
批发和零售业	1431160	1569003	2101842	2509668	2743899	3397661	3903375	4201211	4546274
批发业	494554	648626	1023839	1230175	1343448	1716644	2025078	2300358	2526925
零售业	936606	920377	1078003	1279493	1400451	1681018	1878296	1900853	2019349
住宿和餐饮业	307919	351786	441396	504304	552394	609470	722324	774652	821384
金融业	474732	679661	1039662	1368952	1555680	1847059	2461557	2909155	3335424
房地产业	817963	1243742	1242843	1243969	1300750	1349835	1660739	2227017	2521028
# 房地产开发与经营业	352792	700978	627351	545342	570066	608212	815367	1068230	
租赁和商务服务业	366335	568901	768956	989032	1123720	1232716	1395996	1799306	
科学研究、技术服务和地质勘查业	148503	198699	263864	320873	351027	404592	467050	525596	
水利、环境和公共设施管理业	31474	35542	41485	48387	56242	64910	80926	94309	
居民服务和其他服务业	203604	239100	308705	350103	415960	457015	500875	612490	
教 育	426706	490298	582132	679374	759364	808723	898048	975174	
卫生、社会保障和社会福利业	224984	230390	255412	314887	355917	415668	498675	565918	
文化、体育和娱乐业	101999	133795	175604	206476	234016	268573	310150	380758	
公共管理和社会组织	434507	431696	569528	635866	701781	823890	997111	1114176	1192462

注：本表 2013 年数据为快报数。

2-10 最终消费与资本形成总额

（1990～2012年）　　单位：万元

年份	最终消费	居民消费	政府消费	资本形成总额	固定资本形成	存货增加	最终消费率（%）	资本形成率（%）
1990	688523	567557	120966	425773	295644	130129	67.2	41.6
1991	795883	652248	143635	492864	351741	141123	67.0	41.5
1992	880728	689738	190990	807713	629750	177963	58.7	53.8
1993	1168937	869476	299461	1240588	938403	302185	50.0	49.0
1994	1980186	1311149	669037	1795516	1337069	458447	52.2	47.3
1995	2469978	1671463	798515	2612205	1884534	727671	48.7	51.5
1996	2889484	1978009	911475	2950769	2101782	848987	45.5	46.5
1997	3162408	2214062	948346	3368442	2476284	892158	41.7	44.4
1998	3396862	2432270	964592	3876013	2952646	923367	39.0	44.5
1999	3602103	2674525	927578	4103637	3047818	1055819	38.1	43.4
2000	3957685	3004282	953403	4074554	2945051	1129503	39.0	40.2
2001	4217669	3235398	982271	4475959	3315924	1160035	38.9	41.2
2002	4780769	3789739	991030	4818425	3646712	1171713	40.2	40.6
2003	5129027	4115336	1013691	6054794	4830563	1224231	37.6	44.4
2004	5097275	4020966	1076309	6633333	5538440	1094893	35.9	46.7
2005	5683047	4555726	1127321	7446466	6306424	1140042	36.0	47.2
2006	6627895	5355870	1272025	9029542	7392437	1637105	37.0	50.4
2007	7577670	6398402	1179268	10901049	9733323	1167726	35.4	50.1
2008	8914785	7341599	1573186	13387695	12008277	1379418	34.9	52.5
2009	9626285	7930435	1695850	15196592	14127663	1068929	33.8	53.3
2010	10761329	8689589	2071740	17057190	16063452	993738	34.3	54.4
2011	12823398	10305385	2518013	20631579	19470752	1160827	34.2	55.0
2012	14879931	11825846	3054085	23641446	22452483	1188963	35.2	56.0

2-11 最终消费与资本形成总额指数

(1990-2012年,以上年为100)

单位:%

年份	最终消费	居民消费	政府消费	资本形成总额	固定资本形成	存货增加
1990	115.1	116.1	110.0	88.8	79.3	119.3
1991	110.8	110.1	113.9	108.7	111.2	102.9
1992	104.6	100.4	123.8	149.9	160.1	124.6
1993	116.3	111.1	135.7	126.3	121.9	139.9
1994	124.2	125.3	122.2	121.0	115.9	136.2
1995	108.8	112.2	104.5	126.1	126.2	125.9
1996	111.6	114.3	106.4	112.3	111.3	114.7
1997	107.9	110.7	102.0	112.9	115.1	107.6
1998	107.9	110.5	101.9	116.4	120.4	105.8
1999	106.2	122.3	95.6	107.5	105.2	114.4
2000	109.3	111.1	104.2	103.5	101.5	108.8
2001	108.1	109.3	104.3	111.1	113.7	104.4
2002	114.7	118.6	101.6	108.3	110.5	102.1
2003	107.0	108.2	102.3	123.8	130.6	102.9
2004	110.6	111.8	105.6	112.7	116.0	100.1
2005	109.3	111.3	102.2	110.8	112.7	101.5
2006	115.5	116.5	111.6	119.4	115.1	143.3
2007	110.7	114.7	93.7	115.5	125.9	69.2
2008	115.0	112.5	127.6	117.8	118.6	111.3
2009	109.3	108.9	111.1	115.3	119.9	76.1
2010	113.5	114.3	110.1	117.7	118.7	100.8
2011	113.7	113.2	115.9	112.5	112.4	112.8
2012	112.8	112.3	114.9	114.1	114.7	103.4

2-12 最终消费与资本形成总额指数

(1990-2012年,以1990年为100)　　单位:%

年　份	最终消费	居民消费	政府消费	资本形成总额	固定资本形成	存货增加
1990	100.00	100.00	100.00	100.00	100.00	100.00
1991	110.77	110.08	113.99	108.65	111.17	102.91
1992	115.87	110.50	141.07	162.84	178.00	128.40
1993	158.85	126.04	312.74	229.92	248.58	187.51
1994	192.28	151.84	382.04	278.09	288.13	255.30
1995	209.26	168.81	399.08	350.75	363.68	321.37
1996	233.6	192.9	424.7	393.8	404.8	368.8
1997	252.1	213.6	433.0	444.8	465.9	396.7
1998	272.2	235.7	443.0	517.7	560.9	419.6
1999	289.0	259.7	426.4	556.4	589.9	480.2
2000	574.8	529.3	788.2	957.0	996.1	868.0
2001	621.4	578.5	822.1	1063.2	1132.6	906.2
2002	712.7	686.1	835.3	1151.4	1251.5	925.2
2003	762.6	742.4	854.5	1425.4	1634.5	952.0
2004	843.4	830.0	902.4	1606.4	1896.0	953.0
2005	921.9	923.8	922.2	1779.9	2136.8	967.2
2006	1064.8	1076.2	1029.2	2125.2	2459.5	1386.0
2007	1178.7	1234.4	964.4	2454.6	3096.5	959.1
2008	1355.5	1388.7	1230.6	2891.5	3672.4	1067.5
2009	1481.6	1512.3	1367.2	3333.9	4403.3	812.4
2010	1681.6	1728.6	1505.3	3917.3	5226.7	818.9
2011	1912.0	1956.8	1744.6	4407.0	5874.8	923.7
2012	2156.7	2197.5	2004.5	5028.4	6703.1	955.1

2-13 居民消费水平

(1990-2012年)

年份	全体居民消费水平(元/人)	农业居民	非农业居民	城乡居民消费水平对比(农业居民=1)	全体居民消费水平指数	
					(以1990年为100)	(以上年为100)
1990	997	817	1568	1.9	100.0	106.9
1991	1110	889	1818	2.0	106.0	106.0
1992	1260	1010	2044	2.0	111.0	104.7
1993	1576	1271	2519	2.0	122.0	109.9
1994	2345	1813	3934	2.2	151.1	123.9
1995	2960	2343	4779	2.0	166.4	110.1
1996	3458	2779	5403	1.9	187.7	112.8
1997	3831	2971	6213	2.1	205.7	109.6
1998	4175	3129	7011	2.2	225.7	109.7
1999	4570	3342	7813	2.3	249.2	110.4
2000	5088	3638	8812	2.4	274.3	110.1
2001	5432	3728	9633	2.6	297.1	108.3
2002	6331	4264	10173	2.4	350.6	118.0
2003	6266	3921	10825	2.8	378.2	107.5
2004	6111	5024	7055	1.4	420.2	111.1
2005	6882	5628	7927	1.4	464.7	110.6
2006	8090	5518	10235	1.9	514.0	110.6
2007	9564	5905	12503	2.1	583.4	113.5
2008	10804	6316	14232	2.3	646.4	110.8
2009	11577	6441	15259	2.4	698.1	108.0
2010	12427	6754	16130	2.4	781.2	111.9
2011	14384	8205	18067	2.2	917.9	117.5
2012	16345	9588	20137	2.1	1041.8	113.5

2-14 经济增长贡献率

(2000-2013年)

项　　目	2000年	2001年	2002年	2003年	2004年	2005年	2006年
地区生产总值	**100.0**	**100.0**	**100.0**	**100.0**	**100.0**	**100.0**	**100.0**
第一产业	2.2	0.4	5.4	0.9	3.7	3.0	3.1
第二产业	65.5	55.8	60.8	66.5	56.6	45.9	44.0
#工　业	69.5	48.9	58	54.7	48.8	45.2	42.6
第三产业	32.3	43.8	33.7	32.6	39.7	51.1	52.9
#交通运输、仓储和邮政业	9.2	8.4	8.0	8.6	11.5	10.2	7.4
批发和零售业	15.6	15.1	13.3	7.7	9.3	9.7	4.9

项　　目	2007年	2008年	2009年	2010年	2011年	2012年	2013年
地区生产总值	**100.0**	**100.0**	**100.0**	**100.0**	**100.0**	**100.0**	**100.0**
第一产业	2.9	3.2	3.1	2.2	2.8	3.3	3.1
第二产业	38.9	42.7	48.6	58.4	54.8	57.0	54.5
#工　业	31.8	34.4	37.7	47.3	42.2	42.9	43.2
第三产业	58.2	54.1	48.3	39.5	42.4	39.7	42.4
#交通运输、仓储和邮政业	0.3	4.4	2.9	5.3	4.4	1.4	3.1
批发和零售业	17.3	10.2	12.6	13.2	8.7	7.4	7.8

注:本表2013年数据为快报数。

2－15　按县(市)区分地区生产总值

(2013 年)　　单位:万元

项　　目	全　市	鼓楼区	台江区	仓山区	晋安区	马尾区	福清市
地区生产总值	**46784951**	**9011645**	**3070571**	**3566035**	**4013902**	**3389666**	**6678185**
第一产业	4022600			27813	47440	56282	882230
第二产业	21336011	1988548	679674	2039683	1501645	2291538	3415739
工　业	16545111	638835	244477	1872703	968818	2121506	2750661
建筑业	4790900	1349712	435197	166980	532827	170032	665078
第三产业	21426340	7023097	2390897	1498539	2464817	1041846	2380216
交通运输、仓储和邮政业	1971049	187505	193785	65166	319106	99466	228214
信息传输、计算机服务和软件业	1442568	399631	269283	38146	53270	104138	327154
批发和零售业	4546274	1388560	612011	289220	675608	242019	539930
批发业	2526925	984887	344967	69153	394660	190282	312997
零售业	2019349	403673	267043	220067	280948	51737	226932
住宿和餐饮业	821384	255763	78004	81270	97060	22353	72034
金融业	3335424	1617743	335613	172261	199572	215978	252542
房地产业	2521028	390820	307783	261931	228664	156734	358516
公共管理和社会组织	1192462	440268	169486	79471	76813	61777	88529
人均地区生产总值	**64045**	**128719**	**67263**	**45427**	**48914**	**138921**	**53107**

项　　目	长乐市	闽侯县	连江县	罗源县	闽清县	永泰县	平潭县
地区生产总值	**4850661**	**3774626**	**3025350**	**1624891**	**1170151**	**1087102**	**1553898**
第一产业	405843	326533	1071239	283365	207652	354400	353200
第二产业	3257469	2320455	1165002	1107993	673699	410115	482936
工　业	3046951	2059290	1026175	1051742	570889	108629	84436
建筑业	210518	261166	138827	56250	102810	301486	398500
第三产业	1187350	1127637	789109	233533	288801	322587	717763
交通运输、仓储和邮政业	143602	93031	190225	42164	46204	49513	313067
信息传输、计算机服务和软件业	69143	45796	38936	21473	18882	16945	39772
批发和零售业	190296	199251	137140	49928	64399	62821	95091
批发业	78809	72697	28200	8113	15942	9764	16454
零售业	111487	126554	108940	41816	48457	53057	78637
住宿和餐饮业	58041	46925	39902	14021	14557	23202	18251
金融业	255720	103772	70882	25749	32395	29196	63852
房地产业	179985	256933	205777	20925	31933	49434	71594
公共管理和社会组织	54375	62869	38333	25375	24529	27066	43570
人均地区生产总值	**69330**	**54665**	**53263**	**78974**	**50006**	**43852**	**39339**

注:本表 2013 年数据为快报数。

2-16 按县(市)区分地区生产总值指数

(2013年,以上年为100) 单位:%

项目	全市	鼓楼区	台江区	仓山区	晋安区	马尾区	福清市
地区生产总值	**11.5**	**11.3**	**11.1**	**11.0**	**10.6**	**13.2**	**10.7**
第一产业	4.6			1.8	0.2	3.5	5.1
第二产业	13.2	13.3	13.2	13.3	12.9	13.0	12.9
工业	13.2	13.0	12.7	13.2	12.6	12.8	12.7
建筑业	13.1	13.5	13.6	13.5	13.6	16.5	13.6
第三产业	10.8	10.6	10.5	8.2	9.3	14.3	9.3
交通运输、仓储和邮政业	7.7	5.4	5.5	7.2	4.1	6.4	5.8
信息传输、计算机服务和软件业	6.9	12.0	11.6	7.8	11.4	4.7	4.2
批发和零售业	8.6	8.6	9.2	5.7	8.5	18.3	7.0
批发业	10.4	10.2	11.4	8.9	10.1	22.8	6.6
零售业	6.8	5.2	7.0	4.9	6.7	6.0	7.4
住宿和餐饮业	1.8	-1.5	1.7	10.1	2.1	5.3	-0.5
金融业	14.8	13.5	13.3	13.1	12.4	20.3	17.3
房地产业	19.2	31.5	15.2	4.1	6.4	25.2	15.9
公共管理和社会组织	5.9	10.0	20.7	4.2	3.0	12.3	5.6
人均地区生产总值	**10.4**	**10.1**	**10.0**	**9.7**	**9.5**	**12.1**	**9.8**

项目	长乐市	闽侯县	连江县	罗源县	闽清县	永泰县	平潭县
地区生产总值	**12.4**	**13.0**	**10.6**	**10.7**	**11.0**	**10.8**	**13.0**
第一产业	4.9	4.9	5.0	4.9	4.9	5.2	4.5
第二产业	14.9	14.6	13.5	12.4	12.3	13.5	4.7
工业	14.9	14.7	13.5	12.3	12.0	13.4	-8.7
建筑业	13.6	13.9	13.7	13.6	13.8	13.5	8.3
第三产业	7.9	11.9	12.6	8.8	11.9	12.3	24.1
交通运输、仓储和邮政业	6.2	4.8	4.2	5.9	7.5	12.8	47.9
信息传输、计算机服务和软件业	6.5	5.4	1.6	13.0	12.0	13.4	7.9
批发和零售业	13.4	12.7	9.7	6.4	7.1	8.3	5.2
批发业	20.5	7.9	11.9	7.9	7.6	6.5	7.8
零售业	9.4	15.3	9.3	6.1	6.9	8.5	4.7
住宿和餐饮业	11.1	3.6	8.9	2.4	5.5	18.1	-0.3
金融业	18.8	20.7	20.3	26.7	35.4	20.1	42.0
房地产业	0.3	29.4	40.1	22.7	11.8	22.1	10.6
公共管理和社会组织	2.8	6.5	4.1	6.3	3.9	6.8	6.0
人均地区生产总值	**11.2**	**11.9**	**9.9**	**10.7**	**11.4**	**10.8**	**10.1**

注:本表2013年数据为快报数。

主要统计指标解释

地区生产总值(GDP) 指按市场价格计算的一个国家(或地区)所有常住单位在一定时期内生产活动的最终成果。国内生产总值有三种表现形态,即价值形态、收入和产品形态。从价值形态看,它是所有常住单位在一定时期内所生产的全部货物和服务价值超过同期投入的全部非固定资产货物和服务价值的差额,即所有常住单位的增加值之和;从收入形态看,它是所有常住单位在一定时期内所创造并分配给常住单位和非常住单位的初次收入之和;从产品形态看,它是所有常住单位在一定时期内最终使用的货物和服务价值减去进口货物和服务价值。

在核算中,国内生产总值的三种表现形态表现为三种计算方法,即生产法、收入法和支出法。三种方法分别从不同的方面反映了国内生产总值及其构成。

按生产法计算,它等于各部门增加值之和;按收入法计算,它等于固定资产折旧、劳动者报酬、生产税净额和营业盈余之和;按支出法计算,它等于总消费、总投资和净出口之和。

在国内生产总值定义中,常住单位的概念对于确定计算国内生产总值的口径,明确各种的交易的范围具有十分重要的意义。所谓常住单位是指在一国经济领土上具有经济利益中心的经济单位。一国经济领土是由该国政府控制或拥有的地理领土组成的。若一个经济单位在一国的经济领土之内拥有一定的活动场所(住宅、厂房或其他建筑物等),从事一定规模的经济活动,并超过一定的时期(一般在一年以上),则称该经济单位在该国具有经济利益中心。国内生产总值反映了所有常住单位生产活动的最终成果。在这里,最终成果有双重含义:一是从使用价值形态上看,它包括了一切用于现期消费、投资和净出口的货物和服务,而不包括用于生产过程中的货物和服务;二是从价值形态上看,生产过程也是价值的转移过程,生产中耗用的产品(中间产品)价值随同生产过程转移到新产品价值之中,因此,必须在总产出基础上扣除一切中间产品的转移价值,以避免产品价值的重复计算。

支出法国内生产总值 指一个国家(或地区)所有常住单位在一定时期内用于最终消费、资本形成总额,以及货物和服务的净出口总额,它反映本期生产的国内生产总值的使用及构成。

最终消费 指常住单位在一定时期内对于货物和服务的全部最终消费支出,也就是常住单位为满足物质、文化和精神生活的需要,从本国经济领土和国外购买的货物和服务的支出,不包括非常住单位在本国经济领土内的消费支出。最终消费分为居民消费和政府消费。

资本形成总额 指常住单位在一定时期内获得的减去处置的固定资产加存货的变动,包括固定资本形成总额和存货增加。

劳动者报酬 指劳动者因从事生产活动所获得的全部报酬。包括劳动者获得的各种形式的工资、奖金和津贴,既包括货币形式的,也包括实物形式的,还包括劳动者所享受的公费医疗和医药卫生费、上下班交通补贴和单位支付的社会保险费、住房公积金等。对于个体经济来说,其所有者所获得的劳动报酬和经营利润不易区分,这两部分统一作为劳动者报酬处理。

生产税净额 指生产税减生产补贴后的余额。生产税指政府对生产单位生产、销售和从事经营活动以及因从事生产活动使用某些生产要素(如固定资产、土地、劳动力)所征收的各种税、附加费和规费。生产补贴与生产税相反,指政府对生产单位的单方面转移支出,因此视为负生产税,包括政策亏损补贴、价格补贴等。

固定资产折旧 指一定时期内为弥补固定资产损耗按照核定的固定资产折旧率提取的固定资产折旧,或按国民经济核算统一规定的折旧率虚拟计算的固定资产折旧。它反映了固定资产在当期生产中的转移价值。

各类企业和企业化管理的事业单位的固定资产折旧是指实际计提并计入成本费中的折旧费；不计提折旧的政府机关、非企业化管理的事业单位和居民住房的固定资产折旧是按照统一规定的折旧率和固定资产原值计算的虚拟折旧。原则上，固定资产折旧应按固定资产的重置价值计算，但是目前我国尚不具备对全社会固定资产进行重估价的基础，所以暂时只能采用上述办法。

营业盈余　指常住单位创造的增加值扣除劳动者报酬、生产税净额和固定资产折旧后的余额。它相当于企业的营业利润加上生产补贴，但要扣除从利润中开支的工资和福利等。

3 人 口

3－1　主要年份户籍总人口

单位:人

年　份	总人口	按性别分		按农业非农业分		平均人口
		男性人口	女性人口	农业人口	非农业人口	
1952	2366838	1258301	1108538	1803319	563519	2351407
1957	2705794	1433059	1272737	1948659	757135	2665649
1962	3055681	1610988	1444693	2242362	811319	3004409
1965	3282024	1721422	1560602	2467566	814458	3186309
1970	3578846	1867451	1175395	2821277	757569	3541600
1975	4087603	2124558	1963045	3299201	788402	4038537
1978	4372830	2272780	2100050	3526942	845888	4326648
1979	4442268	2308402	2133886	3562568	879700	4407549
1980	4498461	2337786	2160675	3581365	917096	4470365
1981	4586815	2383466	2203349	3624816	961999	4542638
1982	4678369	2432969	2245400	3698261	980108	4632592
1983	4749089	2471995	2277094	3738716	1010373	4713729
1984	4826459	2515539	2310920	3748211	1078248	4787774
1985	4888568	2551715	2336853	3762220	1126348	4857514
1986	4947578	2587086	2360492	3808386	1139192	4918073
1987	5090872	2659174	2431698	3916216	1174656	5019225
1988	5142090	2684864	2457226	3945899	1196191	5116481
1989	5192259	2712337	2479922	3973416	1218843	5167175
1990	5352982	2799870	2563262	4117108	1235874	5272621
1991	5411125	2820913	2590212	4151851	1259274	5382054
1992	5447199	2839078	2608121	4157432	1289767	5429162
1993	5506462	2868261	2638201	4126615	1379847	5476831
1994	5554731	2892200	2668261	4135514	1419217	5530597
1995	5622715	2925882	2696833	4219259	1403456	5588723
1996	5699462	2967111	2732351	4251651	1447811	5661089
1997	5748507	2991669	2756838	4244499	1504008	5723985
1998	5798179	3016732	2781447	4252324	1545855	5773343
1999	5831251	3030215	2801036	4237465	1593786	5814715
2000	5892348	3057142	2835224	4240391	1651957	5861800
2001	5941392	3081672	2859720	4208914	1732478	5916870
2002	5975381	3097079	2878302	3702381	2273000	5958387
2003	6048599	3139966	2908633	3994310	2054289	6011990
2004	6093869	3160288	2933581	3952000	2141869	6071234
2005	6148355	3184862	2963493	3929085	2219270	6121112
2006	6227327	3225015	3002312	3849366	2377961	6187841
2007	6303043	3260786	3042257	3853353	2449690	6265185
2008	6359516	3284668	3074848	3730378	2629138	6331280
2009	6383266	3087408	3295858			6371391
2010	6458966	3330500	3128466			6421116
2011	6494105	3344623	3149482			6476536
2012	6552740	3371172	3181568			6523423
2013	6654949	3419418	3235531			6603845

注:2009年户籍人口统计没有统计农业人口、非农业人口,下同。

3-2 主要年份户籍人口构成比重

单位:%

年份	按性别分		按农业非农业分	
	男性人口	女性人口	农业人口	非农业人口
1952	53.16	46.84	76.19	23.81
1957	52.96	47.04	72.02	27.98
1962	52.72	47.28	73.45	26.55
1965	52.45	47.55	75.18	24.82
1970	52.18	47.82	78.32	21.68
1975	51.98	48.02	80.71	19.29
1978	51.98	48.02	80.66	19.34
1979	51.96	48.04	80.20	19.80
1980	51.97	48.03	79.61	20.39
1981	51.96	48.04	79.03	20.97
1982	52.00	48.00	79.05	20.95
1983	52.05	47.95	78.72	21.28
1984	52.12	47.88	77.66	22.34
1985	52.20	47.80	76.96	23.04
1986	52.29	47.74	76.97	23.03
1987	52.23	47.77	76.93	23.07
1988	52.21	47.79	76.74	23.26
1989	52.45	47.55	76.53	23.47
1990	52.12	47.88	76.91	23.09
1991	52.13	47.87	76.73	23.27
1992	52.12	47.88	76.32	23.68
1993	52.09	47.91	74.94	25.06
1994	52.07	47.93	74.45	25.55
1995	52.03	47.97	75.04	24.96
1996	52.06	47.94	74.60	25.40
1997	52.04	47.96	73.84	26.16
1998	52.03	47.97	73.34	26.66
1999	51.96	48.04	72.67	27.33
2000	51.52	48.48	71.28	26.92
2001	51.87	48.13	70.84	29.16
2002	51.83	48.17	61.96	38.04
2003	51.92	48.08	66.04	33.96
2004	51.86	48.14	64.85	35.15
2005	51.80	48.20	63.90	36.10
2006	51.79	48.21	61.81	38.19
2007	51.73	48.27	61.13	38.87
2008	51.65	48.35	58.66	41.34
2009	51.63	48.37		
2010	51.56	48.44	66.17	32.14
2011	51.50	48.50		
2012	51.45	48.55		
2013	51.38	48.62		

3－3 户籍人口变动情况

（2013 年）

项　目	单　位	福州市	市　区	鼓楼区	台江区	仓山区	晋安区	马尾区
年末总户数	户	2049014	647668	176717	120719	166485	131307	52440
年末总人口	人	6654949	1947568	575052	327268	502687	373704	168857
男性人口	人	3419418	971365	287947	163538	249047	185867	84966
女性人口	人	3235531	976203	287105	163730	253640	187837	83891
出生人数	人	117379	24694	6040	3215	8358	5088	1993
死亡人数	人	25632	6730	1935	1580	1486	1207	522
人口自然增长数	人	91747	17964	4105	1635	6872	3881	1471
迁入人数	人	130117	70097	21671	9233	23770	12597	2826
迁出人数	人	119655	61116	27476	10818	12444	8819	1559
出生率	‰	17.77	12.77	10.49	9.82	16.93	13.76	11.90
死亡率	‰	3.88	3.48	3.36	4.83	3.01	3.26	3.12
人口自然增长率	‰	13.89	9.29	7.13	5.00	13.92	10.49	8.78
年平均人口	人	6603845	1934096	575902	327243	493588	369875	167488

项　目	单　位	福清市	长乐市	闽侯县	连江县	罗源县	闽清县	永泰县	平潭县
年末总户数	户	389466	214350	201792	188322	77348	95874	115863	118331
年末总人口	人	1318661	704060	658849	654585	261428	319871	371608	418319
男性人口	人	680923	371335	340265	339920	136666	168669	197846	212429
女性人口	人	637738	332725	318584	314665	124762	151202	173762	205890
出生人数	人	28797	12098	13380	15315	4703	5694	6229	6469
死亡人数	人	4824	3130	3028	2652	1220	1535	728	1785
人口自然增长数	人	23973	8968	10352	12663	3483	4159	5501	4684
迁入人数	人	15441	7585	7458	7392	12621	2378	3900	3245
迁出人数	人	14491	6663	7356	6845	12676	3115	4285	3108
出生率	‰	22.05	17.30	20.47	23.63	18.11	17.90	16.88	15.55
死亡率	‰	3.69	4.48	4.63	4.09	4.70	4.82	1.97	4.29
人口自然增长率	‰	18.35	12.83	15.84	19.54	13.41	13.07	14.91	11.26
年平均人口	人	1306200	699115	653622	647980	259714	318160	369050	415909

3-4 常住人口和城镇化率

县(市)、区	常住人口(万人)							
	2006年	2007年	2008年	2009年	2010年	2011年	2012年	2013年
福州市	**671.00**	**676.00**	**683.00**	**687.00**	**711.54**	**720.00**	**727.00**	**734.00**
市　区	267.00	273.00	271.00	271.00	292.18	296.30	298.49	302.75
鼓楼区	74.00	75.00	75.00	75.00	68.77	69.00	69.52	70.50
台江区	44.00	45.00	45.00	45.00	44.69	45.10	45.30	46.00
仓山区	59.00	60.00	60.00	60.00	76.27	77.10	78.00	79.00
晋安区	65.00	67.00	67.00	67.00	79.25	81.00	81.47	82.65
马尾区	25.00	26.00	24.00	24.00	23.19	24.10	24.20	24.60
福清市	119.00	119.00	120.00	121.00	123.48	124.20	125.30	126.30
长乐市	67.00	67.00	68.00	69.00	68.26	68.70	69.73	70.20
闽侯县	55.00	56.00	63.00	64.00	66.21	67.90	68.80	69.30
连江县	55.00	55.00	55.00	55.00	56.15	56.20	56.60	57.00
罗源县	20.00	20.00	20.00	20.00	20.77	20.50	20.65	20.50
闽清县	25.00	24.00	24.00	24.00	23.76	23.50	23.50	23.30
永泰县	28.00	27.00	27.00	27.00	24.95	24.70	24.88	24.70
平潭县	35.00	35.00	35.00	36.00	35.78	38.00	39.00	40.00

县(市)、区	城镇化率(%)							
	2006年	2007年	2008年	2009年	2010年	2011年	2012年	2013年
福州市	**55.50**	**55.90**	**57.50**	**58.50**	**61.95**	**63.30**	**64.75**	**65.9**
市　区	94.95	94.97	95.81	96.39	96.67	96.85	97.04	97.3
鼓楼区	100.00	100.00	100.00	100.00	100.00	100.00	100.00	100.0
台江区	100.00	100.00	100.00	100.00	100.00	100.00	100.00	100.0
仓山区	100.00	100.00	100.00	100.00	100.00	100.00	100.00	100.0
晋安区	93.65	93.95	96.18	96.70	97.42	98.10	98.50	98.9
马尾区	62.58	62.84	63.33	68.50	66.85	67.60	68.50	70.5
福清市	31.21	31.85	33.25	38.80	38.13	41.20	43.00	45.0
长乐市	33.25	33.79	36.22	38.90	40.73	41.90	43.50	45.4
闽侯县	26.87	27.72	36.30	39.40	44.51	45.70	49.50	51.0
连江县	33.26	33.58	34.10	34.70	35.21	36.60	39.80	40.9
罗源县	30.74	30.98	31.95	33.30	36.77	36.90	38.00	39.8
闽清县	26.69	27.03	27.83	29.20	30.56	30.90	35.00	36.5
永泰县	25.36	26.21	27.01	29.00	31.90	32.10	36.00	37.2
平潭县	18.35	18.95	19.51	33.90	31.84	37.80	39.20	40.7

注:1、本表为人口变动抽样调查数据。2、城镇人口是按国家统计局发布的《关于统计上划分城乡的规定》计算的。

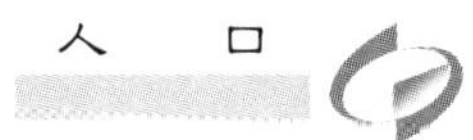

主要统计指标解释

人口数　指一定时点、一定地区范围内的有生命的个人的总和。

人口密度　指一定时点一定地区的人口数与该地区的面积数之比，即一定时点的单位面积上人口数，通常以每平方公里的居住人数来表示：

出生率(又称粗出生率)　指在一定时期内(通常为一年)出生的人数与同期平均人数的比率，一般用千分率表示。

出生人数　指活产婴儿，即胎儿脱离母体时(不管怀孕月数)，有过呼吸或其他生命现象。

死亡率(又称粗死亡率)　指在一定时期内(通常为一年)一定地区的死亡人数与同期平均人数(或期中人数)之比，一般用千分率表示。

人口自然增长率　指在一定时期内(通常为一年)一定地区人口自然增加数(出生人数减死亡人数)与该时期内平均人数(或期中人数)之比，一般用千分率表示。

人口自然增长率＝(本年出生人数－本年死亡人数)÷年平均人数×1000‰

4 就业与职工工资

4－1 全社会从业人员

（1990－2013年）　　单位:万人

年　份	全社会从业人员	城镇单位从业人员	城镇私营、个体从业人员	乡村从业人员
1990	245.83	75.79	6.19	163.85
1991	263.93	78.81	6.21	178.91
1992	274.65	85.63	6.21	182.81
1993	278.47	88.14	6.20	184.13
1994	274.03	83.71	3.12	187.20
1995	280.45	82.40	9.67	188.38
1996	298.09	89.61	16.51	191.97
1997	298.77	87.78	16.52	194.47
1998	297.02	78.62	19.81	198.59
1999	292.39	69.84	21.95	200.60
2000	293.62	68.42	21.30	203.90
2001	290.53	68.80	18.59	203.14
2002	294.42	68.48	19.50	206.44
2003	312.53	75.23	30.30	207.00
2004	321.07	81.47	31.99	207.61
2005	330.00	84.10	37.19	208.71
2006	340.01	87.19	43.82	209.00
2007	358.03	92.30	54.14	211.59
2008	364.00	95.84	55.56	212.60
2009	365.73	98.70	50.26	216.77
2010	389.24	105.48	65.35	218.41
2011	425.59	128.07	73.79	223.73
2012	451.68	143.70	85.77	222.21
2013	462.66	142.75	94.30	225.61

4－2 城镇非私营单位在岗职工人数

（1985－2013 年）

单位:人

年份	合计	按登记注册类型分			按企事业机关分		
		国有单位	集体单位	其他单位	企业	事业	机关
1985	684425	446688	237737				
1986	707525	468939	238587				
1987	724022	477728	236631	9663			
1988	745247	489035	238355	17857			
1989	745959	491592	228396	25971			
1990	757935	501974	221579	34382			
1991	788054	514221	227289	46544			
1992	856301	538362	236484	81455			
1993	881393	551194	221278	108921			
1994	837106	521977	198730	116399			
1995	823952	506921	171258	145773			
1996	896108	528867	167802	199439			
1997	877839	525497	143456	208886	655715	159997	62143
1998	786225	433737	104787	247701	571883	158545	55797
1999	698417	382954	83237	232226	487489	154147	56781
2000	684213	371367	76337	236509	477196	148084	58933
2001	687997	347883	63524	276590	476959	153051	57987
2002	684803	325647	58285	300871	484459	141407	58937
2003	726563	334258	48633	343672	520031	151814	54718
2004	787736	332046	48722	406968	576400	155160	56176
2005	809450	326612	43996	438842	597257	154740	57453
2006	840593	324817	42642	473134	654044	160466	57380
2007	861002	317628	37491	505883	707486	154146	61417
2008	925431	321349	33470	570612	706576	156590	62265
2009	946215	336222	31559	578434	801757	82695	61733
2010	1001114	340064	32872	628178	789722	149800	60979
2011	1210072	346668	36735	826669	979275	171872	67530
2012	1315144	366835	32224	916085	1064428	174310	67771
2013	1288694	324959	35167	928568	1039435	174763	68765

注:1. 1998 年起职工的统计口径为“在岗职工人数”。2. 1998 年起“职工人数”统计口径为在岗职工人数。2009 年起按企事业机关分增加民间非盈利组织和其他两项。

4－3 按三次产业分城镇非私营单位在岗职工人数及构成

（1987－2013年）

年份	城镇单位职工人数（人）				构成（%）		
	合计	第一产业	第二产业	第三产业	第一产业	第二产业	第三产业
1987	724022	27743	373783	322496	3.83	51.63	44.54
1988	745247	26543	392814	325890	3.56	52.71	43.73
1989	745959	26338	383332	336289	3.53	51.39	45.08
1990	757935	25468	386649	345818	3.36	51.01	45.63
1991	788054	24184	406173	357697	3.07	51.54	45.39
1992	856301	23599	464511	368191	2.76	54.25	43.00
1993	881393	17324	499271	364798	1.97	56.65	41.39
1994	837106	19787	436504	380815	2.36	52.14	45.49
1995	823952	13892	339605	470455	1.69	41.22	57.10
1996	896108	16638	376872	502598	1.86	42.06	56.09
1997	877839	15459	363279	499101	1.76	41.38	56.86
1998	786225	13035	307732	465458	1.66	39.14	59.20
1999	698417	11342	330712	356363	1.62	47.35	51.02
2000	684213	10810	323294	350109	1.58	47.25	51.17
2001	687997	10717	335143	342137	1.56	48.71	49.73
2002	684803	9927	342925	331951	1.45	50.08	48.47
2003	726563	8971	392665	324927	1.24	54.04	44.72
2004	787736	8102	437559	342074	1.01	55.55	43.42
2005	809450	7883	461346	340221	0.97	57.00	42.03
2006	840593	7288	485247	348058	0.88	57.72	41.40
2007	861002	6305	492212	362485	0.73	57.17	42.10
2008	925431	6037	497407	421987	0.65	53.75	45.60
2009	946215	8171	480167	457877	0.86	50.75	48.39
2010	1001114	6981	526766	467367	0.70	52.62	46.68
2011	1210072	5991	747885	456196	0.50	61.81	37.69
2012	1315144	1650	823096	490398	0.13	62.59	37.28
2013	1288694	1473	724476	562745	0.11	56.22	43.67

注：在岗职工人数含劳务派遣人员。

4-4 城镇非私营单位从业人员数

单位:人

项目	2012年				2013年			
	年末从业人员数	国有单位	城镇集体单位	其他单位	年末从业人员数	国有单位	城镇集体单位	其他单位
合计	**1437040**	**397324**	**45310**	**994406**	**1427513**	**349718**	**49142**	**1028653**
#女性	504748	151063	10643	343042	491802	144710	11381	335711
按行业分								
农、林、牧、渔业	2185	2011	12	162	1998	1883	11	104
采矿业	2554			2554	1099			1099
制造业	462770	9731	5022	448017	435660	6826	4872	423962
电力、煤气及水的生产和供应业	16674	11875	198	4601	15484	4955	200	10329
建筑业	436453	49724	21418	365311	381339	22645	25970	332724
交通运输、仓储及邮政业	37750	31055	774	5921	50244	17445	954	31845
信息传输、计算机服务和软件业	14557	2564	33	11960	17114	2741	37	14336
批发和零售业	73933	13143	2855	57935	75955	7245	3123	65587
住宿和餐饮业	22700	3935	302	18463	24940	2708	246	21986
金融业	32917	7823	1190	23904	33131	7856	1195	24080
房地产业	28994	3395	1074	24525	36027	5070	880	30077
租赁和商务服务业	16974	4570	7894	4510	47593	6675	7019	33899
科学研究、技术服务和地质勘查业	36157	19709	106	16342	38531	18109	160	20262
水利、环境和公共设施管理业	14649	13507	270	872	14426	13043	261	1122
居民服务和其他服务业	1847	868	192	787	2896	997	156	1743
教育	102113	94303	853	6957	109139	98730	853	9556
卫生、社会保障和社会福利业	46596	42909	2992	695	50669	45517	3108	2044
文化、体育和娱乐业	12181	11213	97	871	13811	9839	97	3875
公共管理和社会组织	75036	74989	28	19	77457	77434		23
按三次产业分								
第一产业	2185	2011	12	162	1998	1883	11	104
第二产业	918451	71330	26638	820483	833582	34426	31042	768114
第三产业	516404	323983	18660	173761	591933	313409	18089	260435

4－5　城镇非私营单位在岗职工人数

单位：人

项　　目	2012年				2013年			
	年末在岗职工人数	国有单位	城镇集体单位	其他单位	年末在岗职工人数	国有单位	城镇集体单位	其他单位
合　计	**1315144**	**366835**	**32224**	**916085**	**1288694**	**324959**	**35167**	**928568**
按行业分								
农、林、牧、渔业	1650	1488	12	150	1473	1359	11	103
采矿业	1793			1793	642			642
制造业	457156	9396	4838	442922	429872	6278	4655	418939
电力、煤气及水的生产和供应业	16525	11740	195	4590	15297	4914	196	10187
建筑业	347622	39561	9439	298622	278665	15846	13547	249272
交通运输、仓储及邮政业	33188	26615	728	5845	46046	16822	922	28302
信息传输、计算机服务和软件业	14541	2559	33	11949	17035	2740	37	14258
批发和零售业	70919	12773	2659	55487	72943	6939	2562	63442
住宿和餐饮业	22367	3723	283	18361	24375	2631	240	21504
金融业	31420	7729	1190	22501	31533	7739	1195	22599
房地产业	28063	3256	987	23820	34735	4869	807	29059
租赁和商务服务业	16599	4327	7868	4404	47043	6488	6979	33576
科学研究、技术服务和地质勘查业	34959	18935	95	15929	37302	17323	130	19849
水利、环境和公共设施管理业	13197	12182	236	779	13611	12368	224	1019
居民服务和其他服务业	1673	716	181	776	2513	751	155	1607
教　育	95874	88458	810	6606	101313	92119	807	8387
卫生、社会保障和社会福利业	44537	41318	2545	674	48140	43526	2603	2011
文化、体育和娱乐业	11751	10796	97	858	13363	9477	97	3789
公共管理和社会组织	71310	71263	28	19	72793	72770		23
按三次产业分								
第一产业	1650	1488	12	150	1473	1359	11	103
第二产业	823096	60697	14472	747927	724476	27038	18398	679040
第三产业	490398	304650	17740	168008	562745	296562	16758	249425

注：在岗职工人数含劳务派遣人员。

4－6 城镇非私营单位在岗职工人数增减情况

单位:人

项目	2005年	2006年	2007年	2008年	2009年	2010年	2011年	2012年	2013年	2013年比2012年增长(%)
合计	**809450**	**840593**	**861002**	**925431**	**946215**	**1001114**	**1210072**	**1315144**	**1288694**	**－2.01**
按行业分										
农、林、牧、渔业	7883	7288	6305	6037	8171	6981	5991	1650	1473	－10.73
采矿业	1316	1264	1267	1137	2130	1422	10501	1793	642	－64.19
制造业	368257	390331	394461	384282	371746	394295	436202	457156	429872	－5.97
电力、煤气及水的生产和供应业	13238	14088	14520	15431	15529	16067	16461	16525	15297	－7.43
建筑业	78535	79564	81964	96557	90762	114982	284721	347622	278665	－19.84
交通运输、仓储及邮政业	29639	30256	32392	32560	35754	35454	36072	33188	46046	38.74
信息传输、计算机服务和软件业	8656	10708	11106	11145	10372	11621	16354	14541	17035	17.15
批发和零售业	28571	28984	32987	36709	39970	38090	62634	70919	72943	2.85
住宿和餐饮业	14584	13082	16669	16203	17814	20279	21250	22367	24375	8.98
金融业	20974	21190	21826	23158	26796	27923	28398	31420	31533	0.36
房地产业	13371	14945	16911	16931	25260	25733	25881	28063	34735	23.78
租赁和商务服务业	10971	12625	14319	47017	53141	60645	17205	16599	47043	183.41
科学研究、技术服务和地质勘查业	15972	17202	17372	19329	23104	29515	30058	34959	37302	6.70
水利、环境和公共设施管理业	9208	9175	9527	10087	11840	12713	13682	13197	13611	3.14
居民服务和其他服务业	3088	2994	3043	4084	3571	2562	1975	1673	2513	50.21
教育	84585	85354	84351	93273	93242	91240	95517	95874	101313	5.67
卫生、社会保障和社会福利业	29659	31215	30586	36110	39512	36531	42100	44537	48140	8.09
文化、体育和娱乐业	12508	12959	13123	15514	15136	13829	14665	11751	13363	13.72
公共管理和社会组织	58435	57369	58273	59867	62365	61232	50405	71310	72793	2.08
按三次产业分										
第一产业	7883	7288	6305	6037	8171	6981	5991	1650	1473	－0.11
第二产业	461346	485247	492212	497407	480167	526766	747885	823096	724476	－0.12
第三产业	340221	348058	362485	421987	457877	467367	456196	490398	562745	0.15

注:在岗职工人数含劳务派遣人员。

4－7　城镇非私营单位女性从业人员增减情况

单位:人

项　　目	2005 年	2006 年	2007 年	2008 年	2009 年	2010 年	2011 年	2012 年	2013 年	2013 年比 2012 年增长(%)
合　计	**376403**	**391597**	**394009**	**410738**	**414546**	**436494**	**468171**	**504748**	**491802**	**－2.56**
按行业分										
农、林、牧、渔业	3334	2773	2400	2358	3364	2778	1370	486	409	－15.84
采矿业	382	293	295	381	624	414	6193	756	404	－46.56
制造业	214079	224238	219972	205307	194857	204479	211947	216967	182403	－15.93
电力、煤气及水的生产和供应业	4165	4374	4545	4568	4539	4721	4994	5268	4683	－11.10
建筑业	11917	12262	12052	13876	12832	14344	34839	56102	47475	－15.38
交通运输、仓储及邮政业	9237	9340	9769	9786	10282	11106	9702	9915	13695	38.12
信息传输、计算机服务和软件业	2810	3993	4244	4219	3541	4114	5812	4738	4483	－5.38
批发和零售业	11880	12213	14517	16229	17732	17070	28068	34218	34865	1.89
住宿和餐饮业	8402	7555	9341	8994	10786	11997	13162	12153	13587	11.80
金融业	10392	12010	12526	12981	15253	16367	16090	17377	17766	2.24
房地产业	4800	5366	6634	6257	8249	8776	10203	10132	12819	26.52
租赁和商务服务业	3640	4074	4338	23458	21851	25713	4019	4500	18364	308.09
科学研究、技术服务和地质勘查业	4784	5076	5371	6094	7899	11623	10845	13231	13227	－0.03
水利、环境和公共设施管理业	3777	3804	4204	4641	5217	5457	5750	3889	4498	15.66
居民服务和其他服务业	935	891	978	1156	1188	1171	816	641	1294	101.87
教　育	44234	44543	43541	47597	49610	50603	54985	58912	61442	4.29
卫生、社会保障和社会福利业	18340	19180	19112	21759	23487	23956	28743	30363	33606	10.68
文化、体育和娱乐业	5019	5233	5283	5607	6224	5724	5550	4776	5961	24.81
公共管理和社会组织	14276	14379	14887	15470	17011	16081	15083	20324	20821	2.45
按三次产业分										
第一产业	3334	2773	2400	2358	3364	2778	1370	486	409	－0.16
第二产业	230543	241167	236864	224132	212852	223958	257973	279093	234965	－0.16
第三产业	142526	147657	154745	184248	198330	209758	208828	225169	256428	0.14

4-8 城镇非私营单位其他从业人员增减情况

单位:人

项目	2005年	2006年	2007年	2008年	2009年	2010年	2011年	2012年	2013年	2013年比2012年增长(%)
合计	**31530**	**31297**	**62047**	**33005**	**40797**	**53689**	**70621**	**121896**	**138819**	**13.88**
按企事业机关分										
企业	26994	26607	56611	25946	36498	45340	57595	106968	121975	14.03
事业	3962	3881	4470	5315	2661	6288	9460	9778	10490	7.28
机关	574	809	966	1744	1638	2061	2469	4976	5915	18.87
按行业分										
农、林、牧、渔业	947	393	105	141	233	309	607	535	525	-1.87
采矿业		34	5	49	68	1	2213	761	457	-39.95
制造业	4651	5588	4476	5189	3496	3753	5723	5614	5788	3.10
电力、煤气及水的生产和供应业	615	482	242	249	242	131	160	149	187	25.50
建筑业	9933	9201	37884	9557	18374	28432	37989	88831	102674	15.58
交通运输、仓储及邮政业	3231	3307	3514	3637	2967	3792	4356	4562	4198	-7.98
信息传输、计算机服务和软件业	217	155	79	63	77	285	149	16	79	393.75
批发和零售业	1274	1160	1012	648	1040	1036	921	3014	3012	-0.07
住宿和餐饮业	562	508	369	492	751	737	2006	333	565	69.67
金融业	2798	3219	3926	3268	2403	2691	1593	1497	1598	6.75
房地产业	1434	1417	3816	1019	1032	825	1190	931	1292	38.78
租赁和商务服务业	617	652	523	484	414	430	518	375	550	46.67
科学研究、技术服务和地质勘查业	944	854	784	988	1438	1111	1098	1198	1229	2.59
水利、环境和公共设施管理业	815	690	1466	1662	1921	696	340	1452	815	-43.87
居民服务和其他服务业	140	150	150	183	155	268	209	174	383	120.11
教育	1140	1111	1422	2029	2180	3876	4641	6239	7826	25.44
卫生、社会保障和社会福利业	965	979	906	1082	1427	2300	2971	2059	2529	22.83
文化、体育和娱乐业	516	448	300	395	848	870	846	430	448	4.19
公共管理和社会组织	731	949	1068	1870	1731	2146	3091	3726	4664	25.17
按三次产业分										
第一产业	947	393	105	141	233	309	607	535	525	-1.87
第二产业	15199	15305	42607	15044	22180	32317	46085	95355	109106	14.42
第三产业	15384	15599	19335	17820	18384	21063	23929	26006	29188	12.24

4－9 城镇非私营单位从业人员劳动报酬

单位：万元

项　　目	2012年			2013年		
	城镇单位从业人员劳动报酬	在岗职工工资总额	其他从业人员劳动报酬	城镇单位从业人员劳动报酬	在岗职工工资总额	其他从业人员劳动报酬
合　计	**6575606**	**6148482**	**427124**	**7457380**	**6997971**	**459410**
按企事业机关分						
企　业	5119494	4725704	393791	5922626	5501879	420747
事　业	999100	976138	22962	1072361	1047288	25073
机　关	415912	406186	9725	435758	423114	12644
民间非盈利组织	21191	20761	430	15117	14171	946
其　他	19909	19693	216	11519	11519	
按三次产业分						
第一产业	7618	6181	1437	6752	5538	1214
第二产业	3799928	3430512	369416	3982347	3595717	386630
第三产业	2768060	2711790	56270	3468281	3396716	71565
按登记注册类型分						
国有单位	2268539	2140539	128001	2149655	2104901	44754
集体单位	151187	107971	43216	168730	116753	51977
其他单位	4155879	3899973	255907	5138996	4776317	362679
内资企业	2493993	2263853	230140	3490432	3154247	336186
港澳台商投资企业	784923	773991	10932	746288	736242	10046
外商投资企业	876964	862129	14835	902275	885828	16447
按国民经济行业分						
农、林、牧、渔业	7618	6181	1437	6752	5538	1214
采矿业	7239	5154	2086	4030	2130	1900
制造业	1907236	1880853	26382	2019191	1989134	30057
电力、煤气及水的生产和供应业	138179	136785	1394	136392	134802	1590
建筑业	1747274	1407720	339555	1822734	1469651	353083
交通运输、仓储及邮政业	164304	156316	7989	249001	238918	10083
信息传输、计算机服务和软件业	92336	92302	34	131342	131075	267
批发和零售业	285560	280624	4936	319194	313204	5990
住宿和餐饮业	65067	64144	922	81598	80532	1066
金融业	390459	386343	4116	427248	422804	4443
房地产业	128318	125321	2996	174505	169612	4893
租赁和商务服务业	73902	73016	886	308051	305973	2079
科学研究、技术服务和地质勘查业	200975	197618	3357	242083	237293	4790
水利、环境和公共设施管理业	47043	44543	2499	51451	49670	1782
居民服务和其他服务业	5928	5537	390	9293	8478	815
教　育	525670	512304	13366	582140	565616	16523
卫生、社会保障和社会福利业	288176	282262	5914	352480	345119	7361
文化、体育和娱乐业	64063	62988	1075	80670	79395	1274
公共管理和社会组织	436260	428470	7790	459227	449028	10199

4－10 城镇非私营单位在岗职工工资总额

（1988－2013年）

单位：万元

年份	合计	按登记注册类型分			按企事业机关分		
		国有单位	集体单位	其他单位	企业	事业	机关
1988	119291	84450	31347	3495	89212	23397	6682
1989	140117	99567	34551	5999	103178	27483	9457
1990	157456	113057	35494	8904	114961	30883	11612
1991	181209	126691	40059	14459	132781	35042	13387
1992	220667	148781	44660	27227	164951	40258	15458
1993	286541	186490	56402	43649	224888	42138	19515
1994	395044	268254	64214	62575	286036	78545	30462
1995	470311	298303	69095	102913	350814	87147	32349
1996	560623	331000	75517	154106	426071	94507	40045
1997	650789	405487	67439	177863	484046	118812	47931
1998	680682	396736	62402	221505	494104	134892	51687
1999	680607	402229	55129	223249	461329	156659	62619
2000	759607	452125	53544	253938	511337	175927	72343
2001	881625	506801	55786	319038	577701	218077	85846
2002	942722	525086	55906	361730	620709	225328	96685
2003	1073262	591956	46788	434519	723615	252181	97467
2004	1296473	679406	49737	567330	885774	296526	114173
2005	1451880	760220	51595	640065	976568	342588	132724
2006	1715622	869443	54276	791903	1173798	390849	150975
2007	2057107	954839	62402	1039866	1424983	438952	193172
2008	2573494	1122240	67420	1383834	1825811	500064	247618
2009	2861961	1304033	72455	1485472	2293889	301361	266684
2010	3429285	1451811	77457	1900017	2543522	602643	281255
2011	4961673	1758717	110686	3092270	3858355	823708	346313
2012	6148482	2140539	107971	3899973	4725704	976138	406186
2013	6997971	2104901	116753	4776317	5501879	1047288	423114

注：在岗职工含劳务派遣人员。

本表1998年起"职工工资总额"统计口径为"在岗职工工资总额"。

4－11　按行业分城镇非私营单位在岗职工工资总额

单位：万元

项　　目	2005 年	2006 年	2007 年	2008 年	2009 年	2010 年	2011 年	2012 年	2013 年	2013 年比 2012 年增长（%）
合　计	**1451880**	**1715622**	**2057107**	**2573494**	**2861961**	**3429285**	**4961673**	**6148482**	**6997971**	**13.82**
按国民经济行业分										
农、林、牧、渔业	10484	10302	10360	11527	14481	16527	18568	6181	5538	－10.40
采矿业	2495	2570	2609	2723	6643	4690	23842	5154	2130	－58.66
制造业	511658	615067	711930	858240	858182	1060930	1543630	1880853	1989134	5.76
电力、煤气及水的生产和供应业	44497	50333	64645	78911	85513	100258	117739	136785	134802	－1.45
建筑业	119339	145701	192166	235764	255482	391851	1088881	1407720	1469651	4.40
交通运输、仓储及邮政业	59365	69783	88996	99786	114360	129345	156978	156316	238918	52.84
信息传输、计算机服务和软件业	39627	47658	49639	54700	58881	77052	101667	92302	131075	42.01
批发和零售业	47909	54937	67479	86290	103956	110043	194615	280624	313204	11.61
住宿和餐饮业	18226	18219	25134	26240	30611	40392	55175	64144	80532	25.55
金融业	79474	103222	132722	174280	216764	261978	316241	386343	422804	9.44
房地产业	22065	27027	34401	49390	59866	66123	96076	125321	169612	35.34
租赁和商务服务业	21189	26381	29999	94674	113192	135696	60544	73016	305973	319.05
科学研究、技术服务和地质勘查业	44796	51309	62611	73560	89689	124866	146793	197618	237293	20.08
水利、环境和公共设施管理业	15974	18052	19857	22095	27136	29290	39175	44543	49670	11.51
居民服务和其他服务业	4118	4784	5475	5925	7638	8946	6814	5537	8478	53.11
教　育	182221	208031	242881	296873	356053	375305	448157	512304	565616	10.41
卫生、社会保障和社会福利业	65362	76062	90516	113852	140702	158231	234597	282262	345119	22.27
文化、体育和娱乐业	27960	33265	39179	49120	50623	55390	65509	62988	79395	26.05
公共管理和社会组织	135121	152920	186508	239544	272189	282372	246673	428470	449028	4.80
按三次产业分										
第一产业	10484	10302	10360	11527	14481	16527	18568	6181	5538	－0.10
第二产业	677989	813671	971350	1175637	1205820	1557729	2774091	3430512	3595717	0.05
第三产业	763407	891649	1075397	1386330	1641659	1855029	2169014	2711790	3396716	0.25

注：在岗职工含劳务派遣人员。

4－12 城镇非私营单位在岗职工工资总额

单位:万元

项　　目	2012年				2013年			
	合　计	国有单位	集体单位	其他单位	合　计	国有单位	集体单位	其他单位
合　计	**6148482**	**2140539**	**107971**	**3899973**	**6997971**	**2104901**	**116753**	**4776317**
按国民经济行业分								
农、林、牧、渔业	6181	5772	35	375	5538	5248	27	263
采矿业	5154			5154	2130			2130
制造业	1880853	46700	13296	1820857	1989134	31549	15487	1942457
电力、煤气及水的生产和供应业	136785	97651	551	38583	134802	41834	665	92304
建筑业	1407720	223661	33936	1150123	1469651	160276	41867	1267508
交通运输、仓储及邮政业	156316	120886	2197	33233	238918	96808	3147	138962
信息传输、计算机服务和软件业	92302	8242	99	83960	131075	22899	98	108078
批发和零售业	280624	75977	6699	197949	313204	41568	6417	265219
住宿和餐饮业	64144	12884	731	50530	80532	11134	1021	68377
金融业	386343	81883	10093	294368	422804	90114	9155	323536
房地产业	125321	16216	3052	106053	169612	17666	2661	149286
租赁和商务服务业	73016	34116	19748	19152	305973	39248	16318	250407
科学研究、技术服务和地质勘查业	197618	132185	601	64832	237293	137772	1278	97884
水利、环境和公共设施管理业	44543	40687	1156	2700	49670	44830	1316	3524
居民服务和其他服务业	5537	2918	412	2207	8478	3762	438	4279
教　育	512304	484525	2892	24888	565616	532576	3228	29812
卫生、社会保障和社会福利业	282262	268287	12008	1967	345119	320758	13372	10989
文化、体育和娱乐业	62988	59805	272	2911	79395	57937	259	21200
公共管理和社会组织	428470	428146	194	131	449028	448925		103
按三次产业分								
第一产业	6181	5772	35	375	5538	5248	27	263
第二产业	3430512	368012	47783	3014717	3595717	233659	58018	3304399
第三产业	2711790	1766755	60153	884881	3396716	1865995	58707	1471655

注:在岗职工含劳务派遣人员。

4－13　城镇非私营单位从业人员人均劳动报酬

单位:元

项　　目	2012年			2013年		
	单位从业人员年平均劳动报酬	在岗职工年平均工资	其他从业人员年平均劳动报酬	单位从业人员年平均劳动报酬	在岗职工年平均工资	其他从业人员年平均劳动报酬
合　计	**47559**	**48089**	**41051**	**52039**	**53333**	**37996**
按企事业机关分						
企　业	45823	45963	44212	50604	51639	40100
事　业	54218	55952	23397	58914	60803	25645
机　关	57403	60194	19544	58655	61752	21898
民间非盈利组织	46594	47120	30254	39133	41327	21795
其　他	48511	48529	46957	46523	46523	
按国民经济行业分						
农、林、牧、渔业	32723	36146	23251	33130	37092	22277
采矿业	28400	28823	27405	36639	32675	42408
制造业	41363	41275	48757	46331	46251	52355
电力、煤气及水的生产和供应业	82318	82277	86578	88000	88048	84122
建筑业	45149	44585	47645	46453	47923	41194
交通运输、仓储及邮政业	43626	47317	17269	49387	51697	23990
信息传输、计算机服务和软件业	63627	63674	21375	76701	76913	32561
批发和零售业	39047	39904	17572	41645	42543	19796
住宿和餐饮业	29111	29112	29098	32733	32901	23634
金融业	122156	126949	26882	131198	136402	28338
房地产业	44687	45065	33072	48916	49494	34822
租赁和商务服务业	43853	44311	23693	65695	66016	38278
科学研究、技术服务和地质勘查业	56693	57660	28523	64319	65201	38503
水利、环境和公共设施管理业	32292	33904	17477	34840	35455	23474
居民服务和其他服务业	32145	32940	23951	31804	33377	21343
教　育	51189	53067	21719	54659	56874	23427
卫生、社会保障和社会福利业	63020	64686	28269	71565	73784	29694
文化、体育和娱乐业	50731	51893	21937	58724	59763	28192
公共管理和社会组织	58366	60345	20811	59539	61933	22038
按三次产业分						
第一产业	32723	36146	23251	33130	37092	22277
第二产业	43806	37889	47605	47140	47771	41984
第三产业	53974	53265	21787	59166	60881	25310

4－14 按行业分城镇非私营单位在岗职工平均工资

单位:元

项 目	2005 年	2006 年	2007 年	2008 年	2009 年	2010 年	2011 年	2012 年	2013 年	2013 年比 2012 年增长(%)
合 计	**18314**	**20666**	**23950**	**27521**	**30704**	**34806**	**41725**	**48089**	**53333**	**10.91**
按国民经济行业分										
农、林、牧、渔业	13188	13952	16317	19084	18002	23569	30702	36146	37092	2.62
采矿业	18616	20643	19995	23636	31232	33073	22734	28823	32675	13.36
制造业	14199	15937	18101	20992	23040	27000	34221	41275	46251	12.06
电力、煤气及水的生产和供应业	33424	36065	45131	50917	55575	62756	72250	82277	88048	7.01
建筑业	17260	19583	22612	26838	28721	35611	42916	44585	47923	7.49
交通运输、仓储及邮政业	19530	22676	27948	30559	32160	37655	43389	47317	51697	9.26
信息传输、计算机服务和软件业	46543	45781	46666	49996	57221	65699	65025	63674	76913	20.79
批发和零售业	16657	18769	20874	23217	25918	28539	31522	39904	42543	6.61
住宿和餐饮业	12485	13929	15118	16397	17407	19942	25714	29112	32901	13.02
金融业	38004	48960	61705	77845	83754	96864	114514	126949	136402	7.45
房地产业	16392	18191	20594	29235	29559	27329	37683	45065	49494	9.83
租赁和商务服务业	19149	17617	21976	21128	22541	23838	35449	44311	66016	48.98
科学研究、技术服务和地质勘查业	28010	29815	36589	38939	39601	43013	49641	57660	65201	13.08
水利、环境和公共设施管理业	17529	19601	20838	22355	23114	23276	27942	33904	35455	4.57
居民服务和其他服务业	13773	15416	18220	18833	21396	35152	34945	32940	33377	1.33
教 育	21508	24455	28785	32147	39153	41358	47024	53067	56874	7.17
卫生、社会保障和社会福利业	22236	24639	30010	32208	36477	44677	57399	64686	73784	14.06
文化、体育和娱乐业	22438	26286	29708	31594	32962	39814	44582	51893	59763	15.17
公共管理和社会组织	23172	26694	32167	40138	43622	46603	49434	60345	61933	2.63

注:在岗职工含劳务派遣人员。

4-15　城镇非私营单位在岗职工平均工资

（1988-2013年）　　单位:元

年　份	合　计	按登记注册类型分			按企事业机关分		
		国有单位	集体单位	其他单位	企　业	事　业	机　关
1988	1641	1749	1373	2215	1622	1666	1791
1989	1909	2059	1519	2610	1855	2076	2083
1990	2128	2291	1646	2888	2073	2281	2320
1991	2366	2514	1838	3287	2333	2466	2456
1992	2709	2866	2033	3592	2690	2769	2765
1993	3356	3476	2642	4204	3386	3210	3346
1994	4803	5204	3301	5561	4664	5189	5267
1995	5827	6020	4125	7142	5919	5526	5699
1996	6453	6441	4687	7954	6530	6138	6433
1997	7571	7798	5027	8660	7527	7640	7858
1998	8772	9160	5992	9280	8748	8642	9378
1999	9780	10371	6618	9933	9512	10196	10933
2000	11199	12001	7304	11125	10846	11875	12323
2001	12760	14240	8688	11780	12020	14311	14814
2002	14046	15979	9712	12693	13183	15945	16385
2003	15052	17643	10163	13110	14276	16635	17870
2004	16586	20382	10264	14187	15512	19161	20424
2005	18314	23228	12122	15133	16811	22166	23155
2006	20666	26651	13465	17081	19001	25066	26725
2007	23950	30419	16418	20509	21941	29400	32109
2008	27521	35373	20181	23679	25433	32205	39988
2009	30704	39287	22943	26125	29103	36711	43152
2010	34806	43481	23335	30736	32787	40578	46579
2011	41725	50528	30412	38429	40186	48203	51411
2012	48089	58716	33907	44209	45963	55952	60194
2013	53333	63412	36025	50395	51639	60803	61752

注:在岗职工含劳务派遣人员

本表1998年起"职工平均工资"统计口径为"在岗职工平均工资"

4－16　按行业分城镇非私营单位在岗职工平均工资

单位：元

项　　目	2012 年				2013 年			
	合　计	国有单位	集体单位	其他单位	合　计	国有单位	集体单位	其他单位
合　计	**48089**	**58716**	**33907**	**44209**	**53333**	**63412**	**36025**	**50395**
按国民经济行业分								
农、林、牧、渔业	36146	37946	29000	21158	37092	37946	24818	26525
采矿业	28823			28823	32675			32675
制造业	41275	50140	28974	41216	46251	49684	34067	46336
电力、煤气及水的生产和供应业	82277	83957	28246	80399	88048	85201	33741	90467
建筑业	44585	58929	36471	42839	47923	63942	38231	46832
交通运输、仓储及邮政业	47317	45500	29103	58170	51697	57848	33770	48677
信息传输、计算机服务和软件业	63674	32234	30030	70519	76913	84220	26405	75653
批发和零售业	39904	59594	24876	36068	42543	59913	24700	41386
住宿和餐饮业	29112	33683	25736	28190	32901	41589	42382	31716
金融业	126949	108540	87157	135460	136402	117612	77385	146053
房地产业	45065	49667	29947	45081	49494	36613	31412	52203
租赁和商务服务业	44311	79173	25298	43897	66016	61334	23825	75652
科学研究、技术服务和地质勘查业	57660	70691	57740	41908	65201	80418	98308	51243
水利、环境和公共设施管理业	33904	33405	47950	37662	35455	34666	56983	41652
居民服务和其他服务业	32940	40243	22785	28480	33377	49170	28051	26428
教　育	53067	54347	35924	37824	56874	58315	39367	40816
卫生、社会保障和社会福利业	64686	66342	47352	29798	73784	76018	51768	55056
文化、体育和娱乐业	51893	53550	27786	33383	59763	61348	26691	56623
公共管理和社会组织	60345	60340	66828	68789	61933	61939		44652

注：在岗职工含劳务派遣人员。

4－17　按县(市)区分城镇非私营单位从业人员及劳动报酬

县(市)区	城镇单位年末从业人员(人)		城镇单位年末在岗职工(人)		城镇单位从业人员劳动报酬(万元)	
	2013 年	比上年增长(%)	2013 年	比上年增长(%)	2013 年	比上年增长(%)
福州市合计	**1427513**	**－0.66**	**1288694**	**－2.01**	**7457380**	**13.41**
市　区	948596	10.02	855669	10.13	4929040	26.17
鼓楼区	417856	8.76	373493	6.09	2416983	35.71
台江区	92338	0.55	83514	－0.94	525920	10.77
仓山区	122816	17.27	119959	18.89	582333	30.82
晋安区	141276	－15.27	107860	－15.04	618466	－5.79
马尾区	103461	－9.82	101036	－10.40	535282	－2.55
福清市	147023	－29.92	139610	－31.45	831103	－12.68
长乐市	88518	－0.58	84389	－0.93	508196	9.70
闽侯县	82624	－16.69	77696	－18.52	412106	－8.06
连江县	40036	－43.10	39069	－43.08	206428	－34.50
罗源县	26801	44.85	26546	45.16	127755	49.44
闽清县	30616	28.15	30077	26.97	141893	22.66
永泰县	41787	－0.38	17161	－26.88	188366	－1.11
平潭县	21512	－2.58	18477	－7.14	112495	13.74

县(市)区	城镇单位在岗职工工资总额(万元)		城镇单位从业人员年平均劳动报酬(元)		城镇单位在岗职工年平均工资(元)	
	2013 年	比上年增长(%)	2013 年	比上年增长(%)	2013 年	比上年增长(%)
福州市合计	**6997971**	**13.82**	**52039**	**9.42**	**53333**	**10.91**
市　区	4647499	28.14	52357	8.87	53732	10.48
鼓楼区	2300244	36.39	58465	10.57	59962	10.93
台江区	503642	10.06	57629	10.44	60779	10.79
仓山区	572964	31.55	47267	18.27	47682	17.63
晋安区	503192	－0.44	44548	5.80	46959	18.64
马尾区	522323	－3.58	50618	8.04	50626	7.62
福清市	806909	－13.62	49628	12.23	50620	13.57
长乐市	494556	10.30	59205	10.71	60556	11.03
闽侯县	393005	－9.15	50706	12.26	51313	13.34
连江县	203839	－33.59	52804	－0.12	53432	0.53
罗源县	127063	49.39	47283	0.57	47481	0.19
闽清县	141073	22.38	47930	9.90	48482	10.75
永泰县	83738	－20.99	47286	6.26	49447	10.75
平潭县	100289	7.51	52387	16.83	53974	14.14

注:在岗职工含劳务派遣人员。

主要统计指标解释

从业人员　指从事一定社会劳动并取得劳动报酬或经营收入的人员。包括：

(1)在岗职工；

(2)再就业的离退休人员；

(3)私营业主；

(4)个体业主；

(5)私营和个体从业人员；

(6)乡镇企业从业人员；

(7)农村从业人员；

(8)其他从业人员(包括宗教职业者等)。

城镇单位从业人员　指在各级国家机关、政党机关、社会团体及企业、事业单位中工作，并取得工资或其他形式的劳动报酬的全部人员。包括在岗职工、再就业的离退休人员、民办教师以及在各单位中工作的外方人员和港澳台方人员、兼职人员、借用的外单位人员和第二职业者。不包括离开本单位仍保留劳动关系的职工。

在岗职工　指在国有经济、城镇集体经济、联营经济、股份制经济、外商和港澳台投资经济、其他经济单位及其附属机构工作，并由其支付工资的各类人员，不包括返聘的离退休人员、民办教师、在国有经济单位工作的外方人员和港澳台人员。

城镇私营和个体从业人员　城镇私营从业人员指在工商管理部门注册登记，其经营地址设在县城关镇(含城关镇)及以上的私营企业的从业人员。包括：私营企业投资者和雇工。城镇个体从业人员指在工商管理部门注册登记，并持有城镇户口或在城镇长期居住，经批准从事个体工商经营的从业人员。包括：个体经营者和在个体工商户劳动的家庭帮工和雇工。

从业人员劳动报酬　指各单位在一定时期内直接支付给本单位全部从业人员的劳动报酬总额。包括职工工资总额和本单位其他从业人员劳动报酬两部分。

职工工资总额　指各单位在一定时期内直接支付给本单位全部职工的劳动报酬总额。工资总额的计算原则应以直接支付给职工的全部劳动报酬为凭据。各单位支付给职工的劳动报酬以及其他根据有关规定支付的工资，不论是计入成本还是不计入成本的，不论是按国家规定列入计征奖金税项目的，还是未列入计征奖金税项目的，不论是以货币形式支付的还是以实物形式支付的，均包括在工资总额内。

其他从业人员劳动报酬　指各单位在一定时期内直接支付给本单位其他从业人员的全部劳动报酬。

职工平均工资　指在岗职工在一定时期内平均每人所得的工资总额。是反映职工工资水平的主要指标。

5 农林牧渔业

5-1 农村基层基本情况

项目	单位	1995年	2000年	2001年	2002年	2003年	2004年	2005年
乡(镇)政府	个	156	157	157	157	157	155	146
乡政府	个	56	51	51	51	51	50	47
镇政府	个	100	106	106	106	106	105	99
村民委员会	个	2490	2477	2478	2481	2482	2411	2422
乡村户数	户	1064409	1179647	1191337	1205048	1221294	1217562	1236397
乡村人口数	人	4330795	4432781	4396492	4406899	4410109	4393558	4418912
乡村劳动力资源数	人	2126068	2241281	2266154	2297921	2315468	2429245	2456334
乡村劳动力	人	1883781	2039022	2031394	2064406	2069955	2076065	2087147
#农、林、牧、渔业	人	1131650	1124898	1100132	1115326	1074699	1046392	1011933
国有农林牧渔业劳动力	人	15253	11853	8690	6350	4817	4958	3439
国有农林牧渔场	个	57	42	40	34	33	33	28
自来水受益村数	个	1293	1489	1515	1587	1644	1670	1699
通汽车村数	个	2307	2442	2447	2451	2450	2383	2371
通电话村数	个	2003	2470	2473	2476	2476	2408	2395

项目	单位	2007年	2008年	2009年	2010年	2011年	2012年	2013年
乡(镇)政府	个	146	145	145	145	145	145	145
乡政府	个	47	47	47	47	47	47	47
镇政府	个	99	98	98	98	98	98	98
村民委员会	个	2388	2400	2393	2393	2393	2395	2396
乡村户数	户	1272609	1288521	1303155	1314568	1324438	1327214	1345900
乡村人口数	人	4468405	4486920	4504721	4517925	4552645	4562606	4622152
乡村劳动力资源数	人	2461856	2492513	2509285	2524917	2560078	2576923	2615153
乡村劳动力	人	2115910	2125964	2167682	2184081	2207312	2222069	2256078
#农、林、牧、渔业	人	955874	943568	919786	903145	903595	890473	881346
国有农林牧渔业劳动力	人	3208	3158	2981	2887	2898	2899	2885
国有农林牧渔场	个	28	28	26	26	26	26	26
自来水受益村数	个	1892	1988	2126	2191	2208	2239	2271
通汽车村数	个	2367	2388	2381	2384	2384	2386	2387
通电话村数	个	2387	2398	2392	2392	2392	2394	2396

5-2 农业机械拥有量

项　　目	单位	1995年	2000年	2001年	2002年	2003年	2004年	2005年
农业机械总动力	千瓦	**1156125**	**1407517**	**1448392**	**1455176**	**1504797**	**1527765**	**1540512**
柴油发动机动力	千瓦	867238	1119010	1186310	1198426	1263016	1288094	1298738
汽油发动机动力	千瓦				71320	68569	65959	63915
电动机动力	千瓦				185430	173212	173712	177859
耕作机械	台	23562	13910	12167	20959	21434	21087	20803
大中型拖拉机	台	403	93	63	51	43	99	103
小型拖拉机(含变型拖拉机)	台	23159	13817	12104	20908	21391	20988	20700
排灌机械	千瓦	100349	98965	97402	95222	96973	99481	98668
排灌动力机械	台	9523			9404	9640	9962	9846
农用水泵	台	6869	8997	8871	8495	9043	9122	9163
收获机械	千瓦	17356	1815	3228	3738	3960	4449	4726
机动脱粒机	台	54	5916	6017	6513	6934	6776	6736
植保机械	千瓦	2557	2228	2264	2396	2537	2735	2748
畜牧机械	千瓦	19650	21312	20636	20527	20424	20608	20273
饲料粉碎机	台	2976	2809	2789	2796	2793	2815	2684
林业机械	千瓦				447	447	272	272
渔业机械	千瓦	313470	456418	496303	483410	485414	469722	473150
农产品加工机械	千瓦	114005	114029	112104		107964	106702	105269
运输机械	千瓦	358670	444070	442274	459839	484815	517006	518708
农用载重汽车	辆	2373	2552	1967	2458	2383	2383	2377
机动运输船	艘	2129	2197	2176	2226	2306	2320	2314
农用运输车	辆	3140	5447	5339	5311	4958	4794	4613

5－2 续表

项　　目	单　位	2006 年	2007 年	2008 年	2009 年	2010 年	2011 年	2012 年	2013 年
农业机械总动力	**千瓦**	**1543211**	**1548417**	**1550177**	**1607019**	**1328325**	**1346272**	**1376763**	**1400091**
柴油发动机动力	千瓦	1312250	1327891	1345246	1363883	1077402	1110471	1124035	1128510
汽油发动机动力	千瓦	50372	38829	23048	21844	33016	35935	36610	58481
电动机动力	千瓦	180589	181697	181883	221292	217907	199866	216118	213100
耕作机械	台	7431	21307	6755	7270	6991	6765	6992	6909
大中型拖拉机	台	126	128	129	164	194	242	269	319
小型拖拉机(含变型拖拉机)	台	7305	6918	6626	7106	6797	6523	6723	6590
排灌机械	千瓦	100935	110645	105005	115133	110417	110853	111786	111621
排灌动力机械	台	9853	10464	10845	11581	10766	10910	10971	11029
农用水泵	台	8833	9178	10638	10897	10582	10816	10910	11088
收获机械	千瓦	7129	9104	12446	15426	17608	18365	19258	20114
机动脱粒机	台	6556	6539	6603	6658	6632	6839	6621	6629
植保机械	千瓦	2958	3267	3459					
畜牧机械	千瓦	21254	27489	27933	28737	28833	27618	27635	27771
饲料粉碎机	台	2817	2542	2392	2394	2366			
林业机械	千瓦	272	272						
渔业机械	千瓦	476120	552782	614155	721033	487169	496264	505728	527813
农产品加工机械	千瓦	104269	110615	111545	114823	111689	112019	116750	104057
运输机械	千瓦	506918	377452	534407	430957	408137	402644	407194	399930
农用载重汽车	辆	2245	1525	737					
机动运输船	艘	2376	1642	789					
农用运输车	辆	4370	4313	4491	4954	4621	4342	4461	4436

5-3 农业基础设施

项　　目	单　位	1995年	2000年	2001年	2002年	2003年	2004年	2005年
农业机械使用								
机耕地面积	公顷	55240	56797	57151	58542	56077	55986	53926
机械播种面积	公顷	73	498	448	658	384	255	138
#机械插秧	公顷	7	305	331	336	303	235	228
机械收割面积	公顷	833	3005	4390	4949	7109	8265	12074
农村电力设施								
乡村办水电站	处	327	330	324	338	338	328	355
发电能力	千瓦	56710	89390	89258	102825	111365	120074	158644
农村用电量	万千瓦时	118636	153755	165081	219728	268833	323757	449280
化肥施用量								
按实物量计算	吨	450354	451064	438293	441073	412379	414070	402859
氮　肥	吨	226842	215301	207022	203424	186078	184714	177535
磷　肥	吨	109356	104691	101363	103833	94985	96943	93106
钾　肥	吨	50914	52903	52337	53746	50086	50904	49890
复合肥	吨	63242	78169	77571	80070	81230	81509	82328
按折纯量计算	吨	130019	128390	122016	122764	115225	115150	112290
氮　肥	吨	60777	54840	53998	52967	48417	48031	45928
磷　肥	吨	16953	15896	15448	15742	14564	14844	14263
钾　肥	吨	25061	26353	25957		24774	25237	24697
复合肥	吨	27228	31301	26613	27183	27470	27038	27402
沼气池	个	767	696	700	703	668	636	173
水　利								
有效灌溉面积	公顷	116600	112180	106000	111120	110740	104340	113890
旱涝保收面积	公顷	73080	76890	75000	75987	77470	77650	83170
机电排灌面积	公顷	54782	47650	47000	42000	34080	47410	44190
农用塑料薄膜使用量	吨	3736	4292	4381	4546	4672	4588	4578
#地膜使用量	吨	1240	1566	1814	1932	2011	1963	2094
农用柴油使用量	吨	140136	174089	172827	179247	180302	177905	176506
农药使用量	吨	6399	8357	8132	8685	8361	8147	7931

5-3 续表

项　　目	单　位	2007年	2008年	2009年	2010年	2011年	2012年	2013年
农业机械使用								
机耕地面积	公顷	54102	102930	113482	113611	115011	117980	118734
机械播种面积	公顷	171	211	962	2607	4714	6690	10081
#机械插秧	公顷	157	211	962	2569	4714	6690	10081
机械收割面积	公顷	17137	21145	26688	27369	29134	31644	32074
农村电力设施								
乡村办水电站	处	360	360	359	368	370	373	372
发电能力	千瓦	180478	185553	193863	267323	276666	288868	280456
农村用电量	万千瓦时	605713.7	618858	623851	731577.7	779260	1080019	1127109
化肥施用量								
按实物量计算	吨	375324	373516	375773	375982	379033	378178	382565
氮　肥	吨	163426	161122	159357	156401	157251	156537	158003
磷　肥	吨	85950	84970	83866	83000	83381	82723	84219
钾　肥	吨	47160	46626	47438	47277	47120	46740	47711
复合肥	吨	78788	80798	85112	89304	91281	92178	92632
按折纯量计算	吨	86717	86578	87337	85872	87840	87349	87997
氮　肥	吨	34380	33531	32936	32115	32158	32189	32373
磷　肥	吨	11614	11613	11408	11340	11449	11407	11522
钾　肥	吨	19379	19316	19416	18606	19145	18874	19099
复合肥	吨	21344	22118	23577	23811	24728	24879	25003
沼气池	个							
水　利								
有效灌溉面积	公顷	112910	112850	114220				
旱涝保收面积	公顷		82840	84860				
机电排灌面积	公顷	38390	52468	38990				
农用塑料薄膜使用量	吨	4940	4955	4991	4796	5183	5525	5772
#地膜使用量	吨	2260	2281	2329	2239	2387	2507	2688
农用柴油使用量	吨	215515	222596	227403	233955	242289	243886	246339
农药使用量	吨	8156	8144	8488	8509	8391	8272	8297

5-4 主要年份农作物播种面积

单位:公顷

年份	合计	粮食作物	#谷物	经济作物	其他作物
1952	292589	263941	190147	15537	13111
1957	316472	279965	188653	17312	19195
1962	285511	254457	164220	12410	18644
1965	304627	258924	175076	18518	27185
1970	302445	265275	182240	12879	24291
1975	328225	274193	193685	16693	37339
1978	329089	275119	191684	20170	33799
1979	328075	271517	185714	24411	32147
1980	320909	265343	183469	27167	28399
1981	311994	259080	188380	29007	23907
1982	305541	252780	183600	29017	23744
1983	301157	252520	183020	22871	25766
1984	291539	243586	180795	23884	24070
1985	281825	225346	166242	28503	27977
1986	290980	231438	166169	26340	33202
1987	278857	249349	167133	29507	
1988	332142	251119	167646	28815	52208
1989	343284	260821	170612	24774	57689
1990	357606	266969	171475	24551	66087
1991	367454	267908	170828	24866	74681
1992	374572	267866	170927	25159	81548
1993	366845	257435	167774	23652	85758
1994	373681	261106	168704	21572	90996
1995	380705	263954	169112	20282	96468
1996	389978	266149	169003	20877	102952
1997	394240	268561	169063	17128	108551
1998	394316	266798	168015	17222	110296
1999	397976	267204	167271	17087	113685
2000	388129	254791	158170	17173	116165
2001	361740	229504	141486	18201	114034
2002	355112	220135	136879	20504	114474
2003	336468	198916	125062	23081	114471
2004	327271	190057	120222	21005	116209
2005	315599	179995	111916	22740	112864
2006	316310	178766	111501	23093	114451
2007	261922	123231	82624	22359	116332
2008	260431	121945	77717	21935	116551
2009	260734	118693	73502	20828	121213
2010	261686	115991	69085	22965	122731
2011	262553	113173	67590	23534	125846
2012	260727	106882	63395	24139	129705
2013	263152	105117	61091	24769	133266

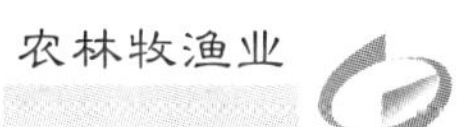

5－5 粮食作物播种面积

单位:公顷

项　　目	1995 年	2000 年	2001 年	2002 年	2003 年	2004 年	2005 年
总　　计	**263954**	**254791**	**229504**	**220135**	**198916**	**190057**	**179995**
按收获季节分							
春收粮食	31298	33583	29650	26060	18358	16225	16197
夏收粮食	78966	76322	64830	61738	57360	52899	50445
秋收粮食	153690	144886	135024	132337	123197	120934	113353
按品种分							
稻　谷	169112	158170	141486	136879	125062	120222	111916
早　稻	69913	66499	55271	52193	47930	44156	41986
中稻和一季晚稻	32217	30793	34152	34355	34446	35922	34913
双季晚稻	66982	60878	52063	50331	42685	40145	35016
大小麦	16782	11964	9365	7358		6	7
甘　薯	48100	46576	42947	41554	40302	39825	38095
马铃薯	7320	11116	9968	9844	10511	10804	10724
杂　粮	1498	2184	1986	2162	2089	1793	2175
大　豆	11596	11159	10054	9931	9488	9174	8825
杂　豆	9547	13622	13698	12406	11463	8233	8253

项　　目	2006 年	2007 年	2008 年	2009 年	2010 年	2011 年	2012 年	2013 年
总　　计	**178766**	**123231**	**121945**	**118693**	**115991**	**113173**	**106882**	**105117**
按收获季节分								
春收粮食	15669	7447	8530	8725	8674	8761	8763	8943
夏收粮食	47378	27629	25554	25068	22987	22778	22168	21726
秋收粮食	115719	88155	87861	84899	84329	81634	75951	74449
按品种分								
稻　谷	111501	82624	77717	73505	69085	67590	63395	61091
早　稻	39528	22933	20685	19804	17530	17185	16384	15877
中稻和一季晚稻	36606	34214	33001	33243	31642	30059	29219	28385
双季晚稻	35367	25476	24031	20458	19913		17791	16830
大小麦	15	545	426	4	4			
甘　薯	38602	25950	28101	28320	29586	27780	25327	25502
马铃薯	10498	6736	7067	8211	8236	8324	8411	8565
杂　粮	1886	1674	1756	1741	1958	2121	2306	2445
大　豆	8546	4607	4829	5377	5554	5837	5919	5937
杂　豆	7707	1095	2049	1535	1567	1516	1521	1577

5－6 经济作物和其他农作物播种面积

单位:公顷

项　　目	1995 年	2000 年	2001 年	2002 年	2003 年	2004 年	2005 年
经济作物	**20282**	**17173**	**18201**	**20504**	**23081**	**21005**	**22740**
#油　料	15160	15601	15716	15549	16485	18005	17687
#花　生	14029	14691	15106	15092	16362	17883	17562
油菜籽	1114	909	610	457	122	122	122
甘　蔗	1654	727	710	813	894	782	769
烟　叶	479	567	497	533	547	21	21
其他农作物	**96468**	**116165**	**114034**	**114474**	**114471**	**116209**	**112864**
#蔬　菜	74923	90190	91464	94359	96815	97419	97317
西　瓜	3717	3639	3818	4168	4279	4213	4933
绿　肥	14273	15895	11777	10297	8268	6607	5864
青饲料		2141	2158	2069	2626	2529	2343

项　　目	2006 年	2007 年	2008 年	2009 年	2010 年	2011 年	2012 年	2013 年
经济作物	**23093**	**22359**	**21935**	**20828**	**22965**	**23534**	**24139**	**24769**
#油　料	18142	19991	19336	20058	20198	20546	21184	21669
#花　生	18027	19887	19220	19865	19930	20259	20886	21354
油菜籽	109	101	111	187	263	284	296	310
甘　蔗	749	354	440	433	447	442	416	429
烟　叶	21	16	6	6	1			
其他农作物	**114451**	**116332**	**116551**	**121213**	**122731**	**125846**	**129705**	**133266**
#蔬　菜	99037	99396	100462	103256	106753	109600	113676	117014
西　瓜	5162	4976	4919	5139	5185	5258	5220	5442
绿　肥	5429	5161	4978	4922	4893	4909	4736	4609
青饲料	2195	2054	1653	1619	1594	1676	1676	1559

5－7 各类水果种植面积

单位：公顷

项　　目	1995 年	2000 年	2001 年	2002 年	2003 年	2004 年	2005 年
水果种植面积	**48729**	**48032**	**46724**	**47473**	**46680**	**46386**	**45405**
#柑　桔	15451	10726	9909	9621	9284	8858	8341
龙　眼	3318	4745	4452	4418	4361	4325	4354
荔　枝	404	325	298	292	293	286	292
香　蕉	861	822	977	1058	1081	1134	1117
枇　杷	2611	3015	3286	4045	4828	4997	5168
橄　榄	4000	5754	5492	5628	5825	5929	5792
柿	2707	2454	2351	2259	2186	2061	1951
桃	2073	1576	1691	1722	1682	1780	1718
李	6832	9942	9983	10074	9365	9423	9165
柚	152	198	198	207	203	214	222
梨	432	377	353	365	386	367	357
葡　萄	562	565	629	786	650	701	672
杨　梅	768	458	465	403	366	336	366

项　　目	2006 年	2007 年	2008 年	2009 年	2010 年	2011 年	2012 年	2013 年
水果种植面积	**44826**	**44829**	**45758**	**46343**	**47035**	**47709**	**48665**	**49968**
#柑　桔	8418	8429	8262	6026	8383	8660	8878	9135
龙　眼	4122	4205	4184	4204	4382	4480	4589	4643
荔　枝	307	262	269	269	257	277	270	269
香　蕉	1230	1232	1173	1143	1151	1162	1185	1199
枇　杷	5183	5504	5642	5809	6071	6418	6585	6783
橄　榄	5732	5704	6922	7326	7556	7601	7640	7717
柿	1931	1827	1762	1747	1830	1830	2081	2083
桃	1672	1696	1818	1819	1823	1821	1797	1703
李	9130	9097	9063	9224	9177	8947	9149	9682
柚	227	218	221	281	273	303	303	389
梨	377	380	398	396	411	398	405	402
葡　萄	647	656	657	660	660	674	667	763
杨　梅	414	414	391	386	384	387	386	366

5-8 主要年份茶叶水果种植面积及产量

年份	茶叶		水果	
	种植面积（公顷）	产量（吨）	种植面积（公顷）	产量（吨）
1952	1141	248	2751	16377
1957	1812	322	4763	31506
1962	1611	198	4434	10970
1965	2205	290	5962	16306
1970	5052	579	4668	15023
1975	6678	1116	6555	12906
1978	7656	1237	7274	9348
1980	8428	1367	10061	16787
1985	8432	1997	22351	33667
1986	8048	2306	25552	49419
1987	7674	2622	30678	53514
1988	7416	3305	33471	73292
1989	7203	3032	37386	98298
1990	6652	2976	39332	101359
1991	6598	3014	43819	135250
1992	7212	3305	46866	160759
1993	7744	3553	48263	179069
1994	7921	4257	47978	200235
1995	8472	4942	48729	220343
1996	8405	5174	48984	240905
1997	7696	5630	49817	258360
1998	7739	6972	49829	254384
1999	7733	7239	50170	280997
2000	8131	7908	48032	250515
2001	7932	8312	46724	256930
2002	7822	8522	47473	256098
2003	8122	9074	46680	296572
2004	8150	10499	46386	291315
2005	8214	11434	45405	278591
2006	8133	12008	44826	290098
2007	8315	13143	44829	310090
2008	8895	15011	45758	320489
2009	8933	15537	46343	338370
2010	9179	16578	47035	348995
2011	9562	18168	47709	380241
2012	9794	19535	48665	410419
2013	10485	21934	49968	454596

5－9　水产品养殖面积

单位:公顷

项　　目	1995年	2000年	2001年	2002年	2003年	2004年	2005年
水产品养殖面积	**28579**	**42128**	**42600**	**42002**	**41971**	**43628**	**45565**
海水养殖	**16924**	**29004**	**28649**	**28901**	**29040**	**31972**	**32910**
#鱼　类	291	5528	5248	4345	1677	1338	1322
虾蟹类	4048	3666	4193	4523	4104	4460	4791
#对　虾	3696	2440	2773	2973	2892	3071	2838
贝　类	9466	15006	14525	14953	17141	18269	19009
#蛏	2140	3532	3690	3975	4186	4146	4179
蛤	2135	2234	2269	2045	2803	3159	3434
蚶	14	281	274	365	73	358	320
牡　蛎	4316	8004	7369	7371	8935	9345	9433
藻　类	3052	4455	4354	4759	5763	7549	7439
#海　带	963	1790	1862	2059	3138	4189	4320
紫　菜	2088	2660	2492	2654	2396	3025	2774
在海水养殖中							
海上养殖	3441	12550	10487	10016	12384	13455	13621
滩涂养殖	4394	5353	7817	7317		6104	12384
陆基养殖	9089	11101	10345	11569	11365	12413	6905
淡水养殖	**11656**	**13124**	**13951**	**13101**		**11656**	**12655**
#池塘养殖	5008	5706	5897	5998	5543	5918	6265
湖泊养殖	431	527	517	562	519	546	580
河沟养殖	2145	1579	1589	1442	1745	1328	1410
水库养殖	2768	4031	4135	3438	3613	2665	3226

5－9 续表

单位:公顷

项　　目	2006 年	2007 年	2008 年	2009 年	2010 年	2011 年	2012 年	2013 年
水产品养殖面积	**46090**	**38458**	**42919**	**46587**	**48777**	**51434**	**54524**	**58042**
海水养殖	**33358**	**25625**	**29337**	**32151**	**33823**	**36108**	**38835**	**41909**
#鱼　类	2856	2131	1978	1616	1722	1680	1772	1988
虾蟹类	5278	3111	5253	6828	6237	6503	8149	8133
#对　虾	2797	1505	2853	4718	4285	4288	5575	5520
贝　类	19218	14670	15045	16724	17719	18791	19486	20438
#蛏	3925	3082	2859	3491	3920	3958	4108	4401
蛤	3708	3199	3638	4008	4410	4727	4406	4353
蚶	450	233	231	258	218	349	317	291
牡　蛎	9707	6745	6664	7310	7396	7802	8654	8969
藻　类	5890	5635	7015	6942	8122	8998	9089	9636
#海　带	3042	2984	3772	3630	4138	4670	4652	5108
紫　菜	2423	2322	2810	2978	3087	3182	3361	3422
在海水养殖中								
海上养殖	13920	11032	12171	12368	13374	15380	16912	17563
滩涂养殖	12082	9185	10329	12573	13260	13236	13240	14946
陆基养殖	7356	5408	6837	7210	7189	7492	8683	9400
淡水养殖	**12732**	**12833**	**13582**	**14436**	**14954**	**15326**	**15689**	**16133**
#池塘养殖	6318	7053	7977	8344	9123	9656	10268	10647
湖泊养殖	567	252	383	384	392	383	386	402
河沟养殖	1398	1212	1173	1208	1076	1055	981	932
水库养殖	3333	3237	2577	3194	3218	3027	2904	3005

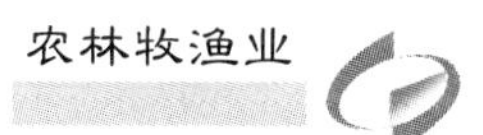

5－10 农林牧渔业增加值

（1993－2013年）　　单位：万元

年　份	合　计	农　业	林　业	牧　业	渔　业
1993	530391	200661	29333	92902	217745
1994	728654	250044	36367	117058	327185
1995	985156	337342	39643	158543	449628
1996	1108933	358436	41132	194627	514738
1997	1209896	382462	46113	233862	547450
1998	1285522	406604	48932	239589	590397
1999	1348355	423332	46987	238460	639576
2000	1351822	414588	47807	227059	662368
2001	1326433	442508	18453	235020	630452
2002	1360280	458454	18666	238623	644536
2003	1436978	461564	40083	235797	699534
2004	1622965	507563	41238	284568	789596
2005	1747751	530105	42150	286787	879562
2006	1761368	535742	43668	228328	875200
2007	2042412	600093	48138	292118	1016137
2008	2364866	656183	60064	367846	
2009	2420005	711384	63226	318786	1229252
2010	2827271	845058	82536	333246	1462704
2011	3250916	941011	97709	406109	1695517
2012	3677283	1055541	104765	401596	1998598
2013	4000506	1146797	116102	388157	2225132

5-11 主要年份农林牧渔业总产值

单位:万元

年份	合计	农业	林业	牧业	渔业
1952	12316	9734	215	1228	1139
1957	18524	12495	890	2359	2780
1962	24505	16424	768	2178	5135
1965	32123	21393	1258	4329	5143
1970	39840	24707	1826	5764	7543
1975	36946	24304	1733	4472	6437
1978	47780	31845	1633	5253	9049
1979	62811	42046	2262	7787	10716
1980	74270	49102	2888	9387	12893
1981	94961	61849	3782	12295	17035
1982	113907	73983	4510	15248	20166
1983	118985	64467	5735	19359	29424
1984	140784	74206	5924	24969	35685
1985	170781	85547	8224	33855	43155
1986	193788	92621	9973	40955	50239
1987	235441	110920	13905	49934	
1988	337202	150601	17079	74927	94595
1989	384783	171392	18517	91882	102992
1990	424801	188913	22070	94358	119460
1991	455904	196154	26727	100346	132677
1992	574779	231990	29589	114271	198929
1993	798168	286621	39583	134062	337902
1994	1180238	374021	47710	209448	549059
1995	1594572	502701	55001	275179	761691
1996	1775241	527747	57156	328204	862134
1997	1943061	566466	62282	395006	919307
1998	2048669	603929	68147	405782	970811
1999	2152288	627781	67330	408176	1049001
2000	2174225	618324	69349	394533	1092019
2001	2153911	659853	26811	411876	1055371
2002	2210770	642627	68257	419142	1080744
2003	2348379	694864	55839	417443	1180233
2004	2685206	765033	60794	504275	1355104
2005	2907871	807694	63837	510637	1510342
2006	3132626	883991	69142	504578	1657722
2007	3461207	918981	76381	532423	1788673
2008	4023099	1007146	96549	671220	2090826
2009	4108815	1093168	101706	582075	2168011
2010	4800148	1298939	133141	611016	2581890
2011	5526045	1446379	158109	742443	2992001
2012	6251218	1620658	169810	736779	3526352
2013	6827524	1761562	188517	737776	3929663

5－12 主要年份农林牧渔业总产值指数

（以上年为100） 单位:%

年份	合计	农业	林业	牧业	渔业
1957	107.30	98.20	151.20	125.70	118.10
1962	112.00	112.00	82.50	120.10	113.30
1965	117.70	118.40		118.00	113.50
1970	122.70	129.30	148.10	137.70	102.70
1975	95.80	95.10	112.80	100.90	92.30
1978	114.90	109.90	113.00	128.40	121.20
1979	111.80	112.20	117.00	125.30	100.10
1980	103.70	102.40	111.40	105.20	105.00
1981	109.00	106.40	111.90	111.90	112.90
1982	106.50	105.80	106.20	110.50	105.50
1983	105.70	100.30	123.40	109.90	112.40
1984	116.90	109.50	146.70	131.50	118.00
1985	109.20	103.90	127.20	118.40	109.40
1986	106.80	103.90	111.90	114.00	105.60
1987	111.40	108.10	102.60	104.90	124.40
1988	115.60	106.60	114.20	115.50	
1989	108.60	106.60	94.40	111.60	112.30
1990	104.90	100.00	106.30	104.70	111.10
1991	106.60	102.00	117.40	108.10	109.40
1992	111.50	108.30	118.50	110.50	114.40
1993	115.70	102.90	120.50	103.30	135.20
1994	118.00	105.30	111.60	121.80	127.40
1995	111.80	109.50	108.10	110.60	114.40
1996	111.30	109.10	104.60	110.00	114.10
1997	111.90	107.00	107.20	120.30	111.90
1998	107.10	103.30	107.50	107.50	109.10
1999	106.90	106.20	98.40	104.30	109.30
2000	103.30	100.10	104.30	101.00	105.80
2001	100.80	99.30	97.20	103.40	100.90
2002	103.90	103.40	95.50	102.10	105.70
2003	104.00	100.30	97.10	100.40	107.50
2004	105.10	101.20	106.20	104.40	107.90
2005	102.72	100.29	100.64	101.59	104.60
2006	104.10	102.70	104.50	100.20	106.30
2007	105.20	103.70	104.10	97.00	108.50
2008	105.60	102.30	107.90	105.70	107.30
2009	105.40	105.10	103.80	103.70	105.60
2010	104.10	102.70	109.00	103.40	104.70
2011	104.00	104.10	105.70	101.20	104.70
2012	104.80	103.40	101.20	104.60	104.70
2013	104.70	103.70	100.80	102.10	105.90

5－13 主要年份农林牧渔业总产值指数

（以1952年为100）

年　份	合　计	农　业	林　业	牧　业	渔　业
1952	100.00	100.00	100.00	100.00	100.00
1957	141.20	114.00	376.20	173.90	220.90
1962	121.60	95.50	209.30	103.50	263.00
1965	182.30	145.20	394.30	236.20	302.50
1970	193.00	140.90	476.00	262.00	369.60
1975	186.80	146.60	480.20	215.70	334.80
1978	236.70	188.30	438.30	245.40	455.80
1979	262.10	211.40	513.00	307.40	456.10
1980	271.90	216.50	571.20	323.30	478.70
1981	296.40	230.40	639.30	361.90	540.60
1982	315.50	243.90	679.20	399.90	570.20
1983	333.40	244.70	838.30	439.60	641.20
1984	389.70	268.00	1229.90	578.20	756.50
1985	425.70	278.40	1563.90	684.50	827.80
1986	454.70	289.20	1749.80	780.40	873.90
1987	506.60	312.60	1795.50	818.30	1086.80
1988	565.30	333.10	2050.80	944.80	1261.20
1989	614.10	355.00	1936.30	1054.20	1416.40
1990	643.90	354.90	2059.10	1103.50	1573.80
1991	686.60	362.10	2417.00	1192.90	1722.00
1992	765.50	392.20	2865.10	1317.70	1969.80
1993	885.40	403.70	3452.20	1361.70	2663.10
1994	1044.00	425.00	3852.00	1658.90	3392.70
1995	1168.60	465.40	4162.10	1834.90	3881.20
1996	1300.80	507.90	4353.70	2017.60	4428.30
1997	1455.20	543.70	4669.00	2427.80	4956.70
1998	1559.00	561.70	5017.70	2608.80	5409.50
1999	1666.70	596.70	4939.50	2721.90	5912.90
2000	1722.00	597.50	5152.70	2748.20	6258.00
2001	1735.20	593.20	5007.80	2841.10	6311.50
2002	1802.90	613.20	4780.00	2900.00	6671.00
2003	1907.60	656.50	2647.20	2945.70	7418.30
2004	2033.31	685.76	2858.55	3000.74	8096.90
2005	2055.44	654.16	2920.86	3054.01	8251.60
2006	2139.70	671.90	3052.30	3060.10	8771.50
2007	2251.00	696.60	3177.40	2968.30	9517.10
2008	2376.60	712.60	3427.80	3136.00	10207.10
2009	2504.94	748.94	3558.06	3252.03	10778.70
2010	2607.64	769.16	3878.28	3362.60	11285.30
2011	2711.95	800.70	4099.34	3402.95	11815.71
2012	2842.12	827.92	4148.53	3559.49	12371.05
2013	2975.70	858.56	4181.72	3634.23	13100.94

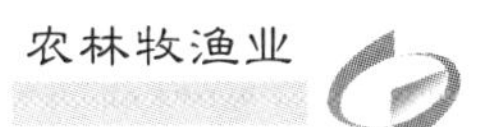

5－14　农林牧渔业分项产值

单位:万元

项　　目	1995 年	2000 年	2001 年	2002 年	2003 年	2004 年	2005 年
农林牧渔业总产值	**1648429**	**2174225**	**2153911**	**2210771**	**2348379**	**2685206**	**2907871**
一、农业产值	502701	618324	659853	683774	694864	765033	807695
#粮　食	195114	168471	161318	153728	230682	288492	237438
蔬菜、瓜类	178363	260474	265592	267500	372442	336226	392981
茶、桑、果	43359	71974	78410	11150		97133	96071
二、林业产值	55001	69349	26811	27111	55839	60794	63837
#竹木采伐	16700	12223	11513	11591	29532	26563	31058
林产品	33902	54278	12020	12730	24272	24915	28078
林木培育和种植					2035	9316	4701
三、牧业产值	329036	394533	411876	419142	417443	504274	510637
#猪	203631	225641	234448	237893	234452	301982	310332
家禽饲养	51994	64229	68529	70247	46236	160926	158607
狩猎和捕捉动物	174	513	499	560	887	748	749
其他畜牧业	5678	7819	9144	9591	10048	9809	10431
四、渔业产值	761691	1092019	1055371	1080744	1108233	1355104	1510342
海水产值	447740	753290	754777	780951	874197	1002657	1130325
淡水产值	313951	338729	300594	299793	306036	352447	380017

项　　目	2006 年	2007 年	2008 年	2009 年	2010 年	2011 年	2012 年	2013 年
农林牧渔业总产值	**3132627**	**3461207**	**4023099**	**4108816**	**4800149**	**5526045**	**6251218**	**6827524**
一、农业产值	883991	918981	1007146	1093168	1298940	1446380	1620658	1761562
#粮食	288062	246841	222285	220816	217695	243458	262842	274966
蔬菜、瓜类	432372	486938	566083	692365	646133	916774	1017564	1148984
茶、桑、果	122852	146425	172308	178026	238241	276982	326246	318187
二、林业产值	69142	76381	96549	101705	133141	158109	169810	188517
#竹木采伐	32553	38472	45896	46829	58121	54857	58868	63643
林产品	31600	32312	44489	48546	59100	62680	75355	87160
林木培育和种植	4989	5596	6164	6330	15920	40572	35587	37714
三、牧业产值	504578	532423	671220	582075	611016	742443	736779	737776
#猪	307406	350475	449257	345862	363492	481170	490271	467019
家禽饲养	155268	142489	160810	174929	180245	176622	154333	154727
狩猎和捕捉动物	676	544	531	532	1041	924	883	1063
其他畜牧业	9961	11080	17059	15683	18018	23397	25006	31187
四、渔业产值	1657722	1788673	2090826	2168011	2581890	2992002	3526352	3929663
海水产值	1259247	1328973	1645055	1693008	2015226	2264355	2764675	3140111
淡水产值	398476	459701	445771	475003	566665	727647	761677	789552

注:1. 本表中2010起年粮食产值包括谷物及其他农作物产值;蔬菜、瓜类类产值包括蔬菜、食用菌及花卉盆景园艺产品产值;2. 本表中2004年起茶、桑、果产值包括水果、坚果、饮料和香料作物的产值。

5－15　主要年份粮食总产量及单位播种面积产量

年　　份	粮食总产量（吨）	#稻　谷	粮食单产（公斤/亩）	#稻　谷
1952	607376	434326	154	153
1957	655981	450829	156	160
1962	523324	353333	137	144
1965	802162	577140	207	220
1970	827816	603764	208	221
1975	834994	621476	203	214
1978	989434	752856	240	262
1980	1081911	837805	272	305
1985	1007395	8325550	298	334
1986	982977	820314	283	329
1987	1109783	892947	297	356
1988	1114155	893268	296	355
1989	1223238	962336	313	376
1990	1226972	948202	306	369
1991	1265957	978999	315	382
1992	1296073	996271	323	389
1993	1296223	1000296	336	397
1994	1317733	1005422	336	397
1995	1351140	1023769	341	404
1996	1388429	1040597	348	410
1997	1429464	1060478	355	418
1998	1450075	1068711	362	424
1999	1470951	1080129	367	430
2000	1403843	1021520	367	431
2001	1247727	897823	362	423
2002	1222864	885947	370	431
2003	1086208	789352	364	421
2004	1058508	770233	371	427
2005	974376	693882	361	413
2006	986935	701045	368	419
2007	640500	454673	347	367
2008	637721	435306	349	373
2009	619245	411649	348	373
2010	606916	392600	349	379
2011	599800	389932	353	385
2012	559950	363650	349	382
2013	555280	354807	352	387

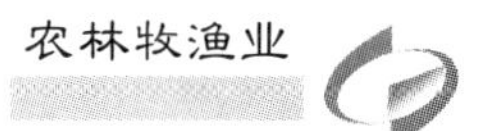

5－16 各类粮食产量

单位:吨

项目	1995 年	2000 年	2001 年	2002 年	2003 年	2004 年	2005 年
总计	**1351140**	**1403843**	**1247727**	**1222864**	**1086208**	**1058508**	**974376**
按收获季节分							
春收粮食	74589	91596	81721	72584	54191	50320	50245
夏收粮食	461809	465299	368383	364346	333760	308466	282657
秋收粮食	814742	846948	797623	785934	698257	699722	641474
按品种分							
稻谷	1023769	1021520	897823	885947	789352	770233	693882
早稻	448473	446374	349096	342991	312736	288533	263967
中稻和一季晚稻	200591	210388	233963	237297	223911	242104	227865
双季晚稻	374705	364758	314764	305659	252705	239596	202050
大小麦	41219	30845	24590	19704		10	9
#小麦	25682	18855	15657	12247		10	9
甘薯	228878	258093	236462	229553	209056	206990	199171
马铃薯	24521	46072	42306	41251	44070	45706	44237
杂粮	3146	5083	4880	5885	5487	4895	6152
大豆	15381	18877	17805	17848	16800	16756	16386

项目	2006 年	2007 年	2008 年	2009 年	2010 年	2011 年	2012 年	2013 年
总计	**986935**	**640500**	**637721**	**619245**	**606916**	**599800**	**559950**	**555280**
按收获季节分								
春收粮食	49627	27571	30788	33308	33125	34153	34505	35426
夏收粮食	266986	133328	127189	124114	110757	112545	108716	106459
秋收粮食	670322	479601	479744	461823	463034	453102	416729	413395
按品种分								
稻谷	701045	454673	435306	411649	392600	389932	363650	354807
早稻	249425	122171	115086	111070	96932	98119	93680	90862
中稻和一季晚稻	240983	197065	192259	195453	190031	181613	171621	168074
双季晚稻	210637	135437	127961	105126	105637	110200	98349	95871
大小麦	22	856	1165	6	6	6		
#小麦	19	856	1165	6	6	6		
甘薯	206371	141101	152841	154247	159373	152457	136726	138912
马铃薯	43736	27932	29442	34332	34269	35326	36028	36949
杂粮	5776	5071	5656	5743	6755	7468	8456	9231
大豆	16388	8789	9561	10609	11064	11766	12175	12333

5－17　主要年份经济作物总产量及单位播种面积产量

年　份	总产量（吨）				单　产（公斤/亩）			
	油　料	花　生	甘　蔗	烤　烟	油　料	花　生	甘　蔗	烤　烟
1952	18626	16849	24450	120	94	106		73
1957	15622	14323	39379	35	69	79	3083	55
1962	9966	9293	10964	48	61	67	1928	45
1965	18795	16059	79266	31	87	102	3705	2
1970	15835	19492	52931	7	97	144	2952	27
1975	18341	15301	34936	70	85	111	3033	62
1978	17433	13280	92962	207	71	92	4024	75
1980	21119	13351	182324	149	64	87	4852	73
1985	25765	24173	469378	1939	123	137	4384	85
1986	25336	23928	398713	876	115	126	4491	72
1987	22716	19652	360188	1066	81	101	4349	77
1988	26511	23293	345662	900	96	120	4357	77
1989	24280	212131	259222	1031	98	113	4439	78
1990	28378	25542	244966	905	114	134	4219	77
1991	24363	21136	249234	833	97	110	4201	51
1992	29138	25957	251871	1386	116	138	4244	76
1993	28881	27122	153317	3114		134	4109	83
1994	32116	30521	103339	1060	138	149	3861	72
1995	33624	32596	92618	567	148	155	3733	80
1996	30729	29395	75569	674	133	139	3558	88
1997	35373	34069	42005	918	152	160	3183	91
1998	35921	34816	37537	1104	154	160	3100	105
1999	37211	36156	36935	1081	160	166	3109	111
2000	32992	31998	33792	848	141	145	3097	100
2001	32926	32206	32516	841	140	142	3054	113
2002	35530	34994	39268	806	152	155	3219	101
2003	34365	34200	43008	853	139	139	3208	104
2004	40772	40603	38358	28	151	151	3271	88
2005	40013	39828	38296	29	151	151	3319	91
2006	39535	39363	37253	29	145	146	3314	91
2007	46149	45997	16821	23	154	154	3168	99
2008	44819	44642	26470	9	155	155	4010	95
2009	45557	45230	25718	9	151	152	3961	105
2010	45887	45407	26329	1	152	152	3927	91
2011	47158	46641	25448		153	154	3841	
2012	49030	48486	20853		154	155	3340	
2013	50891	50307	23768		157	157	3690	

5－18 茶叶水果食用菌产量

单位:吨

项　　目	1995 年	2000 年	2001 年	2002 年	2003 年	2004 年	2005 年
茶叶产量	**4942**	**7908**	**8312**	**8522**	**9074**	**9543**	**11434**
#绿毛茶	4926	7855	8281	8501	8682	9133	9707
乌龙茶					378	396	528
水果产量	**220343**	**250515**	**256930**	**256098**	**296574**	**291315**	**278591**
#柑　桔	132883	110975	101471	92725	93051	94863	87131
龙　眼	2508	11202	12084	13425	16159	18063	17859
荔　枝	916	1363	1411	1548	1824	1757	1925
香　蕉	5391	6010	8782	10441	11743	12832	12179
枇　杷	8719	16883	17400	20998	27050	28280	13710
菠　萝		36		36	51	51	36
橄　榄	3795	9981	10608	13390	14847	17162	18762
柿	3850	9360	10445	11754	12581	12575	13098
桃	10393	9861	12126	12051	12180	12616	13006
李	25196	25966	38830	29527	55683	41859	49165
柚	173	897	1238	1227	1413	1429	1745
梨	2979	3985	3377	3320	3256	3890	4357
苹　果		1				10	15
葡　萄	8507	11916	7395	11180		10767	6219
杨　梅	701	1148	1107	1246	1330	1433	1581
食用菌产量	**29909**	**34419**	**31704**	**47180**	**53238**	**61598**	**62537**
#蘑　菇	18042	14751	13090	12820	13700	15335	19006
香　菇	9317	12877	12669	11543	9643	8816	9471
白木耳	401	1105	1093	1132	1283	1196	1343
黑木耳	947	1691	1596	1695	3565	3479	4236

5－18 续表 单位:吨

项目	2006年	2007年	2008年	2009年	2010年	2011年	2012年	2013年
茶叶产量	**12008**	**13143**	**15011**	**15537**	**16578**	**18168**	**19535**	**21934**
#绿毛茶	11144	12260	13757	14228	16550	16471	17546	17813
乌龙茶	742	883	1217	1308				
水果产量	**290098**	**310090**	**320489**	**338370**	**348995**	**380241**	**410419**	**454596**
#柑桔	90676	92719	95438	99908	108039	113906	119769	128852
龙眼	16645	18941	18834	20660	21310	22258	25321	24327
荔枝	2125	1962	1951	2041	2218	2552	2401	2327
香蕉	13010	13755	14136	13802	14146	14447	15658	16516
枇杷	28310	31419	33219	26884	29522	32966	35718	40010
菠萝	36	36	36	36	36	36	36	34
橄榄	19408	21350	29734	35866	39530	45974	53402	56869
柿	13998	13681	14509	14546	16299	16841	17728	19171
桃	12718	13857	15055	16684	17382	17857	17771	19281
李	39560	48630	44399	51794	43945	53665	62062	78933
柚	1776	1757	1923	2957	3935	4096	4165	5779
梨	4537	4883	5082	5295	5405	5559	5558	5713
苹果	15	15	16	15	15			
葡萄	14076	13719	13816	14550	14769	16095	17017	19427
杨梅	1703	1805	1856	1985	1975	1979	2004	2118
食用菌产量	**72455**	**79217**	**87944**	**98351**	**106678**	**116858**	**130842**	**145024**
#蘑菇	10631	21526	22408	22231	22798	24034	24138	24351
香菇	10245	10608	12060	12618	13175	14121	14785	15401
白木耳	1378	1482	1674	1781	1813	1853	1797	1479
黑木耳	4203	4508	5087	5699	6033	6315	6782	7733

5－19 主要年份林业 牧业 水产品生产情况

年份	造林面积（公顷）	猪牛羊肉产量（吨）	猪出栏数（头）	水产品产量（吨）
1952	5828		220146	52718
1957	14034		433618	99877
1962	7858		183119	96056
1965	26001		526678	127761
1970	30130		521406	139001
1975	22790		599998	129771
1978	20891		671865	153731
1980	22453		755444	156087
1985	31750		927279	265359
1986	25690	71623	94472	298587
1987	15348	77247	134736	346465
1988	24860	84784	100390	373574
1989	35970	89089	897392	409497
1990	36341	94566	928283	440433
1991	33570	100529	940631	464113
1992	18151	113271	119344	628407
1993	6943	125343	118508	699629
1994	4546	158155	1766364	754647
1995	4530	177027	2006653	804394
1996	3921	194042	2241563	870176
1997	3954	173889	1958347	1176771
1998	3980	193454	2246729	1308844
1999	3785	198404	2464842	1420384
2000	3469	198081	2561742	1462961
2001	2398	213177	2759628	1459291
2002	3397	216571	2829732	1508296
2003	2433	216918	2881159	1617731
2004	2925	222732	2955053	1685635
2005	2228	233068	3094176	1712836
2006	3601	238382	3148552	1740456
2007	7564	170796	2154173	1538387
2008	5895	196660	2456643	1648255
2009	6012	209465	2658355	1691129
2010	4839	216853	2756838	1771046
2011	26246	221280	2821030	1847918
2012	6833	236989	3062932	1962207
2013	10013	243318	3095043	2076954

5-20 造林面积

单位:公顷

项　　目	1995年	2000年	2001年	2002年	2003年	2004年	2005年
当年造林面积	4530	3469	2398	3397	1921	2925	2228
#用材林	3276	1636	189	1067	405	1051	1321
经济林	310	482	525	510	98	42	33
防护林	1903	1295	1681	1461	1418	1832	864
薪炭林	2592	55		359			9
人工促进天然林更新面积	3551	4702	7089	4356	2927	4806	9650
零星植树(万株)	20	6	6	7	149	150	252
育苗面积	24	35	24	23	25	22	27
幼林抚育作业面积	41478	9692	11803	7049	7470	7621	7792
成林抚育作业面积	14683	6360	5658	4559	2585	2416	2397

项　　目	2006年	2007年	2008年	2009年	2010年	2011年	2012年	2013年
当年造林面积	3601	7564	5894	6012	4839	26246	6833	10013
#用材林	2485	1251	3779	3332	2397	16219	2738	5738
经济林	51	55	173	474	620	1703	1977	572
防护林	1016	1876	1908	2207	2294	8286	2119	3501
薪炭林	48	6						202
人工促进天然林更新面积	8223	4908		1512	2432	8644	3411	7615
零星植树(万株)	12	142	152	165	7	56	457	649
育苗面积	31	31	41	42	44	27	289	383
幼林抚育作业面积	9749	11972	12259	13805	14820	41599	70730	50279
成林抚育作业面积	1598	1410	1149	2027	13277	14506	41414	36347

注:1985年以前造林面积成活率45%以上统计,1986年及以后各年成活率85%以上统计;2011年数据不含平潭。

5－21 主要林产品产量

单位:吨

项目	1995年	2000年	2001年	2002年	2003年	2004年	2005年
木材采伐产量(立方米)	123885	77034	77597	76669	183494	187167	149259
竹材采伐产量(万根)	1889	1236	979	1101	296	1088	1267
油桐籽	936	2422	2297	2444	2600	2575	2726
油茶籽	3620	5600	5161	5463	5523	6039	6312
棕片	752	1944	1899	2103	2119	2245	2481
松脂	591	983	1048	1003	1039	1076	1199
笋干	2051	5527	5424	5494	5285	5504	6557
板栗	138	2362	1894	2344	2371	2572	3043
紫胶		32	32				
山苍籽	101	207	191	191	277	334	372

项目	2006年	2007年	2008年	2009年	2010年	2011年	2012年	2013年
木材采伐产量(立方米)	161922	702337	665705	714887	791697	652785	765869	786839
竹材采伐产量(万根)	2028	2401	2696	2853	2943	2970	3388	3909
油桐籽	2535	2646	2793	2922	3040	3166	3299	3471
油茶籽	6675	7145	7976	8895	10167	11206	13301	15237
棕片	2719	2787	2809	2967	3429	3447	3647	3769
松脂	1332	1405	1449	1539	1839	1837	1866	1923
笋干	7342	8256	9600	10392	11874	12783	14021	15551
板栗	3718	3845	4493	4666	5213	5454	5791	5954
紫胶		106	98	106	102			
山苍籽	429	459	495	531	573	572	606	634

注:本表2004年木材采伐产量不含薪材;竹材采伐产量含毛竹、篙竹;2003年起为全社会口径,其他年份为村及村以下口径。

5-22 主要畜禽产品产量

项目	单位	1995年	2000年	2001年	2002年	2003年	2004年	2005年
肉类产量	吨	210142	245787	261476	265627	266789	272780	283425
#猪肉	吨	172233	192111	54614	210058	210405	215922	226284
牛肉	吨	2088	2708	651	2948	2771	2874	2494
羊肉	吨	2706	3262	929	3565	3742	3936	4290
禽肉	吨	30865	44868	11802	46358	46764	46819	47197
兔肉	吨	2250	2838	657	2673	3107	3229	3160
牛奶产量	吨	34138		9175	41270	44213	43779	40032
蜂蜜产量	吨	836	775	824	940	954	922	907
禽蛋产量	吨	91500	152478	31946	155645	154318	156880	155656
肉猪出栏数	头	2006653	2561742	737132	2829732	2881159	2955053	3094176
肉羊出栏数	头	215065	262579	41295	279327	290912	305383	331407
肉牛出栏数	头	18775	27609	6073	28575	27792	30268	25015
家禽出栏数	只	25445259	34309369	9063937	35227412	35281582	35509364	35730267
家兔出栏数	只	1756271	2275287	559934	2279660	2356984	2449186	2389477

项目	单位	2006年	2007年	2008年	2009年	2010年	2011年	2012年	2013年
肉类产量	吨	287798	201723	230900	244802	253058	257969	269037	275581
#猪肉	吨	231361	164561	189903	202559	209716	213770	229038	234726
牛肉	吨	2378	2169	2286	2269	2344	2482	2620	2912
羊肉	吨	4643	4066	4471	4637	4793	5028	5331	5680
禽肉	吨	46422	27516	30701	32133	33058	33370	28663	28615
兔肉	吨	2994	3411	3445	3103	3142	3319	3385	3648
牛奶产量	吨	36655	22522	24759	24452	22067	21733	19108	16941
蜂蜜产量	吨	836	1050	957	1038	1069	1127	1164	1223
禽蛋产量	吨	156899	137300	115166	117792	120547	123007	126660	106316
肉猪出栏数	头	3148552	2154173	2456643	2658355	2756838	2821030	3062932	3095043
肉羊出栏数	头	364472	318458	348641	361440	373413	392052	413137	432972
肉牛出栏数	头	25071	21009	22395	22322	23039	24391	25677	27699
家禽出栏数	只	35156291	19909745	21209931	22220499	23099853	23792849	19524862	19510455
家兔出栏数	只	2252492	2302779	2331491	2201494	2242233	2376219	2435816	2576273

5－23　年末畜禽存栏数

项　　目	单　位	1995 年	2000 年	2001 年	2002 年	2003 年	2004 年	2005 年
大牲畜	头	125733	108228	105114	102980	100353	100317	96365
牛	头	125730	108226	105112	102978	102387	100292	96363
#乳　牛	头		8868	8969	9327	9590	9825	9998
#役　畜	头	84434	64978	54842	54003	50679	51101	50832
猪	头	1267342	1472923	1463930	1483843	1514427	1551496	1519169
#能繁殖母猪	头	25083	76349	70267	72223	75520	77293	98084
羊	只	193419	193741	197699	197408	205880	224441	240842
蜜蜂箱数	箱	41242	42655	39601	45139	47415	44162	42613
家　兔	只	1139739	1237035	1224978	1320523	1220269	1263402	1227390
家　禽	只	15917782	17547471	17601959	18081496	16951395	18016306	18172230

项　　目	单　位	2006 年	2007 年	2008 年	2009 年	2010 年	2011 年	2012 年	2013 年
大牲畜	头	89841	68687	70946	70083	69050	71188	72329	74759
牛	头	89792	66141	70946	70083	69050	71188	72329	74759
#乳　牛	头	8112	4919	5904	7637	7168	8082	7300	7014
#役　畜	头	46918	33037	21057	19556	19018	18958	18142	17395
猪	头	1587448	1647877	1725669	1730479	1759074	1827694	1867715	1788827
#能繁殖母猪	头	95397	131028	145494	161986	166887	172215	191235	180990
羊	只	255442	229208	248361	250494	259029	267577	283624	293696
蜜蜂箱数	箱	41634	48861	44620	46014	46805	48275	47922	49407
家　兔	只	1257436	1349558	1255941	1274911	1296344	1362616	1298219	1310769
家　禽	只	17622955	15249057	13155578	13788580	14243604	14685156	13617748	13232381

5-24 淡水产品产量

单位:吨

项　　目	1995 年	2000 年	2001 年	2002 年	2003 年	2004 年	2005 年
淡水产品产量	**83082**	**149340**	**153840**	**156488**	**145998**	**142940**	**159158**
#鱼　类	77359	118596	120358	121429	122845	117462	128496
虾蟹类	472	1516	1754	2691	3764	4530	6867
贝　类	4062	27728	29858	30903	17805	19415	22387
淡水养殖产量	**78234**		**13951**	**141446**	**131443**	**142940**	**145212**
#池　塘			5897	93809	91519	98369	98722
水　库			4135	12882	14460	14940	16455
河　沟			1589	8105	10260	8757	10230
湖　泊			517	2636	2792	4180	4286

项　　目	2006 年	2007 年	2008 年	2009 年	2010 年	2011 年	2012 年	2013 年
淡水产品产量	**165612**	**185383**	**166919**	**179006**	**186610**	**198648**	**206357**	**221966**
#鱼　类	134808	163319	140378	153152	156261	160887	163063	175307
虾蟹类	7210	8124	9974	9189	15435	20701	25116	27652
贝　类	22412	12505	15121	15364	13873	15924	16531	17061
淡水养殖产量	**190995**	**168290**	**152518**	**164951**	**172786**	**184179**	**191974**	**207581**
#池　塘	94770	128395	115745	127087	142124	150153	155874	168932
水　库	49995	17599	15467	16650	16304	17100	18790	20062
河　沟	20970	5727	7939	8360	6407	6160	6488	7414
湖　泊	8505	913	2841	2906	3210	3203	3439	3547

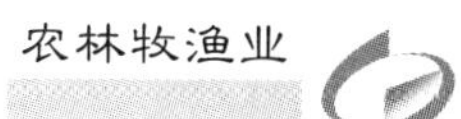

5－25 海水产品产量

单位:吨

项　　目	1995 年	2000 年	2001 年	2002 年	2003 年	2004 年	2005 年
海水产品产量	**721312**	**1313621**	**1305451**	**1351808**	**1471733**	**1528709**	**1553678**
#鱼　类	486701	582172	593879	604503	686152	702790	699645
虾蟹类	28419	52964	44001	53093	60567	62492	67559
贝　类	134777	555200	534083	558882	570599	606960	623718
藻　类	66278	116223	124690	127814	137257	139387	146062
#海水养殖产量	194312	673686	664652	694173	724839	768599	797615
#鱼　类				28615	31123	36267	34799
虾蟹类				8607	10038	11831	14535
贝　类				528712	546010	580682	601799
藻　类				127744	137172	139297	145972
主要海水产品产量							
大黄鱼	5294	11328	13484	12125	20387	19893	18303
带　鱼	53347	73304	72432	80387	90044	94338	93216
鲳　鱼	9879	22973	14718	20064	27621	25413	29478
鳓　鱼	2324	3398	5137	4511	7418	10521	9035
马鲛鱼	5456	13930	16863	16637	13871	17318	19828
鲷　鱼		2660	773	151	3659	6357	4177
鲐　鱼	2130	2609	2346	5772		5907	7280
鳗　鱼	27977	25623	26058	21453	26086	37329	36986
墨　鱼	1712	5632	4734	5158	5224	4494	5020
海蜇皮	3944	6415	8158	6925	6974	6016	3855
对　虾	2630	5419	6151	9392	11444	12172	12994
毛　虾	5290	11353	10348	11055	13132	13562	13446
梭子蟹	5904	13125	8118	9895	8715	12704	14475
蛏	30695	72139	63888	67342	65839	66684	69572
蛤				57257	62999	74797	73275
蚶	35	1292	1901	3894	3638	3620	4280
牡　蛎	20381	363475	349463	367372	374796	388596	399617
海　带	59775	107387	115413	117095	127104	122130	129261
紫　菜	6432	8834	9221	9643	9243	10977	11171

5－25 续表

单位:吨

项 目	2006年	2007年	2008年	2009年	2010年	2011年	2012年	2013年
海水产品产量	**1574844**	**1353005**	**1481336**	**1512123**	**1584436**	**1649270**	**1755850**	**1854988**
#鱼 类	679973	543664	635820	636565	648748	648626	664080	690520
虾蟹类	73181	63413	83613	91625	99484	105916	122602	130436
贝 类	650981	574586	553018	553018	598123	632268	668978	717098
藻 类	153454	157409	192757	189310	207371	226250	247604	271401
#海水养殖产量	842736	752956	799279	825603	879635	946091	1024919	1107384
#鱼 类	40396	41603	41256	46286	48434	53978	60913	66319
虾蟹类	17621	13733	21303	27111	32620	38553	51090	52507
贝 类	631238	525041	543808	562471	591066	625455	661636	710570
藻 类	153344	172514	192757	189285	207306	226205	247554	270951
主要海水产品产量								
大黄鱼	15230	21439	23187	18611	17653	17707	19358	21849
带 鱼	81316	59982	105473	114225	119086	119097	133630	120556
鲳 鱼	28363	23917	30344	30259	31314	34635	37260	44283
鳓 鱼	9304	5218	14880	11529	6360	6472	6303	6980
马鲛鱼	23913	15160	19581	20713	29325	25536	25988	26697
鲷 鱼	5179	4061	5679	8331	11832	13603	14384	16063
鲐 鱼	11436	4471	4791	4889	4817	4610	9077	15668
鳗 鱼	34820	26403	27553	35983	34482	35488	38168	39079
墨 鱼		2876	3861	6664	6831	6699	9253	8443
海蜇皮	3868	4455	3272	4923	4202	4200	4353	8104
对 虾	15258	14759	21605	25894	31921	35925	47129	46148
毛 虾	13637	8022	8830	12490	12239	11824	10564	10788
梭子蟹	16455	14487	18112	18112	23599	24234	27108	30153
蛏	71691	66043	63231	66044	77336	83038	84845	84520
蛤	84344	78260	81657	92377	99519	102879	101160	112841
蚶	4825	2433	2406	2525	3205	3719	3979	4062
牡 蛎	420119	361962	347696	347696	350450	363809	384322	401769
海 带	131650	135770	173700	169861	175208	190224	211295	229359
紫 菜	13519	11029	11861	13185	13814	14577	15198	17549

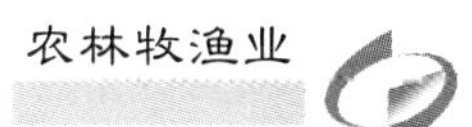

5－26　按县(市)区分农林牧渔业总产值

单位:万元

县(市)区	农林牧渔业总产值		农业产值	林业产值	牧业产值	渔业产值
	2013 年	比上年增长(%)				
福州市	**6827524**	**4.7**	**1761562**	**188517**	**737776**	**3929663**
市　区	239341	-2.4	132281	4366	30230	58137
仓山区	48368	-5.1	25950	99	7045	7285
马尾区	106600	0.1	49030	252	10938	45543
晋安区	84377		57301	4016	12251	5309
福清市	1445764	5.0	295392	5408	313164	779000
长乐市	746380	4.6	183121	1683	84295	459481
闽侯县	527688	4.9	340775	8787	108974	48491
连江县	1862307	5.1	113855	3946	41598	1665108
罗源县	486507	4.8	106552	4779	32159	322967
闽清县	345926	4.9	248740	33824	35964	24079
永泰县	541497	4.9	310282	124735	56503	37857
平潭县	632108	4.8	30564	987	34885	534542

5－27　按县(市)区分主要农产品产量

单位:吨

县(市)区	粮食总产量		油料总产量		蔬菜总产量	
	2013 年	比上年增长(%)	2013 年	比上年增长(%)	2013 年	比上年增长(%)
福州市	**555280**	**-0.8**	**50891**	**3.8**	**3236711**	**3.8**
市　区	9135	-10.5	7		315053	
仓山区					73354	2.5
马尾区	3941	-15.1	7		94489	1.3
晋安区	5194	-6.6			147210	-1.9
福清市	115404	-0.6	33516	6.0	557149	9.7
长乐市	87692	0.7	1600	12.6	442512	4.1
闽侯县	65578	-1.8	1345	3.9	825706	2.2
连江县	48197	-3.8	1231	3.1	140906	-0.3
罗源县	34806	-4.0	142	19.3	80247	3.1
闽清县	63934	1.3	1089	2.3	393725	4.9
永泰县	110478	0.9	3716	4.1	419512	3.7
平潭县	20056	-3.5	8245	-5.7	61901	-3.4

5-27 续表 单位:吨

县(市)区	水果总产量		茶叶总产量		禽蛋总产量		牛奶总产量	
	2013年	比上年增长(%)	2013年	比上年增长(%)	2013年	比上年增长(%)	2013年	比上年增长(%)
福州市	**454596**	**10.8**	**21934**	**12.3**	**106316**	**-16.1**	**16941**	**-11.3**
市　区	23246	0.4	1275	-6.7	3917	-39.7	6839	-0.6
仓山区	1202	1.3			1520	-16.7	4510	2.1
马尾区	16392	0.5			1722	-56.5	1680	0.4
晋安区	5652	-0.2	1275	-6.7	675	-4.8	649	-17.9
福清市	70046	10.1	180	91.5	56193	2.1	1434	4.0
长乐市	22941	1.9	85	-13.3	14727	-43.5	3093	-36.6
闽侯县	70675	5.8	642	5.1	7573	-48.2	4482	-8.4
连江县	32975	-1.1	5674	3.7	8960	28.1	163	1.2
罗源县	9882	8.6	6326	8.2	2060	-22.2	588	5.4
闽清县	102908	13.0	1649	36.2	4177	-29.6	252	-0.3
永泰县	119541	21.1	6103	26.2	1890	-46.4	90	-4.3
平潭县	2382	10.2			6819	28.4		

县(市)区	肉类总产量		水产品产量		海水产品产量	
	2013年	比上年增长(%)	2013年	比上年增长(%)	2013年	比上年增长(%)
福州市	**275581**	**2.4**	**2076954**	**5.8**	**1854988**	**5.6**
市　区	9768	11.4	144485	-1.2	126589	-1.8
仓山区	843	0.5	8631	2.8	78	4.0
马尾区	3727	14.3	19592	5.0	11712	6.1
晋安区	5198	11.4	1463	3.0		
福清市	119095	-4.3	377576	6.6	284081	6.1
长乐市	30539	13.8	140880	7.3	97141	3.9
闽侯县	46346	6.8	30762	0.8	3032	1.1
连江县	13545	13.4	819005	7.4	812608	7.4
罗源县	11213	7.6	134262	7.1	118839	7.5
闽清县	13490	2.9	7571	3.0		
永泰县	18817	-6.4	9537	7.8		
平潭县	12768	27.9	412876	4.3	412698	4.4

5－28 按县(市)区分年末畜禽存栏数

(2013年)

县(市)区	猪		牛		羊		兔		禽	
	年末存栏(头)	比上年增长(%)	年末存栏(头)	比上年增长(%)	年末存栏(头)	比上年增长(%)	年末存栏(头)	比上年增长(%)	年末存栏(头)	比上年增长(%)
福州市	**1788827**	**－4.2**	**74759**	**3.4**	**293696**	**3.6**	**1310769**	**1.0**	**13232381**	**－2.8**
市　区	48780	－17.1	2653	－4.4	5037	－2.1	1503	－10.3	669199	2.1
仓山区	195	427.0	1350	－12.2	300	1.0			278500	－4.5
马尾区	19494	－17.0	901	12.1	1397	13.8			286652	7.3
晋安区	29091	－17.7	402	7.4	3340	－7.8	1503	－10.3	104047	7.4
福清市	830124	－1.3	29168	2.8	74951	10.0	392633	6.0	4961325	－13.0
长乐市	177441	－19.6	10106	8.9	11268	－4.9	287157	－4.6	1487269	1.1
闽侯县	306620	2.5	8427	－0.1	34973	1.1	32794	－2.0	1805058	3.4
连江县	91555	2.6	5230	3.0	26778	5.3	157746	3.9	863618	17.1
罗源县	66632	4.7	5475	3.3	38142	3.9	259892	0.7	481157	3.5
闽清县	87469	－11.9	4940	27.3	23160	1.3	64712	－2.0	1349476	15.6
永泰县	77078	－16.8	4089	0.4	60468	1.3	75194	－0.1	803059	4.2
平潭县	103128	－0.4	4671	－8.7	18919	－1.3	39138	－3.5	812220	－9.8

5－29 按县(市)区分粮食播种面积和产量

(2013年)　　单位:公顷、吨

县(市)区	粮食作物		春收粮食		夏收粮食		秋收粮食	
	播种面积	总产量	播种面积	总产量	播种面积	总产量	播种面积	总产量
福州市	**105117**	**555280**	**8943**	**35426**	**21726**	**106459**	**74449**	**413395**
市　区	1619	9135			258	1366	1361	7769
晋安区	887	5194			15	44	872	5150
马尾区	732	3941			243	1322	489	2619
福清市	21662	115404	1263	5127	6839	36179	13560	74098
长乐市	15258	87692	2505	11611	5689	32435	7064	43646
闽侯县	12352	65578	991	4154	2101	9233	9260	52191
连江县	9517	48197	559	2221	2251	9379	6707	36597
罗源县	7081	34806	504	902	256	1017	6320	32887
闽清县	11815	63934	427	1222	1441	6352	9948	56360
永泰县	21146	110478	2210	8713	2695	10018	16241	91747
平潭县	4668	20056	484	1476	196	480	3988	18100

主要统计指标解释

乡镇个数 指农村中经省、自治区、直辖市人民政府批准成立的乡一级行政区划的数量。不包括城关镇、城市街道办事处、工矿区。

村委会个数 指农村中经上级政府批准,按居住地区设立的基层群众性自治组织的个数,含城关镇中的村。

乡村户数 是指长期(一年以上)居住在乡镇(不包括城关镇)行政管理区域内的住户,还包括居住在城关镇所辖行政村范围内的农村住户。户口不在本地而在本地居住一年及以上的住户也包括在本地农村住户内;有本地户口,但举家外出谋生一年以上的住户,无论是否保留承包耕地都不包括在本地农村住户范围内。不包括乡村地区内的国有经济的机关、团体、学校、企业、事业单位的集体户。

乡村人口数 指乡村地区常住居民户数中的常住人口数,即经常在家或在家居住6个月以上,而且经济和生活与本户连成一体的人口。外出从业人员在外居住时间虽然在6个月以上,但收入主要带回家中,经济与本户连为一体,仍视为家庭常住人口;在家居住,生活和本户连成一体的国家职工、退休人员也为家庭常住人口。但是现役军人、中专及以上(走读生除外)的在校学生、以及常年在外(不包括探亲、看病等)且已有稳定的职业与居住场所的外出从业人员,不应当作家庭常住人口。

乡村劳动力资源数 指乡村人口中劳动年龄以上(16周岁)能够参加生产经营活动的人员。

乡村从业人员 指乡村人口中16周岁以上实际参加生产经营活动并取得实物或货币收入的人员,既包括劳动年龄内经常参加劳动的人员,也包括超过劳动年龄但经常参加劳动的人员。但不包括户口在家的在外学生、现役军人和丧失劳动能力的人,也不包括待业人员和家务劳动者。从业人员年龄为16岁以上。从业人员按从事主业时间最长(时间相同接收入)分为农业从业人员、工业从业人员、建筑业从业人员、交通运输仓储及邮电通信业从业人员、批发零售贸易及餐饮业从业人员、其它从业人员。

耕地 是指能够种植农作物、经常进行耕锄的田地。包括熟地、当年新开荒地、连续撂荒未满三年的耕地和当年的休闲地(轮歇地)。以种植农作物为主并附带种植桑树、茶树、果树和其它林木的土地及沿海、沿湖地区已围垦利用的"海涂"、"湖田"等也包括在内。但不包括专业性的桑园、茶园、果木苗圃、林地、芦苇地、天然草原等。南方小于1米、北方小于2米宽的渠、路、田埂,包括在耕地中。

农林牧渔业劳动力 指直接从事农业、林业、牧业、渔业生产活动的劳动力,不包括从事工业、建筑业、运输与邮电、批发零售贸易和餐饮业以及其他非农行业的劳动力,也不包括已统计为临时工(合同工)的劳动力。

农用机械总动力 指主要用于农、林、牧、渔业的各种动力机械的动力总和,包括耕作机械、农用排灌机械、收获机械、植保机械、林业机械、畜牧机械、渔业机械,农产品加工机械、农用运输机械、其他农业机械。按能源又分为柴油、汽油、电力和其他动力。总动力按法定计算单位千瓦计算。(注:1马力=735.5瓦特=0.735千瓦)

农村用电量 指本年度内,扣除在农村中的国有工业、交通、基建等单位的用电量以后的农村生产和生活的全年用电总量(计量单位千瓦小时,按全年累计数统计)既包括国家电网供电,也包括农村自办电站供电量。

农用化肥施用量 指本年度内实际用于农业生产的化学肥料数量,包括氮肥、磷肥、钾肥和复合肥。化肥施用量要求按折纯量计算数量,折纯量是指把氮肥、磷肥、钾肥分别按含氮、含五氧化二磷、含氧化钾的百分之一百成分进行折算后的数量。复合肥按其所含主要成份折算。计算公式为:

折纯量=实物量×某种化肥有效成份含量的百分比

农作物播种面积 指实际播种或移植有农作物的面积。凡是实际种植有农作物的面积,不论种植在耕地上还是种植在非耕地上,也不论面积大小,均应如实统计,种什么就报什么,种多少就报多少,不得漏报。

粮食产量 指全社会的产量。包括国有经济经营的、集体统一经营的和农民家庭经营的粮食产量,还包括工矿企业办的农场和其他生产单位的产量。粮食除包括稻谷、小麦、玉米、高粱、谷子及其他杂粮外,还包括薯类和豆类。其产量计算方法,豆类按去豆荚后的干豆计算;薯类(包括甘薯和马铃薯,不包括芋头和木薯)

1963 年以前按每 4 公斤鲜薯折 1 公斤粮食计算，从 1964 年开始及以后改为按 5 公斤鲜薯折 1 公斤粮食计算。城市郊区作为蔬菜的薯类（如马铃薯等到）按鲜品计算，并且不作粮食统计。其他粮食一律按脱粒后的原粮计算。

农林牧渔业总产值 指以货币表现的农、林、牧、渔全部产品和对农业生产进行各种支持性服务活动的总量，它反映一定时期内生产的总规模和总成果。从 2003 年开始农林牧渔业总产值执行新的国民经济行业分类标准，包括农业、林业、牧业、渔业及农林牧渔业服务业，不再包括农民家庭兼营商品性工业。

农林牧渔业中间消耗 指各种经济类型的农业生产单位和农户在农业生产经营过程中投入（或消耗）的各种物质产品和劳务价值的总和。包括中间物质消耗和中间劳务消耗两个部分。计入中间消耗必须具备以下两个条件：一是与总产出相对应的生产过程中消耗的物质产品和劳务活动；二是本期投入并一次消耗的不属于固定资产的非耐用品。

农林牧渔业增加值 指各种经济类型的农业生产单位和农户从事生产经营活动所提供的社会最终产品的货币表现。增加值的计算方法有两种，一是生产法：农林牧渔业增加值 = 农林牧渔业总产出 - 农林牧渔业中间消耗；二是分配法：农林牧渔业增加值 = 固定资产折旧 + 劳动者报酬 + 生产税净额（生产税 - 生产补贴）+ 营业盈余。

6 工业、交通邮电业

6－1 主要年份工业总产值和工业增加值

单位：万元

年 份	工业总产值	工业总产值指数		工业增加值	工业增加值指数	
		以上年为100	以1952年为100		以上年为100	以1952年为100
1952	8355	130.8	100.0	2339	160.0	100.0
1957	18007	213.5	213.5	5041	100.6	215.5
1962	26731	147.1	314.2	7484	86.0	320.0
1965	45882	169.5	532.7	12846	131.1	549.2
1970	67104	149.6	796.9	18789	118.5	803.3
1975	121433	176.3	1405.0	34001	109.9	1453.7
1978	161815	134.6	1890.4	45308	123.4	1937.1
1979	180624	111.2	2101.4	50574	111.4	2162.2
1980	199379	113.2	2378.1	55826	111.3	2386.8
1981	217963	108.7	2584.7	61029	107.9	2609.2
1982	237815	108.8	2812.6	66588	108.1	2846.9
1983	308108	121.1	3404.8	86720	126.4	3707.6
1984	404777	130.6	4447.4	113337	125.2	4845.5
1985	451290	118.1	5254.2	143136	136.8	6119.5
1986	515916	113.5	5691.1	159933	96.7	6837.7
1987	669532	127.5	7598.9	181988	111.6	7780.6
1988	1016098	136.8	10398.1	272301	149.3	11641.8
1989	1276954	113.1	11763.9	348904	112.5	14916.8
1990	1372762	110.6	13008.4	345036	79.0	14751.4
1991	1689120	120.9	15732.4	407668	115.8	17429.2
1992	2214583	130.7	20561.2	498552	124.8	21314.8
1993	3367385	144.7	29743.6	691612	133.1	28370.3
1994	4530358	133.6	39736.4	1033673	144.3	40938.8
1995	5068178	111.1	44141.6	1300113	118.3	48430.8
1996	6613551	135.9	59994.8	1704501	129.6	62766.6
1997	8028424	126.1	75647.8	2147299	124.2	77968.8
1998	9389896	122.7	92816.2	2536111	121.2	94498.4
1999	10510351	117.3	108859.3	2855006	114.8	108484.3
2000	11238509	109.5	119234.2	3211520	114.8	124540.1
2001	11626438	111.0	132397.0	3469752	111.8	139235.9
2002	13429129	118.5	156894.1	3853609	115.7	161096.2
2003	16270890	121.9	185113.8	4638391	118.8	191382.4
2004	19920952	118.9	220100.3	5395622	115.0	220099.9
2005	22099921	111.5	245412.2	5641988	105.0	232205.4
2006	25459605	119.5	293267.3	6018520	108.3	251478.4
2007	30806322	121.8	357199.6	6995548	113.8	286182.5
2008	35845790	117.5	419709.5	7912404	113.2	323958.6
2009	39656460	113.6	476790.0	8916393	113.7	368340.9
2010	48690545	121.7	580253.3	11275850	118.8	437589.0
2011	58733583	115.8	671933.3	13551859	115.2	504102.5
2012	63532523	115.3	774739.1	14819871	114.1	575181.0
2013	72539832	114.1	883977.3	16545111	113.2	651105.0

6-2 “规模以上”工业企业单位数

单位:个

项目	2004年	2005年	2006年	2007年	2008年	2009年	2010年	2011年	2012年	2013年
合计	**2345**	**2359**	**2470**	**2656**	**2902**	**2889**	**2879**	**2050**	**2119**	**2205**
一、按轻重工业分										
轻工业	1356	1363	1419	1520	1644	1647	1660	1153	1182	1229
重工业	989	996	1051	1136	1257	1242	1219	897	937	976
二、按企业规模分										
大型企业	12	11	13	15	18	20	26	81	81	85
中型企业	196	223	257	282	315	299	327	401	471	468
小型企业	2137	2125	2200	2359	2568	2570	2526	1493	1526	1603
微型企业								75	41	49
三、按登记注册类型分										
内资企业	1437	1426	1489	1649	1855	1883	1889	1318	1403	1508
港澳台商投资企业	502	500	532	545	562	545	547	394	383	371
外商投资企业	406	433	449	462	485	461	443	338	333	326
四、按经济组织类型分										
独资企业	942	883	896	889	902	851	837	577	562	520
合作、合伙企业	106	100	85	81	85	68	67	66	61	35
股份有限公司	62	69	65	71	64	67	72	65	65	83
有限责任公司	1235	1307	1424	1615	1851	1903	1903	1342	1431	1567

注:1. 2011年起规模以上工业企业指年主营业务收入2000万元及以上工业企业,下同。
2. 2011年起增加微型企业规模分类,故企业数与往年不可比,下同。

6－3 “规模以上”工业总产值

单位:亿元

项　　目	2011 年	2012 年	2013
“规模以上”工业总产值	**5321.18**	**5954.89**	**6786.33**
#国有及国有控股企业	887.81	917.09	1034.42
农村工业	24.65	15.47	12.53
“规模以上”工业总产值比上年增长(%)	**16.10**	**15.70**	**14.40**
一、按轻重工业分			
轻工业	2190.57	2665.90	3113.75
重工业	3130.61	3288.99	3672.58
二、按企业规模分			
大型企业	1871.23	2274.33	2492.15
中型企业	1687.82	1896.82	2246.79
小型企业	1632.75	1762.64	2023.17
微型企业	129.37	21.10	24.22
三、按登记注册类型分			
国有企业	368.14	405.31	222.30
集体企业	84.84	32.69	30.05
股份合作企业	2.37	2.16	3.53
联营企业	46.50	63.74	50.53
有限责任公司	678.77	801.18	1264.88
股份有限公司	149.88	147.90	208.92
私营企业	1319.77	1691.47	1998.35
其他企业	27.29	40.53	16.33
港澳台商投资企业	1436.54	1438.58	1581.41
外商投资企业	1207.07	1331.32	1410.02
四、按国民经济行业分			
煤炭开采和洗选业	2.34		
有色金属矿采选业	1.71	2.17	
非金属矿采选业	25.91	26.53	25.93
农副食品加工业	378.16	456.10	520.53
食品制造业	91.83	104.03	96.14
酒、饮料和精制茶制造业	47.51	58.09	74.77
烟草制品业	1.15	1.85	2.73

6-3 续表

单位:亿元

项目	2011年	2012年	2013
纺织业	486.96	570.36	718.59
纺织服装、服饰业	103.38	99.83	110.55
皮革、毛皮、羽毛及其制品和制鞋业	267.94	322.33	382.72
木材加工和木、竹、藤、棕、草制品业	22.56	22.94	31.91
家具制造业	59.18	68.95	76.23
造纸和纸制品业	46.07	55.72	57.51
印刷和记录媒介复制业	14.09	20.87	31.26
文教、工美、体育和娱乐用品制造业	100.04	165.26	153.92
石油加工、炼焦和核燃料加工业	37.65	50.85	36.29
化学原料和化学制品制造业	69.81	88.39	103.94
医药制造业	56.71	62.61	72.59
化学纤维制造业	256.01	354.65	460.04
橡胶和塑料制品业	226.05	236.95	254.16
非金属矿物制品业	252.88	286.94	351.71
黑色金属冶炼和压延加工业	486.55	505.54	574.42
有色金属冶炼和压延加工业	96.83	99.08	130.07
金属制品业	76.20	93.14	108.37
通用设备制造业	103.51	115.00	112.82
专用设备制造业	91.98	88.64	96.30
汽车制造业	281.78	283.66	297.61
铁路、船舶、航空航天和其他运输设备制造业	92.45	97.00	104.62
电气机械和器材制造业	263.74	312.49	384.44
计算机、通信和其他电子设备制造业	733.63	712.61	769.09
仪器仪表制造业	50.26	47.49	44.31
其他制造业	13.23	15.24	15.19
废弃资源综合利用业	1.29	2.39	3.14
金属制品、机械和设备修理业	12.21	17.03	18.80
电力、热力生产和供应业	454.50	485.78	535.90
燃气生产和供应业	9.23	15.58	19.77
水的生产和供应业	5.84	8.80	9.95

6－4 “规模以上”工业主要产品产量

品　名	单位	2005年	2006年	2007年	2008年	2009年	2010年	2011年	2012年	2013年
食用植物油	万吨	9.12	11.63	26.29	18.05	18.42	29.30	19.33	16.34	19.58
啤　酒	千升	8.13	9.68	9.55	9.05	9.55	9.53	9.04	10.85	12.44
软饮料	万吨	30.44	44.04	51.36	66.04	58.28	75.15	74.03	91.46	127.80
精制茶	万吨	0.45	0.48	0.53	0.67	0.29	0.38	0.46	0.79	1.02
纱	万吨	47.09	78.89	83.88	99.33	114.31	133.18	159.95	198.19	213.91
布	万米	10849	13227	17397	13109	13946	19626	26589	28371	35490
#棉　布	万米	2964	3598	5041	8937	7211	11574	19517	16320	14992
棉混纺交织布	万米	232	414	430	831	2845	4177	6072	7571	8176
化学纤维布	万米	7653	9215	11926	3341	3890	3875	1000	4480	12322
服　装	万件	3294	3013	2867	4453	4283	4927	4840	8449	9478
皮　鞋	万双	4807	5259	4836	4981	5833	8283	9396	13294	14988
纯　碱	万吨	17.73	19.80	18.88	18.02	19.28	17.07	9.27		
氮　肥	万吨	6.53	9.52	6.67	4.89	5.57	4.88	3.28		
化学纤维	万吨	13.74	30.87	45.97	74.41	91.50	105.46	105.09	135.16	211.40
塑料制品	万吨	49.36	45.37	55.93	75.31	70.10	74.46	83.80	104.08	99.68
花岗石板材	万平方米	2801.58	2924.05	4032.37	5280.03	6101.38	7417.82	8096.96	9606.84	12851.00
粗　钢	万吨	13.80	45.43	69.31	175.73	179.19	428.19	502.15	618.77	682.45
钢　材	万吨	129.79	205.44	327.93	257.05	384.08	440.16	629.62	738.78	865.67
泵	万台	17.82	12.69	82.73	97.62	61.07	68.90	78.36	63.81	88.64
汽　车	万辆	6.67	5.72	6.95	4.49	9.65	14.08	13.10	12.65	13.92
交流电动机	万千瓦	23.72	25.82	29.51	26.98	22.01	1.06		14.06	16.70
电力变压器	万千伏安	336.45	387.90	443.06	385.18	353.38	551.05	256.30	346.05	343.09
显示器	万台	2240.15	2646.41	2902.42	2692.61	2381.14	2710.88	3064.81	2988.06	3330.18
彩色显像管	万只	1189.50	900.50	1092.67	882.69	350.42	465.25	230.33		
彩色电视机	万部	22.70	33.65	38.18	381.90	327.60	267.25	142.99	146.93	169.91
钟	万只	2429.43	2060.98	2374.70	4118.21	2868.42	3795.40	3338.50	3833.83	2984.26
发电量	亿千瓦小时	157.41	173.27	212.59	280.82	328.68	341.98	460.98	419.55	431.47
#水　电	亿千瓦小时	60.99	67.92	56.18	57.10	49.24	80.30	44.79	81.94	63.80

6－5 “规模以上”工业主要经济指标

（2013年）

单位：万元

项目	企业单位数（个）	工业总产值（当年价格）	资产总计	主营业务收入	利润总额	从业人员年平均人数（人）
总计	**2205**	**67863287**	**46879278**	**64903100**	**4225103**	**664244**
#亏损企业	187	2124799	3151879	2083781	－92664	44699
国有控股企业	82	10344170	12203641	9801947	603357	48556
农村工业	15	125281	20641	125144	3572	1735
一、按轻重工业分						
轻工业	1229	31137482	17837687	29995621	1910757	399752
重工业	976	36725805	29041591	34907479	2314346	264492
二、按企业规模分						
大型企业	85	24921473	18085946	23492268	1247983	210109
中型企业	468	22467922	14395618	21482964	1585494	257111
小型企业	1603	20231690	13916620	19691333	1383785	195312
微型企业	49	242203	481095	236536	7841	1712
三、按登记注册类型分：						
内资企业	1508	37948948	28457773	36751469	2323194	339618
国有企业	15	2223039	2778927	2135113	72268	8881
中央企业	3	1381831	1570292	1381055	29714	2522
地方企业	12	841208	1208635	754057	42554	6359
集体企业	23	300549	55399	298662	16146	5190
股份合作企业	1	35256	6125	35256	3847	645
联营企业	10	505315	563109	504189	83546	3854
国有联营企业	1	133554	497170	133554	52315	785
集体联营企业	3	58938	8960	59020	4369	1283
国有与集体联营企业	1	5390	945	5247	－45	31
其他联营企业	5	307434	56035	306369	26907	1755
有限责任公司	361	12648769	10482705	12036690	695085	88531
国有独资公司	19	2989040	3603905	2904347	174981	6262
其他有限责任公司	342	9659730	6878800	9132343	520104	82269
股份有限公司	46	2089197	3256068	1946610	125736	21006
私营企业	1043	19983546	11170130	19634277	1313577	209159
私营独资企业	28	348982	77160	352968	22322	5657
私营合作企业	8	108976	32889	108829	9950	1476
私营有限责任公司	985	19140660	10709476	18798455	1253981	197813
私营股份有限公司	22	384928	350605	374024	27324	4213
其他企业	9	163276	145310	160671	12990	2352
港、澳、台商投资企业	371	15814137	9830392	14962597	930449	155320
合资经营企业(港或澳、台资)	116	4251533	2749818	3926652	336051	44737

6-5 续表 (2013年) 单位:万元

项目	企业单位数(个)	工业总产值(当年价格)	资产总计	主营业务收入	利润总额	从业人员年平均人数(人)
合作经营企业(港或澳、台资)	2	39883	6551	39883	2939	779
港澳台商独资经营企业	247	9880205	5362916	9439495	417648	104071
港澳台商投资股份有限公司	6	1642516	1711107	1556567	173811	5733
外商投资企业	326	14100202	8591114	13189035	971461	169306
中外合资经营企业	105	6555796	3500455	5994279	281467	49721
中外合作经营企业	5	84618	42824	84557	12410	752
外资企业	207	5583553	3503343	5301151	530133	109792
外商投资股份有限公司	9	1876236	1544493	1809047	147450	9041
四、按经济组织类型分						
独资企业	520	18336328	11777744	17527390	1058516	233591
国有企业	15	2223039	2778927	2135113	72268	8881
集体企业	23	300549	55399	298662	16146	5190
私营独资企业	28	348982	77160	352968	22322	5657
港澳台商独资经营企业	247	9880205	5362916	9439495	417648	104071
外资企业	207	5583553	3503343	5301151	530133	109792
合作、合伙企业	35	937325	796808	933386	125682	9858
股份合作企业	1	35256	6125	35256	3847	645
国有联营企业	1	133554	497170	133554	52315	785
集体联营企业	3	58938	8960	59020	4369	1283
国有与集体联营企业	1	5390	945	5247	-45	31
其他联营企业	5	307434	56035	306369	26907	1755
私营合伙企业	8	108976	32889	108829	9950	1476
合作经营企业(港或澳、台资)	2	39883	6551	39883	2939	779
中外合作经营企业	5	84618	42824	84557	12410	752
其他企业(内资)	9	163276	145310	160671	12990	2352
股份有限公司	83	5992878	6862273	5686249	474322	39993
股份有限公司(内资)	46	2089197	3256068	1946610	125736	21006
私营股份有限公司	22	384928	350605	374024	27324	4213
港澳台商投资股份有限公司	6	1642516	1711107	1556567	173811	5733
外商投资股份有限公司	9	1876236	1544493	1809047	147450	9041
有限责任公司	1567	42596757	27442454	40756076	2566583	380802
国有独资公司	19	2989040	3603905	2904347	174981	6262
私营有限责任公司	985	19140660	10709476	18798455	1253981	197813
合资经营企业(港或澳、台资)	116	4251533	2749818	3926652	336051	44737
中外合资经营企业	105	6555796	3500455	5994279	281467	49721
其他有限责任公司	342	9659730	6878800	9132343	520104	82269

6－6 按行业分“规模以上”工业主要经济指标

（2013 年） 单位:万元

项目	企业单位数（个）	工业总产值	工业销售产值	#出口交货值	资产总计	#流动资产合计
总计	**2205**	**67863287**	**65152474**	**14155400**	**46879278**	**24197301**
非金属矿采选业	8	259287	258773		42582	17510
农副食品加工业	188	5205319	5008880	1111711	2543763	1943512
食品制造业	55	961396	926483	52072	554284	293681
酒、饮料和精制茶制造业	34	747652	763244	6468	354629	218126
烟草制品业	1	27266	26844		39533	25899
纺织业	264	7185950	6954104	174196	4903833	2497617
纺织服装、服饰业	73	1105550	1080532	405658	417583	267511
皮革、毛皮、羽毛及其制品和制鞋业	135	3827249	3775964	2045745	983714	686160
木材加工和木、竹、藤、棕、草制品业	32	319054	307772	18512	172310	119658
家具制造业	46	762279	752518	387606	312394	181690
造纸和纸制品业	53	575051	551853	33392	272123	167904
印刷和记录媒介复制业	27	312587	300836		265051	114065
文教、工美、体育和娱乐用品制造业	114	1539153	1499718	930899	690895	507842
石油加工、炼焦和核燃料加工业	7	362946	348956	1200	150755	83060
化学原料和化学制品制造业	66	1039417	995678	102798	1208170	323196
医药制造业	24	725932	661129	70545	658306	384430
化学纤维制造业	29	4600360	4222611	162343	3413319	1521769
橡胶和塑料制品业	114	2541586	2444203	233945	1699713	1046410
非金属矿物制品业	231	3517102	3376198	474309	2740086	1376026
黑色金属冶炼和压延加工业	45	5744222	5163748	115743	4011693	2193983
有色金属冶炼和压延加工业	20	1300740	1273680	108709	773404	277485
金属制品业	65	1083695	1031838	149141	722820	416474
通用设备制造业	83	1128214	1092891	276128	791354	548690
专用设备制造业	63	963017	909029	26351	763862	439092
汽车制造业	98	2976120	2869185	332554	2230371	1305052
铁路、船舶、航空航天和其他运输设备制造业	18	1046218	1045742	560445	952618	758303
电气机械和器材制造业	114	3844387	3577106	1129425	2187049	1369567
计算机、通信和其他电子设备制造业	98	7690900	7503354	5020109	4409174	3466476
仪器仪表制造业	34	443104	430017	200974	345345	227516
其他制造业	8	151856	145201	24423	184142	144974
废弃资源综合利用业	5	31410	28774		60697	39038
金属制品、机械和设备修理业	7	187974	183717		251104	27904
电力、热力生产和供应业	34	5359043	5348870		7130475	1056326
燃气生产和供应业	5	197704	195888		165935	59168
水的生产和供应业	7	99547	97142		476192	91187

6－6 续表1 （2013年） 单位:万元

项目	固定资产合计	固定资产原价	负债合计	#流动负债合计	所有者权益合计	主营业务收入	主营业务成本
总计	**16524016**	**24695550**	**26545348**	**21148890**	**20024961**	**64903100**	**56292353**
非金属矿采选业	23990	26886	7224	7124	33423	265198	207729
农副食品加工业	420635	601140	1748745	1637412	774765	5067090	4535855
食品制造业	178904	246900	270618	258442	279729	928837	719206
酒、饮料和精制茶制造业	107584	190509	190595	161548	159066	763572	600205
烟草制品业	12528	19329	20152	20152	19382	26844	17383
纺织业	1937325	2454944	2489292	2137001	2386077	7006518	6131918
纺织服装、服饰业	111993	144148	234968	229053	178862	1076448	947035
皮革、毛皮、羽毛及其制品和制鞋业	210527	440432	475442	458219	506353	3774815	3239206
木材加工和木、竹、藤、棕、草制品业	40979	53055	71368	70765	94754	306618	260601
家具制造业	67776	109198	144640	131863	165685	751914	642031
造纸和纸制品业	70912	108306	161920	108809	112561	538816	466351
印刷和记录媒介复制业	71612	123053	117534	88999	147517	303195	261521
文教、工美、体育和娱乐用品制造业	141325	252160	347027	312972	340029	1486865	1273066
石油加工、炼焦和核燃料加工业	64358	106162	62164	54135	88543	361913	329994
化学原料和化学制品制造业	213068	254952	621743	247653	584941	984577	842827
医药制造业	186248	240131	304081	257497	345467	613623	463244
化学纤维制造业	1707745	2315425	2381032	1644868	1031739	4269061	3597155
橡胶和塑料制品业	354315	506028	951517	893900	702117	2471193	2174546
非金属矿物制品业	762670	1156324	1274334	1108852	1456881	3450761	2879772
黑色金属冶炼和压延加工业	1546821	2119796	2592263	2230848	1291866	5024844	4720969
有色金属冶炼和压延加工业	432496	554011	501367	365811	272037	1272428	1213053
金属制品业	167785	238465	432058	337264	285668	1049005	910838
通用设备制造业	137383	213919	354168	270188	435444	1064050	863219
专用设备制造业	186167	266478	369365	291339	390430	904547	770795
汽车制造业	659371	1234605	1114277	883882	1104492	2832936	2307061
铁路、船舶、航空航天和其他运输设备制造业	143626	202301	782772	725103	169845	972956	877679
电气机械和器材制造业	350186	556073	1203376	1143486	975649	3545785	3173444
计算机、通信和其他电子设备制造业	506990	1079495	2427618	2340714	1978990	7435120	6482704
仪器仪表制造业	76961	104622	105924	86190	236877	429294	353284
其他制造业	17395	28612	85600	85466	98543	144327	111095
废弃资源综合利用业	13620	14832	48993	43961	11704	31357	28203
金属制品、机械和设备修理业	161124	175896	151566	150757	96677	183073	143535
电力、热力生产和供应业	5017462	7948262	4303537	2216104	2826783	5286984	4531784
燃气生产和供应业	55844	93963	77507	74347	86434	189341	148329
水的生产和供应业	366292	515141	120562	74168	355631	89197	66716

6－6　续表2　（2013年）　单位:万元

项　　目	主营业务税金及附加	利润总额	应交所得税	亏损企业亏损总额	利税总额	本年应交增值税	全部从业人员年平均人数（万人）
总　　计	**496393**	**4225103**	**454748**	**92664**	**6747230**	**2016718**	**66.42**
非金属矿采选业	9463	35405	2084	1	57948	13080	0.42
农副食品加工业	17511	301456	17342	4750	504814	184829	3.64
食品制造业	3674	80644	12221	1146	116486	32168	1.35
酒、饮料和精制茶制造业	8616	49004	10782	2406	86508	28054	0.76
烟草制品业	190	2596	649		3711	925	0.04
纺织业	20198	489225	21394	7788	600247	90591	7.10
纺织服装、服饰业	8127	45075	6740	475	92638	39421	2.65
皮革、毛皮、羽毛及其制品和制鞋业	12727	301047	14446	657	460787	146999	10.15
木材加工和木、竹、藤、棕、草制品业	2395	20905	2831	240	35781	12481	0.52
家具制造业	4895	30432	3846	734	49129	13777	1.26
造纸和纸制品业	3764	24337	3840	1660	48242	18620	0.80
印刷和记录媒介复制业	893	19388	2061	46	33242	11484	0.63
文教、工美、体育和娱乐用品制造业	12951	73676	7999	3110	139093	51481	3.95
石油加工、炼焦和核燃料加工业	1054	13983	169		37511	22475	0.16
化学原料和化学制品制造业	5308	60257	21789	614	104789	39186	1.19
医药制造业	4554	56784	10503	607	80834	19203	0.90
化学纤维制造业	3663	254895	13891	2805	291246	32689	1.32
橡胶和塑料制品业	12651	124874	16475	4986	211045	72909	2.71
非金属矿物制品业	31922	413996	22452	7817	551647	105514	4.22
黑色金属冶炼和压延加工业	6836	180433	5564	1396	557561	370293	2.11
有色金属冶炼和压延加工业	1382	12075	1782	7636	21353	7896	0.74
金属制品业	4221	69061	6832	3779	97909	24596	1.02
通用设备制造业	6831	79917	13434	1872	123410	36592	1.38
专用设备制造业	4555	62287	5324	1939	107729	40888	1.11
汽车制造业	103443	160440	35259	4549	374934	110917	3.27
铁路、船舶、航空航天和其他运输设备制造业	4061	51718	10646		71597	15809	0.68
电气机械和器材制造业	32896	296361	39731	8593	436944	107083	3.35
计算机、通信和其他电子设备制造业	18755	401936	41273	5778	527378	106643	6.18
仪器仪表制造业	1946	28381	2377	111	43638	13296	0.78
其他制造业	1920	－5887	1184	9541	6538	10505	0.35
废弃资源综合利用业	190	1345	227	219	2381	846	0.03
金属制品、机械和设备修理业	2661	25038	1846		33573	5874	0.22
电力、热力生产和供应业	140887	436901	92619	5582	799986	221468	1.01
燃气生产和供应业	554	19752	4538		23141	2750	0.14
水的生产和供应业	701	7367	600	1825	13459	5377	0.29

6－7　规模以上工业主要经济效益指标

（2013 年）

项　　　目	总资产贡献率（%）	资产负债率（%）	流动资产周转率（次/年）	成本费用利润率（%）	产品销售率（%）
总　　计	**15.85**	**56.62**	**2.71**	**6.83**	**96.01**
#亏损企业	0.68	61.00	1.27	-4.14	94.99
国有控股企业	12.64	56.70	2.85	6.45	97.41
农村工业	47.75	56.31	9.77	3.01	99.80
一、按轻重工业分					
轻工业	17.42	55.60	2.96	6.75	96.14
重工业	14.88	57.25	2.53	6.89	95.89
二、按企业规模分					
大型企业	13.62	62.63	2.76	5.48	95.12
中型企业	18.96	52.65	2.72	7.78	95.59
小型企业	15.92	52.91	2.72	7.47	97.53
微型企业	4.16	57.37	0.85	3.52	98.82
三、按登记注册类型分：					
内资企业	15.16	57.42	2.81	6.68	97.03
国有企业	9.41	69.30	3.64	3.51	99.19
中央企业	10.54	73.48	6.33	2.23	100.00
地方企业	7.95	63.86	2.05	5.83	97.87
集体企业	63.37	51.05	8.65	5.86	98.68
股份合作企业	113.00	39.57	10.93	11.90	100.00
联营企业	22.73	19.76	7.20	20.02	99.60
国有联营企业	17.09	18.40	3.08	64.54	100.00
集体联营企业	113.42	19.07	26.61	8.44	100.14
国有与集体联营企业	58.00	49.80	9.85	-0.85	100.00
其他联营企业	57.61	31.44	12.89	9.64	99.32
有限责任公司	14.47	60.59	2.93	6.02	96.18
国有独资公司	10.93	68.23	4.58	6.34	99.38
其他有限责任公司	16.32	56.58	2.63	5.91	95.19
股份有限公司	7.42	55.94	0.99	6.77	93.37
私营企业	18.85	53.93	3.15	7.12	97.61
私营独资企业	60.32	40.93	8.37	6.89	99.19
私营合作企业	63.07	13.26	15.32	10.33	99.80
私营有限责任公司	18.59	54.61	3.15	7.10	97.59
私营股份有限公司	13.38	39.97	1.74	7.64	96.13
其他企业	12.87	53.11	1.82	8.81	99.09
港、澳、台商投资企业	14.80	59.62	2.66	6.35	94.24
合资经营企业（港或澳、台资）	18.26	57.52	2.88	8.70	92.85

6-7 续表 (2013年)

项目	总资产贡献率(%)	资产负债率(%)	流动资产周转率(次/年)	成本费用利润率(%)	产品销售率(%)
合作经营企业(港或澳、台资)	108.74	61.70	19.62	7.77	100.00
港澳台商独资经营企业	13.38	59.24	2.64	4.57	95.63
港澳台商投资股份有限公司	13.30	64.21	2.28	10.84	89.33
外商投资企业	19.33	50.54	2.53	7.81	95.22
中外合资经营企业	17.53	67.85	2.73	4.89	94.04
中外合作经营企业	35.14	32.90	4.87	17.26	99.93
外资企业	22.56	41.16	2.25	10.75	96.23
外商投资股份有限公司	15.65	33.10	2.77	8.75	96.16
四、按经济组织类型分					
独资企业	15.72	56.07	2.65	6.33	96.36
国有企业	9.41	69.30	3.64	3.51	99.19
集体企业	63.37	51.05	8.65	5.86	98.68
私营独资企业	60.32	40.93	8.37	6.89	99.19
港澳台商独资经营企业	13.38	59.24	2.64	4.57	95.63
外资企业	22.56	41.16	2.25	10.75	96.23
合作、合伙企业	24.66	26.78	4.98	15.65	99.60
股份合作企业	113.00	39.57	10.93	11.90	100.00
国有联营企业	17.09	18.40	3.08	64.54	100.00
集体联营企业	113.42	19.07	26.61	8.44	100.14
国有与集体联营企业	58.00	49.80	9.85	-0.85	100.00
其他联营企业	57.61	31.44	12.89	9.64	99.32
私营合伙企业	63.07	13.26	15.32	10.33	99.80
合作经营企业(港或澳、台资)	108.74	61.70	19.62	7.77	100.00
中外合作经营企业	35.14	32.90	4.87	17.26	99.93
其他企业(内资)	12.87	53.11	1.82	8.81	99.09
股份有限公司	11.04	52.05	1.62	8.62	93.31
股份有限公司(内资)	7.42	55.94	0.99	6.77	93.37
私营股份有限公司	13.38	39.97	1.74	7.64	96.13
港澳台商投资股份有限公司	13.30	64.21	2.28	10.84	89.33
外商投资股份有限公司	15.65	33.10	2.77	8.75	96.16
有限责任公司	16.85	58.87	2.99	6.61	96.15
国有独资公司	10.93	68.23	4.58	6.34	99.38
私营有限责任公司	18.59	54.61	3.15	7.10	97.59
合资经营企业(港或澳、台资)	18.26	57.52	2.88	8.70	92.85
中外合资经营企业	17.53	67.85	2.73	4.89	94.04
其他有限责任公司	16.32	56.58	2.63	5.91	95.19

6－8　按行业分“规模以上”工业企业主要经济效益指标

（2013年）

项　　　目	总资产贡献率（%）	资产负债率（%）	流动资产周转率（次/年）	成本费用利润率（%）	产品销售率（%）
总　　计	**15.85**	**56.62**	**2.71**	**6.83**	**96.01**
非金属矿采选业	135.61	16.96	15.15	16.32	99.80
农副食品加工业	20.68	68.75	2.63	6.28	96.23
食品制造业	21.88	48.82	3.21	9.24	96.37
酒、饮料和精制茶制造业	25.38	53.74	3.57	6.79	102.09
烟草制品业	10.26	50.97	1.04	10.75	98.45
纺织业	14.34	50.76	2.82	7.41	96.77
纺织服装、服饰业	23.55	56.27	4.03	4.40	97.74
皮革、毛皮、羽毛及其制品和制鞋业	49.24	48.33	5.53	8.67	98.66
木材加工和木、竹、藤、棕、草制品业	21.76	41.42	2.59	7.45	96.46
家具制造业	17.70	46.30	4.14	4.23	98.72
造纸和纸制品业	19.32	59.50	3.23	4.62	95.97
印刷和记录媒介复制业	13.75	44.34	2.68	6.62	96.24
文教、工美、体育和娱乐用品制造业	21.53	50.23	2.97	5.17	97.44
石油加工、炼焦和核燃料加工业	26.55	41.24	4.36	4.04	96.15
化学原料和化学制品制造业	10.73	51.46	3.06	6.35	95.79
医药制造业	13.32	46.19	1.60	10.19	91.07
化学纤维制造业	10.64	69.76	2.81	6.33	91.79
橡胶和塑料制品业	13.54	55.98	2.49	5.06	96.17
非金属矿物制品业	21.39	46.51	2.58	12.74	95.99
黑色金属冶炼和压延加工业	15.32	64.62	2.33	3.62	89.89
有色金属冶炼和压延加工业	4.58	64.83	4.59	0.91	97.92
金属制品业	15.20	59.77	2.53	7.03	95.21
通用设备制造业	16.23	44.75	1.95	7.99	96.87
专用设备制造业	14.94	48.35	2.07	7.28	94.39
汽车制造业	17.65	49.96	2.22	6.05	96.41
铁路、船舶、航空航天和其他运输设备制造业	8.22	82.17	1.29	5.61	99.95
电气机械和器材制造业	21.06	55.02	2.62	8.50	93.05
计算机、通信和其他电子设备制造业	12.58	55.06	2.16	5.62	97.56
仪器仪表制造业	13.36	30.67	1.89	7.12	97.05
其他制造业	4.55	46.49	1.00	－3.82	95.62
废弃资源综合利用业	4.95	80.72	0.80	4.46	91.61
金属制品、机械和设备修理业	13.79	60.36	6.58	15.90	97.73
电力、热力生产和供应业	13.43	60.35	5.03	8.87	99.81
燃气生产和供应业	14.05	46.71	3.22	11.56	99.08
水的生产和供应业	2.91	25.32	1.01	8.33	97.58

6-9 规模以上工业企业能源购进、消费与库存

（2013年）

项目	单位	年初库存量	购进量	合计	工业生产消费	非工业生产消费	期末库存量
原煤	吨	874017.89	18568033.12	18634244.11	18571735.55	62508.56	790150.42
#无烟煤	吨	73933.14	688887.63	692073.54	692058.77	14.77	69108.68
一般烟煤	吨	800084.75	17879145.49	17942170.57	17879676.78	62493.79	721041.74
洗精煤	吨	44023.42	1165142.92	1154496.78	1154496.78		54701.56
煤制品	吨	8952.86	146205.53	153941.83	153930.03	11.80	1218.80
焦炭	吨	76672.54	2675342.92	2625196.20	2625176.20	20.00	126819.26
其他焦化产品	吨						
焦炉煤气	万立方米			14910.01	14910.01		
高炉煤气	万立方米			196926.82	196926.82		
天然气（气态）	万立方米	117.35	23937.33	23937.33	23913.03	24.30	
液化天然气（液态）	吨	10.40	6165.30	6169.88	6163.15	6.73	5.82
原油	吨	9.43	180.18	189.61	184.61	5.00	
汽油	吨	83.50	27370.27	27385.18	20035.47	7349.67	68.59
煤油	吨	6.23	135.76	140.74	98.38	42.36	1.25
柴油	吨	3157.35	73829.17	73685.93	66946.52	6739.40	3300.59
燃料油	吨	9885.59	47524.71	49403.94	46358.00	3045.94	8006.36
液化石油气	吨	91.77	8061.85	8107.92	7964.93	142.99	41.85
润滑油	吨	369.05	1110.68	1174.64	1173.15	1.49	283.84
石蜡	吨	64.00	339.00	395.00	395.00		8.00
溶剂油	吨	276.25	801.10	810.66	810.66		266.69
石油焦	吨	109.00	1142.00	1218.00	1218.00		33.00
石油沥青	吨	146.00	12074.09	12007.09	12007.09		215.00
其他石油制品	吨	2.20	131.89	131.97	131.97		2.12
热力	百万千焦		133661.05	133605.66	133233.26	372.40	
电力	万千瓦时		2059789.94	2289651.95	2259575.92	30076.03	
生物质废料用于燃料	吨		5978.69	5978.69	5978.69		
其他工业废料用于燃料	吨		346.00	346.00	346.00		
其他燃料	吨标准煤	125.00	7818.54	7864.54	7541.54	323.00	81.00
能源合计	吨标准煤			19860026.72	19754827.23	105199.72	

6－10 规模以上工业企业主要能源品种分行业消费量

（2013 年）

指标	综合能源消费量（吨标准煤）	原煤（吨）	洗精煤（吨）	焦炭（吨）	天然气（气态）（万立方米）
合计	**14132840.68**	**18634244.11**	**1154496.78**	**2625196.20**	**23937.33**
轻工业	1940273.82	997042.28		490.12	6932.63
重工业	12192566.86	17637201.83	1154496.78	2624706.08	17004.70
一、按工业行业门类分					
采矿业	1484.78	1712.00			
有色金属矿采选业	1484.78	1712.00			
非金属矿采选业	4118.52				
制造业	7670646.02	3015342.11	1154496.78	2625196.20	23937.33
农副食品加工业	172814.04	133532.94		105.62	4.10
食品制造业	37783.61	2611.08			815.89
酒、饮料和精制茶制造业	28179.62	13942.66		384.50	306.00
烟草制品业	11362.01	12404.03			
纺织业	641871.10	253436.18			553.66
纺织服装、服饰业	9088.48				2.40
皮革、毛皮、羽毛及其制品和制鞋业	85619.88	12848.23			367.80
木材加工和木、竹、藤、棕、草制品业	6785.08	127.69			
家具制造业	14089.17	123.60			
造纸和纸制品业	45610.98	34248.04			
印刷和记录媒介复制业	5821.58	43.00			
文教、工美、体育和娱乐用品制造业	47473.57	13268.46			204.16
石油加工、炼焦和核燃料加工业	87412.29	465.43	1154496.78		
化学原料和化学制品制造业	108599.35	38162.36			
医药制造业	95521.19	103470.59			
化学纤维制造业	445682.59	253363.47			
橡胶和塑料制品业	122807.67	23196.77			
非金属矿物制品业	1275570.57	938449.42			18782.42
黑色金属冶炼和压延加工业	3998988.67	1172966.10		2622142.20	
有色金属冶炼和压延加工业	93602.23				1845.84
金属制品业	32989.38	613.00		25.00	117.35
通用设备制造业	21676.41	61.19		366.00	
专用设备制造业	15583.75	90.00		117.00	
汽车制造业	93742.44			2055.88	747.31
铁路、船舶、航空航天和其他运输设备制造业	19777.06	729.00			14.56
电气机械和器材制造业	48527.33	2754.92			151.54
计算机、通信和其他电子设备制造业	74439.64				24.30
仪器仪表制造业	9912.08	113.00			
其他制造业	1948.05				
废弃资源综合利用业	13082.04	4320.95			
金属制品、机械和设备修理业	4284.16				
电力、热力、燃气及水生产和供应业	6456591.36	15617190.00			
电力、热力生产和供应业	6433505.67	15617190.00			
燃气生产和供应业	2986.34				
水的生产和供应业	20099.35				
二、按企业登记注册类型分					
国有企业	1572756.27	3277682.36			1387.84
集体企业	10238.80	5629.11		306.00	
股份合作企业	110.61				
股份制企业	7583651.25	8538439.10	1154496.78	1868351.32	9069.45
外商及港澳台商投资企业	4806077.72	6742159.06		755517.88	13480.04
其他经济类型企业	160006.03	70334.48		1021.00	

6－10 续表 (2013 年)

指标	汽油(吨)	柴油(吨)	燃料油(吨)	液化石油气(吨)	热力(百万千焦)	电力(万千瓦时)
合计	**27385.18**	**73685.93**	**49403.94**	**8107.92**	**133605.66**	**2289651.95**
轻工业	15267.76	16382.78	12924.21	3174.10	41172.66	839373.65
重工业	12117.42	57303.15	36479.73	4933.82	92433.00	1450278.30
一、按工业行业门类分						
采矿业	5.90	731.00				2694.88
有色金属矿采选业						217.50
非金属矿采选业	5.90	731.00				2477.38
制造业	25023.12	69490.85	49403.94	8107.92	133605.66	1833137.51
农副食品加工业	1425.99	4132.34	6844.85	1677.16	10327.86	46789.18
食品制造业	445.77	934.93	1096.43	71.04		13915.08
酒、饮料和精制茶制造业	459.53	397.69	579.30			9747.99
烟草制品业	34.17	12.94				1979.40
纺织业	1160.97	725.06	1067.75	2.50		370828.16
纺织服装、服饰业	829.41	570.73		13.75		6091.01
皮革、毛皮、羽毛及其制品和制鞋业	2038.13	2539.84	147.00	31.82		53555.03
木材加工和木、竹、藤、棕、草制品业	99.68	98.84				5264.16
家具制造业	438.48	339.06		19.00		10674.82
造纸和纸制品业	350.84	1409.62	1620.09			11579.84
印刷和记录媒介复制业	480.03	117.45				4000.29
文教、工美、体育和娱乐用品制造业	1773.19	1340.43		72.62		24756.66
石油加工、炼焦和核燃料加工业	100.00	136.30	107.50			6607.62
化学原料和化学制品制造业	3039.19	1404.59		352.00	71012.00	57853.77
医药制造业	402.63	356.66	1184.24	91.40		17075.01
化学纤维制造业	266.36	194.08				181016.24
橡胶和塑料制品业	1658.82	1312.86	1063.63	1.25	52265.80	78675.04
非金属矿物制品业	745.17	35296.05	22021.41	1038.37		220252.13
黑色金属冶炼和压延加工业	149.79	2433.00		72.00		456787.68
有色金属冶炼和压延加工业	137.92	465.17	12140.00			34523.75
金属制品业	349.87	526.11		2250.41		19543.90
通用设备制造业	1114.11	703.99	102.73	88.35		15894.90
专用设备制造业	931.28	1026.98	42.16	97.92		10783.33
汽车制造业	1797.11	4484.44	465.47	1368.25		56586.41
铁路、船舶、航空航天和其他运输设备制造业	119.73	3726.25		303.00		10667.51
电气机械和器材制造业	2587.61	3832.73		532.18		28078.53
计算机、通信和其他电子设备制造业	1175.75	225.15	206.28	24.90		60871.65
仪器仪表制造业	632.73	110.32				7297.01
其他制造业	141.82	275.22				1226.14
废弃资源综合利用业	125.00	295.52	10.10			7605.86
金属制品、机械和设备修理业	12.04	66.50	705.00			2609.41
电力、热力、燃气及水生产和供应业	2356.16	3464.08				453819.56
电力、热力生产和供应业	2007.16	3391.87				435336.83
燃气生产和供应业	132.44	72.21				2193.44
水的生产和供应业	216.56					16289.29
二、按企业登记注册类型分						
国有企业	1268.51	3272.55	2833.83			304952.43
集体企业	170.34	77.63	16.15			4577.06
股份合作企业						90.00
股份制企业	11393.73	41474.85	13476.91	2360.03	81339.86	1171833.59
外商及港澳台商投资企业	12627.89	27898.68	32862.15	5739.89	52265.80	722658.06
其他经济类型企业	1924.71	962.22	214.90	8.00		85540.81

6－11　按县（市）区分“规模以上”工业总产值

（2013 年）　　单位：万元

项　目	福州市	鼓楼区	台江区	仓山区	晋安区	马尾区	福清市
规模以上工业总产值	**67863287**	**2601465**	**1565064**	**6372887**	**3161051**	**8267981**	**12609690**
#亏损企业	2124799	136241	14648	180482	264275	296120	713421
国有控股企业	10344170	1413101	1393681	659819	181382	933224	650251
农村工业	125281			82356			
一、按轻重工业分							
轻工业	31137482	658740	116783	3783838	1562153	2876285	4643285
重工业	36725805	1942725	1448282	2589049	1598898	5391696	7966405
二、按经济类型分							
国有企业	2223039	2043	1369221	4974	7691	300257	135784
集体企业	300549	6109		124497	75025		10759
股份合作企业	35256			35256			
联营企业	505315				56346		5390
有限责任公司	12648769	1486983	31171	366136	266214	371344	2171628
股份有限公司	2089197	184805	13019	282936	63597	428215	853631
私营企业	19983546	460045	136535	2703576	1440324	1187169	1368028
港、澳、台商投资企业	15814137	197931	15118	1512385	764554	2034574	6551818
外商投资企业	14100202	263549		1329984	487300	3946422	1509966
其他企业	163276			13142			2688
三、按登记注册分							
内资企业	37948948	2139985	1549946	3530518	1909196	2286985	4547907
港、澳、台商投资企业	15814137	197931	15118	1512385	764554	2034574	6551818
外商投资企业	14100202	263549		1329984	487300	3946422	1509966
四、按经济组织分							
独资企业	18336328	214993	1378218	2221755	1112149	3023372	5385596
合作、合伙企业	937325			134181	56346	4228	8077
股份有限公司	5992878	202143	13019	502465	108069	1529152	1470735
有限责任公司	42596757	2184330	173828	3514486	1884486	3711230	5745282
五、按企业规模分							
大型企业	24921473	1520094	1365040	1313508	513531	2954402	5341723
中型企业	22467922	332703	16398	2733774	1675070	3260970	3918477
小型企业	20231690	746055	183627	2276843	971826	2043025	3331226
微型企业	242203	2613		48762	624	9586	18264

6-11 续表 (2013年) 单位:万元

项　　目	长乐市	闽侯县	连江县	罗源县	闽清县	永泰县	平潭县
规模以上工业总产值	**16745844**	**6876471**	**3901411**	**3790263**	**1313317**	**379231**	**278612**
#亏损企业	153298	134336	37018	36929	57547	100485	
国有控股企业	1029494	1807966	671900	1185855	194955	25242	197302
农村工业	13441	5862	6150	17472			
一、按轻重工业分							
轻工业	12624937	2156378	2034637	149304	260225	234763	36156
重工业	4120907	4720093	1866775	3640960	1053092	144468	242456
二、按经济类型分							
国有企业		398620	4449				
集体企业		13016	57819	13324			
股份合作企业							
联营企业	310026				133554		
有限责任公司	3488800	776354	946211	2410610	20650	80993	231676
股份有限公司	66652	108292			61401	26651	
私营企业	7865636	1941270	1140912	532584	972329	229379	5759
港、澳、台商投资企业	3162876	951952	314890	205682	40386	32218	29753
外商投资企业	1728639	2662736	1437130	628064	84998	9991	11424
其他企业	123215	24231					
三、按登记注册分							
内资企业	11854329	3261783	2149390	2956518	1187934	337023	237435
港、澳、台商投资企业	3162876	951952	314890	205682	40386	32218	29753
外商投资企业	1728639	2662736	1437130	628064	84998	9991	11424
四、按经济组织分							
独资企业	1678682	1924619	1228076	89409	52507	26952	
合作、合伙企业	455176	24231	100672		154415		
股份有限公司	1918912	154573			61401	26651	5759
有限责任公司	12693075	4773048	2572663	3700854	1044995	325628	272853
五、按企业规模分							
大型企业	7402996	1576101	948770	1912145		73163	
中型企业	4822274	2624263	1263986	834454	760169	62141	163245
小型企业	4489295	2614966	1679848	1017197	518489	243927	115367
微型企业	31278	61141	8807	26468	34659		

6－12　按县(市)区分"规模以上"工业分行业总产值

(2013 年)　　单位:万元

项　　目	福州市	鼓楼区	台江区	仓山区	晋安区	马尾区	福清市
合　　计	**67863287**	**2601465**	**1565064**	**6372887**	**3161051**	**8267981**	**12609690**
非金属矿采选业	259287				243744		
农副食品加工业	5205319	10381	28659	280097	74922	744836	1697472
食品制造业	961396		17013	143359	19227	206082	254676
酒、饮料和精制茶制造业	747652	15301	5896	249115	40276	75023	49488
烟草制品业	27266						
纺织业	7185950	38049		32042	88589	172696	137660
纺织服装、服饰业	1105550	38051	28014	482326	318365	38175	38752
皮革、毛皮、羽毛及其制品和制鞋业	3827249			1042527	237180	364466	893188
木材加工和木、竹、藤、棕、草制品业	319054	38602		46933	67966	32911	56060
家具制造业	762279		3101	90502	105035	195141	253569
造纸和纸制品业	575051			172759	12071	86232	168608
印刷和记录媒介复制业	312587	6663	21081	157767	100254	3875	15421
文教、工美、体育和娱乐用品制造业	1539153	37358		289955	100642	93441	116940
石油加工、炼焦和核燃料加工业	362946				4618		151668
化学原料和化学制品制造业	1039417	23510		204660	73674	4370	417925
医药制造业	725932	124535	13019	230721	94639	12167	244269
化学纤维制造业	4600360					2350	81340
橡胶和塑料制品业	2541586	6109		332750	325751	121178	1262974
非金属矿物制品业	3517102			122828	18784	233397	674915
黑色金属冶炼和压延加工业	5744222	3101		47729	34784	594322	90465
有色金属冶炼和压延加工业	1300740		2355		8380	434895	711709
金属制品业	1083695			111974	183052	198222	170479
通用设备制造业	1128214	147036		241555	135879	248917	85354
专用设备制造业	963017	35033	9671	129876	26153	141479	116770
汽车制造业	2976120	26497		263389	147153	66128	102444
铁路、船舶、航空航天和其他运输设备制造业	1046218	5270		20525	37425	568595	35401
电气机械和器材制造业	3844387	152476	33403	686139	322768	823711	1051274
计算机、通信和其他电子设备制造业	7690900	509981		804851	211333	2644301	3131211
仪器仪表制造业	443104	42505	37813	120527	32091	152653	17158
其他制造业	151856	65200		22920		4192	38600
废弃资源综合利用业	31410						
金属制品、机械和设备修理业	187974			45062			
电力、热力生产和供应业	5359043	1234681	1365040		9358		498205
燃气生产和供应业	197704				86937		35208
水的生产和供应业	99547	41126				4228	10489

6－12 续表 （2013 年） 单位:万元

项 目	长乐市	闽侯县	连江县	罗源县	闽清县	永泰县	平潭县
合 计	**16745844**	**6876471**	**3901411**	**3790263**	**1313317**	**379231**	**278612**
非金属矿采选业	258	12699				2586	
农副食品加工业	970805	328238	958124	72642	3480	10931	24733
食品制造业	92759	87012	84506		2150	43190	11424
酒、饮料和精制茶制造业	118755	134009	57413		2376		
烟草制品业				27266			
纺织业	6288254	285957	7951			134751	
纺织服装、服饰业	15762	124856	4655			16594	
皮革、毛皮、羽毛及其制品和制鞋业	374446	145542	767580			2321	
木材加工和木、竹、藤、棕、草制品业		59755	6308		3684	6835	
家具制造业	37092	65300	3903	5770		2866	
造纸和纸制品业	41064	53680	8435	29443	2760		
印刷和记录媒介复制业	7525						
文教、工美、体育和娱乐用品制造业	128266	675889	39579	3308	36503	17273	
石油加工、炼焦和核燃料加工业		53069		138486		15106	
化学原料和化学制品制造业	106998	38006	100477	22223	14819	32756	
医药制造业					6582		
化学纤维制造业	4511031			5640			
橡胶和塑料制品业	88596	146607	16221	182051	59349		
非金属矿物制品业	165020	770456	341144	446048	690245	13987	40279
黑色金属冶炼和压延加工业	1908370	110796	131692	2588622	210757	23585	
有色金属冶炼和压延加工业	124936	12744		5721			
金属制品业	45320	219605	127439	11974		15630	
通用设备制造业	97949	128097	36256		7170		
专用设备制造业	152900	316776	2776	15054	16528		
汽车制造业	85499	2273465	2650	8896			
铁路、船舶、航空航天和其他运输设备制造业			246992				132011
电气机械和器材制造业	192418	373960	184712		21392	2134	
计算机、通信和其他电子设备制造业	85791	303433					
仪器仪表制造业	12167	3706			19918	4568	
其他制造业	4032	13553	3360				
废弃资源综合利用业	9536	3542	7371	10961			
金属制品、机械和设备修理业			114578	11139			17196
电力、热力生产和供应业	1016175	109513	644244	199787	194955	34117	52970
燃气生产和供应业	54910				20650		
水的生产和供应业	9212	26209	3048	5235			

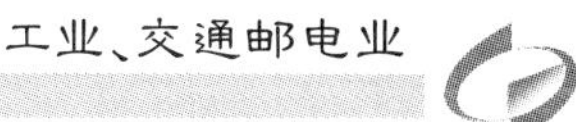

6－13 按县(市)区分"规模以上"工业主要财务指标

(2013年) 单位:万元

项 目	企业单位数(个)	工业总产值	工业销售产值	#出口交货值	资产总计	#流动资产合计
福州市	**2205**	**67863287**	**65152474**	**14155400**	**46879278**	**24197301**
鼓楼区	83	2601465	2576039	124561	3232308	1175625
台江区	21	1565064	1550158	13571	1633190	303543
仓山区	349	6372887	6183300	2007802	3452370	2383187
晋安区	160	3161051	3139205	844033	1540234	1009774
马尾区	143	8267981	8033714	3489458	5011688	3384927
福清市	346	12609690	11877999	4447810	8796031	4816489
长乐市	405	16745844	15997660	744589	11992696	5895241
闽侯县	330	6876471	6660986	1071906	3991551	2277841
连江县	123	3901411	3822671	1171606	2306449	960021
罗源县	108	3790263	3378820	43560	3214192	1471723
闽清县	89	1313317	1287882	159740	993803	286799
永泰县	36	379231	365410	36764	421700	154137
平潭县	12	278612	278630		293067	77994

项 目	固定资产合计	固定资产原价	负债合计	#流动负债合计	所有者权益合计	主营业务收入
福州市	**16524016**	**24695550**	**26545348**	**21148890**	**20024961**	**64903100**
鼓楼区	1605945	2233340	1823700	1359063	1405154	2571140
台江区	1054908	1509733	1164529	697829	467448	1549943
仓山区	629044	952452	1731600	1632474	1704831	6111107
晋安区	344035	684230	623204	561034	908142	3121577
马尾区	999011	1736789	2973234	2685638	2037863	7930523
福清市	2129882	3304904	5211675	4174413	3526060	12013763
长乐市	5236284	7291883	6934537	5520384	5019729	15988997
闽侯县	1111630	1812719	2077168	1586766	1877341	6609652
连江县	1185872	1745605	1410699	755090	877565	3740076
罗源县	1338068	1723991	1862507	1650496	1230332	3320687
闽清县	530821	1241997	288259	209939	700563	1286038
永泰县	169554	211565	265652	228250	155452	387735
平潭县	188962	246342	178587	87516	114480	271864

6－13 续表 (2013年) 单位:万元

项　目	主营业务成本	主营业务税金及附加	利润总额	应交所得税	利税总额	本年应交增值税
福州市	**56292353**	**496393**	**4225103**	**454748**	**6747230**	**2016718**
鼓楼区	2102946	67638	143956	25260	295527	83605
台江区	1384643	65391	39741	11427	152840	47467
仓山区	5228148	48236	295063	48886	672099	325049
晋安区	2649304	30233	196583	17754	296092	67773
马尾区	7026096	18762	388645	50727	575292	167840
福清市	10875189	48016	657977	94486	982870	276657
长乐市	13732433	34281	1192993	78107	1555117	327307
闽侯县	5559244	134714	397699	61223	772559	238951
连江县	2969956	23721	599466	48899	741536	117770
罗源县	3120918	13594	126410	5499	439223	299144
闽清县	1061751	8430	154547	5628	212025	48506
永泰县	346898	1074	15452	3175	25246	8720
平潭县	234828	2302	16574	3678	26805	7930

项　目	全部从业人员年平均人数（人）	总资产贡献率（%）	资产负债率（%）	流动资产周转率（次/年）	成本费用利润率（%）	产品销售率（%）
福州市	**664244**	**15.85**	**56.62**	**2.71**	**6.83**	**96.01**
鼓楼区	19451	10.20	56.42	2.20	5.94	99.02
台江区	5113	11.22	71.30	5.12	2.67	99.05
仓山区	117676	20.41	50.16	2.60	4.96	97.03
晋安区	63334	19.51	40.46	3.10	6.78	99.31
马尾区	62956	12.50	59.33	2.37	5.07	97.17
福清市	125172	12.74	59.25	2.52	5.53	94.20
长乐市	102118	14.91	57.82	2.72	7.95	95.53
闽侯县	81740	20.43	52.04	2.94	6.42	96.87
连江县	37483	34.32	61.16	3.92	18.90	97.98
罗源县	20447	14.79	57.95	2.36	3.72	89.14
闽清县	21533	23.06	29.01	4.49	13.59	98.06
永泰县	5585	7.81	63.00	2.52	4.16	96.36
平潭县	1636	10.59	60.94	3.49	6.19	100.01

6－14 规模以上工业企业科技活动情况

（2013 年） 单位:万元

项目	企业数（个）	#有 R&D 活动	#有科技机构	R&D 人员合计（人）	R&D 经费内部支出	R&D 经费外部支出
总计	**2208**	**410**	**147**	**29570**	**602496**	**34145**
一、按企业规模分						
大中型企业	555	182	94	23975	502724	29894
大型企业	84	44	25	13177	300425	17907
中型企业	471	138	69	10798	202299	11987
小型企业	1602	226	53	5578	99716	4250
微型企业	51	2		17	57	
二、按隶属关系分组						
中央	14	4	2	999	19246	4694
省（自治区、直辖市）	57	22	13	2759	44320	16506
地（区、市、州、盟）	49	15	7	1413	17985	1092
县（区、市、旗）	131	37	17	3279	113101	4392
街道	6					
镇	28	3	1	54	1127	37
乡	7					
居委会						
村委会	7	1		5	121	
其他	1909	328	107	21061	406597	7423
三、按登记注册类型分						
内资企业	1510	250	86	12325	270884	12232
国有企业	15	3	1	183	4720	1686
集体企业	23					
股份合作企业	1					
联营企业	10	1		26	343	
国有联营企业	1	1		26	343	
集体联营企业	3					
国有与集体联营企业	1					
其他联营企业	5					
有限责任公司	338	67	28	3497	92599	5604
国有独资公司	21	3	2	736	15547	4584
其他有限责任公司	317	64	26	2761	77052	1020
股份有限公司	44	23	13	3486	54550	2045
私营企业	1070	155	43	5077	117928	2344
私营独资企业	24					
私营合伙企业	8					
私营有限责任公司	1017	149	39	4812	110821	2158
私营股份有限公司	21	6	4	265	7107	186
其他企业	9	1	1	56	745	553
港、澳、台商投资企业	370	85	36	7775	179631	2240
合资经营企业（港或澳、台资）	115	30	12	1727	46073	748
合作经营企业（港或澳、台资）	2					
港、澳、台商独资经营企业	247	53	23	5776	122369	1491
港、澳、台商投资股份有限公司	6	2	1	272	11188	
外商投资企业	328	75	25	9470	151981	19673
中外合资经营企业	107	34	11	3861	55409	17835
中外合作经营企业	5					
外资企业	207	37	11	5024	86403	1780
外商投资股份有限公司	9	4	3	585	10169	59

6－14　续表1　　　　　　　　　　(2013年)　　　　　　　　　　单位:万元

项　　目	专利申请数(件)	#发明专利(件)	新产品开发项目数(项)	新产品销售收入	引进技术经费支出	技术改造经费支出
总　计	**3821**	**1679**	**2090**	**7504170**	**28589**	**269904**
一、按企业规模分						
大中型企业	2810	1393	1289	6642472	28091	239206
大型企业	1126	534	556	4796630	7387	54009
中型企业	1684	859	733	1845842	20704	185198
小型企业	1011	286	796	861698	499	30698
微型企业			5			
二、按隶属关系分组						
中　央	655	381	55	156693	216	122029
省(自治区、直辖市)	257	95	191	1463152	6121	28331
地(区、市、州、盟)	136	91	113	129517		10324
县(区、市、旗)	338	182	360	821404	708	15669
街　道						
镇	45	2	7	15523		676
乡						
居委会						
村委会			1			153
其　他	2390	928	1363	4917882	21544	92723
三、按登记注册类型分						
内资企业	2350	950	1188	2318328	1317	178723
国有企业	21	2	15	276416		1258
集体企业						753
股份合作企业						
联营企业						
国有联营企业						
集体联营企业						
国有与集体联营企业						
其他联营企业						
有限责任公司	1068	540	448	662766	12	131351
国有独资公司	636	367	48	156465		122029
其他有限责任公司	432	173	400	506301	12	9322
股份有限公司	339	154	184	487706	825	11176
私营企业	916	248	538	866113	467	34176
私营独资企业						1590
私营合伙企业						214
私营有限责任公司	902	239	491	763445	467	31785
私营股份有限公司	14	9	47	102668		586
其他企业	6	6	3	25326	13	9
港、澳、台商投资企业	552	160	528	3031397	19863	48008
合资经营企业(港或澳、台资)	105	32	204	472636	650	21468
合作经营企业(港或澳、台资)						
港、澳、台商独资经营企业	420	113	248	2338585	300	26083
港、澳、台商投资股份有限公司	27	15	76	220176	18913	457
外商投资企业	919	569	374	2154445	7410	43174
中外合资经营企业	324	177	121	1271647	5557	27489
中外合作经营企业						
外资企业	540	358	223	663840	1781	8976
外商投资股份有限公司	55	34	30	218959	72	6709

6－14 续表2 （2013年） 单位：万元

项目	企业数（个）	#有R&D活动	#有科技机构	R&D人员合计（人）	R&D经费内部支出	R&D经费外部支出
四、按国民经济行业分						
采矿业	9					
有色金属矿采选业	1					
非金属矿采选业	8					
制造业	2154	404	146	28973	594786	29587
农副食品加工业	188	42	19	1126	30114	949
食品制造业	55	17	5	351	7547	341
饮料制造业	34	8	2	243	4035	223
烟草制品业	1	1	1	31	559	
纺织业	264	16	10	957	33598	845
纺织服装、鞋、帽制造业	73	5	2	393	3963	491
皮革、毛皮、羽毛（绒）及其制品业	135	3	1	240	4043	15
木材加工及木、竹、藤、棕、草制品业	32	3		18	267	
家具制造业	46	1		48	1199	
造纸及纸制品业	53	2		155	3160	
印刷业和记录媒介的复制	28	2	1	175	2191	141
文教体育用品制造业	114	17	2	196	4252	56
石油加工、炼焦及核燃料加工业	7	2	1	37	1889	
化学原料及化学制品制造业	67	8	4	263	7270	92
医药制造业	24	15	6	1072	10624	845
化学纤维制造业	29	7	2	539	22674	205
橡胶和塑料制品业	113	20	11	994	24850	237
非金属矿物制品业	230	20	7	988	26003	123
黑色金属冶炼和压延加工业	44	5		142	32832	
有色金属冶炼和压延加工业	19	5	2	361	11963	26
金属制品业	64	11	3	272	3745	28
通用设备制造业	84	20	2	887	24693	3765
专用设备制造业	64	23	8	938	20364	150
汽车制造业	99	33	9	1930	30302	16083
铁路、船舶、航空航天和其他运输设备制造业	18	2	3	594	10127	2489
电气机械和器材制造业	114	41	15	2419	41214	1350
计算机、通信和其他电子设备制造业	101	56	24	12285	214648	925
仪器仪表制造业	35	18	5	977	11316	
其他制造业	7	1	1	372	5345	208
废弃资源综合利用业	5					
金属制品、机械和设备修理业	7					
电力、燃气及水的生产和供应业	45	6	1	597	7710	4558
电力、热力的生产和供应业	34	4	1	569	7666	4558
燃气生产和供应业	4					
水的生产和供应业	7	2		28	43	

6－14 续表3 （2013年） 单位:万元

项目	专利申请数（件）	#发明专利（件）	新产品开发项目数（项）	新产品销售收入	引进技术经费支出	技术改造经费支出
四、按国民经济行业分						
采矿业						
有色金属矿采选业						
非金属矿采选业						
制造业	3187	1314	2051	7504170	28589	147124
农副食品加工业	68	58	136	368107		6375
食品制造业	37	15	47	49280		870
饮料制造业	27	9	72	12381		1046
烟草制品业	2	2	5	4507		
纺织业	87	50	47	248418	304	8769
纺织服装、鞋、帽制造业			5	10836		1589
皮革、毛皮、羽毛（绒）及其制品业	51	25	9	74501		2053
木材加工及木、竹、藤、棕、草制品业			2			252
家具制造业	4		4	6652		12
造纸及纸制品业	8	8	6	26458		8
印刷业和记录媒介的复制	19	3	14	14058		990
文教体育用品制造业	14	8	26	31129		995
石油加工、炼焦及核燃料加工业	9	6	3			
化学原料及化学制品制造业	29	22	43	104344		798
医药制造业	67	39	143	224290		14335
化学纤维制造业	139	11	46	277830		1299
橡胶和塑料制品业	139	39	63	404416	121	12822
非金属矿物制品业	106	40	200	477756		8617
黑色金属冶炼和压延加工业	5	2	6	5783		6580
有色金属冶炼和压延加工业	189	6	19	162262		3524
金属制品业	22	10	31	37456	18968	6904
通用设备制造业	327	124	97	332762		1757
专用设备制造业	117	45	72	101143	72	3579
汽车制造业	248	37	214	1012963	7293	22567
铁路、船舶、航空航天和其他运输设备制造业	71	3	36	526003	609	2777
电气机械和器材制造业	323	69	203	409271	950	27310
计算机、通信和其他电子设备制造业	765	554	369	2462026	273	10296
仪器仪表制造业	261	76	124	96553		655
其他制造业	53	53	9	22986		236
废弃资源综合利用业						
金属制品、机械和设备修理业						110
电力、燃气及水的生产和供应业	634	365	39			122781
电力、热力的生产和供应业	634	365	38			122000
燃气生产和供应业						
水的生产和供应业			1			781

6-15 民用车辆拥有量

(2013年)　　单位:辆

项目	总计							报废
		营运	非营运	校车	进口	个人	新注册	
合　计	**1036283**	**80207**	**955510**	**566**	**62151**	**884549**	**153989**	**65508**
一、汽　车	**727022**	**69593**	**656863**	**566**	**62132**	**593626**	**125802**	**5017**
载客汽车	610775	17402	592807	566	61623	529315	108685	3364
#大　型	7967	6094	1700	173	107	130	1226	515
中　型	6944	1770	4781	393	346	1574	554	546
小　型	589456	9537	579919		60768	521776	106567	2088
微　型	6408	1	6407		402	5835	338	215
#轿　车	447606	9303	438303		30764	404824	74531	1599
载货汽车	110912	51503	59409		434	62454	16374	1477
#重　型	19472	17646	1826		308	3424	3289	233
中　型	4277	3349	928			1750	316	153
轻　型	86977	30443	56534		126	57144	12769	1075
微　型	186	65	121			136		16
#普通载货	47130	6941	40189		125	32112	7489	713
其它汽车	5335	688	4647		75	1857	743	176
#三轮汽车	81	3	78			81		
低速货车	497	237	260			418	85	5
二、摩托车	**291654**	**100**	**291554**		**18**	**290230**	**26902**	**60380**
普　通	279967	100	279867		18	278629	26880	60011
轻　便	11687		11687			11601	22	369
三、拖拉机(农机部门数据)	**6909**		**6909**				**173**	
四、挂　车	**10698**	**10514**	**184**		**1**	**693**	**1112**	**111**

补充资料:机动车驾驶员1530016人,其中汽车驾驶员1280516人。

6-16 运输线路长度

（2013年）

单位:公里

项目	福州市	市区	福清市	长乐市	闽侯县
公路通车里程合计	**10948.672**	**766.587**	**1758.339**	**1028.609**	**1622.368**
#国道	629.954	89.092	88.973	11.373	168.692
省道	670.246	46.067	177.324	95.969	42.508
县道	1934.056	157.380	222.794	118.794	430.694
乡道	4763.039	314.796	753.072	465.243	681.350
等级公路	9764.366	727.761	1669.143	871.973	1524.260
高速公路	488.136	78.777	99.262	34.758	125.886
一级	117.018	23.806		68.532	24.680
二级	709.701	31.400	167.065	90.967	93.755
三级	1082.110	63.694	228.079	121.426	126.548
四级	7367.401	530.084	1174.737	556.290	1153.391

项目	连江县	罗源县	闽清县	永泰县	平潭县
公路通车里程合计	**1107.028**	**852.036**	**1451.723**	**1794.918**	**567.064**
#国道	110.111	46.622	68.798	46.293	
省道	64.321	17.213	44.059	163.961	18.824
县道	161.386	157.935	316.626	311.913	56.534
乡道	532.149	358.080	557.722	809.022	291.605
等级公路	1018.328	789.848	1184.588	1498.322	480.143
高速公路	52.264	14.375	36.521	46.293	
一级					
二级	114.053	33.147	75.401	75.301	28.612
三级	62.566	50.378	142.176	226.645	60.598
四级	789.445	691.948	930.490	1150.083	390.933

6－17　邮政电信基本情况

（2013 年）

项　　目	单　位	福州市	市　区	福清市	长乐市	闽侯县
一、邮政基本情况						
邮路单程长度	公里	11469	10222	29	62	333
城市投递路线	公里	7139	5409	362	236	188
农村投递路线	公里	11205	648	1869	1284	1855
国内平常函件	万件	4467.60	3231.70	316.85	314.81	253.53
国际平常函件	万件	34.54	26.67	4.14	1.21	0.69
国内给据函件	万件	367.01	295.17	9.30	12.24	35.71
国际给据函件	万件	87.27	84.04	1.58	1.44	0.06
国内普通包件	万件	22.82	8.70	2.82	1.72	5.69
国内快递包件（代理）	万件	22.29	14.07	2.51	2.30	0.31
国际包件（代理）	万件	2.82	1.32	1.02	0.19	0.04
国内特快专递（代理）	万件	69.81	41.13	7.42	4.20	5.91
国际特快专递（代理）	万件	3.17	1.39	0.93	0.38	0.08
报纸杂志期发数	万份	88.91	46.99	10.67	7.57	6.76
集邮业务	万枚	1552.45	1201.05	111.79	52.92	92.36
邮政业务总量	万元	56512.37	27827.81	7260.25	6113.45	6341.35
邮政储蓄期末余额（代理）	万元	1386276.74	407002.64	205610.04	230367.04	245603.51
二、电信基本情况						
IC 卡电话机数（智能 IC 卡）	万部	0.52	0.23	0.09	0.03	0.06
年末固定电话机数	万部	191.50	101.42	28.55	14.02	13.85
国内长途电话	万分钟	41787	35558	2268	1148	1067
国际港澳台长话	万分钟	362	227	59	24	34
互联网用户	万户	134.20	71.61	18.13	11.84	13.95

6－17　续表　　（2013 年）

项　　目	单　位	连江县	罗源县	闽清县	永泰县	平潭县
一、邮政基本情况						
邮路单程长度	公里	77	159	114	224	249
城市投递路线	公里	193	130	126	154	341
农村投递路线	公里	1589	762	993	1469	736
国内平常函件	万件	132.12	85.88	57.32	48.41	26.98
国际平常函件	万件	0.28	1.33	0.03	0.01	0.17
国内给据函件	万件	5.15	1.40	1.80	3.72	2.53
国际给据函件	万件	0.08	0.02	0.01	0.01	0.04
国内普通包件	万件	1.80	0.59	0.26	0.28	0.96
国内快递包件(代理)	万件	1.03	0.18	0.43	0.66	0.81
国际包件(代理)	万件	0.11	0.01	0.03		0.10
国内特快专递(代理)	万件	3.91	1.69	1.14	1.37	3.04
国际特快专递(代理)	万件	0.24	0.02	0.03	0.01	0.07
报纸杂志期发数	万份	5.77	2.11	2.88	2.38	3.58
集邮业务	万枚	25.03	5.99	25.70	5.07	32.54
邮政业务总量	万元	2894.11	1286.90	2097.13	1234.26	1457.10
邮政储蓄期末余额(代理)	万元	100781.96	29116.91	93485.11	43551.69	30757.84
二、电信基本情况						
IC 卡电话机数(智能 IC 卡)	万部	0.04	0.01	0.04	0.02	0.01
年末固定电话机数	万部	13.28	3.95	4.52	4.05	7.85
国内长途电话	万分钟	507	240	317	179	502
国际港澳台长话	万分钟	9	1	1		7
互联网用户	万户	6.63	2.96	2.54	2.18	4.35

主要统计指标解释

工业 指从事物质产品生产活动的部门，工业生产活动主要包括以下几个方面：对自然资源的开采，如采矿、晒盐等，但禽兽捕猎和水产捕捞按国家标准《国民经济行业分类和代码》的划分，均属农业生产活动，不包括在工业生产活动内。对农副产品的加工、再加工，如粮油加工、食品加工、轧花、缫丝、纺织、制革等。对采掘品的加工、再加工，如冶金加工、石油加工、化学加工、机械加工、木材加工等，以及电力、煤气及水的生产和供应等。对工业品的修理、翻新，如机器设备的修理、交通运输工具（包括小卧车）的修理等。拆船业也是工业生产活动。

工业总产值 指以货币表现的工业企业在报告期内生产的工业最终产品或提供工业性劳务活动的总价值量。它是反映一定时间内工业生产总规模和总水平的重要标志，是计算工业生产发展速度和主要比例关系，计算工业产品销售率和其他经济指标的重要依据。

工业增加值 指工业企业在报告期内以货币表现的工业生产活动的最终成果。工业增加值有两种计算方法：一是生产法，即工业总产出减去工业中间投入；二是收入法，即从收入的角度出发，根据生产要素在生产过程中应得到的收入份额计算，具体构成项目有固定资产折旧、劳动者报酬、生产税净额、营业盈余，这种方法也称要素分配法。

轻工业 指主要提供生产消费品和制作手工工具工业。按其所使用的原料不同，可分为两大类：(1)以农产品为原料的轻工业，是指直接或间接以农产品为基本原料的轻工业。主要包括食品制造、饮料制造、烟草加工、纺织、缝纫、皮革和毛皮制作、造纸以及印刷等工业；(2)以非农产品为原料的轻工业，是指以工业品为原料的轻工业。主要包括文教体育用品、化学药品制造、合成纤维制造、日用化学制品、日用玻璃制品、日用金属制品、手工工具制造、医疗器械制造、文化和办公用机械制造等工业。

重工业 指为国民经济各部门提供物质技术基础的主要生产资料的工业。按其生产性质和产品用途，可以分为下列三类：(1)采掘（伐）工业，是指对自然资源的开采，包括石油开采、煤炭开采、金属矿开采、非金属矿开采和木材采伐等工业；(2)原材料工业，指向国民经济各部门提供基础材料、动力和燃料的工业。包括金属冶炼及加工、炼焦及焦炭化学、化工原料、水泥、人造板以及电力、石油和煤炭加工等工业；(3)加工工业，是指对工业原材料进行再加工制造的工业。包括装备国民经济各部门的机械设备制造工业、金属结构、水泥制品等工业，以及为农业提供的生产资料如化肥、农药等工业。

固定资产原值 指企业在建造、购置、安装、改建、扩建、技术改造某项固定资产时所支出的全部货币总额。它一般包括买价、包装费、运杂费和安装费等。

固定资产净值 指固定资产原价减去历年已提折旧额后的净额。

流动资产 流动资产是指可以在一年或者超过一年的一个经营周期内变现或者运用的资产，包括货币资金、短期投资、应收票据、实收股利、实收利息、应收帐款、预付货款、其他应收款、实收补贴款、存货、待摊费用、一年内到期的长期债权投资和其他流动资产等。

利税总额 指企业利润总额、产品销售税金及附加和应交增值税之和。

资金利税率 指在一定时期内已实现的利润、税金总额与同期的资产（固定资产净值和流动资产）平均总额之比。

工业增加值率 指在一定时期内工业增加值占工业总产出的比重，反映降低中间消耗的经济效益。

流动资产周转次数 指在一定时期内流动资产完成的周转次数，反映流动资产的周转速度。

主营业务收入 指企业经营和提供劳务等主要经营业务取得的业务总额。

全员劳动生产率 指根据产品的价值量指标计算的平均每一个职工在单位时间内的产品生产量。目前全员劳动生产率是将工业企业的工业增加值除以同一时期从业人员的平均人数来计算。

公路里程 也称“公路通车里程”，是反映公路建设发展规模的重要指标，也是计算运输网密度等指标的基础资料；是指实际达到交通部制定的公路工程技术标准规定的等级的公路长度。它包括大中城市的郊区公路以及通过小城镇街道的公路里程，也包括桥梁、渡口的长度，但不包括城市的街道以及厂矿、林区和农业生产用道的里程，两条或多条公路共同经由同一路段，只计算一次，不得重复计算里程长度。

货(客)运量 指运输业实际运送的货物(旅客)数量。货运按吨计算,货物不论运输距离长短,货物类别,均按实际重量统计。客运按人计算,半价票、小孩票也按一人统计。

沿海主要港口货物吞吐量 指由水运进出沿海主要港区范围,并经过装卸的货物数量,包括邮件及办理托运手续的行李、包裹以及补给运输船舶的燃、物料和淡水。其计量单位为吨。货物吞吐量的货种分类及其主要流向流量,反映了港口在国内外物资交流和对外贸易运输中的地位和作用。吞吐量可分为进口、出口,又可分为国内贸易和对外贸易。

邮电业务总量 指以货币表现的邮电部门用于传递信息和其他邮电服务的总量。它综合反映了一定时期邮电工作的成果,是研究邮电业务量构成和发展趋势的重要指标。它用各种邮电分类业务量,如函件件数、电报份数、长话张数、市内电话和农村电话的年均户数、订销报刊累计份数等,分别乘以相应的平均单价(不变价)、加总后再加上出租电路和设备的收入、代用户维护电话交换机和线路等设备的收入、其他业务收入求得。

7 固定资产投资

7-1 全社会固定资产投资完成额

(1994-2013年)　　单位:万元

年　份	全社会固定资产投资额	#基本建设	更新改造	房地产投资	其他投资
1994	1377148	410693	117593	470743	102894
1995	1747461	569613	157881	549959	197686
1996	1891344	571186	189701	519497	253707
1997	2198600	619227	186848	476460	474280
1998	2556799	882479	211613	505414	284088
1999	2609877	900993	252372	593645	229434
2000	2375269	517043	268441	758488	295738
2001	2608253	756176	275303	895214	221033
2002	3028329	917561	288114	999867	304074
2003	4257211	1283778	375388	1670394	311244
2004	5266318	1185421	461519	2238298	771774
2005	6032595			2220270	
2006	7323412			3011836	
2007	10014521			3764663	
2008	12527105			3136079	
2009	16467177			3617991	
2010	23174379			6706940	
2011	27202827			9564451	
2012	32664861			9722667	
2013	38698351			12647907	

注:2005年起固定资产投资不再以基本建设、更新改造和其他投资划分,而将其统称为城镇项目投资,2012年起改为项目投资。

7-2 项目投资完成情况

(2006-2013年)

单位:万元

项目	2006年	2007年	2008年	2009年	2010年	2011年	2012年	2013年
总　计	**3681993**	**5144570**	**7903876**	**10768157**	**14115734**	**15817803**	**21638878**	**25022342**
#国有经济控股	1607833	2027886	3207652	4879751	8329521	8602923	11789409	12346879
#住　宅	64385	57571	35746	337020	394434	294081	108265	233095
按国民经济行业分								
农、林、牧、渔业	21881	30750	43331	89942	138025	202050	445638	406628
采矿业	17936	800	9395	9266	10254		7462	4167
制造业	1170340	1887170	2541741	2688890	3106642	4283413	5960256	7629936
电力、热力、燃气及水的生产和供应业	692474	677292	1290841	1701059	2025989	2227985	2322676	2733746
建筑业	17219	22415	11265	44393	85682	31279	45629	104502
交通运输、仓储及邮政业	398535	455261	792119	1320076	2127521	2430993	2851712	3486600
信息传输、软件和信息技术服务业	126612	150800	475030	672645	788868	1072544	1037605	1047494
批发和零售业	37905	86287	234718	420104	677820	413219	684771	1045152
住宿和餐饮业	27300	52438	73107	170370	161250	372722	586982	409074
金融业	54014	82756	113263	114210	201919	137885	194741	293587
房地产业	26171	12267	63764	339988	938717	628179	1514442	1682728
租赁和商务服务业	30718	67403	168531	238676	605833	91553	466281	636381
科学研究和技术服务业	6372	26905	20087	47672	79453	59820	71561	154540
水利、环境和公共设施管理业	368294	757752	1037370	1698924	1952645	1986722	3086312	3071619
居民服务、修理和其他服务业	10090	4516	3729	20079	48132	41076	133098	87053
教　育	232878	217352	232744	334733	358059	439796	648421	548601
卫生和社会工作	53268	68239	98203	174105	170702	144980	156270	253928
文化、体育和娱乐业	40684	192313	211056	145882	249241	387092	595674	672142
公共管理、社会保障和社会组织	349302	351854	483582	537143	388982	866495	829347	754464
按三次产业分								
第一产业	21881	30750	43331	89942	138025	202050	445638	406628
第二产业	1897969	2587677	3853242	4443608	5228567	6542677	8336023	10472351
第三产业	1762143	2526143	4007303	6234607	8749142	9073076	12857217	14143363

注:1、本表不含高速公路和铁路投资数字。2013年高速公路投资额为487400万元,铁路投资额为184532万元。

2、本表2011年以前数据为城镇项目投资,2012年起数据为项目投资。

3、2012年起执行《国民经济行业分类》(GDB/T 4754-2011)

7－3 房地产投资完成情况

（1990－2013 年）

项　　目	单　位	1990 年	1991 年	1992 年	1993 年	1994 年	1995 年	1996 年	1997 年
完成投资额	**万元**	**39178**	**77576**	**217483**	**395424**	**470743**	**549959**	**519497**	**476460**
按经济类型分									
国有经济	万元	15117	22836	42379	73251	119716	138579	106507	76839
集体经济	万元	6803	11098	16383	23176	37873	42013	41993	33294
其他经济	万元	17258	43642	158721	298997	313154	369367	370977	366327
按构成分									
#建筑工程	万元	31167	53104	155840	281641	310095	377911	371253	323585
安装工程	万元	1371	3278	6389	31334	26562	35730	44523	42005
设备工器具购置	万元	1685	2582	7238	7574	8814	11665	10921	9382
按工程用途分									
商业营业用房	万元	6073	11606	32537	44953	45642	68010	86362	83358
住　宅	万元	22955	48328	124830	255877	322928	357930	279687	223676
办公楼	万元	9246	20402	45381	67082	70278	82476	77185	89892
其　他	万元	904	2760	14735	27512	31895	41543	76263	79534
按隶属关系分									
中　央	万元	1527	4267	2659	8699	4566	3272	8677	6239
地　方	万元	37651	73309	214824	386725	466177	546687	510820	470221
新增固定资产	万元	14418	24436	74241	137295	175502	356867	294950	375125
施工面积	万平方米	164.68	286.79	405.52	669.89	775.98	923.83	853.18	912.85
#住　宅	万平方米	117.75	203.04	289.73	467.53	553.68	643.06	559.59	568.37
本年竣工面积	万平方米	67.28	112.01	126.95	212.95	228.54	328.86	218.52	225.54
#住　宅	万平方米	50.86	84.68	115.72	173.98	187.37	260.77	182.97	181.54
土地开发投资额	万元	3483	8276	19931	38196	36239	41809	53557	39350
土地购置费	万元	4087	9604	13338	20520	11680	23177	10193	38093
土地开发面积	万平方米	18.41	38.97	86.31	117.90	133.09	208.36	194.95	122.66
商品房屋销售额	万元	26907	38061	92097	171449	200826	275644	163138	296171
#住　宅	万元	9956	14843	34076	80581	117018	171757	127611	212465

7－3 续表1 （1990－2013年）

项目	单位	1998年	1999年	2000年	2001年	2002年	2003年	2004年	2005年
完成投资额	**万元**	**505414**	**593645**	**758488**	**895214**	**999867**	**1670934**	**2238298**	**2220270**
按经济类型分									
国有经济	万元	83645	120759	153831	175801	189359	234962	291101	114735
集体经济	万元	30749	35712	57057	66143	87332	157818	166763	157396
其他经济	万元	391020	437174	547600	653270	723176	1278154	1780434	1948139
按构成分									
#建筑工程	万元	340040	410403	533277	642820	774902	1144607	1564367	1425189
安装工程	万元	49992	32044	22201	41364	30145	75437	79216	95726
设备工器具购置	万元	10463	15987	20588	33249	8219	12417	11809	19408
按工程用途分									
商业营业用房	万元	87105	76572	103134	103356	94909	146290	132889	171875
住宅	万元	279447	361587	461013	606304	695632	1136937	1512092	1588398
办公楼	万元	78739	60853	84642	46464	46171	55807	43051	49015
其他	万元	60123	94633	109699	139090	163164	331900	550266	410982
按隶属关系分									
中央	万元	5974	3293	5516	6171	10619	6639	20194	
地方	万元	499440	590352	752972	889043	989248	1664295	2218104	2220270
新增固定资产	万元	404670	516483	502619	669539	820488	910051	727002	790832
施工面积	万平方米	991.37	1099.40	1236.99	1418.21	1613.85	1936.79	2117.14	2023.33
#住宅	万平方米	608.45	750.98	873.12	1023.57	1247.24	1588.33	1770.00	1714.72
本年竣工面积	万平方米	215.46	279.62	323.56	439.85	465.92	492.02	548.80	501.43
#住宅	万平方米	173.23	217.34	255.90	373.17	369.22	423.72	492.95	448.11
土地开发投资额	万元	25142	70219	87982	111558	90630	145297	41537	96701
土地购置费	万元	40314	97552	111815	102561	120635	338850	471596	467989
土地开发面积	万平方米	112.09	133.23	142.25	133.34	268.14	283.61	163.03	180.53
商品房屋销售额	万元	387219	420933	490304	650514	879756	1062070	1089689	2702461
#住宅	万元	302232	335005	382120	560407	621917	890446	973105	2373901

7－3 续表2 （1990－2013年）

项目	单位	2006年	2007年	2008年	2009年	2010年	2011年	2012年	2013年
完成投资额	**万元**	**3011836**	**3764663**	**3136079**	**3617991**	**6706940**	**9634087**	**9722667**	**12647907**
按经济类型分									
国有经济	万元	238345	353732	287194	162836	498897	711343	1161179	1414648
集体经济	万元	131971	139816	217156	224160	219469	267039	63341	79718
其他经济	万元	2641520	3271115	2631729	3230995	5988574	8655705	8498147	11153541
按构成分									
#建筑工程	万元	1469573	1893265	2133196	2367528	3311464	4937192	6487181	8163735
安装工程	万元	109178	126400	145323	138266	196939	288755	488344	1045565
设备工器具购置	万元	7790	8734	17440	17106	17156	12371	27687	67222
按工程用途分									
商业营业用房	万元	208634	150235	158889	203354	482384	864472	878689	1203579
住宅	万元	2028782	2704938	2239851	2521901	3842829	6800822	6284804	8654077
办公楼	万元	23143	26872	28085	39777	249356	532640	811513	1082242
其他	万元	751277	882618	709254	852959	2132371	1436153	1747661	1708009
按隶属关系分									
中央	万元			252		11393	47198	10806	3556
地方	万元	3011836	3764663	3135827	3617991	6695547	9586889	9711861	12644351
新增固定资产	万元	954632	877325	678775	1076320	945411	1756326	1693930	2677016
施工面积	万平方米	2126.41	2431.91	2520.39	2635.06	3599.46	4939	5704.68	6871.04
#住宅	万平方米	1809.35	2083.42	2155.02	2244.38	2908.55	3819.54	4275.69	4961.57
本年竣工面积	万平方米	479.54	474.07	329.15	485.90	345.81	541.43	534.33	832.55
#住宅	万平方米	411.12	411.8	294.68	423.59	294.57	457.87	402.46	605.83
土地开发投资额	万元	52551	17418	63925	30793	22003			
土地购置费	万元	1248672	1658440	653667	897691	2924155	3996054	2296969	2924812
土地开发面积	万平方米	100.8	144.75	52.11	39.66	25.87			
商品房屋销售额	万元	2921840	3343512	2044541	4576114	5029944	6321066	9414937	14117852
#住宅	万元	2470916	2903189	1790644	4175460	4183336	5082318	7812616	11226626

注：1.2005年起商品房销售额包括现房和期房两部分，以前年份只统计现房部分，不包括期房部分。
2.2008年为经济普查代年报；2011年房地产企业实行网络直报，与快报比数据有变动。

7－4 按三次产业分固定资产投资

（1990－2013年）

单位:亿元

年 份	合 计	第一产业	第二产业	第三产业
1990	21.98	0.10	11.90	9.98
1991	29.60	0.25	13.16	16.19
1992	52.51	0.43	17.76	34.32
1993	84.99	0.92	25.56	58.51
1994	110.19	0.89	30.66	78.64
1995	147.51	0.65	46.85	100.01
1996	153.41	1.42	47.91	104.08
1997	175.68	2.13	73.89	99.66
1998	188.36	3.37	69.44	115.55
1999	197.64	2.70	57.37	137.57
2000	183.97	1.11	55.19	127.67
2001	203.44	1.79	56.80	144.85
2002	250.96	1.94	61.83	187.19
2003	364.08	2.17	86.14	275.77
2004	465.70	1.72	140.57	323.41
2005	536.56	2.43	164.34	369.79
2006	696.69	2.19	189.80	504.70
2007	946.54	3.08	258.77	684.69
2008	1163.67	4.33	385.32	777.82
2009	1544.60	8.99	444.36	1091.25
2010	2231.69	13.80	522.86	1695.03
2011	2656.60	20.21	654.27	1982.12
2012	3234.77	44.56	833.60	2356.61
2013	3834.22	40.66	1047.24	2746.32

7－5 房地产开发企业主要指标

（2013 年） 单位：万元、平方米

指标名称	计划总投资	自开始建设累计完成投资	本年完成投资	住宅投资	# 90 平方米以下	144 平方米以上	别墅、高档公寓
总计	**55831696**	**42165612**	**12647907**	**8654077**	**1940940**	**1862436**	**348176**
一、按控股情况分							
国有控股	6598513	4697814	1717301	1375140	394073	37290	5792
集体控股	451158	406801	124543	72665	48084	5625	
私人控股	36629763	28442142	8309073	5479186	1236282	1348818	238938
港澳台商控股	5898058	4481964	962955	664076	131986	312713	101982
外商控股	719453	584776	194033	104852	20565	10284	129
其他	5534751	3552115	1340002	958158	109950	147706	1335
二、按隶属关系分组							
中　央	135000	75187	3556	3141	3141		
省（自治区、直辖市）	3705613	2800649	684208	466386	119049	123077	9537
地区（州、盟、省辖市）	8152446	6126635	2075377	1528620	387594	56190	52785
县（区、市、旗）	8039160	5195035	1881533	1333164	276707	215008	35919
镇	65500	78100	24388	23268	17155	765	
其　他	35733977	27890006	7978845	5299498	1137294	1467396	249935
三、按营业状态分							
营　业	55454376	41897669	12488566	8537945	1886704	1862031	348176
停业（歇业）	226000	145760	112458	87752	53831		
筹　建	65360	32570	32570	22076	405	405	
其　他	85960	89613	14313	6304			
四、按企业资质等级分							
一　级	2748916	2072176	542108	290378	37297	100285	363
二　级	8544257	8116802	1455326	1249572	286564	151028	24347
三　级	11471850	8974842	2319563	1566728	428962	544464	90880
四　级	2346303	1704382	214870	157825	19035	21282	54120
暂　定	30450370	21119620	8019592	5305775	1092214	1039146	178466
其　他	270000	177790	96448	83799	76868	6231	
五、按登记注册类型分							
内资企业	49854086	37631011	11676146	7995992	1795015	1592502	246065
港澳台商投资企业	5408157	4066748	878212	605629	131382	261092	101982
外商投资企业	569453	467853	93549	52456	14543	8842	129

7-5 续表1 (2013年) 单位:万元、平方米

指标名称	办公楼投资	商业营业用房投资	其他用房投资	本年新增固定资产	待开发土地面积	本年购置土地面积	本年土地成交价款	施工面积
总计	**1082242**	**1203579**	**1708009**	**2677016**	**1970210**	**3904395**	**1424644**	**68710399**
一、按控股情况分								
国有控股	115075	109364	117722	111841	10320	10320	10900	9519807
集体控股	7078	25155	19645	67511	8623	44561	30750	1069945
私人控股	769930	880259	1179698	2037731	1807166	2743587	1131308	43469496
港澳台商控股	82126	77709	139044	307905	62333	45018	53700	7824073
外商控股	50852	19531	18798	5337		97591	9273	939265
其他	57181	91561	233102	146691	81768	963318	188713	5887813
二、按隶属关系分组								
中央		335	80					57568
省(自治区、直辖市)	44671	41850	131301	76629	39332	69853	92380	3288005
地区(州、盟、省辖市)	168385	160565	217807	158925	45018	107670	110200	9339079
县(区、市、旗)	136016	219154	193199	788054	350262	1210275	193732	13612754
镇		50	1070					176470
其他	733170	781625	1164552	1653408	1535598	2516597	1028332	42236523
三、按营业状态分								
营业	1076752	1189139	1684730	2677016	1970210	3867780	1419444	67949045
停业(歇业)		5030	19676					485919
筹建		8659	1835			36615	5200	199898
其他	5490	751	1768					75537
四、按企业资质等级分								
一级	76170	65071	110489	212320		80130	43000	4553738
二级	37264	91086	77404	544451	139217	130594	134500	10414165
三级	215224	302050	235561	352475	14289	35266	100527	14624025
四级	21379	17880	17786	238911	13636	10320	10900	1811627
暂定	722444	727492	1263881	1328859	1785753	3648085	1135717	36974497
其他	9761		2888		17315			332347
五、按登记注册类型分								
内资企业	981816	1113744	1584594	2452438	1887895	3741804	1346360	61443405
港澳台商投资企业	82348	76228	114007	219241	82315	65000	69011	6591387
外商投资企业	18078	13607	9408	5337		97591	9273	675607

7－5 续表2 （2013年） 单位：万元、平方米

指标名称	#本年新开工面积	竣工面积	竣工房屋价值	商品房销售面积合计	住宅	#90平方米以下	144平方米以上	别墅、高档公寓
总计	**17601525**	**8325467**	**2000656**	**12564926**	**11054793**	**2279512**	**2506461**	**242453**
一、按控股情况分								
国有控股	2151454	351904	110258	551608	546487	266001	17125	14580
集体控股	305690	249296	67511	14648	5114	177	1190	
私人控股	11528154	6350001	1430462	10051508	8751778	1802276	1723992	140226
港澳台商控股	432441	812265	257405	1011899	949225	91358	538982	68905
外商控股	218614	13831	3700	141068	106839	16303	9989	10285
其他	2965172	548170	131320	794195	695350	103397	215183	8457
二、按隶属关系分组								
中央	32489							
省（自治区、直辖市）	446299	241600	66440	628875	562839	189139	97901	17855
地区（州、盟、省辖市）	2223969	499947	158925	1028279	820629	284429	55291	18830
县（区、市、旗）	3532384	2517684	536441	2975912	2772673	449228	410113	5019
镇				12394	12343	568	5008	
其他	11366384	5066236	1238850	7919466	6886309	1356148	1938148	200749
三、按营业状态分								
营业	17019358	8325467	2000656	12346129	10836021	2152021	2506461	242453
停业（歇业）	368518			182105	182105	127137		
筹建	199898			11159	11159			
其他	13751			25533	25508	354		
四、按企业资质等级分								
一级	883879	660859	212320	738216	551686	153764	256915	6407
二级	1547460	1948072	544451	502704	427984	84273	177010	20664
三级	2483988	954958	277886	2348088	2113742	387456	844136	109919
四级	7992	303716	86878	273681	224176	9844	47233	25418
暂定	12656346	4457862	879121	8531371	7572831	1548197	1181167	80045
其他	21860			170866	164374	95978		
五、按登记注册类型分								
内资企业	17028922	7747204	1828215	11660519	10230532	2186555	2082671	163263
港澳台商投资企业	514375	564432	168741	850126	804209	90669	413971	68905
外商投资企业	58228	13831	3700	54281	20052	2288	9819	10285

7－5 续表3 （2013年） 单位：万元、平方米

指标名称	办公楼销售面积	商业营业用房销售面积	其他房屋销售面积	出租面积	#商业营业用房	待售面积	#住宅	商品房销售额
总计	**652306**	**395616**	**462211**	**112974**	**112974**	**1321110**	**727686**	**14117852**
一、按控股情况分								
国有控股		990	4131			116516	72149	677861
集体控股	1500	6561	1473			14390	7548	16899
私人控股	552897	361703	385130			667474	274597	10779566
港澳台商控股	5657	7679	49338	112974	112974	206198	92374	1335831
外商控股	30588	2541	1100			41898	27907	121490
其他	61664	16142	21039			274634	253111	1186205
二、按隶属关系分组								
中央								
省（自治区、直辖市）	11700	13636	40700			19049		812951
地区（州、盟、省辖市）	119782	67904	19964			70037	10079	1757968
县（区、市、旗）	69498	82325	51416			299716	107136	2266308
镇		51						7098
其他	451326	231700	350131	112974	112974	932308	610471	9273527
三、按营业状态分								
营业	652306	395616	462186	112974	112974	1307347	722588	13918186
停业（歇业）						5150	3000	175652
筹建								7043
其他			25			8613	2098	16971
四、按企业资质等级分								
一级	97198	50778	38554	21190	21190	375827	252101	1038169
二级	14411	13518	46791	91784	91784	120536	39161	762597
三级	82089	60934	91323			240248	167146	2835704
四级	32075	7207	10223			98356	65958	458422
暂定	420066	263179	275295			477530	201222	8882298
其他	6467		25			8613	2098	140662
五、按登记注册类型分								
内资企业	616061	385396	428530			1073014	607405	13028119
港澳台商投资企业	5657	7679	32581	112974	112974	206198	92374	1038747
外商投资企业	30588	2541	1100			41898	27907	50986

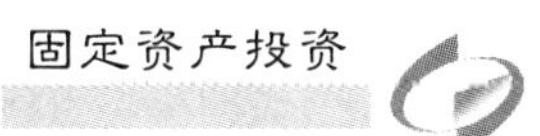

7－5 续表4 （2013年） 单位：万元、平方米

指标名称	住宅销售额	#90平方米以下住房	144平方米以上住房	别墅、高档公寓	办公楼销售额	商业营业用房销售额	其他房屋销售额
总　　计	**11226626**	**2086798**	**3270887**	**370919**	**1293639**	**1226096**	**371491**
一、按控股情况分							
国有控股	673477	296372	19477	15717		965	3419
集体控股	5514	183	1227		375	9930	1080
私人控股	8155326	1538819	2128170	206756	1142686	1174092	307462
港澳台商控股	1281684	101072	773166	126937	5087	10022	39038
外商控股	86919	13628	8628	8624	31783	2000	788
其　他	1023706	136724	340219	12885	113708	29087	19704
二、按隶属关系分组							
中　央							
省（自治区、直辖市）	682548	200624	160475	33990	26710	58576	45117
地区（州、盟、省辖市）	1155042	351571	80721	56281	247838	336848	18240
县（区、市、旗）	2015450	310276	395164	8245	65923	143879	41056
镇	7050	359	3100			48	
其　他	7366536	1223968	2631427	272403	953168	686745	267078
三、按营业状态分							
营　业	11026979	1964154	3270887	370919	1293639	1226096	371472
停业（歇业）	175652	122270					
筹　建	7043						
其　他	16952	374					19
四、按企业资质等级分							
一　级	761702	176235	408456	11927	101538	148032	26897
二　级	644577	118233	303568	22063	36143	41117	40760
三　级	2424091	405202	1090609	148614	214649	132128	64836
四　级	289532	17162	49500	67186	130797	31213	6880
暂　定	6983693	1297970	1418754	121129	792900	873606	232099
其　他	123031	71996			17612		19
五、按登记注册类型分							
内资企业	10209817	1984638	2741869	235358	1256769	1214074	347459
港澳台商投资企业	1000394	100122	520493	126937	5087	10022	23244
外商投资企业	16415	2038	8525	8624	31783	2000	788

7－6　房地产开发企业资金来源情况

（2013年）

单位:万元

指标名称	本年资金来源合计	上年末结余资金	本年资金来源小计	国内贷款	利用外资	自筹资金	其他资金来源	#定金及预收款	个人按揭贷款	本年各项应付款合计
总　　计	**23923272**	**3100677**	**20822595**	**3030912**	**16768**	**7810702**	**9964213**	**5763041**	**3269955**	**1029431**
一、按控股情况分										
国有控股	2153753	203666	1950087	171253		483292	1295542	1074092	29328	97504
集体控股	244207	117469	126738	6000		61897	58841	1301		10762
私人控股	16954284	2410046	14544238	2053547		5844367	6646324	3526074	2463568	652777
港澳台商控股	2321841	256597	2065244	519250		321034	1224960	707795	496444	152529
外商控股	355664	40219	315445	25000	16768	152181	121496	62162	55202	8004
其　他	1893523	72680	1820843	255862		947931	617050	391617	225413	107855
二、按隶属关系分										
中　央	33197	774	32423	11460		8210	12753	6762	175	12841
省(自治区、直辖市)	1419865	51591	1368274	136500		839121	392653	207409	184759	103939
地区(州、盟、省辖市)	3691781	296046	3395735	677725		1056346	1661664	1356069	254692	32670
县(区、市、旗)	3875642	695968	3179674	223837		1549364	1406473	750839	517881	62841
镇	31823	486	31337	6000		17402	7935	2276	5659	9937
其　他	14870964	2055812	12815152	1975390	16768	4340259	6482735	3439686	2306789	807203
三、按营业状态分										
营　业	23698864	3067679	20631185	2980912	16768	7753819	9879686	5689028	3269141	1024146
停业(歇业)	152347	513	151834	50000		22400	79434	73880	554	5272
筹　建	34000	5200	28800			28800				
其　他	38061	27285	10776			5683	5093	133	260	13
四、按企业资质等级分										
一　级	1519466	129307	1390159	409032		50180	930947	584583	300522	61466
二　级	3689075	362877	3326198	241290		1546032	1538876	1234579	232894	64468
三　级	3799138	695929	3103209	344928	124	1216657	1541500	751166	685883	238715
四　级	578736	269048	309688	84280		56967	168441	85987	59759	51955
暂　定	14229223	1639828	12589395	1924082	16644	4890237	5758432	3106393	1965213	612814
其　他	107634	3688	103946	27300		50629	26017	333	25684	13
五、按登记注册类型分										
内资企业	21995225	2885965	19109260	2607162		7437244	9064854	5262056	2896434	872797
港澳台商投资企业	1744348	182519	1561829	408750		343230	809849	470809	318319	148630
外商投资企业	183699	32193	151506	15000	16768	30228	89510	30176	55202	8004

7-7 房地产开发企业主要财务指标

（2013年） 单位:万元

指标名称	企业数（个）	年末从业人数（人）	资产总计	流动资产合计	#存货	固定资产原价	累计折旧	#本年折旧
总计	**561**	**20504**	**513819459**	**432313080**	**230346784**	**8771841**	**1738440**	**516210**
一、按控股情况分								
国有控股	44	1699	62316217	37130906	23343496	4561067	327843	106097
集体控股	17	436	4900507	4853767	3186859	31892	16749	982
私人控股	334	13322	310800122	282126732	140380112	2338762	640362	281012
港澳台商控股	95	2775	79857456	60716038	30442398	1397618	593009	111417
外商控股	28	785	10931807	9194523	4401168	248093	83490	3542
其他	43	1487	45013350	38291114	28592751	194409	76987	13160
二、按隶属关系分								
中央	3	61	797612	691940	562946	6942	2936	526
省（自治区、直辖市）	37	1593	33472046	29753488	14567655	232375	111843	24193
地区（州、盟、省辖市）	35	1599	82597575	57445292	35678740	4774350	360654	117670
县（区、市、旗）	75	3131	59592547	53927130	34368324	405346	139116	32025
街道	1	5	114019	926		481	431	1
镇	2	76	849114	826423	348373	5356	3591	969
其他	408	14039	336396546	289667881	144820746	3346991	1119869	340826
三、按营业状态分								
营业	495	19919	507789734	427132557	228377469	8705177	1696233	504051
停业（歇业）	39	293	3964593	3199243	1016861	54537	34189	10494
当年关闭	9	27	254350	254170	109274	1229	1110	157
其他	18	265	1810782	1727110	843180	10898	6908	1508
四、按企业资质等级分								
一级	13	1357	81183830	45031830	11367558	570654	183091	34807
二级	44	2578	102208863	78421052	38549013	2150101	525938	188866
三级	136	5339	109103020	100412415	62733723	4865540	546046	165589
四级	85	2000	24136777	22491462	12437787	338867	201703	41290
暂定	258	8929	192580871	182086358	103189837	771718	241674	83703
其他	25	301	4606098	3869963	2068866	74961	39988	1955
五、按登记注册类型分								
内资企业	438	17334	441112962	373664100	198908987	7354023	1138776	414271
港澳台商投资企业	95	2562	63027601	50813104	27522994	1154770	511235	94959
外商投资企业	28	608	9678896	7835876	3914803	263048	88429	6980

7-7 续表1 (2013年) 单位:万元

指标名称	负债合计	实收资本	主营业务收入	商品房屋销售收入	房屋出租收入	其他收入	主营业务成本	主营业务税金及附加
总计	**414539335**	**59474485**	**79055732**	**77602633**	**381815**	**959801**	**53959332**	**7956116**
一、按控股情况分								
国有控股	41264318	4431180	4568989	3683972	41421	843596	3443377	292680
集体控股	4812362	288268	122658	115021	1868	5769	46100	39269
私人控股	265730062	33886197	55028372	54775599	72635	69655	39740461	4919048
港澳台商控股	60041041	11051043	11016616	10739261	236957	39398	5896677	1580224
外商控股	7751914	2528845	823781	805520	17737	524	523727	103808
其他	34939638	7288952	7495316	7483260	11197	859	4308990	1021087
二、按隶属关系分								
中央	558665	250017	86390	85261	1025	104	81999	5000
省(自治区、直辖市)	23398169	9229584	4698920	3769359	114796	814765	3253060	418494
地区(州、盟、省辖市)	59474320	6563437	7732597	7679062	28753	24782	4791677	925195
县(区、市、旗)	48650851	7522284	11657531	11485850	26841	34357	9086798	969462
街道	79674	50135	11631		10604	1027	3047	1929
镇	831871	25000	82328	82328			64184	6531
其他	281545785	35834028	54786335	54500773	199796	84766	36678567	5629505
三、按营业状态分								
营业	409979200	58051976	78674839	77224332	379340	959684	53671099	7917672
停业(歇业)	2902595	865959	375658	374374	1167	117	285556	25964
当年关闭	196313	58000						
其他	1461227	498550	5235	3927	1308		2677	12480
四、按企业资质等级分								
一级	54319017	3903337	8775664	8114913	22662	638089	4372672	1297163
二级	85514413	10119833	12865837	12675891	178223	11723	8872864	962565
三级	93237008	11163237	20027604	19762323	55061	99737	13609258	1896518
四级	17991091	4377038	1861546	1777833	74853	7860	1047791	281229
暂定	160530331	28240261	34086574	34016239	46706	23629	24935216	3401234
其他	2947475	1670779	1438507	1255434	4310	178763	1121531	117407
五、按登记注册类型分								
内资企业	356533748	46756912	70585627	69437989	117520	919635	48756622	7019261
港澳台商投资企业	51613448	10101498	8129829	7846067	243420	39342	4989057	859711
外商投资企业	6392139	2616075	340276	318577	20875	824	213653	77144

7-7 续表2 (2013年) 单位:万元

指标名称	营业利润	投资收益	销售费用	管理费用	财务费用	利润总额	应交所得税	应付工资总额
总计	**10264901**	**315066**	**2935389**	**2973198**	**941635**	**10233230**	**2334666**	**1630533**
一、按控股情况分								
国有控股	323201	79983	96484	242917	169597	618407	108312	149456
集体控股	-34491		24873	52980	-984	-41916	4159	20930
私人控股	5661751	-46670	2150256	1834516	382309	5455942	1482498	1029761
港澳台商控股	2452569	24178	370847	573042	196912	2378715	421810	254467
外商控股	82474	4836	33775	81676	18489	79397	6079	53050
其　他	1779397	252739	259154	188067	175312	1742685	311808	122869
二、按隶属关系分								
中　央	-11627			9587	1431	-11736		3700
省(自治区、直辖市)	608657	80492	207623	241016	68774	601547	133393	171488
地区(州、盟、省辖市)	1251250	417	220510	255076	180971	1530866	298323	126258
县(区、市、旗)	551234	2312	406159	379784	154295	551621	175415	229411
街　道	5411			1247	-3	5411	1361	816
镇	3503		1144	6979	-13	3326	2021	4062
其　他	7856473	231845	2099953	2079509	536180	7552195	1724153	1094798
三、按营业状态分								
营　业	10278676	315048	2926703	2897015	937589	10246698	2321011	1606414
停业(歇业)	51722	18	2938	26226	4376	50979	9231	10340
当年关闭	-3941		1617	2376	-52	-2705		1699
其　他	-61556		4131	47581	-278	-61742	4424	12080
四、按企业资质等级分								
一　级	2301066	169543	260920	403683	204871	2553212	513330	204904
二　级	2152285	8139	253803	470584	166618	2074258	345765	210978
三　级	2720810	180549	712829	695483	287829	2690066	659885	384012
四　级	-40011	80	157817	268184	145975	-50663	23704	124556
暂　定	2958432	-46504	1532781	1114933	141688	2793975	767708	689090
其　他	172319	3259	17239	20331	-5346	172382	24274	16993
五、按登记注册类型分								
内资企业	9031528	314140	2608191	2406784	688712	9071927	2078230	1384591
港澳台商投资企业	1281749	-3910	305874	487882	234736	1212754	250357	212619
外商投资企业	-48376	4836	21324	78532	18187	-51451	6079	33323

7-8 按县(市)区分全社会固定资产投资完成情况

单位:万元

县(市)区	全社会固定资产投资完成额		固定资产投资		项目投资		房地产开发投资		农户固定资产投资	
	2013 年	比上年增长(%)	2013 年	比上年增长(%)	2013 年	比上年增长(%)	2013 年	比上年增长(%)	2013 年	比上年增长(%)
福州市	**38698351**	**18.5**	**38342181**	**18.5**	**25694274**	**13.6**	**12647907**	**30.1**	**356170**	**12.3**
市　区	15798175	19.0	15786370	19.0	9315662	23.2	6470708	13.5	11805	-2.7
鼓楼区	3575319	14.9	3575319	14.9	3061866	23.6	513453	-19.1		
台江区	2991391	17.8	2991391	17.8	1858455	34.0	1132936	-1.7		
仓山区	3753936	13.1	3749316	13.2	867114	-23.2	2882202	32.0	4620	-18.2
晋安区	3513673	15.8	3509423	15.9	2022948	42.1	1486475	-7.3	4250	-34.4
马尾区	1455360	50.4	1452425	50.1	1017599	21.0	434826	241.8	2935	
福清市	5657916	19.1	5494132	19.2	4542781	14.2	951351	51.2	163784	14.2
长乐市	3397576	23.4	3357646	23.5	2620734	20.0	736912	37.9	39930	11.8
闽侯县	4539508	19.3	4499370	19.4	2746528	-8.5	1752842	128.0	40138	12.3
连江县	3454802	32.4	3422654	32.6	2115895	34.6	1306759	29.6	32148	10.8
罗源县	1435870	22.1	1411540	22.2	723790	10.8	687750	37.1	24330	12.7
闽清县	400450	26.6	388822	26.9	323277	39.4	65545	-11.9	11628	15.7
永泰县	638880	0.5	624585	0.2	439068	-18.1	185517	112.8	14295	15.5
平潭县	3375174	0.9	3357062	0.9	2866539	-1.5	490523	17.4	18112	6.6

7-9 按登记注册类型分固定资产投资

(2013 年)

单位:万元

指标名称	本年完成投资	增长%	指标名称	本年完成投资	增长%
总　　计	**38342181**	**18.5**	私营企业	8137634	85.9
内资企业	35128925	19.5	其他企业	1556219	-5.8
国有企业	11531354	1.4	港澳台商投资企业	2189839	30.6
集体企业	588006	3.8	港澳台合资经营企业	871628	49.8
股份合作企业	80986	131.9	港澳台合作经营企业	2500	-97.0
联营企业	418478	117.1	港澳台独资经营企业	979576	31.5
国有联营企业	232809	81.9	港澳台商投资股份有限公司	336135	25.7
集体联营企业	480	-97.2	其他港澳台商投资企业		
国有与集体联营企业	181389	548.4	外商投资企业	1023417	-15.0
其他联营企业	3800	-80.6	中外合资经营企业	374226	6.7
有限责任公司	11751203	18.5	中外合作经营企业		-100.0
国有独资公司	1145666	32.9	外资企业	620431	-5.0
其他有限责任公司	10605537	17.1	外商投资股份有限公司	28760	-83.9
股份有限公司	1065045	-17.8	其他外商投资企业		-100.0

主要统计指标解释

全社会固定资产投资 是以货币表现的建造和购置固定资产活动的工作量。它是反映固定资产投资规模、速度、比例关系和使用方向的综合性指标。全社会固定资产投资指各种登记注册经济类型的投资。按照报表管理种类,全社会固定资产投资总额分为项目投资、房地产开发投资和农户固定资产投资。

建筑工程 指各种房屋、建筑物的建造工程,又称建筑工作量。这部分投资额必须兴工动料,通过施工活动才能实现。

安装工程 指各种设备、装置的安装工程。

房地产开发投资 包括全社会各种经济类型的房地产开发企业和单位进行的商品房屋的开发、销售和土地开发经营活动。不包括单纯的房地产管理、代理与经纪活动。

新增固定资产 指通过投资活动所形成的新的固定资产价值。包括已经建成投入生产或交付使用的工程投资和达到固定资产标准的设备、工具、器具的价值及有关应摊入的费用。

房屋建筑面积 是指房屋建筑物勒脚以上外墙外围的水平截面面积,包括房屋建筑物的有效面积和结构面积。

施工面积 是指报告期内施工全部建筑面积。一栋房屋开始施工,即按整栋房屋的全部建筑面积计算施工面积。不能按其实际施工部位或层次的面积分割计算。

竣工面积 是指报告期内房屋建筑按照设计要求已经全部完工,达到住人和使用条件,经验鉴定合格(或达到竣工验收标准),正式移交使用单位的各栋房屋建筑面积的总和。

销售面积 指报告期内出售商品房屋的合同总面积(即双方签署的正式买卖合同中所确定的建筑面积)。由现房销售建筑面积和期房销售建筑面积两部分组成。

待售面积 指报告期末已竣工尚未销售或出租的商品房屋建筑面积。

8 建筑业

8-1 按登记注册类型分建筑业总承包、专业承包施工企业生产情况

（2013 年）

项目	单位	总计	#国有及国有控股企业	按登记注册类型分		
				内资企业	港、澳、台商投资企业	外商投资企业
建筑业企业个数	个	746	52	728	15	3
签订的合同额	万元	38036740	11247621	37319843	687851	29046
上年结转合同额	万元	15109290	4834989	14902744	196163	10383
本年新签合同额	万元	22927450	6412632	22417101	491687	18662
承包工程完成情况						
直接从建设单位承揽工程完成的产值	万元	18535785	4822198	17907573	595610	32602
自行完成施工产值	万元	18264506	4741696	17713180	518724	32602
分包出去工程的产值	万元	271279	80502	194393	76886	
从建设单位以外承揽工程完成的产值	万元	1019525	31234	1014652		4873
建筑业总产值	万元	19284031	4772930	18727831	518724	37476
#装饰装修产值	万元	806985	134295	751717	53629	1639
在外省完成的产值	万元	8032969	998328	7690401	339570	2998
建筑业总产值按构成分						
建筑工程产值	万元	17897277	4346853	17370597	495209	31471
安装工程产值	万元	1328404	402077	1305203	22984	217
其他产值	万元	58350	24000	52031	531	5788
竣工产值	万元	11095829	2166150	10934397	158617	2815
房屋建筑施工面积	平方米	183118331	42507382	176568345	6516116	33870
#本年新开工面积	平方米	65620176	9578773	63621924	1984195	14057
实行投标承包面积	平方米	122633912	34036637	116558881	6060974	14057
#本年新开工	平方米	40038500	5496532	38105878	1918565	14057
年末自有施工机械设备（净值）	万元	392963	83664	390417	1867	679
年末自有施工机械设备（总台数）	台	65285	15326	63494	1679	112
年末自有施工机械设备（总功率）	千瓦	1826460	575159	1812150	11322	2988
计算建筑业劳动生产率的平均人数	人	806987	122521	788425	17072	1490
年末从业人数	人	698947	62148	695393	2807	747
#工程技术人员	人	76517	10851	75508	898	111
一级建造师	人	3502	932	3396	103	3

8－1 续表 (2013 年)

项目	单位	总计	#国有及国有控股企业	按登记注册类型分 内资企业	港、澳、台商投资企业	外商投资企业
现场施工工人	人	475516	89168	473552	1651	313
持证上岗人员	人	146984	18602	146215	724	45
主要建筑材料消耗量						
钢材	吨	11371725	2523002	10895469	459997	16259
木材	立方米	5767619	598767	5728556	29187	9876
水泥	吨	41788968	6781513	40888010	742274	158684
平板玻璃重量	重量箱	5120171	214523	4947176	136840	36155
平板玻璃	平方米	21749766	1429837	20652951	807582	289233
铝材	吨	584124	160055	577972	5445	707
企业总产值	万元	19444527	4824798	18888327	518724	37476
房屋建筑竣工面积	平方米	47403116	8500300	46695148	693152	14816
住宅	平方米	38287364	6521118	37640965	646399	
商业及服务用房	平方米	1635650	681093	1627749	7901	
办公用房	平方米	1531932	412331	1531932		
科研、教育、医疗用房	平方米	1149749	164307	1149749		
文化、体育、娱乐用房	平方米	271594	13842	270542	1052	
厂房及建筑物	平方米	4076298	674839	4035028	26454	14816
仓库	平方米	177616	14291	177616		
其他用房	平方米	272913	18479	261567	11346	
房屋竣工价值	万元	7159195	1109711	7020663	135717	2815
住宅	万元	5789789	797408	5666558	123231	
商业及服务用房	万元	294075	132726	292446	1629	
办公用房	万元	237814	45481	237814		
科研、教育、医疗用房	万元	203532	40491	203532		
文化、体育、娱乐用房	万元	51890	4419	51647	243	
厂房及建筑屋	万元	508462	82771	497947	7700	2815
仓库	万元	33730	2409	33730		
其他用房	万元	39903	4006	36989	2914	

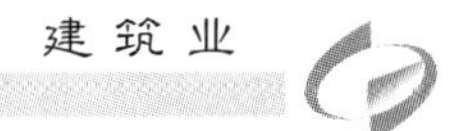

8－2 按行业分建筑业总承包、专业承包施工企业生产情况

（2013 年）

项目	单位	总计	按国民经济行业分			
			房屋建筑业	土木工程建筑业	建筑安装业	建筑装饰和其他建筑业
建筑业企业个数	个	746	288	138	124	196
签订的合同额	万元	38036740	30475803	4732998	1417900	1410039
上年结转合同额	万元	15109290	12644646	1860651	436127	167866
本年新签合同额	万元	22927450	17831157	2872347	981773	1242173
承包工程完成情况						
直接从建设单位承揽工程完成的产值	万元	18535785	14116990	2533710	875806	1009279
自行完成施工产值	万元	18264506	13943478	2459443	852343	1009242
分包出去工程的产值	万元	271279	173512	74267	23463	37
从建设单位以外承揽工程完成的产值	万元	1019525	482205	522919	5031	9370
建筑业总产值	万元	19284031	14425683	2982362	857374	1018612
# 装饰装修产值	万元	806985	394145	20424	6525	385891
在外省完成的产值	万元	8032969	6265966	1269692	231113	266198
建筑业总产值按构成分						
建筑工程产值	万元	17897277	14186461	2494877	313486	902453
安装工程产值	万元	1328404	197569	474596	542456	113783
其他产值	万元	58350	41653	12889	1432	2376
竣工产值	万元	11095829	8609868	1695694	304100	486167
房屋建筑施工面积	平方米	183118331	178685703	3912923	207639	312066
# 本年新开工面积	平方米	65620176	62744397	2590895	36149	248735
实行投标承包面积	平方米	122633912	120778521	1544196	50742	260453
# 本年新开工	平方米	40038500	38790962	1050416		197122
年末自有施工机械设备（净值）	万元	392963	220611	125294	30650	16408
年末自有施工机械设备（总台数）	台	65285	37253	15139	6167	6726
年末自有施工机械设备（总功率）	千瓦	1826460	915128	513756	274365	123211
计算建筑业劳动生产率的平均人数	人	806987	607296	124286	32887	42518
年末从业人数	人	698947	535009	94345	30865	38728
# 工程技术人员	人	76517	47740	14861	8003	5913
一级建造师	人	3502	1908	647	501	446

8－2 续表 （2013 年）

项目	单位	总计	按国民经济行业分			
			房屋建筑业	土木工程建筑业	建筑安装业	建筑装饰和其他建筑业
现场施工工人	人	475516	366424	65077	17623	26392
持证上岗人员	人	146984	106594	23752	9155	7483
主要建筑材料消耗量						
钢材	吨	11371725	8970840	1858352	239652	302881
木材	立方米	5767619	4580388	765217	39272	382742
水泥	吨	41788968	30879428	7939216	1420021	1550303
平板玻璃重量	重量箱	5120171	4810739	104593	38184	166655
平板玻璃	平方米	21749766	20489826	386939	133032	739969
铝材	吨	584124	509512	20430	21618	32564
企业总产值	万元	19444527	14526216	3001499	885529	1031283
房屋建筑竣工面积	平方米	47403116	45175224	1916995	35915	274982
住宅	平方米	38287364	37119993	992354	1997	173020
商业及服务用房	平方米	1635650	1385415	233526		16709
办公用房	平方米	1531932	1444859	74971		12102
科研、教育、医疗用房	平方米	1149749	1049125	100624		
文化、体育、娱乐用房	平方米	271594	231192	5498		34904
厂房及建筑物	平方米	4076298	3504914	499219	33918	38247
仓库	平方米	177616	166813	10803		
其他用房	平方米	272913	272913			
房屋竣工价值	万元	7159195	6820880	289628	6998	41689
住宅	万元	5789789	5584429	173755	298	31307
商业及服务用房	万元	294075	253582	39059		1434
办公用房	万元	237814	226338	9363		2113
科研、教育、医疗用房	万元	203532	190929	12603		
文化、体育、娱乐用房	万元	51890	47919	808		3163
厂房及建筑屋	万元	508462	445583	52507	6700	3672
仓库	万元	33730	32197	1533		
其他用房	万元	39903	39903			

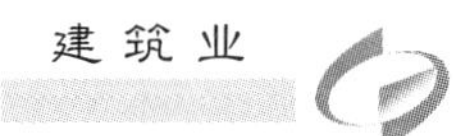

8-3 按企业资质等级分建筑业总承包施工企业生产情况

（2013年）

项目	单位	总计	按企业资质等级分			
			特级	一级	二级	三级以下
建筑业企业个数	个	385	1	59	148	177
签订的合同额	万元	35679054	1193603	26628724	5892904	1963823
上年结转合同额	万元	14731137	293462	12098489	2106593	232593
本年新签合同额	万元	20947917	900141	14530235	3786311	1731230
承包工程完成情况						
直接从建设单位承揽工程完成的产值	万元	16822111	798792	11010433	3572259	1440627
自行完成施工产值	万元	16563089	798792	10784526	3546852	1432919
分包出去工程的产值	万元	259022		225907	25407	7708
从建设单位以外承揽工程完成的产值	万元	649242		322294	307700	19248
建筑业总产值	万元	17212331	798792	11106820	3854552	1452166
#装饰装修产值	万元	409852	13396	257004	66055	73398
在外省完成的产值	万元	7294444	73704	5305494	1606084	309162
建筑业总产值按构成分						
建筑工程产值	万元	16417101	798792	10615866	3627378	1375066
安装工程产值	万元	744658		465834	208723	70101
其他产值	万元	50572		25120	18452	7000
竣工产值	万元	9986872	764458	5966332	2329875	926207
房屋建筑施工面积	平方米	182931222	7480914	130137128	37474592	7838588
#本年新开工面积	平方米	65444581	1253315	43723406	16305525	4162335
实行投标承包面积	平方米	122507433	6227599	96731012	16029623	3519199
#本年新开工	平方米	39914518		30652828	7425832	1835858
年末自有施工机械设备(净值)	万元	357533	2850	182341	106872	65470
年末自有施工机械设备(总台数)	台	53202	893	26378	18560	7371
年末自有施工机械设备(总功率)	千瓦	1580975	17810	869133	459589	234443
计算建筑业劳动生产率的平均人数	人	717130	431	443103	178703	94893
年末从业人数	人	623545	468	370503	171137	81437
#工程技术人员	人	61860	289	25891	23067	12613
一级建造师	人	2606	57	1811	510	228

8－3 续表 （2013 年）

项目	单位	总计	按企业资质等级分			
			特级	一级	二级	三级以下
现场施工工人	人	430885	275	285935	98980	45695
持证上岗人员	人	129425	238	70894	44847	13446
主要建筑材料消耗量						
钢材	吨	10480117	241322	7193501	2171188	874106
木材	立方米	5167127	63161	2721459	1788313	594194
水泥	吨	38744518	443186	24743349	10424533	3133450
平板玻璃重量	重量箱	4907609	15220	2337853	2233164	321372
平板玻璃	平方米	20848762	118713	10859090	8510242	1360717
铝材	吨	529303	98750	250173	136009	44371
企业总产值	万元	17335485	798792	11210530	3871997	1454166
房屋建筑竣工面积	平方米	47344806	4407101	27727312	11431388	3779005
住宅	平方米	38284367	3698376	23414980	9212124	1958887
商业及服务用房	平方米	1617941	176012	1046637	243743	151549
办公用房	平方米	1531232	235941	668966	432478	193847
科研、教育、医疗用房	平方米	1149049	70643	513752	281817	282837
文化、体育、娱乐用房	平方米	236390	13842	156254	27968	38326
厂房及建筑物	平方米	4075298	195048	1777003	1122801	980446
仓库	平方米	177616		110574	41401	25641
其他用房	平方米	272913	17239	39146	69056	147472
房屋竣工价值	万元	7154081	448476	4570515	1563419	571672
住宅	万元	5789445	333812	3855519	1275704	324410
商业及服务用房	万元	292594	45900	187799	32349	26546
办公用房	万元	237781	30320	108542	70173	28746
科研、教育、医疗用房	万元	203499	12502	118096	36265	36636
文化、体育、娱乐用房	万元	48714	4419	31276	5754	7265
厂房及建筑屋	万元	508415	17587	237382	128306	125140
仓库	万元	33730		25113	4653	3964
其他用房	万元	39903	3936	6789	10215	18963

8－4 按企业资质等级分建筑业专业承包施工企业生产情况

（2013年）

项目	单位	总计	按企业资质等级分		
			一级	二级	三级以下
建筑业企业个数	个	361	51	149	161
签订的合同额	万元	2357686	959782	803809	594095
上年结转合同额	万元	378153	200943	115145	62065
本年新签合同额	万元	1979533	758839	688664	532030
承包工程完成情况					
直接从建设单位承揽工程完成的产值	万元	1713675	734327	496759	482589
自行完成施工产值	万元	1701417	732623	489717	479077
分包出去工程的产值	万元	12258	1704	7042	3512
从建设单位以外承揽工程完成的产值	万元	370283	331800	25415	13068
建筑业总产值	万元	2071701	1064424	515132	492145
#装饰装修产值	万元	397133	243467	111610	42056
在外省完成的产值	万元	738524	537136	163379	38010
建筑业总产值按构成分					
建筑工程产值	万元	1480175	872480	311312	296384
安装工程产值	万元	583746	191444	202363	189939
其他产值	万元	7779	500	1457	5822
竣工产值	万元	1108957	606191	251570	251196
房屋建筑施工面积	平方米	187109	97582	53610	35917
#本年新开工面积	平方米	175595	97082	51613	26900
实行投标承包面积	平方米	126479	97582	1997	26900
#本年新开工	平方米	123982	97082		26900
年末自有施工机械设备(净值)	万元	35431	18405	8931	8094
年末自有施工机械设备(总台数)	台	12083	5259	3052	3772
年末自有施工机械设备(总功率)	千瓦	245485	107165	47673	90647
计算建筑业劳动生产率的平均人数	人	89857	41136	23819	24902
年末从业人数	人	75402	27915	24923	22564
#工程技术人员	人	14657	3747	6202	4708
一级建造师	人	896	381	343	172

8-4 续表 (2013年)

项目	单位	总计	按企业资质等级分		
			一级	二级	三级以下
现场施工工人	人	44631	18829	12851	12951
持证上岗人员	人	17559	6202	5051	6306
主要建筑材料消耗量					
钢材	吨	891608	552355	204985	134268
木材	立方米	600492	363156	148582	88754
水泥	吨	3044450	1974442	691930	378078
平板玻璃重量	重量箱	212562	71192	128824	12546
平板玻璃	平方米	901004	405215	415200	80589
铝材	吨	54821	23672	22319	8830
企业总产值	万元	2109042	1078748	524578	505715
房屋建筑竣工面积	平方米	58310		53610	4700
住宅	平方米	2997		1997	1000
商业及服务用房	平方米	17709		16709	1000
办公用房	平方米	700			700
科研、教育、医疗用房	平方米	700			700
文化、体育、娱乐用房	平方米	35204		34904	300
厂房及建筑物	平方米	1000			1000
仓库	平方米				
其他用房	平方米				
房屋竣工价值	万元	5114		4895	219
住宅	万元	345		298	47
商业及服务用房	万元	1481		1434	47
办公用房	万元	33			33
科研、教育、医疗用房	万元	33			33
文化、体育、娱乐用房	万元	3177		3163	14
厂房及建筑屋	万元	47			47
仓库	万元				
其他用房	万元				

8－5　按县(市)区分建筑业总承包、专业承包施工企业生产情况

(2013 年)

项　　目	单　位	福州市	鼓楼区	台江区	仓山区	马尾区	晋安区	福清市
建筑业企业个数	个	746	235	67	40	49	117	58
签订的合同额	万元	38036740	12038407	1506357	883817	5791801	3252702	3002668
上年结转合同额	万元	15109290	5120752	428748	331366	2333459	1094045	1337026
本年新签合同额	万元	22927450	6917655	1077609	552451	3458342	2158657	1665642
承包工程完成情况								
直接从建设单位承揽工程完成的产值	万元	18535785	5741819	1050150	309118	2028374	2106076	1383679
自行完成施工产值	万元	18264506	5674028	945192	309118	2020964	2054836	1383679
分包出去工程的产值	万元	271279	67791	104958		7410	51240	
从建设单位以外承揽工程完成的产值	万元	1019525	89637	9450	7342	148	4550	362
建筑业总产值	万元	19284031	5763665	954641	316460	2021112	2059386	1384041
# 装饰装修产值	万元	806985	364226	80641	11434	105924	125024	32437
在外省完成的产值	万元	8032969	1877216	335601	105668	376451	766566	690671
建筑业总产值按构成分								
建筑工程产值	万元	17897277	5230174	748053	307696	1867427	1806858	1378711
安装工程产值	万元	1328404	516413	202327	8095	138160	251358	5330
其他产值	万元	58351	17078	4262	668	15525	1170	
竣工产值	万元	11095829	3241234	535477	109059	665237	943806	943444
房屋建筑施工面积	平方米	183118331	49546028	8037929	1822370	25583168	12615343	19865650
# 本年新开工面积	平方米	65620176	15399393	2738259	1177033	6844767	6033840	7416041
实行投标承包面积	平方米	122633912	27632816	6800501	514170	23171834	7844564	11475941
# 本年新开工	平方米	40038500	4739799	2027211	245547	5361948	4473913	4057755
年末自有施工机械设备(净值)	万元	392963	88375	9348	14558	9512	61224	59956
年末自有施工机械设备(总台数)	台	65285	18107	3756	832	2639	11456	5326
年末自有施工机械设备(总功率)	千瓦	1826460	628759	57999	41019	39648	196838	254268
计算建筑业劳动生产率的平均人数	人	806987	196506	34279	12509	88082	85693	52318
年末从业人数	人	698947	175892	18223	12269	30857	93908	54323
# 工程技术人员	人	76517	21387	3735	2530	4993	12690	7635
一级建造师	人	3502	1441	222	122	282	505	234

8－5　续表 1　　　　　　　　(2013 年)

项　　目	单　位	福州市	鼓楼区	台江区	仓山区	马尾区	晋安区	福清市
现场施工工人	人	475516	140855	11808	7195	63388	60979	34679
持证上岗人员	人	146984	44532	5696	4904	8469	17052	15876
主要建筑材料消耗量								
钢　材	吨	11371725	3060033	683058	190523	1345883	1130396	701585
木　材	立方米	5767619	1104340	251895	204339	290465	492431	300981
水　泥	吨	41788968	9716540	1976335	721127	3083690	4285010	4857178
平板玻璃重量	重量箱	5120171	668516	183030	22606	340517	461071	692203
平板玻璃	平方米	21749766	3339137	1008396	111132	1983239	1298113	2906334
铝　材	吨	584124	230991	23881	3858	35949	67014	24049
企业总产值	万元	19444527	5847580	954755	316467	2033695	2076885	1384741
房屋建筑竣工面积	平方米	47403116	13274218	1016864	414483	3073943	3550869	4659080
住　宅	平方米	38287364	10905950	797882	136336	2866643	2320025	3814906
商业及服务用房	平方米	1635650	720065		691	94469	224139	128008
办公用房	平方米	1531932	606042	45972	21511		143398	127636
科研、教育、医疗用房	平方米	1149749	233986	6000	25301	5320	258207	192277
文化、体育、娱乐用房	平方米	271594	66952		500		116634	15270
厂房及建筑物	平方米	4076298	706036	167010	224703	99759	412003	365715
仓　库	平方米	177616			2970		19497	15268
其他用房	平方米	272913	35187		2471	7752	56966	
房屋竣工价值	万元	7159195	1989633	164223	60304	481332	586210	619648
住　宅	万元	5789789	1597966	133113	23717	456116	398271	502095
商业及服务用房	万元	294075	146990		138	9920	31661	29525
办公用房	万元	237814	84636	7164	3967		22986	17418
科研、教育、医疗用房	万元	203532	57080	929	4674	450	47287	31463
文化、体育、娱乐用房	万元	51891	18819		100		18276	3370
厂房及建筑屋	万元	508462	76504	23017	26795	13891	56207	33648
仓　库	万元	33730			593		3324	2129
其他用房	万元	39903	7637		321	955	8199	

8－5　续表2　　　　（2013年）

项　　目	单　位	长乐市	闽侯县	连江县	罗源县	闽清县	永泰县	平潭县
建筑业企业个数	个	19	36	26	10	36	39	14
签订的合同额	万元	1746269	512013	2656743	128920	2557008	3142716	817320
上年结转合同额	万元	858540	92905	1360131	52556	1136375	687485	275901
本年新签合同额	万元	887729	419107	1296612	76364	1420634	2455231	541418
承包工程完成情况								
直接从建设单位承揽工程完成的产值	万元	894322	241672	1436756	97072	1340307	1721223	185220
自行完成施工产值	万元	894322	240515	1436756	97072	1340307	1682499	185220
分包出去工程的产值	万元		1157				38724	
从建设单位以外承揽工程完成的产值	万元		4273	9248			2188	892327
建筑业总产值	万元	894322	244788	1446004	97072	1340307	1684687	1077547
#装饰装修产值	万元	7481	3056	18312	330	46458	11362	302
在外省完成的产值	万元	481383	71043	692395	36575	689429	1040533	869438
建筑业总产值按构成分								
建筑工程产值	万元	866650	210767	1393131	97072	1236770	1676423	1077547
安装工程产值	万元	18172	32564	50915		99453	5617	
其他产值	万元	9500	1458	1958		4084	2648	
竣工产值	万元	516204	94116	1207195	65439	726340	1060134	988145
房屋建筑施工面积	平方米	12851563	2542128	14151437	886016	15051327	18531556	1633816
#本年新开工面积	平方米	4201769	1599807	4487908	534921	4773528	8973396	1439514
实行投标承包面积	平方米	11278060	1241576	3235645	136612	12933437	14734940	1633816
#本年新开工	平方米	3902559	848066	1518125	54362	4059909	7309792	1439514
年末自有施工机械设备（净值）	万元	12860	13704	16806	1862	36124	40494	28140
年末自有施工机械设备（总台数）	台	2060	1600	5796	342	4322	5359	3690
年末自有施工机械设备（总功率）	千瓦	63688	40522	76125	6745	140818	157618	122413
计算建筑业劳动生产率的平均人数	人	36320	12169	63812	6250	74727	96686	47636
年末从业人数	人	37956	12035	81520	6576	75132	97657	2599
#工程技术人员	人	3811	3402	3663	479	5488	5458	1246
一级建造师	人	117	47	132	12	135	139	114

8－5 续表3 （2013年）

项目	单位	长乐市	闽侯县	连江县	罗源县	闽清县	永泰县	平潭县
现场施工工人	人	16273	5741	25773	5368	46786	54727	1944
持证上岗人员	人	5763	2374	7915	983	17295	15601	524
主要建筑材料消耗量								
钢材	吨	512894	124704	906032	54365	958096	1056365	647791
木材	立方米	348305	77847	586534	31844	623187	834825	620626
水泥	吨	3774159	474232	3833663	138494	2628173	3006706	3293661
平板玻璃重量	重量箱	425262	82485	807919	15911	375632	781498	263521
平板玻璃	平方米	1373031	231035	4684862	31108	1366109	2962871	454399
铝材	吨	29188	18626	34386	6490	45763	23402	40527
企业总产值	万元	898046	244788	1446004	97072	1342138	1723411	1078947
房屋建筑竣工面积	平方米	3270219	627787	7364773	261987	3724849	5916867	247177
住宅	平方米	2828381	285113	6832420	207490	2595723	4480332	216163
商业及服务用房	平方米		5412	185196	10561	140864	126245	
办公用房	平方米		2863	58357		252555	273598	
科研、教育、医疗用房	平方米	18021	15588	75423		85234	227378	7014
文化、体育、娱乐用房	平方米	216		4035	1666	8163	38158	20000
厂房及建筑物	平方米	423601	278921	108269	42270	488524	755487	4000
仓库	平方米			101073		38808		
其他用房	平方米		39890			114978	15669	
房屋竣工价值	万元	467566	75754	1143414	47334	605531	874624	43624
住宅	万元	412509	36675	1061952	37595	421916	671221	36645
商业及服务用房	万元		714	24631	2059	25043	23393	
办公用房	万元		495	9753		40748	50647	
科研、教育、医疗用房	万元	2914	2427	14828		13960	25642	1879
文化、体育、娱乐用房	万元	39		525	200	1335	4627	4600
厂房及建筑屋	万元	52103	29552	8540	7480	83372	96852	500
仓库	万元			23185		4499		
其他用房	万元		5892			14658	2242	

8－6 建筑业总承包、专业承包施工企业数及利润总额

（2013 年）

项目	单位	福州市	鼓楼区	台江区	仓山区	马尾区	晋安区	福清市
企业个数	个	**665**	**214**	**61**	**29**	**46**	**99**	**54**
施工总承包	个	342	59	18	17	21	42	42
特级	个	1	1					
一级	个	59	17	3	2	2	10	7
二级	个	132	19	10	4	7	14	18
三级以下	个	150	22	5	11	12	18	17
专业承包	个	323	155	43	12	25	57	12
一级	个	48	24	8	1	2	8	2
二级	个	135	70	15	4	5	28	6
三级以下	个	140	61	20	7	18	21	4
利润总额	万元	**481390**	**114666**	**30232**	**12805**	**62275**	**36635**	**44611**
施工总承包	万元	415621	79223	23947	11988	57425	28464	44132
特级	万元	32868	32868					
一级	万元	229295	28068	17005	2728	52631	17562	30911
二级	万元	109988	12590	5075	8426	1195	8947	8876
三级以下	万元	43471	5698	1868	834	3600	1954	4346
专业承包	万元	65769	35443	6285	817	4850	8171	479
一级	万元	22332	12507	2405	556	1468	2361	35
二级	万元	27261	13326	781	72	1650	5162	313
三级以下	万元	16176	9610	3100	190	1733	648	132

项目	单位	长乐市	闽侯县	连江县	罗源县	闽清县	永泰县	平潭县
企业个数	个	**17**	**29**	**23**	**9**	**36**	**35**	**13**
施工总承包	个	13	24	22	8	32	34	10
特级	个							
一级	个	4	2	2		4	4	2
二级	个	7	11	11	4	7	15	5
三级以下	个	2	11	9	4	21	15	3
专业承包	个	4	5	1	1	4	1	3
一级	个		1					2
二级	个	2	2	1	1			1
三级以下	个	2	2			4	1	
利润总额	万元	**22281**	**11106**	**26022**	**1730**	**38478**	**49689**	**30860**
施工总承包	万元	21899	5483	25759	1727	37733	49687	28156
特级	万元							
一级	万元	15241	561	10478		16325	21991	15795
二级	万元	5529	2544	12421	1548	7613	23658	11569
三级以下	万元	1129	2379	2860	179	13795	4038	792
专业承包	万元	383	5623	263	3	746	2	2704
一级	万元		315					2686
二级	万元	375	5300	263	3			18
三级以下	万元	8	8			746	2	

8-7 按行业分劳务分包企业主要指标

(2013 年)

项目	单位	总计		按国民经济行业分			
			内资企业	房屋建筑业	土木工程建筑业	建筑安装业	建筑装饰和其他建筑业
企业个数	个	212	211	127	25	8	52
建筑业总产值	万元	1532317	1483873	1225670	38810	50773	217064
#装饰装修产值	万元	81078	81078	72416	38		8624
建筑业劳动生产率的平均人数	人	230093	218593	171573	19458	7667	31395
年末从业人数	人	295669	284139	232089	17872	7671	38037
#管理人员	人	1036	1034	622	173	113	128
工程技术人员	人	6191	6188	3927	1249	125	890
现场施工工人	人	200606	189109	141247	17961	7521	33877
固定资产原价	万元	30735	30735	17883	7489	276	5088
本年折旧	万元	3488	3488	1872	792	28	796
资产总计	万元	257767	251842	177568	20710	2861	56628
负债合计	万元	146962	141357	107094	4687	472	34710
实收资本	万元	76097	75897	48424	13995	2085	11593
营业收入合计	万元	1557670	1509226	1250868	37554	50673	218576
#主营业务收入	万元	1556844	1508399	1250335	37554	50673	218283
主营业务成本	万元	1477213	1430598	1186562	33551	49579	207522
主营业务税金及附加	万元	50060	48433	40774	1373	797	7116
费用合计(营业费用、管理费用、财务费用)	万元	17807	16888	13224	1972	295	2316
营业利润	万元	8215	8103	6834	701	20	660
利润总额	万元	7730	7425	6512	673	16	530
从业人员劳动报酬	万元	1275570	1227125	1058786	21575	49339	145870
全部从业人员年平均人数	人	294670	283136	239421	4647	11174	39428

8-8 按企业资质等级分劳务分包企业主要指标

（2013年）

项目	单位	总计	一级	二级	三级及以下
企业个数	个	212	142	26	44
建筑业总产值	万元	1532317	1196408	65972	269937
#装饰装修产值	万元	81078	57442	981	22655
建筑业劳动生产率的平均人数	人	230093	169517	13951	46625
年末从业人数	人	295669	238810	8054	48805
#管理人员	人	1036	681	61	294
工程技术人员	人	6191	4016	198	1977
现场施工工人	人	200606	152220	8991	39395
固定资产原价	万元	30735	21211	2133	7391
本年折旧	万元	3488	2294	503	691
资产总计	万元	257767	203336	13231	41201
负债合计	万元	146962	122576	5554	18833
实收资本	万元	76097	55313	5980	14805
营业收入合计	万元	1557670	1226870	65982	264819
#主营业务收入	万元	1556844	1226362	65709	264772
主营业务成本	万元	1477213	1169306	56949	250958
主营业务税金及附加	万元	50060	39599	1347	9115
费用合计（营业费用、管理费用、财务费用）	万元	17807	12725	1293	3789
营业利润	万元	8215	6516	499	1200
利润总额	万元	7730	6325	425	980
从业人员劳动报酬	万元	1275570	1049609	32416	193545
全部从业人员年平均人数	人	294670	238044	8168	48458

8-9 按登记注册类型分建筑业总承包、专业承包施工企业主要财务指标

（2013 年）

单位：万元

项目	总计	#国有及国有控股企业	按登记注册类型分 内资企业	港、澳、台商投资企业	外商投资企业
年初存货	1681928	693992	1639066	40773	2089
流动资产合计	9535844	3318245	9348115	154956	32773
#存货	2145141	897256	2101070	43373	698
固定资产合计	1286680	605653	1274362	7345	4974
固定资产原价	1546573	608963	1526687	10243	9643
累计折旧	551180	204185	541037	5474	4669
#本年折旧	85631	24688	84855	340	436
在建工程	252639	200326	252639		
资产合计	11962708	4696624	11754030	170621	38057
流动负债合计	6968749	2939608	6863427	81290	24032
非流动负债合计	782071	606364	758723	22017	1332
负债合计	7917608	3547929	7788938	103307	25363
所有者权益合计	4021679	1148695	3941671	67314	12694
#实收资本	2813473	524150	2761709	40562	11203
国家资本	244764	234682	244764		
集体资本	95284	7003	94755	529	
法人资本	819361	260152	794558	19695	5108
个人资本	1633260	17682	1627131	5129	1000
港澳台资本	15183	400		15183	
外商资本	5621	4231	500	27	5095
主营业务收入	18432610	5072127	17792411	601943	38256
主营业务成本	16600790	4599165	16010575	556165	34050
主营业务税金及附加	635089	151636	615174	19331	584
其他业务利润	14334	5325	14284	23	26
销售费用	50108	6405	49837	271	
管理费用	508260	171208	497425	7859	2975
#税金	17747	2979	17602	112	33
财务费用	86686	50602	85972	516	199
#利息支出	68009	42102	67167	647	195
营业利润	458008	101032	439492	18042	475
营业外收入	42500	20541	42360	136	4
营业外支出	28750	8529	28701	5	45
建筑业企业在境外完成的营业收入	276061	276061	276061		
利润总额	471663	112946	453207	18173	284
应交所得税	179998	31869	173596	6256	146
应付职工薪酬(本年贷方累计发生额)	4777003	1049805	4605606	159477	11921
从业人员工资总额	3215680	358454	3201834	10403	3443
#在岗职工工资总额	2002132	139201	1990901	9772	1459
从业人员平均工资(元)	46056	55721	46080	39199	48633
#在岗职工平均工资(元)	47987	55370	48038	39805	44748
应收工程款	1401789	513539	1350894	33480	17415
全部从业人员年平均人数(人)	698204	64330	694842	2654	708
资产减值损失	1149	1069	1149		
公允价值变动收益	1342	186	1342		
投资收益	9370	5479	9303	217	-150

8-10 按行业分建筑业总承包、专业承包施工企业主要财务指标

（2013 年） 单位：万元

项目	总计	按国民经济行业分			
		房屋建筑业	土木工程建筑业	建筑安装业	建筑装饰和其他建筑业
年初存货	1681928	1122997	315443	92100	151388
流动资产合计	9535844	6265987	1781971	927342	560544
#存　货	2145141	1639047	231667	139788	134639
固定资产合计	1286680	847132	281298	86686	71565
固定资产原价	1546573	862081	440573	124430	119490
累计折旧	551180	232904	207179	57602	53496
#本年折旧	85631	33129	37242	6359	8901
在建工程	252639	196879	40716	13246	1798
资产合计	11962708	7802266	2279126	1199361	681954
流动负债合计	6968749	4529948	1405675	672817	360308
长期负债合计	782071	665273	19622	93253	3922
负债合计	7917608	5282319	1444516	813198	377576
所有者权益合计	4021679	2519453	834610	364152	303464
#实收资本	2813473	1657870	677397	229378	248828
国家资本	244764	155457	50940	25080	13287
集体资本	95284	61254	22913	7766	3351
法人资本	819361	481154	190204	79189	68814
个人资本	1633260	946321	413341	116843	156756
港澳台资本	15183	8590			6593
外商资本	5621	5095		500	27
主营业务收入	18432610	13878980	2848960	845917	858753
主营业务成本	16600790	12690437	2452513	711747	746094
主营业务税金及附加	635089	493168	92379	20790	28753
其他业务利润	14334	6418	3280	3967	669
销售费用	50108	29425	6902	8592	5187
管理费用	508260	234927	167010	63632	42691
#税　金	17747	9551	4364	2366	1466
财务费用	86686	52033	15539	15582	3533
#利息支出	68009	34275	12413	18550	2770
营业利润	458008	342920	59239	31598	24251
营业外收入	42500	23385	15925	2813	379
营业外支出	28750	20291	7808	328	323
建筑业企业在境外完成的营业收入	276061	93751	166289	16021	
利润总额	471663	345864	67389	34055	24356
应交所得税	179998	140532	25078	7280	7108
应付职工薪酬(本年贷方累计发生额)	4777003	3666830	737756	155274	217143
从业人员工资总额	3215680	2470253	464086	117382	163959
#在岗职工工资总额	2002132	1507013	284441	93535	117143
从业人员平均工资(元)	46056	45984	49107	39583	44494
#在岗职工平均工资(元)	47987	47789	53288	41699	44936
应收工程款	1401789	839199	302541	144296	115753
全部从业人员年平均人数(人)	698204	537193	94506	29655	36850
资产减值损失	1149	2403	451	-2033	328
公允价值变动收益	1342	237		1105	
投资收益	9370	2120	6482	699	69

8－11 按企业资质等级分建筑业总承包施工企业主要财务指标

(2013年) 单位:万元

项目	总计	#特级	一级	二级	三级以下
年初存货	1440321	336030	581618	443808	78865
流动资产合计	8296842	951155	4997238	1738749	609701
#存货	1911101	453116	887763	474432	95790
固定资产合计	1133685	203899	536708	244895	148183
固定资产原价	1293808	78077	718616	313822	183293
累计折旧	434029	39019	245914	101700	47397
#本年折旧	65841	1734	34256	15627	14224
在建工程	245069	164841	54244	19143	6841
资产合计	10451735	1350000	6201168	2114009	786557
流动负债合计	6239370	757904	3980375	1159449	341642
长期负债合计	775317	317096	435297	21154	1770
负债合计	7113952	1075000	4415672	1270311	352969
所有者权益合计	3336198	275000	1785496	843699	432003
#实收资本	2314860	60000	1182815	698142	373902
国家资本	222054	60000	123254	21800	17001
集体资本	74556		12747	45614	16195
法人资本	645762		498176	83206	64379
个人资本	1359668		540049	543292	276327
港澳台资本	8590		8590		
外商资本	4231			4231	
主营业务收入	16550074	1134649	10545658	3504059	1365708
主营业务成本	14992639	993844	9727606	3114220	1156970
主营业务税金及附加	574597	36263	355332	131557	51445
其他业务利润	10602		5020	5568	14
销售费用	34764	4300	1876	16660	11928
管理费用	384046	45217	193383	92859	52588
#税金	13486		5266	4420	3800
财务费用	78375	22483	45711	8999	1182
#利息支出	62337	11667	41420	8213	1036
营业利润	397272	30830	227206	98870	40366
营业外收入	41092	2334	23099	15270	389
营业外支出	28210	296	21012	6798	105
建筑业企业在境外完成的营业收入	276061	93751	182310		
利润总额	410005	32868	229295	107192	40651
应交所得税	163213	8217	90380	49195	15421
应付职工薪酬(本年贷方累计发生额)	4318956	70145	2949787	928493	370531
从业人员工资总额	2904693	3956	1875702	714183	310851
#在岗职工工资总额	1779537	3939	1044514	515974	215110
从业人员平均工资(元)	46435	88903	48463	43835	41374
#在岗职工平均工资(元)	48596	89320	52409	44700	42162
应收工程款	1144889	93497	619934	233301	198158
全部从业人员年平均人数(人)	625540	445	387037	162926	75132
资产减值损失	276		－220	196	300
公允价值变动收益	236	187	19	29	
投资收益	8033	1413	4168	2432	19

8－12　按企业资质等级分建筑业专业承包施工企业主要财务指标

（2013 年）　　单位：万元

项　目	总　计	一　级	二　级	三级以下
年初存货	241607	140631	41275	59701
流动资产合计	1239002	414697	353810	470495
＃存　货	234041	140245	42216	51581
固定资产合计	152995	37007	51226	64763
固定资产原价	252765	61502	81431	109833
累计折旧	117151	29678	38030	49444
＃本年折旧	19790	4584	4027	11178
在建工程	7570	4459	2157	954
资产合计	1510973	479631	446136	585206
流动负债合计	729379	271292	133243	324843
长期负债合计	6754	1364	3320	2069
负债合计	803656	294051	167318	342287
所有者权益合计	685481	185579	257391	242511
＃实收资本	498614	133199	185914	179501
国家资本	22710	5050	2550	15110
集体资本	20728	1259	9848	9622
法人资本	173599	37504	64175	71920
个人资本	273593	85005	105738	82850
港澳台资本	6593	3881	2712	
外商资本	1391	500	891	
主营业务收入	1882537	965600	499560	417377
主营业务成本	1608151	858070	406140	343942
主营业务税金及附加	60492	33535	14587	12371
其他业务利润	3732	1435	931	1367
销售费用	15344	4889	6138	4317
管理费用	124214	46917	38575	38722
＃税　金	4261	2175	866	1221
财务费用	8311	3064	2518	2730
＃利息支出	5672	1648	2014	2009
营业利润	60737	21508	26658	12571
营业外收入	1409	817	225	367
营业外支出	540	169	162	210
建筑业企业在境外完成的营业收入				
利润总额	61658	22158	26740	12761
应交所得税	16785	6393	5314	5079
应付职工薪酬（本年贷方累计发生额）	458047	217623	122697	117728
从业人员工资总额	310987	119866	95675	95446
＃在岗职工工资总额	222595	81005	67082	74508
从业人员平均工资（元）	42798	43796	39620	45134
＃在岗职工平均工资（元）	43617	43598	41897	45313
应收工程款	256900	64968	91261	100672
全部从业人员年平均人数（人）	72664	27369	24148	21147
资产减值损失	873	535	229	110
公允价值变动收益	1107	1122		－15
投资收益	1338	306	899	133

8－13 按县(市)区分建筑业总承包、专业承包施工企业主要财务指标

(2013年)

单位:万元

项目	福州市	鼓楼区	台江区	仓山区	马尾区	晋安区	福清市
年初存货	1681928	806129	73056	50832	101715	160876	183000
流动资产合计	9535844	4444085	480945	408357	1260903	901158	469561
#存　货	2145141	1092018	70015	53657	189375	180484	151942
固定资产合计	1286680	623325	60741	59413	63181	123341	101923
固定资产原价	1546573	652515	97897	46594	75869	184400	127750
累计折旧	551180	223619	43540	16457	20820	76569	44655
#本年折旧	85631	26439	6722	5811	5363	12309	4755
在建工程	252639	185160	4276	28702	7373	11244	8697
资产合计	11962708	5843536	625901	474144	1444497	1075951	603103
流动负债合计	6968749	3469780	369955	322718	1097041	616915	327977
长期负债合计	782071	716622	23734	316	10836	8873	8020
负债合计	7917608	4221706	400606	327086	1109404	641852	337470
所有者权益合计	4021679	1599500	225295	145968	335093	434099	265633
#实收资本	2813473	960589	152299	123404	263742	352413	198836
国家资本	244764	169881	2928	26919	2567	40084	
集体资本	95284	28410	19624	3100	8700	8648	1136
法人资本	819361	408603	57192	7807	119785	104797	11039
个人资本	1633260	342138	69033	85578	128459	198640	185413
港澳台资本	15183	10167	3523			245	1248
外商资本	5621	1391			4231		
主营业务收入	18432610	5553702	1001897	311906	1958387	1924241	1398172
主营业务成本	16600790	4977950	880615	280569	1779060	1730405	1254161
主营业务税金及附加	635089	172124	30676	10150	66876	60175	54907
其他业务利润	14334	3810	2467	66	488	2251	1244
销售费用	50108	16192	2760	2928	1014	4078	505
管理费用	508260	185551	40593	9677	41384	85022	18699
#税　金	17747	6017	1363	457	1027	2459	940
财务费用	86686	58471	3587	4068	5964	5279	2420
#利息支出	68009	49976	2050	2888	2341	4398	1670
营业利润	458008	107643	28729	3682	61875	35223	43710
营业外收入	42500	5249	989	14209	1027	1334	1092
营业外支出	28750	1653	230	5866	645	1725	409
建筑业企业在境外完成的营业收入	276061	266883	9178				
利润总额	471663	111258	29522	12008	62129	34832	44393
应交所得税	179998	30140	9355	3632	17075	13180	21321
应付职工薪酬(本年贷方累计发生额)	4777003	1252160	264853	67911	591100	514976	384723
从业人员工资总额	3215680	768023	75012	43809	135082	401397	382564
#在岗职工工资总额	2002132	262424	54912	19897	96150	136512	335173
从业人员平均工资(元)	46056	45591	42507	37310	42984	44877	54261
#在岗职工平均工资(元)	47987	44307	44202	40999	48263	49641	58004
应收工程款	1401789	496037	67262	54833	255054	164818	68168
全部从业人员年平均人数(人)	698204	168460	17647	11742	31426	89444	70504
资产减值损失	1149	－2588	38	4	3185	525	
公允价值变动收益	1342	486	822		21	－15	
投资收益	9370	5161	3115		176	311	

8－13 续表 （2013 年） 单位:万元

项目	长乐市	闽侯县	连江县	罗源县	闽清县	永泰县	平潭县
年初存货	101051	41911	55939	6877	29397	47368	23779
流动资产合计	341987	192620	202980	57935	294311	345996	135009
#存　货	149911	36965	71313	7795	35956	74767	30943
固定资产合计	32592	30821	33294	5178	56256	51973	44644
固定资产原价	42017	34282	43368	6078	73712	79263	82828
累计折旧	14365	9188	15498	1488	18314	28181	38488
#本年折旧	2214	1307	1610	399	4167	5967	8567
在建工程	1061	307	4895		278	349	299
资产合计	384315	235201	239892	65921	374891	404674	190681
流动负债合计	193098	71612	116115	46357	132890	142826	61466
长期负债合计	13065				49	556	
负债合计	264076	88276	116254	46358	153749	149306	61466
所有者权益合计	120239	146926	123638	19563	221142	255368	129216
#实收资本	103288	103895	100363	19359	158331	172566	104390
国家资本		2386					
集体资本	2025	40	824	5672	5099	6607	5400
法人资本	29627	29365	11534	2000	17129	15400	5084
个人资本	71636	72104	88006	11687	136102	150559	93906
港澳台资本							
外商资本							
主营业务收入	909997	252773	1085610	105355	1279825	1670974	979770
主营业务成本	831264	218423	1002399	97836	1143832	1530282	873994
主营业务税金及附加	35274	10403	41424	3958	45675	63733	39714
其他业务利润	285	1266	455	9	64	1782	149
销售费用	7854	1166	906	283	6886	5268	268
管理费用	13079	9641	14326	1557	25831	25853	37047
#税　金	644	492	1514	110	1648	684	391
财务费用	658	1159	998	12	1117	1903	1052
#利息支出	535	120	1257	10	490	1981	293
营业利润	22289	9940	26042	1699	37575	49089	30512
营业外收入	32	334	6	28	17785	410	5
营业外支出	944	242	48	8	16882	65	36
建筑业企业在境外完成的营业收入							
利润总额	21377	10032	26000	1719	38478	49434	30481
应交所得税	9907	3317	19090	1464	14119	23838	13559
应付职工薪酬(本年贷方累计发生额)	233165	50222	354953	25071	341621	428763	267486
从业人员工资总额	228337	44638	339339	23285	336012	429647	8536
#在岗职工工资总额	214482	32230	324020	23128	297916	199255	6035
从业人员平均工资(元)	63928	40978	43227	38538	44183	43089	41317
#在岗职工平均工资(元)	64734	39883	42829	38572	45281	43895	41248
应收工程款	24462	30783	15054	32617	115459	33867	43376
全部从业人员年平均人数(人)	35718	10893	78501	6042	76050	99711	2066
资产减值损失		－16			2		
公允价值变动收益			29				
投资收益		564			3		39

主要统计指标解释

建筑业总产值 指以货币表现的建筑业企业在一定时期内生产的建筑业产品和服务的总和。它包括建筑工程产值、安装工程产值和其他产值三部分内容。

建筑工程产值 指列入建筑工程预算内的各种工程价值。包括各种用途的房屋、构筑物的建筑工程和列入房屋工程预算内暖气、卫生、通风、照明、煤气等设备价值;设备基础、支柱、操作台、梯子、烟囱、凉水塔的建筑工程;各种锅炉炉体砌筑和金属结构安装工程;施工现场布置,场地平整,施工临时用水、电、道路的铺筑与架设;矿井的开凿,井巷掘进延伸,露天矿的剥离,石油、天然气钻井工程;铁路、公路、港口、桥梁的建筑工程;水利工程;防空、地下建筑等特殊工程。建筑工程产值还包括建筑装饰工程产值。建筑装饰工程的范围,包括抹灰、门窗、玻璃、吊顶、隔断、饰面板(砖)、涂料、裱湖、刷浆、花饰等十项工程。

安装工程产值 指设备安装工程产值,包括:生产、动力、起重、运输、传动和医疗、实验等各种需要安装设备的装配与安装,与设备相相联结的工作台、梯子、栏杆等装设工程,附属于被安装设备的管线敷设工程,被安装设备的绝缘、防腐、保温、油漆等工程;为测定安装工作质量,对单个设备、系统设备进行单机试车和系统联动无负荷试运转工作。设备安装工程产值中不包括被安装设备本身的价值。

其他产值 指建筑业总产值中除建筑工程、安装工程以外的产值。包括房屋构筑物修理产值、非标准设备制造产值、总包企业向分包企业收取的管理费及不能明确划分的施工活动所完成的产值。

房屋、构筑物修理产值 指房屋、构筑物修理所完成的产值,但不包括被修理房屋、构筑物本身的价值和生产设备的修理价值。

非标准设备制造产值 指加工制造没有定型的、非标准生产设备的加工费和原材料价值,不论是现场还是附属加工厂为本单位承建工程制造的非标准设备价值,都应计算产值。

竣工产值 指在报告期内,按照设计所规定的的工程内容全部完成,达到了设计规定的交工条件,经质量监督检查部门检查验收鉴定合格的单位工程价值之和。

单位工程施工个数 指在报告期内施工过的全部单位工程个数。它包括本期内新开工的,还包括上期施工跨入本期继续施工的单位工程个数。

单位工程竣工个数 指在报告期内,按照设计规定的的工程内容全部完成,达到了使用条件,经质量监督检查部门检查验收鉴定合格的全部单位工程个数。

自有机械设备年末总台数 指归本企业(或单位)所有,属于本企业(或单位)固定资产的生产性机械设备年末总台数。包括施工机械、生产设备、运输设备以及其他设备。

自有机械设备年末总功率 指本企业(或单位)自有施工机械、生产设备、运输设备以及其他设备等列为在册固定资产的生产性机械设备年末总功率,按设计能力或查定能力计算。包括机械本身的动力和为该机械服务的单独动力设备。如电动机等到。计量单位用千瓦,动力换算可按 1 马力 =0.735 千瓦折合成千瓦数.电焊机、变压器、锅炉不计算动力。

施工机械功率 指归本企业所有,属于本企业固定资产的施工机械,以及直接为施工服务的生产设备、运输设备的全部功率,

主营业务收入 指企业确认的销售商品、提供劳务等主营业务的收入,根据会计“主营业务收入”科目的期末贷方余额(结转前)填报。执行 2006 年《企业会计准则》的企业,如未设置该科目,以”营业收入“代替填报。

主营业务成本 指企业经营主要业务所发生的成本总额。根据会计“主营业务成本”科目的期末借方余额(结转前)填报。执行 2006 年《企业会计准则》的企业,如未设置该科目,以”营业成本“代替填报。

主营业务税金及附加 指企业经营主要业务应负担的营业税、消费税、城市维护建设税、教育费附加等。

根据会计"主营业务税金及附加"科目的期末借方余额(结转前)填报。执行2006年《企业会计准则》的企业，如未设置该科目，以"营业税金及附加"代替填报。

房屋建筑施工面积 指在报告期内施工的全部房屋建筑面积，包括本期新开工的、上期施工跨入本期继续施工、上期停建本期复工的房屋建筑面积；不包括上期开工后又停工，本期末施工的房屋建筑面积。

房屋建筑竣工面积 指在报告期内，按照设计所规定的工程内容全部完成，达到了设计规定的交工条件，经有关部门检查验收鉴定合格的房屋建筑面积。

9 批发零售、住宿餐饮与旅游业

9－1 主要年份社会消费品零售总额

单位:万元

年份	社会消费品零售总额	批发和零售业	住宿和餐饮业	其他行业
1952	14728			
1957	28730			
1962	41885			
1965	40392			
1970	41312			
1975	55755			
1978	69385			
1979	81434			
1980	105652			
1981	107486			
1982	119816			
1983	132492			
1984	159722			
1985	203152			
1986	246647			
1987	284971			
1988	377931	291538	13826	45290
1989	440614	330248	16209	58669
1990	452764	331223	20587	62384
1991	506952	370231	20464	79497
1992	606802	464470	27776	78591
1993	777163	593644	43875	90776
1994	1048674	779362	58964	160914
1995	1332693	989155	106433	186642
1996	1873235	1517625	185902	111718
1997	2344414	1885178	255068	144607
1998	2770234	2249704	294374	167361
1999	3152256	2539537	368167	181403
2000	3517653	2833875	418509	196414
2001	3862850	3137011	449542	206858
2002	4306946	3485075	524865	297006
2003	4909778	4043290	608730	257757
2004	5803820	4852169	711629	240022
2005	6645454	5689260	913330	42864
2006	7790321	6716281	1024511	49529
2007	9473711	8154373	1264089	55249
2008	11446381	9862225	1519862	64294
2009	13386447	11464073	1819200	103175
2010	16242808	13917104	2190655	135049
2011	19478102	16791660	2524519	161923
2012	23198231	19669508	2920788	607935
2013	26817155	22910353	3202548	704254

9－2 限额以上批发企业基本情况

（2013年） 单位:万元

项目	法人企业（个）	年末从业人员（人）	商品购进总额	商品销售总额	#批发额	商品年末库存
总计	**846**	**39368**	**30244237**	**30542760**	**25587208**	**1669691**
按登记注册类型分						
内资企业	822	36827	24340039	24151341	22006326	1489158
国有企业	29	2525	1508155	1880725	1848279	84568
集体企业	6	89	38059	41262	40051	1425
有限责任公司	213	16336	12160519	10864163	10396213	941060
国有独资公司	12	4786	3465793	2220683	2211652	339229
其他有限责任公司	201	11550	8694726	8643481	8184561	601831
股份有限公司	18	3288	1472803	1574384	673262	52410
私营企业	554	14576	9143038	9758443	9016299	409233
私营独资企业	1	41	2787	3682	3682	306
私营有限责任公司	544	14052	9037088	9640916	8909524	401275
私营股份有限公司	9	483	103163	113845	103093	7652
其他企业	2	13	17465	32364	32222	462
港、澳、台商投资企业	17	1128	1054463	1111128	1073877	127813
合资经营企业（港或澳、台资）	5	274	240044	250926	238065	5161
港、澳、台商独资经营企业	12	854	814419	860202	835812	122652
外商投资企业	7	1413	4849734	5280290	2507005	52721
中外合资经营企业	3	931	4786642	5213124	2439838	51395
外资企业	2	21	95	4235	4235	29
外商投资股份有限公司	1	455	53983	53618	53618	1296

9－2 续表 （2013 年） 单位：万元

项目	法人企业（个）	年末从业人员（人）	商品购进总额	商品销售总额	#批发额	商品年末库存
按国民经济行业分						
农、林、牧产品批发	14	558	387277	417098	412106	279726
谷物、豆及薯类批发	4	285	259343	287459	287459	169371
饲料批发	7	213	111153	113896	108907	108649
食品、饮料及烟草制品批发	109	7541	2157409	2692793	2513233	159760
米、面制品及食用油批发	26	985	772368	813185	744167	68347
糕点、糖果及糖批发	6	226	31611	33714	32223	5675
果品、蔬菜批发	5	662	181510	201297	119304	859
肉、禽、蛋及水产品批发	41	1383	323146	469935	454898	12032
盐及调味品批发	3	193	54461	69930	69930	9561
营养及保健品批发	3	138	28453	27496	27496	5566
酒、饮料及茶叶批发	16	963	73338	148009	143343	20663
烟草制品批发	2	1456	604312	806737	805527	34792
其他食品批发	7	1535	88211	122491	116346	2264
纺织、服装及家庭用品批发	170	8918	3912336	3400434	3178554	291509
纺织品、针织品及原料批发	16	277	235413	269426	265878	3745
服装批发	52	1991	744875	800925	760433	44833
鞋帽批发	37	1628	1090945	1130804	1127146	51409
化妆品及卫生用品批发	11	440	89323	101125	81971	5173
厨房、卫生间用具及日用杂货批发	10	312	55261	78233	76057	4572
灯具、装饰物品批发	3	60	13156	13499	13499	741
家用电器批发	25	3420	1543501	854561	713742	176902
其他家庭用品批发	16	790	139860	151860	139828	4135
文化、体育用品及器材批发	30	1054	232602	263543	230888	17970
文具用品批发	11	160	72583	80205	68834	1861
图书批发	3	204	20233	29124	28062	3204
首饰、工艺品及收藏品批发	12	498	109324	118029	100427	10712
其他文化用品批发	3	173	30462	32328	29708	2192
医药及医疗器材批发	40	2520	999970	1106831	954180	80307
西药批发	22	1717	746638	806214	731214	61301
中药批发	10	601	211520	232983	167304	9587
医疗用品及器材批发	8	202	41812	67634	55662	9418
矿产品、建材及化工产品批发	313	12360	18822570	18612935	14520901	536945
煤炭及制品批发	29	1305	2501396	2723516	2683174	57418
石油及制品批发	28	6424	9559279	8717246	4939991	205420
非金属矿及制品批发	4	49	57812	63687	63687	28
金属及金属矿批发	99	1323	2415331	2701734	2570817	83430
建材批发	95	2167	2547915	2674293	2569006	69451
化肥批发	13	266	515806	502763	494979	70098
农药批发	4	134	258371	259338	259338	762
其他化工产品批发	41	692	966660	970357	939909	50339
机械设备、五金交电及电子产品批发	143	4660	2013906	2237045	2025715	244717
农业机械批发	1	105	8900	10000	7000	1007
汽车批发	9	627	140967	148057	130429	17804
汽车零配件批发	9	281	105770	134717	131483	8383
摩托车及零配件批发	3	100	47396	72761	69696	111809
五金产品批发	19	341	133688	160407	159240	5591
电气设备批发	6	77	60216	61215	58546	2056
计算机、软件及辅助设备批发	26	1242	924585	974444	893246	57573
通讯及广播电视设备批发	18	722	188411	211422	174008	29083
其他机械设备及电子产品批发	52	1165	403973	464024	402067	11412
贸易经纪与代理	5	1263	723764	758660	758660	45296
贸易代理	4	369	220848	296729	296729	4311
其他贸易经纪与代理	1	894	502917	461932	461932	40985
其他批发业	22	494	994404	1053420	992971	13462
再生物资回收与批发	5	101	10650	11181	11181	2032
其他未列明的批发	17	393	983754	1042240	981790	11430

9－3 限额以上零售企业基本情况

（2013年）

单位:万元

项目	法人企业（个）	年末从业人员（人）	商品购进总额	商品销售总额	#批发额	商品年末库存
总计	**668**	**62535**	**9859694**	**11737639**	**565693**	**789112**
按登记注册类型分						
内资企业	633	42126	8345576	9677989	544109	657691
国有企业	16	1434	361331	650130	66806	5034
集体企业	20	893	91413	102284	2951	3053
国有联营企业	1	20	4340	5695		24
有限责任公司	189	20585	3990886	4665772	229139	389202
其他有限责任公司	188	20568	3989730	4663826	227972	388301
股份有限公司	14	1610	651344	670498	69714	29759
私营企业	386	17396	3216889	3554544	174662	229801
私营独资企业	50	1266	115944	128157	532	8061
私营合伙企业	7	244	33435	37136		2375
私营有限责任公司	320	14850	2811869	3132513	174008	207908
私营股份有限公司	9	1036	255641	256739	122	11458
其他企业	7	188	29373	29067	836	818
港、澳、台商投资企业	16	13833	960440	980010	15530	77007
合资经营企业（港或澳、台资）	4	496	66316	92998	461	21495
港、澳、台商独资经营企业	11	3520	131155	151029	15069	28526
其他港、澳、台商投资企业	1	9817	762970	735983		26986
外商投资企业	19	6576	553677	1079639	6054	54414
中外合资经营企业	4	1720	47961	507255	4141	534
外资企业	15	4856	505717	572385	1913	53880

9-3 续表 (2013年) 单位:万元

项　　目	法人企业(个)	年末从业人员(人)	商品购进总额	商品销售总额	#批发额	商品年末库存
按国民经济行业分						
综合零售	116	23727	2161525	2456942	7254	107074
百货零售	30	4016	645599	886436	2732	20295
超级市场零售	72	19135	1457537	1510147	3943	84242
其他综合零售	14	576	58389	60359	579	2537
食品、饮料及烟草制品专门零售	59	6584	587864	631799	21227	74023
粮油零售	6	3168	204267	206025	3505	54593
糕点、面包零售	2	990	7716	16530		148
肉、禽、蛋及水产品零售	12	475	14729	25579	345	1012
营养和保健品零售	2	71	36071	45494	3402	1241
酒、饮料及茶叶零售	24	1070	240310	253034	11479	11893
烟草制品零售	2	338	46678	43790	2496	3129
其他食品零售	11	472	38093	41348		2007
纺织、服装及日用品专门零售	71	4890	409190	466742	42394	56596
纺织品及针织品零售	14	757	49178	58255	4322	7782
服装零售	27	1871	138993	144064	19046	38491
鞋帽零售	5	333	30768	37254	336	2326
化妆品及卫生用品零售	8	563	53411	55255	4141	3140
钟表、眼镜零售	2	492	7470	15698		1590
厨房用具及日用杂品零售	2	31	1216	1265		174
自行车零售	1	30	15620	15728		870
其他日用品零售	12	813	112534	139223	14549	2223
文化、体育用品及器材专门零售	37	2246	631040	999334	205640	90376
文具用品零售	3	27	17548	17644	8032	245
图书、报刊零售	5	775	103297	394025	183682	43410
珠宝首饰零售	11	476	53276	75607	9191	14503
工艺美术品及收藏品零售	10	760	444441	495763		30003
乐器零售	4	75	5812	6253	2106	774
照相器材零售	2	29	5007	5023	1262	1064
其他文化用品零售	1	59	801	4134	1366	226
医药及医疗器材专门零售	32	3146	411297	483680	78410	27153
药品零售	26	2880	385421	455256	78410	25476
医疗用品及器材零售	6	266	25876	28425		1677
汽车、摩托车、燃料及零配件专门零售	191	14083	3554626	4422955	123548	285249
汽车零售	142	10054	2985791	3080240	39249	271237
汽车零配件零售	8	1036	121103	133247	6794	6083
摩托车及零配件零售	4	43	4585	5132		450
机动车燃料零售	37	2950	443147	1204336	77505	7480
家用电器及电子产品专门零售	84	5305	856933	882329	29460	63837
家用视听设备零售	5	374	30518	35838	2231	711
日用家电设备零售	44	2390	401415	423354	18025	31817
计算机、软件及辅助设备零售	23	1305	367791	364857	8937	20906
通信设备零售	10	1202	50174	48548	267	9244
其他电子产品零售	2	34	7036	9732		1159
五金、家具及室内装修材料专门零售	51	1632	881547	968687	22998	59071
五金零售	9	251	42130	44880	4557	2749
灯具零售	3	40	24139	24109		554
家具零售	21	902	681159	761490	5222	51421
木制装饰材料零售	1	4	1113	1063		128
陶瓷、石材装饰材料零售	5	108	27316	30622	8826	799
其他室内装修材料零售	11	323	105353	106100	4393	3383
货摊、无店铺及其他零售业	27	922	365673	425172	34764	25731
生活用燃料零售	4	96	4826	4824	540	73
其他未列明的零售	20	790	359460	418674	34224	25600

9－4 限额以上批发零售贸易业商品销售类值

单位:万元

项　　目	2012 年			2013 年		
	销售合计	批发额	零售额	销售合计	批发额	零售额
总　计	**27385719**	**16897483**	**10488237**	**34140098**	**21164587**	**12975510**
粮油、食品、饮料、烟酒类	4304093	2730586	1573507	5072863	3122425	1950438
服装、鞋帽、针纺织品类	2057956	1294682	763273	2380291	1483089	897202
化妆品类	117362	18584	98778	135911	18847	117064
金银珠宝类	362682	88915	273767	512680	147489	365192
日用品类	939239	397952	541287	1108132	426686	681447
五金、电料类	247750	171323	76427	241042	140380	100662
体育、娱乐用品类	21441	11248	10193	35277	22001	13275
书报杂志类	376349	198985	177364	398587	209485	189102
电子出版物及音像制品类	14449	4995	9454	10383	2511	7872
家用电器和音像器材类	1317991	712606	605384	1783813	1153585	630228
中西药品类	1227890	845545	382345	1433887	915462	518425
文化办公用品类	736359	264211	472148	937723	373821	563903
家具类	482873	80614	402259	651852	193621	458231
通讯器材类	200511	122217	78294	364881	220754	144127
煤炭及制品类	993853	873164	120688	2072532	1949187	123346
木材及制品类	101474	101474		108811	108811	
石油及制品类	3455338	2115793	1339545	3869290	2348550	1520740
化工材料及制品类	1535085	1535085		2282110	2282110	
金属材料类	2586933	2586933		2955736	2955736	
建筑及装潢材料类	961556	510745	450812	1222744	579119	643625
机电产品及设备类	683648	569168	114480	801817	634148	167670
汽车类	2755567	149787	2605780	3372171	162019	3210153
种子饲料类	113378	113378		113947	113947	
棉麻类	19800	19737	63	23171	18140	5031
其他类	1772145	1379754	392391	2250446	1582666	667780

9-5 限额以上批发零售贸易业商品购进、销售库存数量

（2013 年）

项　　目	单　位	购进量	销售量	期末库存量
大米（稻米）	千克	40472721	37148321	3760089
面粉（小麦面）	千克	2718293	2709878	56622
杂　粮	千克	2401189	3310418	66644
食用植物油	千克	12525129	12688754	769827
猪　肉	千克	9593875	9676671	104776
牛　肉	千克	882235	859560	47303
羊　肉	千克	295344	263278	37367
禽　肉	千克	2337436	2323498	71002
鲜　蛋	千克	4043104	4070544	82672
彩色电视机	台	206463	294492	19820
家用电冰箱	台	148643	193552	17302
房间空调器	台	227870	299402	31170
电脑（微型计算机）	台	633050	660652	88737
汽　车	辆	143241	134688	19585
其中：轿　车	辆	95468	93040	10571
汽　油	吨	65756	666746	1428
柴　油	吨	65056	565643	2244
水　泥	吨	659475	656785	7306
化学肥料	吨	17824	16836	1975
化学农药	吨	1854	1815	73

9－6 限额以上批发企业年末资产及负债情况

（2013 年）

单位：万元

项目	法人企业数（个）	资产总计	#流动资产合计	固定资产原价	负债合计	所有者权益合计
总计	**846**	**16072168**	**12128115**	**1278436**	**10892120**	**5180048**
按登记注册类型分						
内资企业	820	14885640	11496370	1061074	10138381	4747259
国有企业	29	721458	633856	83237	328888	392570
集体企业	6	10137	7587	2694	8423	1713
有限责任公司	213	5559314	4075327	486326	3918242	1641072
国有独资公司	12	1505668	756171	98984	923765	581903
其他有限责任公司	201	4053646	3319156	387342	2994478	1059169
股份有限公司	18	2296304	1335185	269646	1369385	926919
私营企业	552	6281159	5427165	219135	4500422	1780737
私营独资企业	1	2015			1676	340
私营有限责任公司	542	6184237	5374714	206534	4446571	1737666
私营股份有限公司	9	94907	52451	12602	52176	42731
其他企业	2	17268	17251	36	13020	4248
港、澳、台商投资企业	17	393871	349339	7250	294791	99080
合资经营企业（港或澳、台资）	5	208282	170757	2809	168464	39819
港、澳、台商独资经营企业	12	185589	178581	4441	126327	59262
外商投资企业	9	792657	282407	210113	458948	333709
中外合资经营企业	3	755155	276615	203595	429408	325747
外资企业	4	32552	862	6473	17346	15205
外商投资股份有限公司	1	3775	3759	30	12115	－8340

9－6 续表 （2013年） 单位：万元

项目	法人企业数（个）	资产总计	#流动资产合计	固定资产原价	负债合计	所有者权益合计
按国民经济行业分						
农、林、牧产品批发	14	533652	396314	124812	433209	100442
谷物、豆及薯类批发	4	362217	297408	60887	339616	22601
种子批发	3	6679	3414	653	3194	3484
饲料批发	7	164757	95491	63272	90400	74357
食品、饮料及烟草制品批发	104	1601736	1072450	229012	826159	775577
米、面制品及食用油批发	26	372183	348319	14915	289231	82952
糕点、糖果及糖批发	6	13615	12042	477	10551	3064
果品、蔬菜批发	5	119270	20187	73656	50599	68671
肉、禽、蛋及水产品批发	35	538084	256810	69944	298205	239879
盐及调味品批发	3	109011	43363	9094	67602	41409
营养及保健品批发	3	8143	7972	466	5933	2210
酒、饮料及茶叶批发	17	102495	73922	5847	61937	40559
烟草制品批发	2	300939	272741	53031	20594	280345
其他食品批发	7	37995	37095	1584	21506	16489
纺织、服装及家庭用品批发	169	2419643	1868603	60877	1942051	477592
纺织品、针织品及原料批发	16	122332	121022	1196	103204	19128
服装批发	52	432293	358817	28992	329930	102363
鞋帽批发	37	1491383	1030053	25012	1183857	307527
化妆品及卫生用品批发	11	16212	15911	545	12032	4180
厨房、卫生间用具及日用杂货批发	10	25719	22422	638	11210	14508
灯具、装饰物品批发	3	4418	4261	333	1346	3072
家用电器批发	25	300757	295137	2738	286495	14262
其他家庭用品批发	15	26530	20981	1423	13977	12552
文化、体育用品及器材批发	31	196840	148382	6312	111640	85200
文具用品批发	12	41645	38486	1207	19474	22171
图书批发	3	121370	82045	2192	72329	49041
首饰、工艺品及收藏品批发	12	22729	17041	2407	11042	11687
其他文化用品批发	3	10830	10568	475	8485	2344
医药及医疗器材批发	40	435282	375039	21637	314341	120941
西药批发	22	321757	269900	15118	240375	81382
中药批发	10	75643	72628	4270	46739	28905
医疗用品及器材批发	8	37882	32510	2249	27228	10654
矿产品、建材及化工产品批发	317	8054441	5696148	771925	5177401	2877040
煤炭及制品批发	29	845011	740210	27439	656724	188287
石油及制品批发	29	2611094	1073606	517265	1211027	1400067
非金属矿及制品批发	4	46139	45991	195	39278	6862
金属及金属矿批发	101	1687908	1498397	40263	1262067	425842
建材批发	96	1711784	1360954	134828	1120077	591707
化肥批发	13	358005	329282	30721	303043	54962
农药批发	4	121082	93011	159	91243	29838
其他化工产品批发	41	673417	554697	21056	493942	179475
机械设备、五金交电及电子产品批发	144	974403	902582	25897	684039	290364
农业机械批发	2	8390	8228	277	6397	1992
汽车批发	9	75654	66480	4801	59728	15925
汽车零配件批发	9	37891	35741	1623	22756	15135
摩托车及零配件批发	3	15669	14412	683	13344	2325
五金产品批发	19	35789	29424	1975	18214	17575
电气设备批发	6	26937	26861	297	18700	8237
计算机、软件及辅助设备批发	26	389919	358838	6940	269402	120517
通讯及广播电视设备批发	18	181089	169732	3077	131468	49621
其他机械设备及电子产品批发	52	203065	192866	6223	144029	59036
贸易经纪与代理	5	436429	275629	24416	326790	109639
贸易代理	4	150903	82578	5520	102895	48008
其他贸易经纪与代理	1	285526	193052	18896	223894	61631
其他批发业	22	1419744	1392968	13548	1076491	343252
再生物资回收与批发	5	42474	35314	5249	29513	12961
其他未列明的批发	17	1377270	1357655	8299	1046979	330291

9-7 限额以上批发企业财务状况

(2013年)

单位:万元

项　　目	主营业务收入	主营业务成本	主营业务税金及附加	主营业务利润
总　　计	**27843569**	**26468545**	**96906**	**473349**
按登记注册类型分				
内资企业	22322886	21249012	84133	334856
国有企业	1695482	1483422	49307	101860
集体企业	40345	38364	103	781
有限责任公司	10131965	9767929	19776	32422
国有独资公司	2130630	2107592	1216	-51728
其他有限责任公司	8001335	7660338	18560	84150
股份有限公司	1560198	1465979	4379	120631
私营企业	8862532	8466595	10565	74068
私营独资企业	3682	3130	37	-9
私营有限责任公司	8748816	8365547	10126	70514
私营股份有限公司	110034	97919	403	3563
其他企业	32364	26723	2	5093
港、澳、台商投资企业	1008216	984108	525	16134
合资经营企业(港或澳、台资)	245651	241260	201	1859
港、澳、台商独资经营企业	762565	742848	324	14276
外商投资企业	4512467	4235424	12248	122359
中外合资经营企业	4454499	4180187	12199	124157
外资企业	4180	3855	1	-708
外商投资股份有限公司	45827	43678	40	-987

9－7　续表　　　　　　　　　　　　(2013 年)　　　　　　　　　　　　单位:万元

项　　　目	主营业务收入	主营业务成本	主营业务税金及附加	主营业务利润
按国民经济行业分				
农、林、牧产品批发	410251	398161	262	－11778
谷物、豆及薯类批发	287545	282753	205	－12207
种子批发	15638	14058	13	492
饲料批发	107068	101349	44	－63
食品、饮料及烟草制品批发	2473112	2166669	49927	115764
米、面制品及食用油批发	752991	736094	564	－12364
糕点、糖果及糖批发	30232	27560	196	412
果品、蔬菜批发	184425	167165	1081	2743
肉、禽、蛋及水产品批发	471055	437460	3998	5651
盐及调味品批发	62902	52995	148	1008
营养及保健品批发	27117	25161	35	637
酒、饮料及茶叶批发	135369	120042	959	4569
烟草制品批发	689968	517030	42270	98042
其他食品批发	119055	83162	677	15065
纺织、服装及家庭用品批发	3170953	2998160	3320	49289
纺织品、针织品及原料批发	234849	227395	50	519
服装批发	764626	721985	449	6057
鞋帽批发	1094813	1040396	798	33577
化妆品及卫生用品批发	94695	84876	305	2942
厨房、卫生间用具及日用杂货批发	71285	65399	126	－1
灯具、装饰物品批发	12638	11555	130	69
家用电器批发	761805	716836	1023	3764
其他家庭用品批发	136243	129717	440	2363
文化、体育用品及器材批发	240918	221720	886	4179
文具用品批发	68936	65882	58	605
图书批发	27376	20427	134	3263
首饰、工艺品及收藏品批发	112844	105575	670	137
其他文化用品批发	27906	26287	24	216
医药及医疗器材批发	956189	901093	1343	19196
西药批发	687466	653632	984	12893
中药批发	205330	195378	140	3332
医疗用品及器材批发	63393	52083	218	2972
矿产品、建材及化工产品批发	16842463	16226812	27804	227197
煤炭及制品批发	2603262	2536816	1480	16993
石油及制品批发	7693954	7352508	15411	161683
非金属矿及制品批发	56506	54334	478	－484
金属及金属矿批发	2418186	2352959	2058	20945
建材批发	2437168	2357347	2595	19073
化肥批发	508312	484476	4131	773
农药批发	228397	226763	41	－1369
其他化工产品批发	896678	861609	1611	9584
机械设备、五金交电及电子产品批发	2007652	1889199	3841	34201
农业机械批发	10969	9640	26	－181
汽车批发	132744	123177	280	867
汽车零配件批发	120496	109029	168	6772
摩托车及零配件批发	65939	63948	15	－233
五金产品批发	155780	146713	263	1888
电气设备批发	54764	48479	39	5116
计算机、软件及辅助设备批发	845223	816161	679	9193
通讯及广播电视设备批发	193029	180813	286	5208
其他机械设备及电子产品批发	428709	391239	2085	5571
贸易经纪与代理	711287	656817	2110	35141
贸易代理	300758	292385	97	1912
其他贸易经纪与代理	410529	364432	2013	33229
其他批发业	1030743	1009914	7414	160
再生物资回收与批发	9716	9016	65	－607
其他未列明的批发	1021027	1000898	7349	767

9-8 限额以上零售企业年末资产及负债情况

（2013 年） 单位：万元

项目	法人企业数（个）	资产总计	#流动资产合计	固定资产原价	负债合计	所有者权益合计
总计	**665**	**5105675**	**3550958**	**726351**	**3242652**	**1863023**
按登记注册类型分						
内资企业	631	3872895	2738440	602822	2615051	1257844
国有企业	15	76493	19666	26785	7639	68853
集体企业	20	11080	7748	4741	7128	3952
国有联营企业	1	567	381	143	557	10
有限责任公司	188	1992608	1295056	373943	1349498	643109
其他有限责任公司	187	1991474	1293925	373918	1348746	642728
股份有限公司	14	659815	469459	76768	492976	166840
私营企业	386	1117447	937191	116326	747392	370054
私营独资企业	50	17319	13644	4061	10369	6950
私营合伙企业	7	6825	6039	1144	5358	1467
私营有限责任公司	320	1022710	861765	98723	675454	347257
私营股份有限公司	9	70593	55742	12399	56212	14381
其他企业	7	14886	8939	4116	9860	5025
港、澳、台商投资企业	16	953991	569085	78536	393075	560916
合资经营企业（港或澳、台资）	4	37939	32185	6024	30639	7300
港、澳、台商独资经营企业	11	86502	67322	18779	53523	32978
其他港、澳、台商投资企业	1	829551	469579	53733	308913	520638
外商投资企业	18	278789	243433	44994	234527	44263
中外合资经营企业	3	12872	10592	1211	8329	4543
外资企业	15	265918	232841	43783	226197	39720

9-8 续表 (2013年) 单位:万元

项目	法人企业数(个)	资产总计	#流动资产合计	固定资产原价	负债合计	所有者权益合计
按国民经济行业分						
综合零售	115	1757101	1060959	257948	972099	785002
百货零售	30	632062	335184	146507	438294	193768
超级市场零售	71	1115136	718426	108082	528944	586192
其他综合零售	14	9903	7350	3359	4861	5041
食品、饮料及烟草制品专门零售	59	156724	110872	38313	89231	67493
粮油零售	6	65974	47938	19979	55184	10791
糕点、面包零售	2	4431	2028	1960	2281	2150
肉、禽、蛋及水产品零售	12	11503	7439	2627	5980	5523
营养和保健品零售	2	4094	3451	378	2247	1847
酒、饮料及茶叶零售	24	36440	30900	6047	13955	22485
烟草制品零售	2	21425	8703	6248	3305	18120
其他食品零售	11	12857	10413	1074	6280	6578
纺织、服装及日用品专门零售	71	144665	133481	7002	97426	47238
纺织品及针织品零售	14	35517	34451	1221	23349	12169
服装零售	27	64342	60158	2208	47658	16685
鞋帽零售	5	11324	11147	135	10300	1023
化妆品及卫生用品零售	8	16358	14546	924	7360	8999
钟表、眼镜零售	2	9077	6287	1309	5688	3390
厨房用具及日用杂品零售	2	62	31	49	20	42
自行车零售	1	1057	1055	4	389	668
其他日用品零售	12	6928	5808	1152	2665	4263
文化、体育用品及器材专门零售	37	570343	364703	119360	334143	236200
文具用品零售	3	23242	23063	121	16927	6315
图书、报刊零售	5	431340	258238	106643	242294	189046
珠宝首饰零售	11	35241	33767	1456	23598	11643
工艺美术品及收藏品零售	10	73396	43621	9842	47530	25866
乐器零售	4	2406	2385	91	1038	1368
照相器材零售	2	1872	1779	122	1156	716
其他文化用品零售	1	1546	1524	26	998	548
医药及医疗器材专门零售	32	244009	181774	26147	164554	79455
药品零售	26	239736	178390	25753	161692	78044
医疗用品及器材零售	6	4273	3384	394	2862	1412
汽车、摩托车、燃料及零配件专门零售	189	1344936	1075507	186239	965122	379814
汽车零售	142	1187228	982698	150944	919720	267508
汽车零配件零售	8	44826	40571	6801	18289	26538
摩托车及零配件零售	4	4298	4286	54	319	3979
机动车燃料零售	35	108584	47952	28441	26795	81789
家用电器及电子产品专门零售	84	423567	328803	47107	289351	134216
家用视听设备零售	5	4729	3736	320	2606	2124
日用家电设备零售	44	196978	146722	3656	95929	101049
计算机、软件及辅助设备零售	23	167631	128517	38337	154999	12631
通信设备零售	10	50511	46156	4646	33305	17206
其他电子产品零售	2	3718	3673	149	2512	1206
五金、家具及室内装修材料专门零售	51	303900	182801	32194	208853	95047
五金零售	9	16582	15285	1516	12217	4365
灯具零售	3	52737	52599	116	3618	49119
家具零售	21	146186	38115	22531	112395	33791
木制装饰材料零售	1	232	182	55	185	47
陶瓷、石材装饰材料零售	5	74597	66392	3695	71245	3352
其他室内装修材料零售	11	13510	10171	4281	9149	4361
货摊、无店铺及其他零售业	27	160431	112058	12040	121874	38557
生活用燃料零售	4	9798	4061	5116	5389	4410
其他未列明的零售	20	150198	107838	6759	116450	33748

9－9 限额以上零售企业财务状况

（2013 年）

单位：万元

项　　目	主营业务收入	主营业务成本	主营业务税金及附加	主营业务利润
总　计	**9752420**	**8583032**	**60728**	**266787**
按登记注册类型分				
内资企业	8298082	7375046	54110	198517
国有企业	327289	302478	463	7977
集体企业	92354	80262	739	2059
国有联营企业	4980	4474	15	13
有限责任公司	4030675	3644796	13974	72498
其他有限责任公司	4029012	3643415	13964	72354
股份有限公司	599194	544961	2406	8194
私营企业	3219112	2775819	36437	106396
私营独资企业	115038	101715	1141	3956
私营合伙企业	32186	29978	55	260
私营有限责任公司	2877312	2473909	33715	100951
私营股份有限公司	194576	170217	1527	1229
其他企业	24478	22256	75	1380
港、澳、台商投资企业	876808	730546	3889	54937
合资经营企业（港或澳、台资）	79746	75276	82	1227
港、澳、台商独资经营企业	132821	98272	1248	839
其他港、澳、台商投资企业	664242	556998	2559	52871
外商投资企业	577530	477439	2730	13332
中外合资经营企业	67263	53061	259	2201
外资企业	510267	424378	2471	11132

9－9 续表 (2013 年) 单位:万元

项目	主营业务收入	主营业务成本	主营业务税金及附加	主营业务利润
按国民经济行业分				
综合零售	2121371	1793999	14949	91734
百货零售	715932	605547	7936	21614
超级市场零售	1351315	1140077	6305	68169
其他综合零售	54124	48374	708	1951
食品、饮料及烟草制品专门零售	558669	446819	10354	21959
粮油零售	178271	152599	358	2324
糕点、面包零售	13244	4920	761	1695
肉、禽、蛋及水产品零售	25298	20939	61	624
营养和保健品零售	38884	30611	174	3741
酒、饮料及茶叶零售	227057	174415	8442	8868
烟草制品零售	37649	29784	156	3325
其他食品零售	38266	33550	403	1382
纺织、服装及日用品专门零售	451170	376540	1919	7241
纺织品及针织品零售	54993	46234	161	827
服装零售	133627	109686	633	－120
鞋帽零售	34866	31853	27	611
化妆品及卫生用品零售	64900	44108	409	3809
钟表、眼镜零售	15328	6425	79	128
厨房用具及日用杂品零售	1229	1146	7	56
自行车零售	15728	14850	18	399
其他日用品零售	130499	122238	584	1530
文化、体育用品及器材专门零售	878903	693093	7289	61926
文具用品零售	15333	14928	8	8
图书、报刊零售	293815	241594	810	12486
珠宝首饰零售	71490	61235	1179	3179
工艺美术品及收藏品零售	482663	361224	5220	46113
乐器零售	6250	5622	23	31
照相器材零售	4267	3886	7	85
其他文化用品零售	4200	3867	13	22
医药及医疗器材专门零售	424686	380269	910	7871
药品零售	400189	360692	853	8014
医疗用品及器材零售	24497	19577	57	－143
汽车、摩托车、燃料及零配件专门零售	3288927	3076605	5183	37579
汽车零售	2750027	2582087	4088	21750
汽车零配件零售	122840	107274	559	5185
摩托车及零配件零售	4757	4358	15	147
机动车燃料零售	411303	382886	521	10497
家用电器及电子产品专门零售	773186	691949	2245	789
家用视听设备零售	33555	29521	119	507
日用家电设备零售	372325	329886	1310	6055
计算机、软件及辅助设备零售	315187	287260	568	－2463
通信设备零售	43895	38081	223	－3826
其他电子产品零售	8224	7201	24	516
五金、家具及室内装修材料专门零售	887336	778850	17409	34570
五金零售	41103	36284	96	881
灯具零售	20606	16836	152	
家具零售	700273	609549	16599	34634
木制装饰材料零售	1274	1063	81	23
陶瓷、石材装饰材料零售	26675	25878	23	
其他室内装修材料零售	96982	88910	444	1489
货摊、无店铺及其他零售业	368173	344909	471	3117
生活用燃料零售	4322	4050	36	
其他未列明的零售	362177	339472	424	3279

9－10 限额以上批发企业主要效益指标

（2013 年）

单位：%

项目	资产负债率	销售利润率	销售毛利率	经营费用率	成本费用利润率	总资产贡献率
总计	**67.77**	**1.73**	**4.94**	**1.93**	**1.75**	**6.58**
按登记注册类型分						
内资企业	68.11	1.55	4.81	1.87	1.57	5.45
国有企业	45.59	6.06	12.51	1.41	6.63	29.96
集体企业	83.10	2.17	4.91	2.08	2.21	11.10
有限责任公司	70.48	0.54	3.59	1.67	0.54	4.10
国有独资公司	61.35	-1.56	1.08	1.70	-1.52	0.53
其他有限责任公司	73.87	1.10	4.26	1.66	1.11	5.43
股份有限公司	59.63	7.84	6.04	3.57	7.89	6.79
私营企业	71.65	0.74	4.47	1.89	0.75	3.34
私营独资企业	83.14		15.00	13.91		2.06
私营有限责任公司	71.90	0.71	4.38	1.86	0.71	3.28
私营股份有限公司	54.98	3.49	11.01	3.82	3.58	7.32
其他企业	75.40	-0.90	17.43		-1.07	0.42
港、澳、台商投资企业	74.84	1.23	2.39	0.98	1.25	4.35
港、澳、台商合资经营企业	80.88	1.39	1.79	0.47	1.40	2.71
港、澳、台商独资经营企业	68.07	1.18	2.59	1.14	1.20	6.19
外商投资企业	57.90	2.71	6.14	2.43	2.79	29.00
中外合资经营企业	56.86	2.78	6.16	2.39	2.87	30.59
外资企业	53.29	-16.86	7.79	1.13	-14.43	-2.01
外商投资股份有限公司	320.94	-2.15	4.69	6.76	-2.11	-15.88
其他外商投资企业	6.78	0.96	3.22	1.11	0.95	13.15

9-10 续表　　(2013年)　　单位:%

项　　目	资产负债率	销售利润率	销售毛利率	经营费用率	成本费用利润率	总资产贡献率
按国民经济行业分						
农、林、牧产品批发	81.18	0.70	2.95	1.73	0.68	3.28
谷物、豆及薯类批发	93.76	0.82	1.67	1.49	0.79	3.98
种子批发	47.83	3.51	10.10	2.70	3.61	9.76
饲料批发	54.87	-0.06	5.34	2.23	-0.06	1.49
食品、饮料及烟草制品批发	51.58	5.00	12.39	2.43	5.34	17.22
米、面制品及食用油批发	77.71	-0.92	2.24	1.75	-0.91	1.70
糕点、糖果及糖批发	77.50	1.03	8.84	4.88	1.04	8.50
果品、蔬菜批发	42.42	1.50	9.36	0.88	1.53	5.09
肉、禽、蛋及水产品批发	55.42	1.90	7.13	1.63	1.94	5.33
盐及调味品批发	62.01	2.00	15.75	6.63	2.03	5.43
营养及保健品批发	72.86	2.35	7.21	4.36	2.36	14.85
酒、饮料及茶叶批发	60.43	3.59	11.32	6.26	3.66	8.07
烟草制品批发	6.84	13.96	25.06	0.98	17.51	63.84
其他食品批发	56.60	13.05	30.15	13.08	15.06	68.72
纺织、服装及家庭用品批发	80.26	1.62	5.45	3.05	1.62	4.22
纺织品、针织品及原料批发	84.36	0.23	3.17	2.13	0.23	1.39
服装批发	76.32	0.97	5.58	2.54	0.98	3.50
鞋帽批发	79.38	3.23	4.97	2.04	3.25	3.18
化妆品及卫生用品批发	74.22	1.30	10.37	5.17	1.34	25.26
厨房、卫生间用具及日用杂货批发	43.59	0.85	8.26	5.68	0.85	5.33
灯具、装饰物品批发	30.46	0.57	8.57	2.73	0.58	14.47
家用电器批发	95.26	0.47	5.90	4.54	0.48	8.90
其他家庭用品批发	52.69	1.76	4.79	4.56	1.73	18.84
文化、体育用品及器材批发	56.72	1.98	7.97	2.16	2.00	5.43
文具用品批发	46.76	0.88	4.43	0.44	0.88	3.56
体育用品及器材批发	116.41	-1.01	7.97	0.59	-1.00	-2.36
图书批发	59.59	13.58	25.38	5.55	14.60	4.00
首饰、工艺品及收藏品批发	48.58	0.22	6.44	2.05	0.22	16.97
其他文化用品批发	78.35	0.83	5.80	3.72	0.84	4.59
医药及医疗器材批发	72.22	1.96	5.76	2.05	1.99	8.55
西药批发	74.71	1.84	4.92	1.67	1.87	8.46
中药批发	61.79	1.59	4.85	1.86	1.62	6.62
医疗用品及器材批发	71.88	4.46	17.84	6.73	4.69	13.20
矿产品、建材及化工产品批发	64.28	1.28	3.66	1.65	1.30	5.99
煤炭及制品批发	77.72	0.69	2.55	0.95	0.70	5.16
石油及制品批发	46.38	2.04	4.44	2.41	2.06	11.72
非金属矿及制品批发	85.13	-0.52	3.84	1.69	-0.52	6.67
金属及金属矿批发	74.77	1.07	2.70	0.55	1.08	3.18
建材批发	65.43	0.43	3.28	1.09	0.43	3.06
化肥批发	84.65	0.22	4.69	2.50	0.22	2.97
农药批发	75.36	-0.62	0.72	0.55	-0.62	-0.48
其他化工产品批发	73.35	0.62	3.91	1.45	0.63	2.02
机械设备、五金交电及电子产品批发	70.20	1.27	5.90	1.98	1.30	5.79
农业机械批发	76.25	-1.64	12.11	8.02	-1.61	2.23
汽车批发	78.95	0.71	7.21	4.08	0.71	5.10
汽车零配件批发	60.06	1.39	9.52	1.85	1.48	9.24
摩托车及零配件批发	85.16	0.20	3.02	0.67	0.19	4.44
五金产品批发	50.89	1.27	5.82	2.21	1.28	10.28
电气设备批发	69.42	-0.49	11.48	0.18	-0.55	0.74
计算机、软件及辅助设备批发	69.09	1.23	3.44	1.25	1.25	4.16
通讯及广播电视设备批发	72.60	3.38	6.33	1.04	3.49	9.01
其他机械设备及电子产品批发	70.93	1.01	8.74	3.43	1.03	5.78
贸易经纪与代理	74.88	5.03	7.66	3.46	5.17	13.22
贸易代理	68.19	0.84	2.78	1.63	0.84	2.72
其他贸易经纪与代理	78.41	8.09	11.23	4.80	8.47	18.78
其他批发业	75.82	0.23	2.02	0.49	0.23	1.28
再生物资回收与批发	69.48	9.16	7.20	4.60	8.32	3.49
其他未列明的批发	76.02	0.14	1.97	0.45	0.14	1.21

9-11 限额以上零售企业主要效益指标

(2013年)

单位:%

项目	资产负债率	销售利润率	销售毛利率	经营费用率	成本费用利润率	总资产贡献率
总计	**63.51**	**2.63**	**11.99**	**5.95**	**2.69**	**10.44**
按登记注册类型分						
内资企业	67.52	2.13	11.12	5.01	2.18	10.45
国有企业	9.99	2.45	7.58	4.27	2.51	12.56
集体企业	64.33	1.89	13.09	5.68	1.93	38.07
联营企业	98.31	0.34	10.15		0.34	33.07
国有联营企业	98.31	0.34	10.15		0.34	33.07
有限责任公司	67.73	1.74	9.57	5.44	1.76	8.43
国有独资公司	66.35	8.66	16.97	6.04	9.16	22.05
其他有限责任公司	67.73	1.74	9.57	5.44	1.76	8.42
股份有限公司	74.71	0.50	9.05	3.45	0.51	2.36
私营企业	66.88	2.91	13.77	4.87	3.04	18.57
私营独资企业	59.87	2.38	11.58	3.94	2.49	29.28
私营合伙企业	78.51	0.81	6.86	2.86	0.81	12.06
私营有限责任公司	66.05	3.14	14.02	4.64	3.29	19.03
私营股份有限公司	79.63	0.26	12.52	9.15	0.25	9.86
其他企业	66.24	-1.62	9.08	1.29	-1.73	-1.90
港、澳、台商投资企业	41.20	7.22	16.68	11.15	7.23	9.44
港、澳、台商合资经营企业	80.76	1.55	5.60	2.94	1.54	20.53
港、澳、台商独资经营企业	61.88	0.82	26.01	19.16	0.82	8.51
其他港、澳、台商投资企业	37.24	9.18	16.15	10.54	9.21	9.03
外商投资企业	84.12	2.94	17.33	11.52	3.02	13.64
中外合资经营企业	64.71	4.14	21.11	16.46	4.30	40.45
外资企业	85.06	2.79	16.83	10.87	2.86	12.34

9-11 续表 (2013年) 单位:%

项目	资产负债率	销售利润率	销售毛利率	经营费用率	成本费用利润率	总资产贡献率
按国民经济行业分						
综合零售	55.32	4.67	15.43	10.22	4.73	9.77
百货零售	69.34	2.89	15.42	11.27	2.90	8.91
超级市场零售	47.43	5.68	15.63	10.01	5.77	9.95
其他综合零售	49.09	3.01	10.62	1.77	3.12	43.13
食品、饮料及烟草制品专门零售	56.94	3.81	20.02	8.97	4.10	35.42
粮油零售	83.64	1.30	14.40	11.61	1.32	5.22
糕点、面包零售	51.48	12.01	62.85	48.40	13.60	66.04
肉、禽、蛋及水产品零售	51.99	2.45	17.23	8.07	2.50	7.49
营养和保健品零售	54.88	9.62	21.27	10.32	10.70	152.43
酒、饮料及茶叶零售	38.30	4.00	23.18	5.02	4.52	94.93
烟草制品零售	15.43	6.47	20.89	9.65	6.93	21.66
其他食品零售	48.84	3.98	12.32	5.03	4.14	21.84
纺织、服装及日用品专门零售	67.35	2.24	16.54	9.44	2.28	16.45
纺织品及针织品零售	65.74	1.57	15.93	7.20	1.60	4.99
服装零售	74.07	2.05	17.92	10.85	2.06	13.74
鞋帽零售	90.96	1.78	8.64	3.23	1.81	7.85
化妆品及卫生用品零售	44.99	5.97	32.04	21.66	6.38	44.14
钟表、眼镜零售	62.66	0.73	58.09	37.26	0.69	16.71
厨房用具及日用杂品零售	31.72	0.58	6.78	1.02	0.61	31.24
自行车零售	36.78	2.53	5.58	1.74	2.60	42.19
其他日用品零售	38.46	1.15	6.33	2.25	1.17	44.67
文化、体育用品及器材专门零售	58.59	7.09	21.14	6.65	7.60	15.43
文具用品零售	72.83	-0.17	2.64	0.49	-0.16	2.22
体育用品及器材零售	46.28	0.31	16.75	7.90	0.32	5.76
图书、报刊零售	56.17	4.36	17.77	9.46	4.42	4.94
珠宝首饰零售	66.96	4.45	14.35	2.59	4.74	26.85
工艺美术品及收藏品零售	64.76	9.56	25.16	5.78	10.70	76.61
乐器零售	43.14	0.68	10.05	3.87	0.69	3.96
照相器材零售	61.77	1.99	8.92	1.85	2.03	12.05
其他文化用品零售	64.57	0.52	7.93	10.11	0.50	5.38
医药及医疗器材专门零售	67.44	1.83	10.46	6.13	1.86	6.26
药品零售	67.45	1.98	9.87	5.68	2.01	6.15
医疗用品及器材零售	66.96	-0.61	20.08	13.54	-0.61	12.01
汽车、摩托车、燃料及零配件专门零售	71.76	1.16	6.46	3.08	1.17	8.27
汽车零售	77.47	0.80	6.11	3.00	0.80	7.36
汽车零配件零售	40.80	4.64	12.67	4.84	4.77	22.06
摩托车及零配件零售	7.41	3.08	8.38	1.72	3.19	6.95
机动车燃料零售	24.68	2.54	6.91	3.14	2.61	12.55
家用电器及电子产品专门零售	68.31	0.06	10.51	6.34	0.06	3.90
家用视听设备零售	55.10	1.86	12.02	7.22	1.89	25.12
日用家电设备零售	48.70	1.51	11.40	6.89	1.53	6.92
计算机、软件及辅助设备零售	92.46	-0.75	8.86	4.07	-0.75	2.46
通信设备零售	65.94	-8.94	13.25	17.65	-8.04	-6.16
其他电子产品零售	67.57	6.27	12.43	4.38	6.47	18.66
五金、家具及室内装修材料专门零售	68.72	1.20	12.23	3.13	1.28	12.71
五金零售	73.68	2.15	11.73	4.32	2.20	12.80
灯具零售	6.86	2.33	18.29	14.03	2.20	1.77
家具零售	76.88	1.79	12.96	2.51	1.93	24.73
卫生洁具零售	77.70	0.61	21.91	17.26	0.64	29.03
木制装饰材料零售	79.74	1.80	16.58	5.90	1.96	44.78
陶瓷、石材装饰材料零售	95.51	-16.09	2.99	1.08	-15.48	-5.37
其他室内装修材料零售	67.72	1.09	8.32	5.26	1.10	24.42
货摊、无店铺及其他零售业	75.97	1.86	6.32	2.25	1.88	7.65
互联网零售	8.11	5.21	17.22	3.37	5.54	31.44
生活用燃料零售	55.00	-5.80	6.28	3.97	-5.53	-0.33
其他未列明的零售	77.53	1.94	6.27	2.23	1.95	8.11

9－12 限额以上住宿业基本情况

（2013 年）

项　目	法人企业（个）	年末从业人员（个）	床位数（张）	餐位数（个）
总　计	**159**	**20702**	**32934**	**59736**
按住宿行业小类分				
旅游饭店	136	19394	29597	56992
一般旅馆	19	872	2614	2032
其他住宿服务	4	436	723	712
按登记注册类型分				
内资企业	139	15317	26135	45518
国有企业	17	2186	4344	7954
集体企业	2	95	286	350
联营企业	2	196	443	635
国有联营企业	1	70	247	189
集体联营企业	1	126	196	446
有限责任公司	39	5641	7988	17761
国有独资公司	3	457	594	2108
其他有限责任公司	36	5184	7394	15653
股份有限公司	2	706	731	801
私营企业	75	6413	11986	17867
私营独资企业	18	990	1628	4940
私营合伙企业	12	840	1640	2744
私营有限责任公司	44	4562	8611	10183
私营股份有限公司	1	21	107	
其他企业	2	80	357	150
港澳台商投资企业	15	4325	5148	10416
与港澳台商合资经营企业	5	1478	1975	5236
与港澳台商合作经营企业	2	578	865	1370
港澳台商独资企业	8	2269	2308	3810
外商投资企业	5	1060	1651	3802
中外合资经营企业	1	601	530	2022
中外合作经营企业	1	32	90	300
外资企业	3	427	1031	1480

9－13　限额以上餐饮业企业基本情况

（2013年）

项　　目	法人企业（个）	年末从业人员（个）	营业面积（平方米）	餐位数（个）
总　　计	**250**	**34091**	**155405**	**554382**
按餐饮行业小类分				
正餐服务	238	26432	120433	465848
快餐服务	7	7363	33836	83544
其他餐饮业	5	296	1136	4990
按登记注册类型分				
内资企业	232	25502	123449	445021
国有企业	1	44	462	3600
集体企业	1	28	200	500
有限责任公司	26	1565	7709	48283
其他有限责任公司	26	1565	7709	48283
股份有限公司	2	163	1030	7870
私营企业	182	22674	105813	353661
私营独资企业	94	3836	26799	109934
私营合伙企业	21	1228	7224	46820
私营有限责任公司	62	16596	67124	182976
私营股份有限公司	5	1014	4666	13931
其他企业	20	1028	8235	31107
港澳台商投资企业	11	2931	19438	61085
与港澳台商合资经营企业	2	123	656	7550
与港澳台商合作经营企业	1	189	735	4300
港澳台商独资企业	8	2619	18047	49235
外商投资企业	7	5658	12518	48276
中外合资经营企业	3	144	718	1908
外资企业	4	5514	11800	46368

9－14 限额以上住宿业经营情况

（2013 年）

单位:万元

项　　目	营业收入	客房收入	餐费收入	商品销售收入	其他收入
总　　计	**406353**	**154589**	**199555**	**3803**	**48406**
按住宿行业小类分					
旅游饭店	373806	141460	184733	3341	44272
一般旅馆	19789	9495	7939	101	2254
其他住宿服务	12758	3634	6883	361	1880
按登记注册类型分					
内资企业	280107	109536	128576	2045	39950
国有企业	36427	18592	14142		3693
集体企业	3052	236	323		2493
联营企业	8108	2919	5065		124
国有联营企业	862	591	255		16
集体联营企业	7246	2328	4810		108
有限责任公司	108287	39413	43994	230	24650
国有独资公司	6879	2841	3604		434
其他有限责任公司	101408	36572	40390	230	24216
股份有限公司	13179	7515	4417	34	1213
私营企业	109523	39541	60466	1781	7735
私营独资企业	18222	4670	12204	1046	302
私营合伙企业	11162	5213	5174	303	472
私营有限责任公司	79919	29503	43088	433	6896
私营股份有限公司	220	155			65
其他企业	1531	1320	169		42
港澳台商投资企业	94333	35075	53107	1135	5016
与港澳台商合资经营企业	28164	9313	16664	548	1639
与港澳台商合作经营企业	9224	4433	3993	179	619
港澳台商独资企业	56945	21329	32450	408	2758
外商投资企业	31913	9978	17872	623	3440
中外合资经营企业	23259	6729	14161	545	1824
中外合作经营企业	1072	272	385		415
外资企业	7582	2977	3326	78	1201

9－15 限额以上餐饮业企业经营情况

（2013 年）　　单位:万元

项　　目	营业收入	客房收入	餐费收入	商品销售收入	其他收入
总　　计	**839175**	**7102**	**820334**	**4423**	**7316**
按餐饮行业小类分					
正餐服务	580325	6973	565272	4423	3657
快餐服务	252520		248861		3659
其他餐饮业	6330	129	6201		
按登记注册类型分					
内资企业	650160	4669	638705	3262	3524
国有企业	643	18	265		360
集体企业	1510		1510		
有限责任公司	26058	401	24512	425	720
其他有限责任公司	26058	401	24512	425	720
股份有限公司	3921	201	2625		1095
私营企业	595690	3951	587560	2830	1349
私营独资企业	125636	425	123883	716	612
私营合伙企业	36166	996	34761	73	336
私营有限责任公司	422470	2530	417514	2025	401
私营股份有限公司	11418		11402	16	
其他企业	22338	98	22233	7	
港澳台商投资企业	97850	2433	90506	1144	3767
与港澳台商合资经营企业	2513	451	1944	10	108
与港澳台商合作经营企业	4323		4323		
港澳台商独资企业	91014	1982	84239	1134	3659
外商投资企业	91165		91123	18	24
中外合资经营企业	2746		2707	18	21
外资企业	88419		88416		3

9－16 限额以上住宿企业年末资产及负债情况

（2013年）　　单位：万元

项目	法人企业数（个）	资产总计	#流动资产合计	固定资产原价	负债合计	所有者权益合计
总计	**158**	**927096**	**366657**	**512385**	**541449**	**385647**
按住宿行业小类分						
旅游饭店	135	884517	345477	489065	516708	367809
一般旅馆	19	19246	7616	12033	8687	10559
其他住宿服务	4	23333	13565	11287	16054	7278
按登记注册类型分						
内资企业	138	688222	257687	346249	398832	289390
国有企业	17	129495	24166	103815	24274	105221
集体企业	2	3447	2117	4068	651	2796
联营企业	2	7125	2850	3216	4008	3117
国有联营企业	1	194	118	114	214	-20
集体联营企业	1	6931	2732	3102	3794	3137
有限责任公司	39	302989	117305	163828	222183	80806
国有独资公司	3	5959	2958	597	4651	1308
其他有限责任公司	36	297031	114347	163231	217533	79498
股份有限公司	2	40681	13601	26895	6497	34184
私营企业	74	202606	96744	44278	141067	61539
私营独资企业	18	10887	3163	7920	4223	6664
私营合伙企业	12	5875	2608	3304	2225	3649
私营有限责任公司	43	185781	90959	33005	134606	51175
私营股份有限公司	1	64	15	49	13	51
其他企业	2	1879	904	149	152	1726
港澳台商投资企业	15	177396	77306	108793	114969	62426
与港澳台商合资经营企业	5	48861	9433	9289	27648	21213
与港澳台商合作经营企业	2	9891	5615	17399	40434	-30544
港澳台商独资企业	8	118644	62259	82105	46887	71757
外商投资企业	5	61478	31665	57344	27647	33831
中外合资经营企业	1	42575	27348	33250	13831	28744
中外合作经营企业	1	2331	1377	1943	59	2272
外资企业	3	16572	2939	22151	13757	2816

9－17　限额以上餐饮企业年末资产及负债情况

（2013 年）　　单位:万元

项　　目	法人企业数（个）	资产总计	#流动资产合计	固定资产原　价	负债合计	所有者权益合计
总　计	**247**	**289039**	**116628**	**158574**	**191103**	**97936**
按餐饮行业小类分						
正餐服务	235	189310	83121	114449	97375	91935
快餐服务	7	98967	33214	43886	93463	5504
其他餐饮业	5	762	293	239	265	498
按登记注册类型分						
内资企业	229	176621	84925	103778	83222	93398
国有企业	1	1220	139	1214	337	883
集体企业	1	84	51	28	19	65
有限责任公司	26	16131	10428	5233	9659	6471
其他有限责任公司	26	16131	10428	5233	9659	6471
股份有限公司	2	2370	365	2035	136	2234
私营企业	179	151068	71964	91506	71432	79636
私营独资企业	93	21272	9463	11406	4508	16764
私营合伙企业	20	9944	5521	4222	2350	7594
私营有限责任公司	61	114406	56320	71343	63868	50538
私营股份有限公司	5	5446	660	4536	706	4740
其他企业	20	5748	1978	3763	1639	4109
港澳台商投资企业	11	69514	24675	33110	74867	－5353
与港澳台商合资经营企业	2	2923	583	722	1377	1546
与港澳台商合作经营企业	1	920	82	586	120	800
港澳台商独资企业	8	65671	24010	31802	73370	－7699
外商投资企业	7	42905	7028	21686	33014	9891
中外合资经营企业	3	1054	507	728	1184	－130
外资企业	4	41850	6521	20958	31830	10021

9－18　限额以上住宿企业财务状况

（2013 年）

单位:万元

项　　目	主营业务收入	主营业务成本	主营业务税金及附加	主营业务利润
总　　计	**398341**	**169087**	**22606**	**9120**
按住宿行业小类分				
旅游饭店	366398	149587	20740	7622
一般旅馆	19184	13472	909	－354
其他住宿服务	12758	6028	957	1852
按登记注册类型分				
内资企业	277003	128063	15498	－1019
国有企业	35772	12753	1862	－1230
集体企业	3052	990	382	1232
联营企业	8095	3790	249	349
国有联营企业	849	157	58	－11
集体联营企业	7246	3633	191	359
有限责任公司	107456	48594	7239	－3485
国有独资公司	6935	2551	472	－1853
其他有限责任公司	100521	46043	6767	－1632
股份有限公司	12743	2521	735	－252
私营企业	108552	58415	4968	1970
私营独资企业	17751	11222	540	1534
私营合伙企业	11832	6732	724	603
私营有限责任公司	78749	40312	3686	－173
私营股份有限公司	220	150	18	6
其他企业	1334	1000	64	398
港澳台商投资企业	93825	31266	5214	6806
与港澳台商合资经营企业	27782	8937	1438	－640
与港澳台商合作经营企业	9224	2351	564	－1657
港澳台商独资企业	56819	19978	3212	9102
外商投资企业	27514	9758	1894	3333
中外合资经营企业	21297	6793	1463	3943
中外合作经营企业	657	344	14	14
外资企业	5560	2621	416	－624

9－19　限额以上餐饮企业财务状况

（2013 年）　　单位：万元

项　　目	主营业务收入	主营业务成本	主营业务税金及附加	主营业务利润
总　　计	**834498**	**526345**	**39976**	**33755**
按餐饮行业小类分				
正餐服务	579307	362163	31224	32071
快餐服务	248861	160009	8425	1562
其他餐饮业	6330	4173	328	122
按登记注册类型分				
内资企业	649144	443610	29651	33645
国有企业	643	159	84	－32
集体企业	1510	1343	72	8
有限责任公司	26066	15958	1636	－680
其他有限责任公司	26066	15958	1636	－680
股份有限公司	3922	2652	239	308
私营企业	594668	406955	26783	33107
私营独资企业	124703	88121	4327	7775
私营合伙企业	35979	22710	1441	863
私营有限责任公司	422568	289151	20280	23998
私营股份有限公司	11418	6973	735	471
其他企业	22336	16543	838	934
港澳台商投资企业	94191	38260	4975	－372
与港澳台商合资经营企业	2513	1306	94	148
与港澳台商合作经营企业	4323	2084	87	497
港澳台商独资企业	87355	34869	4793	－1017
外商投资企业	91163	44475	5351	482
中外合资经营企业	2744	1238	128	－445
外资企业	88419	43237	5222	927

9－20 主要年份按县(市)区分社会消费品零售总额

单位:万元

年份	福州市	市区	福清市	长乐市	闽侯县	连江县	罗源县	闽清县	永泰县	平潭县
1952	14728	8328	1608	1081	1248	831	226	455	300	619
1957	28730	15037	2909	1571	2747	2147	775	895	755	1251
1962	41885	22684	3497	2800	2810	2915	1095	1231	891	1195
1965	40392	20820	4122	2682	3373	3011	1060	1185	950	1442
1970	41312	19044	4384	3043	3346	3314	1203	1390	1186	1939
1975	55755	27905	5552	3390	3727	4126	1561	2014	1834	2115
1978	69385	36033	7906	4658	4923	5684	2145	2398	2331	2669
1979	81434	43828	9386	5462	5521	6033	2593	2995	2636	3127
1980	105652	60368	11239	6467	6721	6874	2983	3246	3032	3720
1981	107486	56748	12042	7839	7832	7494	3293	3795	3349	4277
1982	119816	64368	13043	8038	8705	8571	3547	3882	3723	4537
1983	132492	70060	14466	9279	9699	9367	3884	4270	4022	4968
1984	159722	87347	16504	11463	11803	10014	4026	5026	4310	5662
1985	203152	117103	18988	13960	14953	12107	4557	6533	5783	5888
1986	246647	149494	21926	16325	16910	13964	4972	7727	6465	6550
1987	284971	172062	25860	18400	20423	16145	5502	9732	7351	8179
1988	377931	231765	32167	24919	24174	23198	6863	11633	9006	12673
1989	440614	273641	35556	29296	26691	25521	7577	13217	9547	15568
1990	452764	289302	37995	28228	26646	25325	7676	12663	9283	15646
1991	506952	329641	41145	30843	30573	26533	8104	12931	9676	19213
1992	606802	393142	50695	36089	37473	33128	10743	14451	11830	19251
1993	777163	490035	73213	46613	56882	40130	13824	19048	14774	22570
1994	1048674	680253	106192	62588	62139	50768	20077	22044	19075	25588
1995	1332693	818728	166820	83629	78137	69438	26033	28074	23046	38350
1996	1873235	1055321	267667	133098	120134	125004	32581	45071	31820	60670
1997	2344414	1281154	353700	170222	150584	164359	45418	57167	47865	72709
1998	2770234	1480459	430105	210066	180134	195247	55038	68236	58503	92395
1999	3152256	1695115	486428	232181	203811	222603	63011	78057	66193	104857
2000	3517653	1902024	536112	255271	226143	249540	72005	85088	76103	115368
2001	3862850	2097221	570959	285267	247980	276537	80014	93290	86835	124747
2002	4306946	2360004	630288	316245	273539	304837	89032	100394	96615	135991
2003	4909778	2926436	657047	329737	268213	291500	90185	106719	103576	136366
2004	5803820	3704895	722751	356405	264630	290244	99743	115412	105541	144199
2005	6645454	4639941	758526	364194	233060	179772	109617	109380	101990	133971
2006	7790321	5524748	833096	378298	278937	213930	125354	121935	120400	158605
2007	9473711	6832866	949737	429919	329373	253604	146227	138375	139842	189986
2008	11446381	8265791	1142602	500875	398241	301335	169958	164993	167466	225929
2009	13386447	9712233	1335169	603851	516240	364159	202292	194697	195068	262738
2010	16242808	11801298	1556831	723684	709187	442266	241189	225344	228239	314770
2011	19478102	14141775	1836430	887444	869358	541525	275922	266098	278180	381370
2012	23198231	16822038	2160747	1082451	1071037	668280	321373	309451	330000	432855
2013	26817155	19232713	2513462	1291414	1415753	789665	369578	355976	383275	465319

9－21　接待境外旅游人数

（1980－2013年）

单位:人次

年　份	合　计	外国人	华　侨	港澳同胞	台湾同胞
1980	26881	8234	6258	12290	99
1981	27584	9032	3442	14368	742
1982	20335	8592	1767	8957	1019
1983	42131	15706	3713	20928	1784
1984	55474	20903	3207	27822	3542
1985	53693	20836	1669	28177	3011
1986	67586	27256	2754	34388	3188
1987	73789	31118	1669	36223	4779
1988	105195	27028	2537	35849	39781
1989	110016	19563	1494	24131	64828
1990	178984	27823	2549	28883	119729
1991	148135	34656	3366	29958	80155
1992	174414	46273	4547	32654	90940
1993	162741	48717	3601	29330	81093
1994	129680	52800	3030	25664	48186
1995	127669	50381	4549	25566	47173
1996	120563	50154	3804	22870	43735
1997	129148	51315	3638	22724	51471
1998	132098	45719	4846	27059	54474
1999	249601	74603	20808	53636	100554
2000	300269	100745	36705	59496	103323
2001	288763	124814		55625	108324
2002	298003	146135		56963	94905
2003	281762	144792		59067	77903
2004	310779	177842		55147	77790
2005	308883	187642		49876	71365
2006	559602	340571		81232	137799
2007	572273	344548		83812	143913
2008	630457	361155		83525	185777
2009	605973	357898		85095	162980
2010	670206	389198		94562	186446
2011	741826	428371		98526	214929
2012	832696	477274		108172	247250
2013	960482	552174		124714	283594

9－22　按国别(地区)分接待外国者旅游人数

单位:人次

国别(地区)	2000年	2001年	2002年	2003年	2004年	2005年	2006年
合　计	**100745**	**124814**	**146135**	**144792**	**177842**	**187642**	**340571**
亚洲小计	47302	47854	56290	55826	64763	64552	93867
#日　本	17794	19851	21251	20708	27780	29233	40267
菲律宾	3592	2715	4063	2181	2412	2291	5904
新加坡	9201	8610	9477	13816	12818	10447	13345
泰　国	684	866	780	347	486	776	1028
印度尼西亚	3365	3192	3565	2226	3039	2912	7151
马来西亚	8237	5391	8343	6750	7900	6334	7641
美洲小计	42869	64934	76603	75966	91550	100414	214932
#美　国	40024	59810	72198	72907	86881	96152	192426
加拿大	2203	3746	3516	2629	4322	3947	17580
欧洲小计	8770	9454	10576	10236	16949	18848	23417
#英　国	1042	1684	1991	1901	2798	2456	6152
法　国	650	639	890	687	1099	1055	1657
德　国	2531	2633	2588	3632	6209	6718	3185
意大利	551	518	655	515	948	1293	2759
俄罗斯	1037	1266	981	878	1254	1204	794
大洋洲小计	1378	2015	2282	2357	3199	2736	5829
#澳大利亚	1172	1686	1973	2023	2866	2339	4319
新西兰	163	171	258	284	295	326	1139
非洲小计	426	557	384	407	1381	1092	2526

国别(地区)	2007年	2008年	2009年	2010年	2011年	2012年	2013年
合　计	**344548**	**361155**	**357898**	**389198**	**428371**	**477274**	**552174**
亚洲小计	92406	99827	95158	112202	120640	132410	153190
#日　本	36027	38676	35036	39878	41020	41192	47656
菲律宾	5993	5924	6509	6737	7285	4240	4905
新加坡	13655	15763	17669	18961	21678	29443	34064
泰　国	1146	1251	1264	1302	1813	2829	3273
印度尼西亚	7022	8046	7762	9283	10073	1962	15436
马来西亚	8277	10712	9313	13791	14698	16536	19131
美洲小计	218164	224152	224080	237081	256477	273467	316383
#美　国	195815	201080	201249	214064	232463	252671	292324
加拿大	18067	18583	18610	19603	18304	15742	18212
欧洲小计	24790	27150	28892	29731	35403	44528	51516
#英　国	6434	6913	6789	7200	7147	5627	6510
法　国	1595	1326	1444	1636	1787	2952	3415
德　国	3795	5053	7965	6520	8080	7987	9240
意大利	2763	2835	2654	2908	3368	3973	4596
俄罗斯	555	686	652	839	3289	6248	7229
大洋洲小计	6161	6386	6215	6420	10699	19523	22586
#澳大利亚	4431	4630	4367	4794	7984	14090	16301
新西兰	946	1048	974	1100	2100	4685	5420
非洲小计	3027	3640	3553	3764	5152	7346	8499

主要统计指标解释

批发和零售业、住宿和餐饮业(单位)统计限额以上标准 (1)批发业(包括外贸企业)同时具备以下两个条件:一是年商品销售总额在2000万元及以上,二是年末从业人员在20人及以上。(2)零售业(包括外贸企业)同时具备以下两个条件:一是年商品销售总额在500万元及以上,二是年末从业人员在60人及以上。(3)住宿业是一星级及以上或为旅游饭店。(4)餐饮业同时具备以下两个条件:一是年营业收入在200万元及以上,二是年末从业人员在40人及以上。

商品购进总额 指从本企业以外的单位和个人购进(包括从国外、境外直接进口)作为转卖或加工后转卖的商品。本指标由从生产者购进额、从批发零售贸易业购进额、进口额和其他项目组成。这个指标反映批发零售贸易企业从国内、国外市场上购进商品的总量。

商品销售总额 指对本企业以外的单位和个人出售(包括对国外、境外直接出口的)商品(包括售给本单位消费用的商品)。本指标由对生产经营单位批发额、对批发零售贸易业批发额、出口额和对居民和社会集团商品零售额项目组成。这个指标反映批发零售贸易企业在国内市场上销售商品以及出口商品的总量。

社会消费品零售额 指各种经济类型的批发零售贸易业、餐饮业和其他行业对城乡居民和社会集团的消费品零售额总和。这个指标反映通过各种商品流通渠道向居民和社会集团供应的生活消费品来满足他们生活需要,是研究人民生活、社会消费品购买力、货币流通等问题的重要指标。

对居民的消费品零售额 指售给城乡居民用于生活消费的商品。

对社会集团的消费品零售额 指售给机关、团体、部队、学校、企业、事业单位和城市街道居民委员会、农村村民委员会用公款购买的用作非生产、非经营使用的消费品。

按行业分 指将社会消费品零售总额按经营企业、单位本身的业务性质所的划分。用以反映各行业在社会消费品零售渠道中的比重和作用。

批发零售贸易业零售额 指专门从事商品转卖业务的各种济类型独立核算的批发零售贸易企业以及个体的和其他行业附营的批发零售贸易单位直接售给居民和社会集团的消费品零售额。

住宿和餐饮业零售额 指住宿和餐饮企业、产业活动单位为顾客提供就餐服务得到的餐费收入或出售商品所取得的收入。

住宿和餐饮业营业额 指住宿和餐饮企业、产业活动单位在经营活动中因提供服务或销售商品等到取得的收入。包括客房收入、餐费收入、商品销售收入和其他收入。

其他行业零售额 指批发零售贸易业、餐饮业以外的其他行业的直接零售额。包括各种经济类型的交通运输业、邮电业、建筑业、居民服务业、公用事业出版社等行业的零售额(跨行业的经济联合组织的零售额,按其主营活动确定其所属行业,列入该行业的零售额内)。

按销售地区分 指将社会消费品零售额按经营机构所在地所作划分。用以研究反映城乡商品销售变化情况。

市的零售额 指设立在中央直辖市,省、地辖市的市区和郊区以及县级市的市区的各行业消费品零售额,不包括市属县的消费品零售额。

县的零售额 指设立在县城关区的各行业消费品零售额。

县以下的零售额 指设立在县城关以及县级市的市区以外的集镇和农村的各行业消费品零售额。但不包括分布在农村的独立工矿、林区的商品零售额,这部分零售额,凡属市直辖的列入"市的零售额"中,凡属县直辖的列入"县的零售额"中。

城乡集市贸易成交额 指在农村集市和城市集市上买卖双方(包括农民、非农业居民、机关、团体、工商企业、个体商贩)成交全部商品金额,是反映集市贸易规模的综合性指标。

旅游者人数 (1)入境国际旅游者人数:指来中国参观、访问、旅行、探亲、访友、休养、考察、参加会议和从事经济、科技、文化、教育、宗教等活动的外国人、华侨、港澳和台湾同胞的人数。不包括外国常住机构,如使领馆、通讯社、企业办事处的工作人员;来我国常住的外国专家、留学生以及在岸逗留不过夜人员。(2)出境居民人数:指大陆居民因公务活动或私人事务短期出境的人数。公务活动出境居民人数包括在国际交通工具上的中国服务员工,因私出境居民人数不包括在国际交通工具上的中国服务员工。(3)国内旅游者人数:指我国大陆居民和在我国常住1年以上的外国人、华侨、港澳台同胞离开常住地在境内其他地方的旅游设施内至少停留一夜,最长不超过6个月的人数。

10 对外经济

10－1 进出口总额

（1981－2013 年）

年份	进出口总额（万美元）	出口总额	进口总额	进出口总额（万元）	出口总额	进口总额
1981	394	394		701	701	
1982	682	682		1316	1316	
1983	888	888		1740	1740	
1984	2215	2215		6180	6180	
1985	1384	1384		4055	4055	
1986	1323	1323		4922	4922	
1987	3961	3961		14735	14735	
1988	16840	9290	7550	62645	34559	28086
1989	19906	14124	5782	93757	66524	27233
1990	32278	23360	8918	168491	121939	46552
1991	42568	30034	12534	231144	163085	68060
1992	65562	46969	18593	376982	270072	106910
1993	150893	93987	56906	873670	544185	329486
1994	211193	129448	81745	1801476	1104191	697285
1995	234961	156732	78229	1968973	1313414	655559
1996	303581	168315	135266	2519722	1397015	1122708
1997	375183	192861	182322	3105765	1596503	1509262
1998	379794	196157	183637	3143935	1623788	1520147
1999	371050	203578	167472	3071552	1685219	1386333
2000	511835	272947	238888	4232875	2257272	1975604
2001	537892	299856	238036	4448367	2479809	1968558
2002	638804	353425	285379	5282909	2922825	2360084
2003	829631	464279	365352	6861048	3839587	3021461
2004	1252722	744391	508331	10360011	6156114	4203897
2005	1368910	867200	501710	11053948	7002640	4051308
2006	1575456	1016452	559004	12414593	8009642	4404952
2007	1864105	1231004	633101	13878262	9164825	4713437
2008	2032422	1358759	673663	13890791	9286574	4604217
2009	1786004	1201245	584759	12195193	8202341	3992851
2010	2459967	1631423	828544	16291623	10804425	5487198
2011	3472476	2413056	1059420	21879724	15204425	6675299
2012	3105985	2113124	992861	19522669	13282041	6240628
2013	3142949	1933708	1209241	19162246	11789624	7372621

注：从 1996 年起为海关统计口径数据。

10－2 按主要国别(地区)分出口商品贸易额

单位:万美元

国别(地区)	2000年	2001年	2002年	2003年	2004年	2005年	2006年
总 计	**272947**	**298483**	**349140**	**464279**	**744391**	**867200**	**1016452**
亚 洲	107504	115788	136346	173379	270549	306633	321216
#中国香港	23882	30974	39170	53461	84719	76932	65083
中国澳门	615	356	94		592	222	344
日 本	42091	48061	54609	55487	81891	94095	91517
菲律宾	1916	2640	2795		6272	10394	9859
泰 国	989	1002	1454		3823	4559	5050
马来西亚	4145	1503	2472		12069	9827	19691
新加坡	5386	6658	6465		12528	16376	11306
阿拉伯联合酋长国	1884	2319	4424		11279	12941	12948
欧 洲	56880	69740	78622	111319	166501	206784	256257
#德 国	15412	22245	24621	22445	36411	29231	34993
法 国	3715	2701	3866	3572	4882	11873	13750
意大利	4623	4986	5800	8447	7670	13192	15048
芬 兰	332	534	594	40814	2415	4010	3262
英 国	7151	7843	8589	10407	16226	20946	31156
丹 麦	540	531	725		1129	2765	6236
瑞 典	549	640	651		1219	1989	2835
瑞 士	842	1533	1260	1524	2489	4666	7187
西班牙	3351	3381	3356	4144	4837	8341	10350
北美洲	88011	91870	111316	147468	245699	259031	331638
#加拿大	6533	7984	6723	8007	12023	15942	22236
美 国	81478	83886	104594	139460	233676	243089	309401
大洋洲	4511	4255	5840	9720	19830	16907	21047
#澳大利亚	4040	3760	5101	8534	14148	14716	16012
非 洲	4961	7747	8455	10525	17879	23938	33652
拉丁美洲	11080	9082	8561	11862	23933	30183	51826
俄罗斯				1443	2749	4584	4664

10－2 续表 单位:万美元

国别(地区)	2007年	2008年	2009年	2010年	2011年	2012年	2013年
总 计	**1231004**	**1358759**	**1201138**	**1631423**	**2413056**	**2113124**	**1933708**
亚 洲	416836	456892	442614	640321	841802	840147	827281
#中国香港	63725	66605	61604	89947	103217	129926	141054
中国澳门	429	240	214	373	1637	425	1243
日 本	117239	124542	106124	147136	156625	155158	152402
菲律宾	12285	11084	11929	19092	25127	31867	39758
泰 国	7956	8016	11071	15428	21884	21159	23019
马来西亚	27655	37824	52759	60905	73582	73930	77097
新加坡	16307	21171	21993	35637	54745	71573	55848
阿拉伯联合酋长国				23243	47047	42615	33527
欧 洲	335613	373479	296145	384037	622708	483501	414748
#德 国	53696	72969	53306	70346	126184	79560	56686
法 国	17593	16972	15613	19179	33943	23010	18813
意大利	22585	27301	23694	30833	43455	31192	26871
芬 兰	9135	12652	4340	6660	8950	9006	6077
英 国	30638	30020	29109	41880	89642	62502	50758
丹 麦	5513	6549	4846	6027	8210	7153	6697
瑞 典	4751	4475	4036	5864	8886	7036	7705
瑞 士	9677	5244	2329	2699	3239	4006	2614
西班牙	22000	14853	12932	18843	33645	21893	19188
北美洲	330818	364212	319300	374739	622898	481678	440615
#加拿大	27449	28350	22315	28949	44383	36635	31222
美 国	303364	335862	296985	345777	578514	445043	409391
大洋洲	27467	26727	28148	30961	48854	44078	42088
#澳大利亚	22249	22799	21343	24923	40730	37626	34297
非 洲	41177	47262	45496	70994	99549	113122	90072
拉丁美洲	79750	90187	69435	130370	177245	151955	118846
俄罗斯	7440	11696	9925	17729	25095	33274	36533

10－3　按主要国别(地区)分进口商品贸易额

单位:万美元

国别(地区)	2000年	2001年	2002年	2003年	2004年	2005年	2006年
总　计	**238889**	**238287**	**285379**	**365351**	**498331**	**501710**	**559004**
亚　洲	200716	196287	240536	307189	419006	419188	472449
#中国香港	2542	2135	2218	2442	2914	1948	1753
中国澳门	24	23	19		2	3	10
日　本	38931	36952	42635	62874	81783	72427	66490
菲律宾	671	1237	599		1134	1373	1664
泰　国	4379	4670	5839		4690	4088	7504
马来西亚	11737	11201	13551		16683	10787	7993
新加坡	3361	2230	2648		4015	2495	2568
阿拉伯联合酋长国	7	115	7		11	82	91
欧　洲	17931	21785	22290	26693	33023	32175	38368
#德　国	1628	1443	2107	6606	8499	8617	12773
法　国	421	471	598	719	1039	749	821
意大利	1266	1696	2203	1626	2551	1620	1533
芬　兰	597	329	282	350	5183	669	507
英　国	2978	2598	1337	1940	3079	3060	2122
丹　麦	72	73	81		256	264	246
瑞　典	234	151	201		212	598	1093
瑞　士	4331	8538	8469	8534	9807	9818	10018
西班牙	260	91	35	76	319	500	271
北美洲	12671	12636	10836	16585	24238	19517	24173
#加拿大	412	707	274	493	476	919	608
美　国	12252	11928	10562	16091	23762	18597	23565
大洋洲	1137	915	1112	2003	1877	1806	2513
#澳大利亚	497	226	454	935	734	1056	1330
非　洲	832	926	958	1075	1989	2365	4028
拉丁美洲	5561	5738	9646	11804	18199	19307	17212

10－3 续表 单位:万美元

国别(地区)	2007 年	2008 年	2009 年	2010 年	2011 年	2012 年	2013 年
总 计	**633101**	**673663**	**583940**	**828544**	**1059420**	**992861**	**1209241**
亚 洲	512025	532102	411439	559626	570067	557633	530142
#中国香港	1947	1990	2034	5927	20213	26182	5472
中国澳门	14	5			53		
日 本	74794	91945	69773	95468	87933	87103	74505
菲律宾	2071	3204	6306	10382	9584	19312	16262
泰 国	8613	11490	10885	18975	13475	24417	27026
马来西亚	13197	17369	12952	16262	14937	10915	13933
新加坡	3926	4312	4646	7617	9180	6989	7891
阿拉伯联合酋长国				243	265	2075	3770
欧 洲	55937	65210	67672	109646	206316	196280	378682
#德 国	22150	28017	22092	41003	53748	45382	51009
法 国	1961	5093	4875	5848	11057	8629	6772
意大利	1790	3126	2960	5269	6004	5815	4523
芬 兰	1448	1335	2150	2361	3061	4169	2002
英 国	2421	2882	4628	6250	4745	6077	6656
丹 麦	498	876	331	177	371	844	1582
瑞 典	1988	2374	1230	814	2648	828	1686
瑞 士	9283	1425	959	1644	54238	65160	243581
西班牙	394	2057	2720	11292	10894	5194	6468
北美洲	35953	30227	37282	71197	99504	112092	166714
#加拿大	1364	1754	2603	9747	13385	19488	27345
美 国	34588	28466	34666	61425	86113	92604	139331
大洋洲	2396	2832	7801	9488	51695	23611	24860
#澳大利亚	1144	1167	5214	5797	47086	19709	19836
非 洲	4809	5918	13224	24147	65024	32116	18121
拉丁美洲	22279	37374	46521	54434	66812	76994	90711

10－4 外商直接投资合同数

（1979－2013年）

单位:项

年份	外商直接投资	合资企业	合作企业	独资企业
1979	5			
1980	5			
1981	3			
1982	2			
1983	4			
1984	64			
1985	73			
1986	29	19	10	
1987	56	46	9	1
1988	168	123	26	19
1989	214	131	16	67
1990	233	103	9	121
1991	286	99	16	171
1992	676	259	35	382
1993	1134	372	56	706
1994	722	216	31	475
1995	678	179	25	474
1996	412	107	10	295
1997	437	83	18	336
1998	481	109	13	359
1999	338	80	8	250
2000	295	80	6	209
2001	319	73	3	243
2002	386	52	41	293
2003	360	88	2	268
2004	414	90	5	319
2005	326	81	11	234
2006	327	83	2	242
2007	234	78		155
2008	155	31	1	123
2009	144	29	1	114
2010	186	44	1	140
2011	170	51	1	118
2012	148	47		100
2013	135	44	1	89

10－5 外商直接投资合同金额

（1979－2013年）

单位：万美元

年份	外商直接投资	合资企业	合作企业	独资企业
1979	105			
1980	387			
1981	104			
1982	15			
1983	106			
1984	5603			
1985	4367			
1986	909	794	115	
1987	3052	2115	767	170
1988	11781	8489	1432	1860
1989	15156	9262	656	5238
1990	27370	7693	1452	18225
1991	29601	6632	1057	21912
1992	117538	27587	7565	82386
1993	330705	64417	13476	252812
1994	220592	56769	16279	147544
1995	322706	36978	24674	261053
1996	111121	23919	2113	85088
1997	92022	16395	9497	65831
1998	111031	32927	19577	58527
1999	93426	13434	5030	74962
2000	95479	15652	1171	78656
2001	103264	20122	1944	81198
2002	150867	10236	16854	117596
2003	161412	20650	3236	135597
2004	135003	10651	－376	122331
2005	116672	12603	6581	96779
2006	142956	22989	4497	115470
2007	132371	22323		100379
2008	148883	9619	2834	130805
2009	122969	5880	2660	112371
2010	167297	22793	151	113360
2011	176966	18091	2980	147998
2012	205643	37432	18	158848
2013	205700	31244	5	146811

10－6 按行业分外商直接投资合同数

（1987－2013年）

单位:项

年份	农业	制造业	建筑业	交通运输仓储及邮政通信业信息传输计算机服务和软件业	批发零售住宿餐饮业	房地产公用事业服务业
1987	6	48	1			
1988	6	153	4	2		3
1989	8	179	1			23
1990	6	190	1		2	33
1991	8	248		3		25
1992	22	481	11		3	153
1993	56	675	46		55	134
1994	37	379	39		26	75
1995	46	414	36		39	36
1996	37	209	15		50	20
1997	29	247	13		76	16
1998	23	291	6	4	78	31
1999	26	219	6		17	39
2000	14	210		1	10	35
2001	10	228	3	1	9	23
2002	13	237	9	5	13	53
2003	12	256	8	5	11	67
2004	12	307	5	9	18	63
2005	5	240		7	26	10
2006	8	234	5	4	36	42
2007	10	131	1	3	42	57
2008	8	63	4	1	33	46
2009	4	38		2	54	46
2010	9	46	1	4	82	44
2011	8	37	1	5	74	41
2012	12	32	2	1	64	36
2013	3	14	4	9	74	31

10－7 按行业分外商直接投资合同金额

（1987－2013 年） 单位：万美元

年份	农业	制造业	建筑业	交通运输仓储及邮政通信业信息传输计算机服务和软件业	批发零售住宿餐饮业	房地产公用事业服务业
1987	197	2608	215			
1988	1103	9906	119	64		589
1989	256	11095	51			3474
1990	233	20243	22		115	6752
1991	959	21744				6623
1992	1003	50540	432		3480	58127
1993	5148	134920	2280		5592	149058
1994	2637	92714	1562		1642	105230
1995	7501	251052	2036		2857	25104
1996	2983	54310	1051		3758	15021
1997	3823	50486	6692		6854	9409
1998	6588	47296	17819	375	6211	20661
1999	8560	49682	3970		4178	22143
2000	703	52199	169	10	3004	33314
2001	4727	69326	885	1454	501	17967
2002	4400	101619	8132	3463	944	22600
2003	3294	128747	3873	208	358	24932
2004	3887	93171	－1815	8458	2959	28343
2005	8141	87428	－13	5710	3893	7045
2006	6922	113480	2695	1395	3704	14760
2007	5408	73864	－71	1128	13896	38146
2008	6157	62739	1649	56	7557	70725
2009	3522	32980	761	8400	13552	63720
2010	9022	87209	－119	4406	30304	36475
2011	7411	61022	119	2618	33497	56839
2012	19238	31366	11798	2030	45849	86017
2013	1102	44503	10749	15403	61858	40512

10－8　按国别(地区)分外商直接投资合同数

单位:项

国别(地区)	2000 年	2001 年	2002 年	2003 年	2004 年	2005 年	2006 年
合　计	**295**	**319**	**386**	**360**	**414**	**326**	**327**
#中国香港	119	95	140	137	158	125	142
中国澳门	7		1	3	3	4	4
日　本	27	24	33	17	24	27	25
菲律宾	2	2	3	7	3	2	
泰　国		2	1	3	1		
马来西亚	1	2	3	2	4	2	
新加坡	7	6	10	15	13	6	12
印度尼西亚	2	4	1	2	7	4	11
德　国	1					2	
维尔京群岛	10	22	27	25	34	22	17
英　国		1			1		2
开曼群岛	2	3	3	4	2	2	2
加拿大	5	7	11	12	10	11	12
美　国	24	33	35	37	43	33	19
澳大利亚	8	12	7	9	16	16	5

国别(地区)	2007 年	2008 年	2009 年	2010 年	2011 年	2012 年	2013 年
合　计	**234**	**155**	**144**	**186**	**170**	**148**	**135**
#中国香港	78	63	56	72	74	50	48
中国澳门	1	1	2		1	4	1
日　本	16	13	7	9	9	3	5
菲律宾							
泰　国	1						
马来西亚	2	2	1	5	4	4	1
新加坡	6	4	5	4	5	5	6
印度尼西亚		1	2		1		1
德　国	2	2			2	1	
维尔京群岛	19	15	6	9	4	7	6
英　国	1	1			1		
开曼群岛	1		1	2			
加拿大	6	3	3	6	5	3	2
美　国	32	11	23	10	9	7	7
澳大利亚	14	4	2	6	2	6	1

10－9 按国别(地区)分外商直接投资合同金额

单位:万美元

国别(地区)	2000年	2001年	2002年	2003年	2004年	2005年	2006年
合 计	**95479**	**103264**	**150867**	**161412**	**135003**	**116672**	**142956**
#中国香港	63312	43296	70300	75503	82905	51832	70580
中国澳门	763		711	443	89	994	381
日 本	4080	1653	18927	2591	3886	5122	12842
菲律宾	98	731	473	1735	－99	151	－191
泰 国		190	150	2011	25		
马来西亚	1045	1004	3270	207	646	412	1
新加坡	585	579	37	－1797	2946	2068	5076
印度尼西亚	494	3141	1198	81	932	763	8857
德 国	10	179	－7		33	86	6
维尔京群岛	7666	12138	18907	12814	14590	22617	18211
英 国		－8	－95	552	－289		1291
开曼群岛	96	6115	4372	286	1121	2379	1651
加拿大	437	159	2994	1294	1495	645	3843
美 国	7516	7666	7889	6915	10448	7375	1932
澳大利亚	325	562	－1	3151	1754	2997	661

国别(地区)	2007年	2008年	2009年	2010年	2011年	2012年	2013年
合 计	**132371**	**148883**	**122969**	**167297**	**176966**	**205643**	**174127**
#中国香港	58978	100517	119015	104403	118214	137328	82593
中国澳门	525	－479	390		9	2507	
日 本	3216	1034	1914	2570	4101	－1856	1635
菲律宾	74	38	－1592	－230	－66		
泰 国		889		2	－1000		－2
马来西亚	2810	2601	－305	3325	217	－1507	－1717
新加坡	395	5946	384	1695	4426	4546	11503
印度尼西亚	－1308	2930	348	223	－1989	188	777
德 国	－20	573			510	793	－500
维尔京群岛	26466	2876	－8122	9659	8084	12519	18922
英 国	993	－1883		－89	39		210
开曼群岛	4059	1210	735	6197	1419	1542	2007
加拿大	729	－267	520	4792	3639	951	199
美 国	8894	2742	1104	395	1510	10948	－402
澳大利亚	1293	－15	88	909	2807	816	2910

10-10 实际利用外商直接投资金额

(1979-2013年)

单位:万美元

年份	合计	合资企业	合作企业	独资企业
1979	78			
1980	167			
1981	61			
1982	154			
1983	679			
1984	1630			
1985	1539			
1986	1495	588	886	
1987	1462	498	794	170
1988	2355	2004	351	
1989	5035	2815	890	1330
1990	10193	6242	703	3248
1991	13813	5412	330	8071
1992	28452	7870	1175	19407
1993	63385	24762	2938	35685
1994	81838	42263	3004	46571
1995	105035	26106	5289	73640
1996	97590	27902	5330	64358
1997	97848	30830	5973	60746
1998	90348	27883	6177	56288
1999	90036	25183	6675	58178
2000	80087	8471	3565	66843
2001	100198	27953	3095	67754
2002	120246	28404	3162	76635
2003	130198	12332	3236	114630
2004	136042	19336	5407	99029
2005	160000			
2006	162100			
2007	170225			
2008	213034			
2009	229596			
2010	248193			
2011	268592			
2005(验资口径)	64017	9986	341	51383
2006(验资口径)	66069	8913	430	56726
2007(验资口径)	70011	11634	55	57859
2008(验资口径)	100150	24311	189	68177
2009(验资口径)	103227	16842		71491
2010(验资口径)	118524	23232		80795
2011(验资口径)	127745	10169	17	67927
2012(验资口径)	133877	23075	18	83210
2013(验资口径)	143063	20199	153	58901

10－11 按国别(地区)分实际利用外商直接投资金额

单位:万美元

国别(地区)	2000年	2001年	2002年	2003年	2004年	2005年	2006年
中国香港	39861	47263	51503	51940	57923	26819	26569
中国澳门	474	500	2358	207	1213	227	52
日本	1679	6072	3258	23600	4818	3624	10020
菲律宾	258	125	1169	228	1184	508	58
泰国	174	151	769	941	500	295	
马来西亚	2075	1480	2883	491	1448	630	20
新加坡	1209	1638	1299	1601	2819	2070	1119
印度尼西亚	509	1990	796	415	946	336	424
德国		10					61
法国						52	3
英国	7850	1810	3558	450	267	300	400
加拿大	50	221	823	695	1398	223	401
美国	7031	13452	4791	6642	8220	2138	3613
澳大利亚	178	242	784	186	801	378	267
维尔京群岛	7794	11121	13351	15145	18906	12042	13579
开曼群岛		61	4523	3116	1269	3630	2016
百慕大	1001	100	10852	2708	4885	1800	

国别(地区)	2007年	2008年	2009年	2010年	2011年	2012年	2013年
中国香港	31728	43567	73079	82044	45842	72914	53236
中国澳门	1525	217	105	101	128		148
日本	1614	3344	2044	1657	4636	3232	979
菲律宾	209	124		38		18	289
泰国	56	907					
马来西亚	353	853	20	50	1968	223	1414
新加坡	2971	2487	2486	128	3212	4346	10336
印度尼西亚	629	361	1458	406	19	284	722
德国		10	500			488	178
法国	42						
英国	667	179	1			8	
加拿大	377	452	359	36	400	411	265
美国	2195	2160	1788	1442	986	1916	1029
澳大利亚	776	488	204	341	290	161	287
维尔京群岛	16795	25682	12172	6765	13191	8391	8186
开曼群岛	2914	992	1546	3799	2020	2396	2062
百慕大		2123	490		31926	561	

10－12　按县(市)区分外商直接投资合同数

单位:项

地　区	2000年	2001年	2002年	2003年	2004年	2005年	2006年
福州市	**295**	**319**	**387**	**360**	**414**	**326**	**327**
#鼓楼区	48	48	64	61	71	54	51
台江区	25	31	27	26	35	23	22
仓山区	27	47	48	46	47	38	42
晋安区	31	31	40	35	42	30	29
马尾区	31	34	53	49	30	27	28
福清市	32	33	44	40	57	54	60
长乐市	8	14	23	19	26	16	16
闽侯县	29	34	35	24	40	24	19
连江县	8	8	8	33	17	14	9
罗源县	6	4	13	10	12	13	9
闽清县	10	3	1	9	5	5	7
永泰县	5	6	2	1	3	5	2
平潭县	4	1	2	2	5	3	

地　区	2007年	2008年	2009年	2010年	2011年	2012年	2013年
福州市	**234**	**155**	**144**	**186**	**170**	**148**	**135**
#鼓楼区	53	43	36	49	40	33	27
台江区	19	10	17	21	18	18	22
仓山区	29	18	12	19	19	16	14
晋安区	17	10	18	10	13	4	6
马尾区	19	12	5	10	16	17	16
福清市	45	24	19	18	23	19	12
长乐市	14	7	10	4	8	6	2
闽侯县	17	16	13	33	17	24	24
连江县	4	9	5	4	9	6	7
罗源县	12	4	5	3	4	2	2
闽清县	2	1		3	2	1	1
永泰县	1		2	2		2	1
平潭县	1		2	10			

10－13 按县(市)区分外商直接投资合同金额

单位:万美元

地区	2000年	2001年	2002年	2003年	2004年	2005年	2006年
福州市	**95479**	**103264**	**150867**	**161412**	**135003**	**116672**	**142956**
#鼓楼区	8907	9380	13173	12422	16356	14074	15291
台江区	7078	8462	12610	11802	12375	7941	10112
仓山区	7782	10156	23500	12343	15032	15050	8688
晋安区	1607	12024	15341	14818	18001	16362	17701
马尾区	4149	14544	31494	29026	11051	12911	22512
福清市	12056	13008	19475	53982	20225	15784	40162
长乐市	4618	11724	15062	15536	18191	11613	1078
闽侯县	12911	10950	12154	10516	9181	6654	16288
连江县	737	1709	2012	5141	5071	5301	4912
罗源县	797	1139	5052	4651	4005	4504	5153
闽清县	354	54	－372	823	704	463	231
永泰县	203	2406	1352	4	774	286	285
平潭县	657	12	353	110	321	761	339

地区	2007年	2008年	2009年	2010年	2011年	2012年	2013年
福州市	**132371**	**148883**	**122969**	**167297**	**176966**	**205643**	**205700**
#鼓楼区	15750	17168	19331	19755	22197	22260	23752
台江区	15960	16337	18438	21246	22977	23017	24257
仓山区	11757	31315	6609	7161	11255	18804	19750
晋安区	4691	5941	7630	12310	16027	5016	5267
马尾区	21037	21476	4829	22371	23740	25046	29314
福清市	17870	23790	23876	19253	23290	26877	28700
长乐市	7906	5697	9353	6498	8474	9775	10300
闽侯县	9970	10783	18419	25530	35122	56583	33492
连江县	6899	7899	5439	4050	4794	6029	17862
罗源县	3950	5006	5048	5200	5621	5660	5946
闽清县	74	2119	281	157	167	2000	4990
永泰县	780	854	1000	1199	1500	1705	2070
平潭县	1136		607	1579			

10－14 按县(市)区分实际利用外资金额

单位:万美元

地　区	2000 年	2001 年	2002 年	2003 年	2004 年	2005 年	2006 年
福州市	**80087**	**100198**	**120246**	**130198**	**136042**	**64017**	**66069**
#鼓楼区	4503	5646	9240	12318	15404	8123	10133
台江区	3010	3762	7078	9745	11895	4750	4723
仓山区	5048	7575	18600	15926	12418	6567	9310
晋安区	2509	10184	15246	17332	15850	6311	6640
马尾区	15080	18753	21639	21729	21050	7087	13357
福清市	11032	13770	20009	17069	20289	12301	12630
长乐市	7191	10272	14799	15316	15523	3757	3815
闽侯县	5727	8505	12208	13076	16015	5514	6212
连江县	1351	1600	1930	3115	2445	2289	2958
罗源县	1353	1420	996	2850	3532	1733	1821
闽清县	570	510	201	356	604	206	63
永泰县	361	636	1270	75	100	207	345
平潭县	576	638	465	513	304	95	450

地　区	2007 年	2008 年	2009 年	2010 年	2011 年	2012 年	2013 年
福州市	**70011**	**100150**	**103227**	**118524**	**127745**	**133877**	**143063**
#鼓楼区	14002	17827	18162	18180	19710	22687	24100
台江区	6200	9113	9788	11163	11910	9700	9789
仓山区	12586	16403	15371	15400	16180	18634	5613
晋安区	4050	2732	2735	10000	10510	10655	8839
马尾区	13551	13746	15706	25539	27999	10188	15076
福清市	12867	13256	13336	13810	15976	19714	21210
长乐市	4747	5824	7960	7965	3615	3768	8771
闽侯县	9621	11291	13202	13512	15040	17902	19012
连江县	3876	3912	3260	2027	3785	6823	8575
罗源县	2115	2459	2380	2381	2525	2907	3127
闽清县	131	155	160	222	279	401	425
永泰县	577	621	625	875	1113	1371	1724
平潭县	500	556	542	650			

主要统计指标解释

进出口总额 海关进出口总额指实际进出我国国境的货物总金额。包括对外贸易实际进出口货物,来料加工装配进出口货物,国家间、联合国及国际组织无偿援助物资和赠送品,华侨、港澳台同胞和外籍华人捐赠品,租赁期满归承租人所有的租赁货物,进料加工进出口货物,边境地方贸易及边境地区小额贸易进出口货物(边民互市贸易除外),中外合资经营企业、中外合作经营企业、外商独资经营企业进出口货物和公用物品,到离岸价格在规定限额以上的进出口货样和广告品(无商业价值、无使用价值和免费提供出口的除外),从保税仓库提取在中国境内销售的进口货物,以及其他进出口货物。我国规定出口货物按离岸价格统计,进口货物按到岸价格统计。

利用外资 指我国各级政府、部门、企业和其他经济组织通过对外借款、吸收外商直接投资以及用其他方式筹措的境外现汇、设备、技术等。

对外借款 包括通过外国政府贷款,国际金融组织贷款,外国银行商业贷款,出口信贷以及对外发行债券,股票等方式,从境外筹措的资金。

外商直接投资 是指外国企业和经济组织或个人(包括华侨、港澳台胞以及我国在境外注册的企业)按我国有关政策、法规,用现汇、实物、技术等在我省境内开办外商独资企业、与我省境内的企业或经济组织共同举办中外合资经营企业、合作经营企业或合作开发资源的投资(包括外商投资收益的再投资)以及经政府有关部门批准的项目总额中境外直接投资者对企业的贷款。

对外承包工程 包括各对外承包公司以招标议标承包方式承揽下列业务(1)承包国外工程建设项目;(2)承包我国对外经援项目;(3)承包我国驻外机构的工程建设项目;(4)承包我国境内利用外资进行建设的工程项目(包括承担地形地貌测绘;地质资源勘探与普查;建设区域规划;提供设计文件、图纸、生产工艺技术资料和工程技术经济咨询;工程项目的可行性考察、研究和评估;进行技术指导和培训人员等);(5)对外承包兼营的房屋开发业务。对外承包工程的营业额是以货币表现的本期内完成的对外承包工程的工作量,包括以前年度签订的合同和本年度新签订的合同在报告期内完成的工作量。

对外劳务合作 指以收取工资的形式向业主或承包商提供技术和劳动服务的活动。我国对外承包公司在境外开办的合营企业,中国公司同时又提供劳务的,其劳务部门也纳入劳务合作统计。劳务合作营业额按报告期内向雇主提交的结算数(包括工资、加班费和奖金等)统计。

11 价格指数

11－1 主要物价总指数

（以1978年价格为100）

年 份	居民消费价格指数			商品零售价格指数	服务项目价格指数
		城 市	农 村		
1979	101.1			101.2	100.0
1980	107.8			108.2	110.8
1981	108.9			109.5	109.5
1982	112.9			113.8	109.5
1983	115.6			116.4	114.9
1984	120.6			120.6	126.6
1985	140.6			141.3	140.4
1986	153.0			154.2	147.7
1987	169.2			171.8	151.8
1988	216.6			221.6	179.6
1989	256.9			263.5	207.8
1990	257.2	102.4	98.5	262.2	225.9
1991	271.9	110.3	102.7	276.1	249.1
1992	294.5	120.2	108.2	296.3	289.5
1993	350.5	143.9	127.0	350.2	351.4
1994	447.8	181.7	157.9	435.3	450.6
1995	529.3	214.8	186.8	500.6	570.5
1996	568.5	233.3	198.8	524.1	684.6
1997	581.6	241.9	203.0	528.3	767.4
1998	579.3	242.6	201.6	521.4	798.1
1999	574.1	240.9	199.6	505.8	880.3
2000	583.9	247.9	202.2	498.7	1152.3
2001	578.1	245.2	199.4	486.2	1219.1
2002	572.9	245.0	196.4	475.5	1282.5
2003	577.5	246.0	198.6	464.1	1338.9
2004	603.5	257.2	207.1	475.2	1412.6
2005	619.2	265.4	211.2	480.4	1470.5
2006	626.0	267.5	214.2	479.9	1472.0
2007	653.5	278.7	224.1	494.8	1497.0
2008	682.3	290.7	234.0	516.6	1446.1
2009	676.8	288.1	232.1	508.9	1421.5
2010	698.5	297.3	239.1	523.7	1438.6
2011	732.0	311.6	250.3	544.6	1478.9
2012	748.1	318.5	256.3	550.6	1483.3
2013	767.6	327.1	262.5	556.1	1526.3

注：1. 本表中商品零售价格指数1990～2000年为全市数据，其他年份为市区数据。

2. 上述年份不全的指数均以开编年份的上一年价格为100。

11－2 主要物价总指数

（以上年价格为100）

年份	居民消费价格指数	城市	农村	商品零售价格指数	服务项目价格指数
1951	107.8			108.4	98.2
1952	97.6			97.2	103.9
1957	100.7			100.6	101.6
1962	100.8			101.0	99.1
1965	95.9			95.6	98.9
1970	99.3			99.2	100.0
1975	100.1			100.1	99.7
1978	100.2			100.3	99.0
1979	101.1			101.2	100.0
1980	106.6			106.9	110.8
1981	101.0			101.2	98.8
1982	103.7			103.9	100.0
1983	102.4			102.3	104.9
1984	104.3			103.6	110.2
1985	116.6			117.2	110.9
1986	108.8			109.1	105.2
1987	110.6			111.4	102.8
1988	128.0			129.0	118.3
1989	118.6			118.9	115.7
1990	100.1	102.4	98.5	99.5	108.7
1991	105.7	107.7	104.3	105.3	110.3
1992	108.3	109.0	105.4	107.3	116.2
1993	119.0	119.7	117.4	118.2	121.4
1994	126.9	126.3	124.3	124.3	128.2
1995	118.2	118.2	118.3	115.0	126.6
1996	107.4	108.6	106.4	104.7	120.0
1997	102.3	103.7	102.1	100.8	112.1
1998	99.6	100.3	99.3	98.7	104.0
1999	99.1	99.3	99.0	97.0	110.3
2000	101.7	102.9	101.3	98.6	130.9
2001	99.0	98.9	98.6	97.5	105.8
2002	99.1	99.9	98.5	97.8	105.2
2003	100.8	100.4	101.1	97.6	104.4
2004	104.5	104.6	104.3	102.4	105.5
2005	102.6	103.2	102.0	101.1	104.1
2006	101.1	100.8	101.4	99.9	100.1
2007	104.4	104.2	104.6	103.1	101.7
2008	104.4	104.3	104.4	104.4	96.2
2009	99.2	99.1	99.2	99.1	98.4
2010	103.2	103.2	103.0	102.9	101.2
2011	104.8	104.8	104.7	104.0	102.8
2012	102.2	102.2	102.4	101.1	100.3
2013	102.6	102.7	102.4	101.0	102.9

注：1. 本表中1990年以前零售、消费总指数数据均为市区数据。
2. 2001年起商品零售价格总指数为市区数据。

11－3 居民消费价格分类指数

（以1978年价格为100）

年　　份	居民消费价格总指数	#食品类	衣着类	家庭设备及用品	医疗保健	娱乐教育文化用品	居　住	服务项目价格指数
1980年	107.8	114.0	99.1		99.8	101.0		110.8
1985年	140.6	162.5	91.6	96.8	114.5	101.8	104.5	140.4
1990年	257.2	329.2	158.9	138.6	171.6	150.3	117.2	225.9
1995年	529.3	770.1	347.6	136.9	306.3	153.1	196.5	570.5
2000年	583.9	780.4	390.5	134.7	379.4	137.9	319.3	1152.3
2001年	578.1	760.1	360.8	132.5	395.3	139.2	327.3	1219.1
2002年	572.9	740.3	355.0	129.7	381.9	136.3	351.5	1282.5
2003年	577.5	752.1	332.3	125.4	375.8	145.0	363.5	1338.9
2004年	603.5	822.8	317.0	122.0	361.9	155.0	379.9	1412.6
2005年	619.2	860.6	302.1	121.0	361.2	163.2	401.9	1470.5
2006年	626.0	879.5	290.3	121.8	363.0	159.6	422.0	1472.0
2007年	653.5	963.9	281.6	123.6	372.8	159.1	435.1	1497.0
2008年	682.3	1083.4	256.5	127.2	376.9	148.3	455.1	1446.1
2009年	676.8	1089.9	260.6	127.3	378.8	146.5	426.9	1421.5
2010年	698.5	1160.7	256.2	125.8	390.5	147.2	444.0	1438.6
2011年	732.0	1284.9	258.8	128.7	404.6	144.7	467.5	1478.9
2012年	748.1	1350.4	266.8	132.8	415.1	139.3	477.3	1483.3
2013年	767.6	1415.2	267.6	133.9	423.8	143.3	490.7	1526.3

11－4 市区商品零售价格分类指数

（以1978年价格为100）

项　　目	1980年	1985年	1990年	1995年	2000年	2001年	2002年	2003年	2004年
商品零售价格总指数	**108.2**	**141.3**	**267.9**	**529.3**	**528.9**	**515.7**	**504.4**	**492.3**	**504.1**
食品类	114	162.5	426.5	1024.9	1018.1	985.6	962.9	961.9	1061.0
#粮　食		102.2	201.7	927.2	736.8	744.1	740.4	764.8	893.3
鲜　菜		161.5	375.6	1198.9	1594.0	1579.7	1684.0	1547.6	1894.3
肉禽蛋		116.1	246.9	446.6	378.8	368.6	365.3	363.1	419.4
水产品		236.3	569.4	1388.8	1700.4	1549.1	1440.7	1453.7	1559.8
饮料烟酒类		128	169.8	222.0	230.8	230.1	233.1	742.6	734.4
服装鞋帽类	99.1	91.6	158.9	357.8	423.5	393.5	400.2	381.8	377.6
纺织品类		113.3	239.5	412.0	429.8	434.1	425.9	397.4	397.0
中西药品类	99.8	114.5	171.6	304.0	363.6	358.2	340.6	327.3	308.3
文化体育用品类	101	101.8	150.3	149.3	142.5	139.4	136.9	138.0	136.5
日用品类	100.9	96.4	144.8	196.5	195.5	189.4	187.1	184.7	181.0
家用电器类		89.2	127.6	110.3	85.9	82.0	76.6	72.2	69.7
燃料类	100	101.7	139.1	602.8	732.8	726.2	704.4	734.0	792.0

项　　目	2005年	2006年	2007年	2008年	2009年	2010年	2011年	2012年	2013年
商品零售价格总指数	**509.6**	**509.1**	**524.9**	**548.0**	**539.8**	**555.5**	**577.7**	**584.1**	**589.9**
食品类	1121.5	1135.0	1237.2	1416.6	1401.0	1503.3	1673.2	1756.9	1837.7
#粮　食	884.4	911.8	962.9	1026.5	1091.2	1248.3	1470.5	1513.1	1526.7
鲜　菜	2237.2	2299.8	2562.0	2848.9	2988.5	3592.2	3689.2	4526.6	4608.7
肉禽蛋	435.8	418.8	531.0	601.1	574.1	603.4	694.8	678.1	728.6
水产品	1729.8	1757.5	1696.0	1889.3	1951.6	2119.4	2348.3	2569.0	2658.9
饮料烟酒类	724.9	728.5	742.3	777.9	798.9	810.9	840.1	855.2	854.3
服装鞋帽类	360.2	331.0	314.5	277.4	290.2	292.8	291	292.2	293.4
纺织品类	385.9	374.7	354.8	354.4	366.4	349.9	361.4	390.0	392.0
中西药品类	298.1	305.3	327.9	332.2	338.2	359.5	379.6	390.6	395.3
文化体育用品类	133.8	131.7	130.4	125.1	118.2	114.5	114.2	114.1	113.1
日用品类	180.5	178.3	177.2	183.4	187.4	187.4	186.7	181.8	179.6
家用电器类	68.5	67.9	65.7	57.8	55.2	54.0	51.9	49.6	47.6
燃料类	905.3	1042.0	1121.2	1234.4	1122.7	1256.3	1381.9	1417.8	1437.6

11－5 市区居民消费价格分类指数

（以上年价格为100）

项目	1995年	1997年	1998年	1999年	2000年	2001年	2002年	2003年	2004年
居民消费价格总指数	**118.2**	**102.7**	**100.3**	**99.3**	**102.9**	**99.0**	**99.6**	**99.4**	**103.9**
食品类	123.6	100.2	97.8	97.6	99.2	97.4	97.9	99.9	109.5
粮食	139.9	87.0	101.2	94.1	94.6	100.2	94.6	103.3	116.5
淀粉及薯类	123.7	98.0	111.6	95.6	95.7	107.2	97.6	92.1	100.1
干豆类及豆制品类	107.2	103.6	99.3	87.5	94.0	98.4	97.6	101.1	109.1
油脂类	102.8	108.8	101.2	95.5	95.0	90.3	99.8	106.1	111.2
肉禽及其制品类	118.5	106.0	92.6	84.9	95.9	98.7	98.2	99.5	113.4
蛋　类	116.2	83.0	98.1	97.8	84.0	103.2	99.0	96.3	124.9
水产品	115.6	105.3	94.2	110.0	103.0	94.3	91.9	100.7	107.3
菜　类	141.7	103.8	109.0	98.9	107.7	95.5	112.9	93.1	119.7
调味品类	130.6	109.8	99.4	96.1	94.8	84.6	102.2	99.8	100.6
糖　类	120.8	97.3	91.0	90.5	110.2	114.4	97.0	96.9	101.3
烟草类	96.9	100.8	99.8	102.7	96.2	105.6	93.1	100.8	101.9
酒和饮料	106.2	106.7	100.6	99.9	95.8	100.5	100.1	98.6	97.0
干鲜瓜果类	135.3	90.7	95.0	88.9	100.0	98.3	96.7	107.6	102.2
糕点类	121.6	100.0	100.0	100.0	106.6	117.3	97.1	98.9	99.1
奶及奶制品	127.5	100.7	100.2	101.8	100.0	96.8	99.4	99.2	96.3
其他食品	112.6	100.6	92.0	105.3	100.0	98.8	101.0	103.6	99.4
饮食业	125.7	100.6	100.5	100.0	100.0	99.6	97.8	98.1	107.9
衣着类	125.5	106.9	106.2	94.5	96.6	92.4	100.1	95.4	98.8
服　装	140.0	106.2	110.5	96.3	96.2	90.2	99.0	94.5	98.9
衣着材料	111.7	103.2	98.9	109.8	98.4	100.7	98.6	100.8	100.0
鞋袜帽及其他衣着	103.1	111.0	100.5	84.7	97.8	98.3	103.4	97.8	98.2
家庭设备及用品	103.3	100.8	98.2	99.9	99.2	98.4	98.5	96.2	98.2
#耐用消费品	102.1	98.1	97.1	99.7	99.6	97.5	94.8	95.3	97.3
家庭日用杂品	107.4	102.3	101.9	99.8	94.7	101.0	100.3	98.9	95.7
医疗保健	114.7	105.4	104.1	100.7	102.0	105.3	96.5	96.9	95.8
交通和通讯工具	101.1	95.6	95.9	98.7	102.6	100.0	97.7	94.7	97.3
娱乐、教育文化用品	102.7	100.8	96.8	92.3	93.0	100.9	110.7	104.9	105.2
居　住	108.5	109.7	111.2	104.0	106.1	102.5	100.5	103.3	103.3
#水电、燃料	111.1	113.0	106.8	100.0	105.0	102.6	101.4	106.8	106.6
服务项目价格指数	126.6	112.1	104.0	110.3	130.9	105.8	106.7	102.8	103.4
#学杂保育费	145.2	112.0	102.7	136.5	106.0	111.1	135.0	117.3	117.4

11-5 续表 （以上年价格为100）

项　　目	2005年	2006年	2007年	2008年	2009年	2010年	2011年	2012年	2013年
居民消费价格总指数	**102.5**	**100.3**	**104.1**	**104.2**	**98.7**	**103.5**	**104.9**	**102.0**	**102.6**
食品类	105.6	101.2	109.4	114.0	99.7	107.4	111.6	104.6	104.6
粮　食	99.0	103.4	105.8	106.9	106.6	114.4	117.4	104.0	101.5
淀粉及薯类	104.7	101.4	102.9	112.2	104.3	112.0	111.7	105.4	105.4
干豆类及豆制品类	102.9	101.1	107.7	123.1	99.3	115.3	99.3	100.1	104.7
油脂类	95.9	99.2	123.6	119.6	79.7	95.2	111.9	105.8	98.7
肉禽及其制品类	104.2	95.3	131.2	122.7	89.4	101.6	119.1	98.1	105.6
蛋类	102.7	93.6	126.4	102.9	101.3	108.6	113.1	95.7	109.6
水产品	110.9	101.9	98.5	111.8	102.8	109.0	110.8	109.1	103.4
菜类	115.5	103.4	110.6	111.4	103.6	119.3	103.8	117.8	102.7
调味品类	100.9	102.6	107.2	105.6	104.7	103.8	103.8	102.2	105.0
糖类	99.5	105.9	102.2	104.0	99.4	102.4	108.6	103.6	101.9
烟草类	99.1	99.8	100.0	100.4	100.2	100.0	100.0	100.0	99.8
酒和饮料	98.5	99.8	102.2	109.2	102.4	100.8	104.8	103.4	100.6
干鲜瓜果类	109.2	120.5	93.2	113.5	106.5	113.2	114.6	99.2	108.4
糕点类	96.1	101.7	101.8	107.2	102.1	96.0	103.6	104.3	100.9
奶及奶制品	94.3	98.0	100.1	116.2	100.2	100.8	101.8	104.8	106.8
其他食品	100.3	101.8	101.1	105.8	104.1	102.4	105.7	103.4	105.3
饮食业	104.2	97.0	109.6	111.1	102.4	104.8	109.1	105.7	106.8
衣着类	95.5	91.8	95.4	88.0	102.7	101.0	100.5	101.9	100.7
服装	94.5	90.7	96.6	88.8	103.0	101.4	97.2	100.0	98.9
衣着材料	100.0	100.0	104.4	102.2	100.3	100.0	107.2	105.5	100.7
鞋袜帽及其他衣着	98.2	95.3	91.0	84.4	101.7	99.5	112.2	107.6	105.5
家庭设备及用品	99.6	100.2	100.4	103.0	100.9	98.3	102.1	104.0	101.3
#耐用消费品	98.8	101.9	100.9	99.7	99.2	98.1	99.7	99.5	99.5
家庭日用杂品	100.0	98.9	100.0	109.1	102.4	98.3	96.4	103.5	100.7
医疗保健	98.5	102.5	105.1	101.0	101.3	104.3	102.0	101.2	100.7
交通和通讯工具	97.5	98.0	100.2	96.9	95.4	98.6	101.3	99.8	100.1
娱乐、教育文化用品	103.5	99.2	99.9	94.2	98.0	101.5	98.9	96.0	103.7
居　住	104.8	105.7	103.8	102.7	93.4	103.4	105.0	102.6	103.1
#水电、燃料	109.4	108.8	103.3	103.2	93.9	105.8	104.1	106.2	106.0
服务项目价格指数	103.0	100.3	101.8	96.9	97.7	101.5	103.7	100.4	103.0
#学杂保育费	110.8	101.6	100.0	84.5	98.3	100.5	98.6	105.1	107.6

注：本表中2010年"淀粉及薯类"不含"薯类"，"薯类"含在"菜类"中。

11－6 城市居民消费价格分类指数

（以上年价格为100）

项 目	1995年	1997年	1998年	1999年	2000年	2001年	2002年	2003年	2004年
居民消费价格总指数	**118.2**	**102.7**	**100.3**	**99.3**	**102.9**	**98.9**	**99.9**	**100.4**	**104.6**
食品类	123.6	100.2	97.8	97.6	99.2	96.5	97.7	101.1	109.2
粮 食	139.9	87.0	101.1	94.1	94.6	100.3	95.0	106.6	125.4
淀粉及薯类	123.7	98.0	111.6	95.6	95.7	107.2	98.7	100.6	107.0
干豆类及豆制品类	107.2	103.6	99.3	87.5	94.0	98.4	97.6	102.6	112.1
油脂类	102.8	103.8	101.2	95.5	95.0	92.6	99.3	108.2	117.7
肉禽及其制品类	118.5	106.0	92.6	84.5	95.9	99.1	97.5	99.6	113.0
蛋 类	116.2	83.0	98.1	97.8	84.0	104.2	93.1	95.6	126.6
水产品	115.6	105.3	94.1	110.0	103.0	98.1	95.5	98.9	106.6
菜 类	141.7	103.8	109.1	98.9	107.7	95.5	118.2	98.7	111.0
调味品类	130.6	109.8	99.3	96.1	94.8	90.1	102.8	100.0	99.5
糖 类	120.8	97.3	91.0	90.5	110.0	116.0	93.5	94.5	102.3
烟草类	96.9	100.8	99.8	102.7	96.2	109.1	93.8	100.5	102.7
干鲜瓜果类	135.3	90.7	95.0	88.9	100.0	97.8	90.1	111.3	103.2
糕点类	121.6	100.0	100.0	100.0	106.6	119.5	97.9	97.8	99.3
奶及奶制品	127.5	100.7	100.2	101.8	100.0	97.0	98.6	98.9	96.2
其他食品	112.6	100.6	92.1	105.3	100.0	98.8	99.5	109.4	101.7
饮食业	125.7	100.6	100.5	100.0	100.0	97.9	97.0	99.5	105.1
衣着类	125.5	106.9	106.2	94.5	96.6	91.1	98.7	93.9	99.1
服 装	140.0	106.2	110.5	96.3	96.2	88.3	98.5	92.7	99.1
衣着材料	111.7	103.2	98.9	109.8	98.4	100.7	96.3	98.9	101.8
鞋袜帽及其他衣着	103.1	111.0	100.5	84.7	97.8	99.1	99.9	97.2	98.8
家庭设备及用品	103.3	100.8	98.2	99.9	99.2	96.0	96.7	96.3	98.2
#耐用消费品	102.1	98.1	97.1	99.7	99.6	95.1	93.9	93.8	95.8
家庭日用杂品	107.4	102.3	101.9	99.8	94.7	102.4	99.4	99.8	98.5
医疗保健	114.7	105.4	104.1	100.7	102.0	101.9	99.2	95.7	95.2
交通和通讯工具	101.1	95.6	95.9	98.7	102.6	101.2	97.6	95.9	97.8
娱乐、教育文化用品	102.7	100.3	96.8	92.3	93.0	102.9	112.8	107.4	106.6
居 住	108.5	109.7	111.2	104.0	106.1	102.0	99.1	103.6	105.1
#水电、燃料	111.1	113.0	106.8	100.0	105.0	102.5	99.6	106.2	107.2
服务项目价格指数	126.6	112.1	104.0	110.3	130.7	104.7	107.3	104.5	104.5
#学杂保育费	145.2	112.0	102.7	138.5	206.0			118.3	116.9

11－6 续表 （以上年价格为100）

项 目	2005年	2006年	2007年	2008年	2009年	2010年	2011年	2012年	2013年
居民消费价格总指数	**103.2**	**100.8**	**104.2**	**104.3**	**99.1**	**103.2**	**104.8**	**102.2**	**102.7**
食品类	105.4	101.2	109.7	113.2	100.7	106.6	111.2	105.0	105.0
粮 食	99.1	102.4	109.1	107.0	105.5	114.7	117.6	103.8	101.8
淀粉及薯类	112.5	103.1	102.2	111.0	103.5	106.1	108.4	103.5	104.3
干豆类及豆制品类	103.7	100.7	106.6	122.2	99.4	113.0	100.7	99.7	104.7
油脂类	98.2	99.2	122.8	122.3	82.0	97.9	113.6	106.1	99.6
肉禽及其制品类	102.5	97.4	129.2	121.7	91.2	103.5	119.2	100.2	104.8
蛋 类	102.5	94.4	127.2	102.4	101.8	108.2	112.9	96.1	110.3
水产品	110.3	99.1	101.1	111.2	105.6	106.1	109.3	108.7	106.2
菜 类	119.0	105.5	111.2	110.8	104.8	118.2	102.8	118.2	103.7
调味品类	101.6	101.7	103.9	103.4	102.2	98.8	104.1	101.8	106.4
糖 类	99.1	104.1	102.9	104.3	101.5	107.2	108.5	102.8	101.1
烟草类	99.1	99.9	100.0	100.4	100.2	102.5	100.3	99.9	99.6
干鲜瓜果类	107.5	118.5	96.4	114.0	105.5	109.1	118.0	99.9	105.5
糕点类	97.2	100.0	101.8	106.5	101.2	95.4	103.9	103.6	101.5
奶及奶制品	94.7	99.3	100.3	113.6	98.7	100.5	102.2	103.6	105.4
其他食品	101.1	101.5	101.8	103.9	104.4	104.5	106.3	104.4	103.7
饮食业	102.5	98.3	106.7	109.2	102.6	103.3	107.1	106.1	107.3
衣着类	96.7	94.6	96.2	89.8	101.0	98.7	100.3	102.6	100.1
服 装	96.3	93.5	96.6	89.8	101.3	99.2	98.1	101.1	99.5
衣着材料	101.0	100.5	101.6	103.1	103.0	104.8	112.2	104.3	100.7
鞋袜帽及其他衣着	97.2	98.2	94.3	88.5	99.7	96.5	107.6	106.9	101.9
家庭设备及用品	99.3	99.9	100.5	102.5	100.2	98.4	102.2	103.9	101.1
#耐用消费品	97.2	100.6	100.5	99.3	98.6	98.0	99.5	100.2	99.3
家庭日用杂品	101.2	98.5	99.3	107.1	101.4	97.9	98.9	103.0	100.6
医疗保健	100.3	101.4	103.1	100.6	100.4	103.1	103.2	102.2	102.3
交通和通讯工具	98.1	99.0	100.2	97.0	96.4	99.2	100.9	99.5	99.7
娱乐、教育文化用品	104.6	100.2	99.8	94.0	98.5	100.7	98.6	96.1	103.3
居 住	107.1	105.8	103.5	103.4	93.2	104.4	105.2	102.4	102.9
#水电、燃料	110.3	108.4	102.9	104.4	93.0	106.4	104.0	104.4	104.2
服务项目价格指数	103.9	101.3	101.7	96.6	98.3	101.4	103.1	100.3	103.1
#学杂保育费	112.4	102.6	100.0	85.9	98.5	100.3	97.0	105.1	106.7

注：本表中2010年"淀粉及薯类"不含"薯类"，"薯类"含在"菜类"中。

11－7　农村居民消费价格分类指数

（以上年价格为100）

项　　目	1995年	1997年	1998年	1999年	2000年	2001年	2002年	2003年	2004年
居民消费价格总指数	**118.3**	**102.1**	**99.3**	**99.0**	**101.3**	**98.6**	**98.5**	**101.1**	**104.3**
食品类	122.2	99.7	99.8	97.5	98.2	97.4	98.4	102.2	109.5
粮　食	136.4	83.5	102.1	98.3	85.6	93.7	94.9	110.3	124.4
淀粉及薯类	122.1	94.0	106.3	98.7	98.1	99.7	96.5	106.4	108.7
干豆类及豆制品类	112.0	102.7	95.1	92.9	101.6	97.9	96.4	106.4	122.1
油脂类	107.7	101.9	96.8	97.4	98.1	97.8	97.0	108.7	129.2
肉禽及其制品类	120.5	101.5	90.6	90.5	96.5	99.6	99.9	100.8	108.3
蛋　类	117.9	80.6	100.3	98.0	85.2	102.3	99.0	97.7	123.6
水产品	109.9	106.7	99.6	101.0	103.8	97.6	95.2	99.4	107.2
菜　类	146.2	104.5	113.5	100.4	105.7	86.7	112.0	103.5	103.2
调味品类	119.3	106.2	103.7	104.3	96.5	98.7	99.9	98.4	101.9
糖　类	128.0	98.5	91.4	84.7	111.3	104.4	97.7	92.0	103.9
烟草类	93.8	107.8	103.5	99.7	110.1	98.9	98.6	100.7	100.7
干鲜瓜果类	127.7	94.5	100.8	97.9	100.1	98.8	96.3	107.1	103.5
糕点类	116.4	103.7	100.2	99.0	98.9	97.1	98.3	100.1	101.1
奶及奶制品	122.7	104.7	101.1	99.5	99.8	105.5	96.3	100.8	101.0
其他食品	109.3	105.4	98.9	97.0	96.4	97.5	98.2	102.1	100.7
饮食业	127.1	109.0	102.9	100.4	99.3	99.0	99.3	100.2	103.4
衣着类	119.7	104.2	98.6	93.7	98.5	98.5	96.2	93.5	91.8
服　装	121.2	104.5	97.4	91.9	99.7	97.3	95.0	91.6	90.7
衣着材料	111.5	100.6	99.5	95.9	97.4	101.1	101.1	98.3	100.2
鞋袜帽及其他衣着	124.7	107.3	100.8	95.9	96.2	101.1	98.6	97.5	93.4
家庭设备及用品	107.3	100.9	98.4	97.4	98.0	96.7	95.8	96.9	97.9
#耐用消费品	106.4	100.0	96.9	96.2	97.1	94.5	93.4	95.9	96.2
家庭日用杂品	119.6	104.5	101.4	98.9	99.2	98.2	96.8	98.1	99.7
医疗保健	111.9	103.3	104.3	102.5	103.5	99.2	97.2	100.0	97.3
交通和通讯工具	104.9	94.8	95.9	96.3	94.4	94.5	96.6	98.3	100.5
娱乐、教育文化用品	104.6	98.5	91.5	95.2	96.3	104.1	101.2	105.5	108.5
居　住	111.6	106.2	99.8	102.8	106.5	100.9	101.0	103.3	104.1
#水电、燃料	115.2	110.2	102.0	106.7	111.4	100.9	102.8	107.8	104.3
服务项目价格指数	126.0	119.3	104.4	117.1	129.6	101.8	101.6	104.2	106.3
#学杂保育费	141.3	137.2	107.5	147.6	179.9			111.0	114.3

11－7　续表　　　　　　　　　　　（以上年价格为100）

项　　目	2005年	2006年	2007年	2008年	2009年	2010年	2011年	2012年	2013年
居民消费价格总指数	**102.0**	**101.4**	**104.6**	**104.4**	**99.2**	**103.0**	**104.7**	**102.4**	**102.4**
食品类	103.4	103.2	109.5	111.3	99.9	106.3	109.5	105.4	104.4
粮　食	99.3	101.8	106.6	104.8	103.5	115.8	114.6	105.7	101.8
淀粉及薯类	103.4	103.4	111.7	109.1	99.1	104.4	121.1	108.8	100.8
干豆类及豆制品类	102.9	100.9	106.0	121.6	97.6	115.2	102.3	99.5	104.8
油脂类	99.0	99.7	115.7	119.1	82.6	103.1	111.4	105.2	99.6
肉禽及其制品类	104.5	96.8	124.9	119.4	90.3	101.8	118.3	104.4	103.9
蛋　类	102.2	95.2	124.2	103.2	102.7	107.8	114.1	95.2	112.1
水产品	104.8	104.6	105.2	109.1	103.4	102.8	105.9	106.5	105.9
菜　类	113.3	109.5	109.2	108.7	105.2	119.8	96.6	117.8	107.4
调味品类	99.3	102.1	100.5	102.6	103.8	105.5	103.7	102.3	103.8
糖　类	101.9	114.0	101.9	99.4	103.1	110.0	115.3	103.7	101.3
烟草类	99.8	100.5	99.9	100.4	100.2	101.3	100.1	100.2	100.1
干鲜瓜果类	100.7	125.7	98.7	109.9	107.9	108.5	113.1	104.2	108.9
糕点类	98.7	98.9	100.4	104.9	104.4	105.4	106.3	104.5	101.4
奶及奶制品	101.2	101.6	104.5	116.7	101.0	100.5	102.8	100.2	104.8
其他食品	101.4	102.2	103.7	110.9	105.1	103.0	105.6	100.9	104.6
饮食业	101.5	99.3	103.3	107.6	102.8	101.1	103.6	103.4	103.1
衣着类	93.9	98.1	98.1	92.3	103.5	97.1	103.1	104.5	100.7
服　装	92.9	97.4	97.0	90.6	104.3	97.2	102.3	104.7	100.4
衣着材料	103.2	100.4	102.7	101.6	100.2	100.7	112.1	104.2	102.1
鞋袜帽及其他衣着	95.2	100.2	101.6	97.3	100.6	96.7	105.3	103.7	101.4
家庭设备及用品	99.1	101.7	102.8	103.3	99.9	100.0	102.6	101.1	100.1
#耐用消费品	97.5	102.5	104.0	102.2	98.2	99.2	98.7	99.2	98.6
家庭日用杂品	99.5	100.3	99.8	105.2	100.9	100.3	104.5	102.2	100.3
医疗保健	99.2	99.3	102.1	101.8	100.7	102.9	104.5	103.5	101.7
交通和通讯工具	98.6	100.7	100.9	98.1	97.6	99.6	100.9	100.3	100.2
娱乐、教育文化用品	106.0	95.0	99.6	91.8	99.2	99.8	97.7	96.9	101.8
居　住	105.0	104.2	102.7	106.0	94.1	103.1	105.5	101.4	102.3
#水电、燃料	108.7	105.2	102.0	107.5	92.3	103.5	103.8	101.5	101.3
服务项目价格指数	104.4	98.5	101.6	95.5	98.3	100.8	102.1	100.3	102.6
#学杂保育费	110.3	89.9	98.3	82.0	97.5	100.4	96.4	103.2	102.5

注：本表中2010年"淀粉及薯类"不含"薯类"，"薯类"含在"菜类"中。

11－8　市区商品零售价格分类指数

（以上年价格为100）

项　　　目	1995年	1997年	1998年	1999年	2000年	2001年	2002年	2003年	2004年
商品零售价格总指数	**114.4**	**101.2**	**98.8**	**96.8**	**98.8**	**97.5**	**97.8**	**97.6**	**102.4**
食品类	125.2	100.1	97.6	96.0	98.8	96.8	97.7	99.9	110.3
粮　食	139.1	88.2	100.9	93.9	94.8	101.0	99.5	103.3	116.8
油脂类	102.8	108.7	101.2	95.4	95.1	88.8	98.7	106.1	111.2
肉禽蛋	119.2	101.9	93.6	97.7	93.8	97.3	99.1	99.4	115.5
水产品	116.2	105.6	92.8	107.2	102.6	91.1	93.0	100.9	107.3
鲜　菜	146.3	104.1	112.5	97.8	109.1	99.1	106.6	91.9	122.4
干　菜	110.3	100.7	93.4	102.8	92.4	95.1	102.1	100.5	104.1
鲜　果	135.9	89.8	95.4	89.9	100.5	95.4	93.2	108.4	101.1
干　果	125.6	97.6	94.6	87.1	91.5	100.1	97.7	103.2	108.7
其他食品类	125.1	102.4	97.9	97.7	101.3	101.9	98.1	103.7	99.4
饮食业	125.7	100.7	100.7	100.0	100.0	100.0	95.9	98.1	107.9
饮料烟酒类	102.6	105.0	101.3	101.0	94.7	99.7	101.3	100.3	98.9
饮　料	104.5	102.4	102.2	99.3	89.7	97.8	99.4	103.7	99.4
烟　酒	101.7	106.2	100.9	101.8	97.1	100.6	102.3	99.7	98.1
服装、鞋帽类	125.1	109.1	108.8	93.7	96.5	92.9	101.7	95.4	98.9
服　装	140.5	107.8	114.4	96.5	95.4	88.4	100.4	94.4	98.9
鞋	103.9	109.5	100.4	81.8	97.5	97.5	103.9	97.4	98.1
其他衣着	116.6	113.8	101.3	105.5	99.7	102.9	102.9	100.0	102.2
纺织品类	110.7	101.7	100.3	102.8	98.1	101.0	98.1	93.3	99.9
中西药品类	115.2	105.1	103.4	100.4	101.7	98.5	95.1	96.1	94.2
#中　药	120.8	107.1	110.5	99.6	104.9	101.5	98.0	113.2	95.9
西　药	108.9	103.9	100.0	101.2	100.0	96.5	93.6	82.6	90.5
化妆品类	104.7	101.7	100.4	99.9	97.6	96.7	100.9	90.4	97.2
书报杂志类	108.5	103.1	102.8	101.1	107.1	113.6	100.2	103.8	103.6
文化体育用品类	100.8	98.7	99.8	99.2	99.4	97.8	98.2	100.8	98.9
日用品类	109.7	100.0	99.6	99.2	99.1	96.9	98.8	98.7	98.0
家用电器类	99.5	98.4	95.0	92.3	92.3	95.5	93.4	94.2	96.5
首饰类	97.0	98.5	92.9	96.1	101.5	93.1	102.9	108.0	109.1
类	106.1	102.2	99.9	99.6	114.4	99.1	97.0	104.2	107.9
建筑装璜材料类	94.4	98.8	94.7	92.9	101.4	101.1	98.2	99.7	99.1

11－8　续表　　　　　　　　（以上年价格为100）

项　　目	2005年	2006年	2007年	2008年	2009年	2010年	2011年	2012年	2013年
商品零售价格总指数	**101.1**	**99.9**	**103.1**	**104.4**	**98.5**	**102.9**	**104.0**	**101.1**	**101.0**
食品类	105.7	101.2	109.0	114.5	98.9	107.3	111.3	105.0	104.6
粮　食	99.0	103.1	105.6	106.6	106.3	114.4	117.8	102.9	100.9
油脂类	95.9	99.0	124.6	118.5	79.1	94.7	111.7	106.2	98.7
肉禽蛋	103.9	96.1	126.8	113.2	95.5	105.1	117.2	97.6	107.5
水产品	110.9	101.6	96.5	111.4	103.3	108.6	110.8	109.4	103.5
鲜　菜	118.1	102.8	111.4	111.2	96.6	120.2	102.7	122.7	101.8
干　菜	98.2	106.5	106.6	112.1	100.4	109.9	107.5	101.1	105.5
鲜　果	110.8	124.3	89.9	112.6	111.7	116.1	117.2	98.6	111.9
干　果	99.4	104.8	108.9	115.9	87.8	107.1	105.7	101.4	95.4
其他食品类	100.3	101.8	101.1	105.8	104.1	102.4	105.7	103.4	105.3
饮食业	104.2	97.0	110.4	113.6	102.8	103.7	109.1	105.7	106.9
饮料烟酒类	98.7	100.5	101.9	104.8	102.7	101.5	103.6	101.8	99.9
饮　料	96.3	99.5	98.3	108.1	100.4	98.3	102.8	103.2	101.1
烟　酒	99.0	100.8	103.1	105.3	102.5	101.6	103.6	101.8	99.6
服装、鞋帽类	95.4	91.9	95.0	88.2	104.6	100.9	99.4	100.4	100.4
服　装	94.5	91.0	96.0	89.4	104.9	101.1	97.6	98.2	99.5
鞋	98.1	95.0	89.9	82.5	105.2	98.9	106.9	108.4	102.7
其他衣着	97.2	84.1	99.7	83.4	110.2	109.3	101.7	96.0	101.8
纺织品类	97.2	97.1	94.7	99.9	103.4	95.5	103.3	107.9	100.5
中西药品类	96.7	102.4	107.4	101.3	101.8	106.3	105.6	102.9	101.2
#中　药	91.4	104.0	121.8	102.7	105.4	113.3	113.3	106.0	102.6
西　药	100.4	102.1	98.8	100.3	100.1	102.6	100.7	101.0	99.4
化妆品类	99.4	98.6	99.1	101.0	103.5	102.0	96.7	102.0	101.5
书报杂志类	100.3	100.0	101.5	103.6	115.5	100.6	99.9	103.8	109.9
文化体育用品类	98.0	98.4	99.0	95.9	94.5	97.8	99.7	99.9	99.1
日用品类	99.7	98.8	99.4	103.5	102.2	100.0	99.6	97.4	98.8
家用电器类	98.3	99.1	96.8	88.0	98.4	97.9	96.2	95.5	95.9
首饰类	103.0	105.3	99.8	105.0	99.0	101.8	107.4	97.3	94.5
类	114.3	115.1	107.6	110.1	89.5	111.9	110.0	102.6	101.4
建筑装璜材料类	97.1	100.6	105.3	107.1	94.6	101.1	100.7	98.0	99.1

11－9　按县(市)分主要物价指数

(2013年,以上年价格为100)

县(市)	居民消费价格指数	#非食品价格指数	#服务项目价格指数	#消费品价格指数	食品类	烟酒及用品
福州市	**102.6**	**101.5**	**102.9**	**102.5**	**104.8**	**99.7**
市　区	102.6	101.7	103.0	102.5	104.6	99.9
福清市	102.8	101.3	103.5	102.6	106.0	98.5
长乐市	102.8	101.2	102.9	102.8	106.1	99.3
闽侯县	102.6	101.6	101.1	103.2	104.5	100.1
连江县	102.0	100.8	103.3	101.5	104.5	99.6
罗源县	102.9	102.2	104.1	102.4	104.3	100.8
闽清县	102.5	101.2	102.0	102.7	105.1	100.2
永泰县	102.5	102.0	102.7	102.5	103.8	102.2
平潭县	102.2	101.5	101.9	102.3	103.5	100.4

县(市)	衣　着	家庭设备用品及维修服务	医疗保健和个人用品	交通及通讯	娱乐教育文化用品及服务	居　住
福州市	**100.3**	**100.8**	**101.1**	**99.8**	**102.9**	**102.8**
市　区	100.7	101.3	99.6	100.1	103.7	103.1
福清市	101.9	100.4	100.6	99.6	101.3	102.8
长乐市	98.6	99.5	103.3	99.4	102.2	102.4
闽侯县	101.9	100.7	101.3	99.1	101.9	103.2
连江县	100.6	99.0	100.0	100.2	100.3	102.3
罗源县	100.2	101.7	102.1	101.0	103.7	103.3
闽清县	100.1	99.7	104.4	99.9	102.5	100.8
永泰县	100.7	100.2	105.1	100.5	102.3	102.0
平潭县	100.2	100.9	102.5	100.9	103.3	101.3

11－10 工业生产者出厂价格指数

（以上年价格为100）

项　　目	2006年	2007年	2008年	2009年	2010年	2011年	2012年	2013年
工业生产者出厂价格总指数	**98.65**	**100.12**	**100.73**	**97.00**	**103.09**	**103.23**	**98.89**	**98.94**
一、按轻重工业分								
轻工业	97.00	99.04	99.78	97.09	102.83	108.94	98.70	99.32
以农产品为原料	100.40	103.21	102.66	98.55	102.94	108.05	99.83	100.56
以非农产品为原料	95.41	97.37	98.67	96.20	102.73	110.53	96.73	97.13
重工业	101.84	102.57	102.87	96.85	103.67	99.45	99.04	98.69
采掘工业	105.54	113.95	125.47	108.25	105.16	100.66	99.39	99.12
原料工业	100.46	102.75	101.94	100.59	101.76	103.19	99.71	99.44
加工工业	103.03	102.24	103.52	92.64	105.71	98.47	98.85	98.49
二、按两大部类分								
生产资料	98.08	99.84	100.02	95.54	103.96	103.16	97.81	98.38
采掘工业	105.54	113.95	125.47	108.25	105.16	100.66	99.39	99.12
原料工业	100.65	102.81	101.41	99.89	104.39	110.89	96.96	98.29
加工工业	97.29	99.06	99.57	94.21	103.78	100.91	98.09	98.40
生活资料	100.71	101.24	103.62	101.01	101.40	103.44	101.72	100.40
食　品	100.84	101.90	104.10	100.75	102.61	108.82	106.12	101.32
衣　着	100.60	100.60	103.29	101.05	101.29	100.60	98.48	101.00
一般日用品	101.34	102.01	103.96	100.92	100.32	101.66	101.03	99.37
耐用消费品	98.65	98.42	101.12	101.59	100.11	102.31	101.31	98.96
三、按工业行业大、中类分								
非金属矿采选业	105.54	113.95	125.47	108.25	105.16	100.66	99.39	99.12
土砂石开采	105.63	114.45	126.36	108.86	103.91	100.66	99.39	99.12
采　盐	103.13	101.24	100.61	99.50	122.28			
农副食品加工业	99.70	103.49	106.91	99.53	103.07	107.47	106.78	101.48
谷物磨制	100.56	107.84	105.13	100.59	101.13	107.78	103.43	106.63
饲料加工	97.98	106.22	111.73	98.69	103.01	103.14	104.59	102.07
植物油加工	104.40	124.64	127.90	75.86	106.21	114.88	99.46	91.92
屠宰及肉类加工	96.97	101.59	103.77	100.31	100.47	102.64	103.15	99.64
水产品加工	101.01	100.53	103.26	100.72	104.31	108.43	111.36	102.13

注:2012年国家统计局开始使用国民经济行业分类新标准(GB/T 4754—2011)。

11－10 续表1 （以上年价格为100）

项　　目	2006年	2007年	2008年	2009年	2010年	2011年	2012年	2013年
蔬菜、水果和坚果加工	101.06	99.89	102.20	102.75	101.15	105.67	99.29	102.45
其他农副食品加工	99.80	107.78	109.08	102.56	101.75	104.36	99.03	110.65
食品制造业	99.55	103.60	108.65	100.77	102.69	113.21	103.76	102.21
焙烤食品制造	100.17	103.60	100.75	100.84	103.39	100.00	100.00	100.00
糖果、巧克力及蜜饯制造		111.11	112.27	100.00	104.70	157.49	100.00	100.00
方便食品制造	99.01	102.55	105.80	100.44	102.99	105.17	106.85	103.00
乳制品制造	100.12	100.00	112.27	102.50	100.00	111.60	100.23	101.37
罐头食品制造	100.07	100.10	102.35	100.00	100.53	116.34	103.23	93.00
调味品、发酵制品制造	99.79	102.88	113.14	100.20	100.00	100.00	100.00	100.00
其他食品制造	101.04	111.42	120.94	100.29	101.64	103.06	98.96	104.03
酒、饮料和精制茶制造业	101.13	101.38	101.65	100.03	101.76	100.56	99.96	99.60
酒的制造	100.79	103.05	101.56	100.00	101.45	104.33	101.04	100.00
软饮料制造	101.96	100.95	99.64	100.29	102.73	99.79	99.64	98.94
精制茶加工	99.25	100.94	106.50	99.67	100.77	100.66	100.24	101.05
纺织业	100.63	105.02	95.54	92.79	108.21	113.53	92.62	98.11
棉纺织及印染精加工	100.70	105.81	95.19	92.38	109.62	119.62	91.98	97.94
毛纺织和染整精加工	98.88	100.00	100.00					
纺织制成品制造	102.36	101.46	101.78	97.85	99.47	101.26		
针织或钩针编织物及其制品制造	99.47	99.47	98.88	96.92		98.79	90.34	98.46
纺织服装、服饰业	101.93	101.49	103.11	101.72	100.07	102.33	100.63	99.69
纺织服装制造	100.56	99.74	102.13	101.01	99.74	102.46	100.63	99.69
纺织面料鞋的制造	105.26	108.34	107.30	106.42	104.35	101.54		
皮革、毛皮、羽毛及其制品和制鞋业	100.32	101.42	99.05	101.75	101.94	100.93	100.53	102.42
皮革鞣制加工	103.85	104.04	107.90	100.47	89.16			
皮革制品制造	99.82	102.01	97.57	101.86	103.58	100.94	100.45	105.97
羽毛(绒)加工及制品制造	100.49	100.00	100.00	100.00	100.00	100.84	101.02	103.68
木材加工及木、竹、藤、棕、草制品业	104.03	109.43	105.58	100.83	100.02	99.25	101.96	99.97
人造板制造	105.17	112.70	100.99	100.02	100.17	100.04	100.30	100.60
木制品制造	103.56	104.16	107.22	104.18	104.60	102.14	106.30	101.09
竹、藤、棕、草制品制造	100.47	114.01	119.99	100.00	99.44	97.95	101.83	99.25

11-10 续表2 (以上年价格为100)

项　　目	2006年	2007年	2008年	2009年	2010年	2011年	2012年	2013年
家具制造业	101.73	98.05	101.80	103.32	100.01	103.57	104.24	103.02
木质家具制造	100.04	97.37	99.68	98.82	99.99	105.33	106.25	104.53
金属家具制造	104.11	98.54	103.74	107.07	100.00	100.51	100.82	99.95
其他家具制造	100.00	100.00	100.00	101.53		100.00	100.00	100.00
造纸及纸制品业	100.02	100.44	103.34	97.44	105.69	101.31	97.01	96.24
造　纸	100.86	101.66	106.80	91.65	115.01	102.34	93.70	93.00
纸制品制造	99.68	99.97	102.01	100.31	100.64	101.11	97.63	96.82
印刷和记录媒介复制业	100.25	100.60	110.02	96.10	101.28	100.97	99.38	99.43
印　刷	100.21	100.57	110.19	96.12	101.29	100.97	99.38	99.43
装订及其他印刷服务活动	100.00	103.93	95.79					
文教、工美、体育和娱乐用品制造业	99.93	100.10	101.21	99.95	100.07	103.66	100.68	100.51
文教办公用品制造	99.68	100.22	100.64	99.21	100.15	113.98	102.02	99.06
体育用品制造	100.00	100.00	101.37	100.07	99.99	96.40	99.31	98.78
乐器制造	100.00	100.00	104.53	100.91	102.79	105.66	101.63	107.23
玩具制造	100.34	100.18	99.50	99.96	100.13	98.56	98.61	100.38
化学原料和化学制品制造业	95.64	113.03	113.05	100.32	104.05	101.37	101.07	99.55
基础化学原料制造	95.30	114.79	114.85	87.66	115.02	94.33	101.68	98.92
肥料制造	97.47	110.30	136.97	101.07	101.40	100.00	100.00	100.00
涂料、油墨、颜料及类似产品制造	93.97	103.54	100.86	99.99	104.41	103.51	100.68	99.88
合成材料制造	97.08	108.74	105.86	94.36	99.99	99.86	95.74	97.69
专用化学产品制造	101.68	103.03	104.17	109.14	99.77	100.64	102.82	99.84
日用化学产品制造	106.93	101.70	101.61	108.40	100.29	102.19	102.72	98.62
医药制造业	101.32	99.95	100.72	101.86	104.45	102.55	100.92	99.96
化学药品制剂制造	101.31	99.94	100.62	100.62	100.17	93.30	96.08	98.27
中成药制造	101.70	100.08	101.01	100.79	103.02	107.29	104.15	101.36
兽用药品制造	97.49	100.00	100.79	101.22	100.79	100.99	110.58	100.00
化学纤维制造业	103.73	104.06	91.88	87.16	122.09	131.26	90.84	94.92
合成纤维制造	103.73	104.06	91.88	87.16	122.09	131.26	90.84	94.92
橡胶和塑料制品业	100.65	104.06	109.27	99.35	103.87	106.35	99.67	99.01
橡胶制品业	100.65	100.46	109.27	99.10	104.50	106.50	101.77	97.08

11－10 续表3 （以上年价格为100）

项　　目	2006年	2007年	2008年	2009年	2010年	2011年	2012年	2013年
塑料制品业	100.32	100.56	103.44	94.34	102.29	103.47	99.62	99.05
非金属矿物制品业	100.76	99.40	102.51	100.71	104.21	105.78	97.22	98.61
水泥、石灰和石膏的制造	101.59	100.00	90.83	100.00	122.26	113.60	84.12	98.99
石膏、水泥制品及类似制品制造	103.96	101.07	119.03	101.57	100.18	113.55	92.23	91.98
砖瓦、石材等建筑材料制造	100.54	100.26	101.88	100.48	101.43	104.72	100.37	100.01
玻璃制造	100.06	97.77	98.89	101.86	99.05	98.98	96.99	97.61
石墨及其他非金属矿物制品制造	100.00	100.00	100.00	100.00	100.00	131.10	101.63	101.26
黑色金属冶炼和压延加工业	92.17	109.28	125.20	82.26	109.86	109.84	89.06	92.94
炼　钢						114.75	85.52	97.80
黑色金属铸造							105.76	99.57
钢压延加工	91.76	109.55	134.19	81.49	107.47	107.85	89.81	90.70
铁合金冶炼	100.88	100.70	125.08	98.77				
有色金属冶炼和压延加工业	126.27	102.38	92.35	80.79	114.82	111.43	94.71	94.73
常用有色金属冶炼	148.72	123.10	64.88	81.46				
稀有稀土金属冶炼	77.51	93.97	146.90	66.80	88.80			
有色金属合金制造	111.24	101.64	97.73	93.16	111.40			
有色金属压延加工	126.23	102.33	92.35	82.91	118.52	111.43	94.71	94.73
金属制品业	98.40	99.74	104.98	99.44	100.18	97.44	98.36	97.78
结构性金属制品制造	98.40	99.35	102.63	99.92	99.39	99.75	99.70	100.10
金属工具制造	95.92	93.49	110.79	102.69	105.63	110.87	102.18	81.02
金属丝绳及其制品的制造	97.64	104.89	111.46	89.22	103.14	112.33	93.81	91.11
搪瓷制品制造	100.04	99.92	100.00	99.46	100.00	100.00	100.00	100.00
金属制日用品制造	100.30	100.00	100.00	99.98	100.91	100.06	100.24	99.98
通用设备制造业	97.12	98.90	111.56	93.31	104.93	106.24	100.86	100.29
锅炉及原动机制造	97.03	95.23	98.28	94.21	102.45	102.24	97.57	100.10
金属加工机械制造	100.00	101.45	105.49	100.87	99.74			

11－10　续表4　　　　　　　　（以上年价格为100）

项　　目	2006年	2007年	2008年	2009年	2010年	2011年	2012年	2013年
泵、阀门、压缩机及类似机械的制造	109.91	107.62	107.29	88.54	103.25	103.06	102.44	99.51
轴承、齿轮和传动部件制造	95.32	98.30	119.00	92.30	105.62	112.23	104.23	101.09
烘炉、风机、衡器、包装等设备制造	100.55	98.63	105.17	99.55	100.42	100.73	99.90	101.45
金属铸、锻加工	92.43	101.02	120.07	95.10	109.25	109.60		
专用设备制造业	98.73	97.45	95.27	99.27	99.76	101.16	102.38	101.43
采矿、冶金、建筑专用设备制造	95.01	90.07	103.61	97.68	100.03	103.88	101.52	100.08
化工、木材、非金属加工专用设备制造	98.39	98.40	96.82	98.47	100.92	96.17	97.18	100.09
食品、饮料、烟草及饲料生产专用设备制造	100.05	100.11	100.00					
农、林、牧、渔专用机械制造	99.11	100.00	109.26	100.00				
医疗仪器设备及器械制造	100.17	101.88	102.04	99.95	100.00	99.76	97.18	100.00
环保、社会公共服务及其他专用设备制造	100.00	94.33	84.36	101.27	98.98	99.81	104.02	102.84
汽车制造业	100.34	99.04	98.69	98.52	99.89	98.83	99.05	98.67
汽车整车制造	100.24	98.96	98.80	98.47	99.66	98.58	99.91	96.86
汽车零部件及配件制造							98.31	100.16
铁路、船舶、航空航天和其他运输设备制造业							104.76	100.68
船舶及相关装置制造	102.09	99.53	97.40	98.93	100.89	99.61	104.76	100.68
电气机械和器材制造业	116.95	106.43	95.66	95.78	104.61	105.91	99.14	97.39
电机制造	105.87	106.95	106.45	98.39	93.76	103.17	100.65	102.81
输配电及控制设备制造	107.21	104.38	95.07	96.73	98.25	99.32	98.00	100.75
电线、电缆、光缆及电工器材制造	134.56	109.13	94.93	77.57	132.75	119.92	99.40	97.67
电池制造	126.45	107.59	87.01	95.21	102.06	100.58	96.30	82.28
照明器具制造	100.37	97.76	106.10	106.56	98.15	101.97	100.71	100.33
计算机、通信和其他电子设备制造业	89.83	95.41	97.09	94.79	98.04	89.62	101.05	99.79
计算机制造	89.25	96.05	96.59	94.08	97.70	87.69	101.17	99.76
通信设备制造	98.65	98.22	97.63	97.30	94.93	100.02	99.86	100.29
广播电视设备制造						98.56	96.69	88.48
视听设备制造	90.03	95.56	101.50	102.79	101.32	144.89	103.33	101.61
电子器件制造	90.24	91.21	99.79	97.19	98.16	97.79	100.54	100.52
电子元件制造	100.33	100.87	101.95	98.51	100.44	98.35	99.76	98.83

11－10 续表5 （以上年价格为100）

项　　目	2006年	2007年	2008年	2009年	2010年	2011年	2012年	2013年
仪器仪表制造业	100.93	103.13	103.20	97.36	100.39	100.15	99.58	100.00
通用仪器仪表制造		101.42	112.75	99.61	100.61	100.76	98.99	100.59
专用仪器仪表制造	100.17	100.00	100.00	100.00	100.00			
钟表与计时仪器制造	100.97	103.30	103.40	96.83	100.68	99.43	99.83	99.95
光学仪器及眼镜制造	101.54	106.62	98.00	99.52	99.26	97.44	98.65	99.17
电力、热力生产和供应业	100.52	100.94	100.43	102.29	100.39	99.67	103.64	100.24
电力生产	100.86	102.36	100.00	105.24	98.45	99.04	106.24	100.01
电力供应	100.35	100.25	100.64	100.76	101.48	99.95	102.50	100.35
燃气生产和供应业	113.49	112.83	105.57	85.33	142.47	147.48	107.49	97.62
水的生产和供应业	103.77	101.18	101.50	116.77	101.16	106.58	101.85	99.77
自来水的生产和供应	103.77	101.18	101.50	116.77	101.16	106.58	101.85	99.77
四、按工业部门分								
冶金工业	108.82	106.08	113.20	85.72	109.91	109.00	90.63	93.62
电力工业	100.52	100.94	100.43	102.29	100.39	99.67	103.64	100.24
煤炭及炼焦工业	112.62	117.68	99.82	94.02	136.83	107.90	89.11	87.80
石油工业	114.62	106.26	113.33	71.21	159.04	148.81	107.70	97.54
化学工业	100.01	103.05	104.44	95.60	107.49	113.11	96.18	97.82
机械工业	95.69	97.19	97.66	95.46	100.58	94.92	100.73	99.36
建筑材料工业	101.07	100.53	104.77	101.20	104.27	105.10	97.20	98.57
森林工业	102.95	106.20	104.03	100.26	100.03	103.17	104.75	102.93
食品工业	99.78	103.28	106.56	99.82	102.73	107.85	105.97	101.49
纺织工业	100.77	105.58	95.41	92.61	108.22	117.35	93.21	98.03
缝纫工业	101.59	101.06	102.67	101.47	100.07	100.81	96.23	99.51
皮革工业	102.75	102.06	98.31	101.66	102.01	100.94	101.05	104.61
造纸工业	100.03	100.44	103.34	97.44	105.69	101.31	97.01	96.24
文教艺术用品工业	100.18	100.43	107.20	98.42	100.52	101.58	99.74	99.81
其它工业	102.07	102.33	102.75	102.28	101.59	100.28	100.52	99.84

11－11　工业生产者购进价格指数

（以上年价格为100）

项　　目	2006年	2007年	2008年	2009年	2010年	2011年	2012年	2013年
工业生产者购进价格指数	**101.76**	**101.83**	**109.90**	**92.78**	**106.69**	**109.91**	**96.82**	**96.75**
燃料、动力类	104.84	100.98	115.32	101.59	104.04	103.84	104.96	100.44
黑色金属材料类	92.48	108.44	130.93	76.52	107.76	109.08	88.26	93.05
#钢　材	91.85	105.15	120.07	79.85	107.14	108.97	88.24	93.03
其　它	95.13	129.18	164.98	68.00	109.65	111.57	88.83	93.52
有色金属材料和电线类	130.05	107.22	99.36	88.31	111.25	114.97	90.38	93.33
化工原料类	101.1	103.58	114.03	80.28	114.18	107.81	97.81	97.79
木材及纸浆类	98.18	99.30	109.71	93.03	103.19	101.98	100.21	99.42
建筑材料及非金属矿类	92.16	101.45	117.29	90.99	104.34	105.46	99.59	102.82
其它工业原材料及半成品类	103.84	96.79	96.97	98.93	100.87	106.09	100.54	96.94
农副产品类	100.43	104.71	105.80	102.46	117.43	130.35	103.12	103.47
纺织原料类	101.94	100.78	99.61	93.90	101.81	107.45	99.97	100.57
按大类行业分：								
农　业						121.24	103.77	103.76
林　业						100.00	100.00	98.88
畜牧业						100.40	100.18	100.88
渔　业						115.64	111.99	99.09
农、林、牧、渔服务业						191.71	100.26	101.92
煤炭开采和洗选业						120.87	103.52	94.92
黑色金属矿采选业						100.00	100.00	100.00
非金属矿采选业	144.86	113.95	112.30	157.25	101.07	111.24	99.02	106.11
农副食品加工业	103.44	103.49	111.88	91.28	107.64	106.62	98.51	101.25
食品制造业	101.62	103.60	111.80	90.93	103.14	101.79	106.36	107.10
饮料制造业	102.84	101.38	111.25	95.22	102.39	141.22	100.10	100.05
纺织业	102.79	105.02	104.16	88.33	117.41	107.45	99.97	100.57

11－11 续表 （以上年价格为100）

项目	2006年	2007年	2008年	2009年	2010年	2011年	2012年	2013年
皮革、毛皮、羽毛（绒）及其制品业	103.57	101.42	101.52	91.12	106.54	96.46	95.19	98.53
木材加工及木、竹、藤、棕、草制品业	102.88	109.43	116.78	85.11	102.59	102.27	100.60	99.96
家具制造业		98.05	111.21		103.77			
造纸及纸制品业	98.57	100.44				101.48	99.51	98.48
印刷业和记录媒介的复制	96.56	100.60	112.83	90.68	101.55			
文教体育用品制造业	97.43	100.10	106.26	89.65	100.74			
石油加工、炼焦及核燃料加工业						132.83	99.74	98.47
化学原料及化学制品制造业	100.01	113.03	117.98	85.65	105.99	111.11	105.27	100.69
医药制造业	103.83	99.95	109.69	98.39	104.34	102.47	101.03	98.55
化学纤维制造业		104.06				104.77	83.83	91.94
橡胶制品业		100.46	100.00					
塑料制品业	101.23	100.56	106.71	86.09	115.21	100.89	97.49	97.53
非金属矿物制品业	96.45	99.40	118.91	99.82	103.09	100.48	100.14	99.99
黑色金属冶炼及压延加工业	92.52	109.28	133.58	74.38	124.20	109.09	88.26	93.05
有色金属冶炼及压延加工业	127.51	102.38	101.03	80.40	116.34	114.97	90.38	93.33
金属制品业	97.30	99.74	111.70	99.16	102.72	100.00	100.00	99.27
通用设备制造业	110.89	98.90	107.67	78.36	114.72	109.60	100.42	97.12
专用设备制造业		97.45	110.06		102.34	100.00	100.00	100.00
交通运输设备制造业	104.72	99.04	114.86	81.50	106.86	100.02	99.98	99.73
电气机械及器材制造业	110.22	106.43	101.96	86.62	106.63	104.79	95.13	96.68
通讯设备、计算机及其他电子设备制造业	99.17	95.41	100.02	98.12	100.05	106.00	102.39	93.93
仪器仪表及文化、办公用机械制造业	102.82	103.13	99.69	96.00	101.29	100.00	100.00	100.00
废弃资源和废旧材料回收加工业								
电力、热力的生产和供应业	100.23	100.94	106.10	106.52	97.62	100.71	105.27	100.95
燃气生产和供应业	115.44	112.83	114.28	79.08	118.71	140.75	100.00	100.00
水的生产和供应业	102.54	101.18	108.23	95.09	102.01	108.12	102.61	100.00

11－12　物业服务价格指数

（以上年价格为100）

项　　目	2005年	2006年	2007年	2008年	2009年	2010年	2011年	2012年	2013年
物业服务价格指数	**100.3**	**100.0**	**100.1**	**100.0**	**100.2**	**100.0**	**100.0**	**100.1**	**100.4**
一、住　宅	99.9	100.0	100.0	100.0	100.0	100.0	100.0	100.1	100.4
（一）普通住宅	100.0	100.0	100.0	100.0	100.0	100.0	100.0	100.1	100.9
（二）高档住宅	99.3	100.0	100.0	100.0	100.0	100.0	100.0	100.0	100.0
（三）经济适用房	100.0	100.0	100.0	100.0			100.0	100.0	100.0
二、办公楼	103.4	100.1	100.3	100.0	102.5	100.0			
（一）写字楼	104.3	100.0	100.2	100.0					
（二）普通办公用房	100.0	100.4	100.4	100.0					
三、商业娱乐用房	100.0	100.0	100.0	100.0	100.0	100.0			
四、工业仓储用房	100.0	100.0	100.0	100.0	100.0	100.0			
（一）工业厂房	100.0	100.0	100.0	100.0					
（二）其　他									

注：从2011年开始，国家统计制度只统计住宅类物业管理价格指数。

11－13 住宅租赁与销售价格指数

（以上年价格为100）

项　　目	2005年	2006年	2007年	2008年	2009年	2010年	2011年	2012年	2013年
住宅租赁价格指数	100.4	101.4	103.0	102.6	100.6	108.2	103.7	101.4	105.6
普通住宅	100.6	101.5	102.9	102.3	100.5	109.8	103.8	101.3	105.0
高档住宅		101.7	103.4	105.4	102.1	106.0	102.5	101.6	107.3
新建住宅销售价格指数	104.9	108.3	108.1	104.4	99.5	106.3	103.7	100.0	109.4
#新建商品住宅							103.8	100.0	109.5
二手住宅销售价格指数	102.9	105.2	104.0	103.8	100.9	100.0	99.2	95.2	106.2

11－14 土地交易价格指数

（以上年价格为100）

项　　目	2004年	2005年	2006年	2007年	2008年	2009年	2010年	2011年	2012年	2013年
土地交易价格指数	**112.3**	**118.6**	**107.9**	**117.1**	**107.7**	**110.4**	**112.0**	**105.0**	**101.4**	**101.8**
居住用地	112.7	118.5	107.8	118.6	107.5	112.4	114.3	105.0	101.4	101.4
高档住宅用地					99.5		103.5	101.8	100.0	100.0
普通住宅用地	112.7	118.5	107.8	118.6	107.7	112.8	112.5	105.2	101.4	101.4
经济适用房用地								100.0	100.0	100.0
工业仓储用地					99.9	95.7	101.6	101.5	100.8	100.3
商业、旅游、娱乐用地	111.2	109.0	108.3	111.7	99.4	95.4	110.2	105.0	101.4	101.6
其他用地	110.5		107.2	110.7		105.0		100.0	100.0	100.0

主要统计指标解释

居民消费价格指数 是度量一组代表性消费商品及服务项目价格水平随着时间而变动的相对数，是反映居民家庭购买并用于消费的商品及服务项目价格水平变动趋势和变动幅度的统计指标。它是分析和制定货币政策、价格政策、居民消费政策、工资政策以及进行国民经济核算的重要依据，其按年度计算的变动率通常被用来作为反映通货膨胀（紧缩）程度的指标。

农业生产资料价格指数 是度量一组代表性农业生产资料价格水平随着时间而变动的相对数。它是反映工业、商业及其他单位和个人向农民出售的农业生产资料价格水平变动趋势和变动幅度的统计指标，它是制定相关的经济政策及国民经济核算的重要依据。

工业生产者出厂价格指数 是反映工业生产者出厂价格在一定时期内变动幅度的相对数。工业生产者出厂价格是工业品进入流通领域的初始价格，是制定其他销售价格的基础。通过它可以观察轻工业与重工业、生产资料与生活资料及部门工业产品价格的变动趋势和变动幅度，消除价格变动因素，真实反映工业产品实际价值量。

工业生产者购进价格指数 是反映工业企业在一定时期内所购进的原材料和能源价格变动幅度的相对数。通过它可以观察工业企业购进各类原材料和能源价格变动趋势和变动幅度及其对生产成本、效益的影响程度。

固定资产投资价格指数 是反映固定资产投资价格在一定时期内变动幅度的相对数。通过它可以观察建筑安装工程（含材料费、人工费等项目）、设备工器具购置费和其他费用等方面的价格变动趋势和变动幅度，消除按现价计算的固定资产投资指标中的价格变动因素，反映固定资产投资的真实规模、速度、结构和效益。

房地产价格指数 是反映房地产价格在一定时期内变动幅度的相对数。通过它可以观察土地交易、房屋销售、房屋租赁等方面的价格变动趋势和变动幅度，消除按现价计算的房地产投资中的价格变动因素，反映房地产投资的真实规模、速度和结构。

商品零售价格指数 是反映城市商品零售价格变动趋势的一种经济指数。零售物价的调整变动直接影响到城市居民的生活支出和国家的财政收入，影响居民购买力和市场供需平衡，影响消费与积累的比例。因此，计算零售价格指数，可以从一个侧面对上述经济活动进行观察和分析。

12 财政金融

12－1　主要年份财政收入及支出总额

单位:万元

年　份	地方财政收入		财政支出	
	全　市	市　区	全　市	市　区
1952	2911	1900	1501	
1957	5654	3957	2823	
1962	9553	6071	2997	
1965	10039	6991	4233	
1970	13052	10544	6832	
1975	16454	13465	8834	
1978	24042	19395	12848	
1979	22754	18179	15139	
1980	26401	21191	14464	
1981	27007	21660	15996	
1982	27902	21258	19163	
1983	30441	21916	.20214	
1984	33027	25211	23504	
1985	51403	42215	39153	
1986	59296	47000	47064	
1987	68027	52651	52766	
1988	83294	62608	67545	38900
1989	100509	73624	78579	46590
1990	109448	77937	82816	46874
1991	119982	83846	95044	53929
1992	140189	98883	116521	67717
1993	213876	154241	166165	100726
1994	209931	148598	218231	136688
1995	258210	177692	274524	173813
1996	301576	205303	351845	229028
1997	350492	240490	356722	232799
1998	425350	299683	422864	266142
1999	500927	342630	485320	298161
2000	553534	379777	540439	339490
2001	685594	486041	633398	398452
2002	704395	473016	684145	416347
2003	836582	553535	822748	486663
2004	1071070	734463	951458	563094
2005	1276777	871658	1189934	712767
2006	1525163	1036616	1423025	834788
2007	1465641	1020567	1430922	839360
2008	1688559	1132545	1781952	993916
2009	1952612	1264771	2050925	1067934
2010	2478206	1612563	2624208	1261659
2011	3200356	2023382	3633008	1664033
2012	3820151	2301127	4107344	1769500
2013	4539690	2689062	5338424	2525064

注:本表2007年起地方财政收入、财政支出为地方财政一般预算收入和一般预算支出口径。

12－2 财政收入主要指标

单位:万元

项　　　目	2009 年	2010 年	2011 年	2012 年	2013 年	2013 年比 2012 年增长 (%)
地方财政一般预算收入	**1952612**	**2478206**	**3200356**	**3820151**	**4539690**	**18.8**
# 增值税	248558	251099	291191	347978	463077	33.1
营业税	596888	736861	895716	1102551	1259860	14.3
企业所得税	219203	313955	404238	507810	589336	16.1
个人所得税	125809	154288	190076	191075	231932	21.4
城市维护建设税	74924	94267	153560	183040	207478	13.4
房产税	73911	81276	97719	97558	149351	53.1
印花税	31294	45120	58747	59901	75513	26.1
城镇土地使用税	53652	53605	55958	45605	83698	83.5
土地增值税	104367	186659	323493	386526	549507	42.2
车船税	11449	13766	16544	25129	30730	22.3
耕地占用税	24833	24159	46949	59925	46409	－22.6
契　税	102174	194050	238768	138792	232269	67.4
国有资本经营收入	35549	55549	69730	131625	71573	－45.6
国有(资源)资产有偿使用收入	68771	69791	82562	204899	167233	－18.4
行政事业性收费收入	101147	102509	127125	151573	190788	25.9
罚没收入	37385	47170	57369	72141	67609	－6.3
专项收入	38213	46526	74418	85920	98573	14.7
其他收入	1589	4764	13697	25630	22454	－12.4
政府性基金收入	**1399517**	**4195406**	**5314329**	**3113915**	**5095310**	**63.6**

12－3 财政支出主要指标

单位:万元

项　　目	2009 年	2010 年	2011 年	2012 年	2013 年	2013 年比 2012 年增长 (%)
地方财政一般预算支出	**2050925**	**2624208**	**3633008**	**4107344**	**5338424**	**30.0**
#一般公共服务	286806	304557	374367	453581	517438	14.1
国　防	5137	6673	9416	13412	19647	46.5
公共安全	161429	193636	252845	275611	324067	17.6
教　育	458679	559878	713825	957850	1081133	12.9
科学技术	33118	41759	49275	64780	86258	33.2
文化体育与传媒	35321	39185	59263	76458	100835	31.9
社会保障和就业	235367	262489	362696	384223	439851	14.5
医疗卫生	144805	181654	276710	310077	379715	22.5
节能环保	31874	42909	62266	65834	74732	13.5
城乡社区事务	153692	245784	362925	458111	920065	100.8
农林水事务	113531	147086	291350	298982	379070	26.8
交通运输	31975	65554	279739	216383	185829	－14.1
资源勘探电力信息等事务	50434	69998	97377	121486	229206	88.7
商业服务业等事务	46430	66295	89169	87113	100611	15.5
金融监管等事务支出	98	60	2542	719	3806	429.3
地震灾后恢复重建支出	4013	7227				
国土资源气象等事务	36323	26861	33870	30263	46971	55.2
住房保障支出	33094	51628	92261	77993	104905	34.5
粮油物资储备管理事务	13432	13291	13847	16533	24250	46.7
其它支出	221127	297362	204426	177484	255947	44.2
政府性基金支出	**1022618**	**3183141**	**5579487**	**3476974**	**5149274**	**48.1**

12－4 按县(市)区分财政收入主要指标

(2013 年)　　　　单位:万元

项　　目	福州市	市　区	鼓楼区	台江区	仓山区	晋安区	马尾区
一、财政总收入	**6891212**	**4126805**	**472319**	**260847**	**306073**	**271126**	**243402**
(一)地方财政收入	4539690	2689062	298802	160114	208448	179840	145499
税收收入	3921460	2411089	248987	142201	177475	162530	124962
增值税	463077	295936	36898	22338	20489	23669	25568
营业税	1259860	688735	54956	30588	40978	52839	24787
企业所得税	589336	394222	73448	28172	27365	26093	29925
个人所得税	231932	167438					655
资源税	2300	85	85				
城市维护建设税	207478	136007	13775	7013	9767	12070	8128
房产税	149351	96848	30689	14369	13622	9855	11542
印花税	75513	47821	11781	3735	4361	8390	5766
城镇土地使用税	83698	46779	7855	3168	13094	8386	10300
土地增值税	549507	339787	19500	32818	47799	21228	8195
车船税	30730	22629					20
耕地占用税	46409	1162					
契　税	232269	173640					76
非税收入	618230	277973	49815	17913	30973	17310	20537
专项收入	98573	51457	5534	2995	4045	4980	3493
行政事业性收费收入	190788	80052	4431	1781	2370	2286	5188
罚没收入	67609	32012	1210	309	1193	796	2278
国有资本经营收入	71573	30492	21803	488	785	488	5751
国有资源(资产)有偿使用收入	167233	71755	16385	11408	21041	2743	3403
其他收入	22454	12205	452	932	1539	6017	424
(二)上划中央收入	2351522	1437743	173517	100733	97625	91286	97903
二、政府性基金收入	**5095310**	**2474895**			**－4**	**184**	**267337**

注:马尾区统计口径包含琅岐经济区及保税区,上划中央消费税包含成品油消费税132万元。

12－4 续表 （2013年） 单位：万元

项目	福清市	长乐市	闽侯县	连江县	罗源县	闽清县	永泰县	平潭县
一、财政总收入	**638433**	**474645**	**740668**	**378802**	**172129**	**116148**	**71273**	**172309**
（一）地方财政收入	431953	283511	478970	286076	122628	63232	50275	133983
税收收入	334457	242536	379997	240583	109279	52246	38586	112687
增值税	41071	37539	42478	13936	10621	12559	4094	4843
营业税	108612	69572	154306	104323	54712	9994	13609	55997
企业所得税	50016	38608	39375	27410	10371	9353	5090	14891
个人所得税	12666	17631	13804	7955	4313	2515	1312	4298
资源税	29	42	316	502	408	764	133	21
城市维护建设税	19389	14259	19942	5607	4475	2778	1160	3861
房产税	15864	13468	12530	4496	3115	1459	677	894
印花税	6815	5564	5514	3671	2174	805	598	2551
城镇土地使用税	12228	10596	9191	1598	1555	961	302	488
土地增值税	45243	20050	58006	49244	12975	5733	2968	15501
车船税	3224	1680	750	575	297	447	195	933
耕地占用税	6213	9637	9561	7977	536	1694	4335	5294
契　税	13087	3890	14224	13289	3727	3184	4113	3115
非税收入	97496	40975	98973	45493	13349	10986	11689	21296
专项收入	8763	8342	13581	5361	4000	3281	1382	2406
行政事业性收费收入	42809	14053	16951	11968	4509	3964	6836	9646
罚没收入	9838	4335	3298	6750	2619	953	1382	6422
国有资本经营收入	15910	10750	2134	11331	542	155	257	2
国有资源（资产）有偿使用收入	18134	3372	63009	3076	1044	2615	1437	2791
其他收入	2042	123		7007	635	18	395	29
（二）上划中央收入	206480	191134	261698	92726	49501	52916	20998	38326
二、政府性基金收入	**462075**	**437132**	**878314**	**260270**	**95963**	**48925**	**122018**	**315718**

12－5　按县(市)区分财政支出主要指标

(2013 年)

单位:万元

项　　目	福州市	市　区	鼓楼区	台江区	仓山区	晋安区	马尾区
地方财政一般预算支出	**5338424**	**2525064**	**249214**	**132805**	**201185**	**166112**	**308222**
一般公共服务	517438	218707	33475	16942	22745	19805	33801
国　防	19647	5381	726	427	473	497	387
公共安全	324067	175690	17805	5809	5710	6467	16701
教　育	1081133	399200	68952	35780	55631	34558	42303
科学技术	86258	54726	5132	2324	5233	2949	12155
文化体育与传媒	100835	44854	5778	1248	2443	1694	8561
社会保障和就业	439851	221692	18110	13504	15786	21161	12376
医疗卫生	379715	127348	10956	8892	16100	16605	11120
节能环保	74732	29172	879	554	1400	6763	4548
城乡社区事务	920065	645757	42156	18539	17734	25270	54360
农林水事务	379070	70928	751	30	5096	6807	11206
交通运输	185829	99334	113		19	6321	1572
资源勘探电力信息等事务	229206	108852	14715	3158	9688	5504	34204
商业服务业等事务	100611	54746	10070	1204	4413	1871	2532
金融监管等事务支出	3806	3398					113
援助其他地区支出	2368	2368					2368
国土资源气象等事务	46971	13581	60	75	79	663	919
住房保障支出	104905	53411	6229	12290	11346	5478	6634
粮油物资储备管理	24250	15521					1222
国债还本付息支出	61720	43924		248			2471
其他支出	255947	136474	13307	11781	27289	3699	48669
政府性基金支出	**5149274**	**2505070**	**49005**	**19941**	**28490**	**58004**	**358618**

注:马尾区统计口径包含琅歧经济区及保税区。

12－5 续表 （2013 年） 单位：万元

项目	福清市	长乐市	闽侯县	连江县	罗源县	闽清县	永泰县	平潭县
地方财政一般预算支出	**548373**	**351839**	**573559**	**402379**	**185651**	**145195**	**162685**	**443679**
一般公共服务	62562	40505	52509	38649	23856	14299	18569	47782
国防	1223	1963	7134	995	363	962	615	1011
公共安全	29228	28584	26127	21802	11163	8765	8087	14621
教育	158671	94173	162253	120854	37703	31054	37925	39300
科学技术	9670	4502	7815	5219	2387	1113	288	538
文化体育与传媒	10321	7367	15237	14156	2373	1719	1974	2834
社会保障和就业	41657	34009	28664	28218	17442	17612	18812	31745
医疗卫生	65135	33110	50753	35406	14284	13498	18947	21234
节能环保	6123	7437	7735	8077	5840	4413	2455	3480
城乡社区事务	30813	9811	82773	20866	7505	1735	3416	117389
农林水事务	51219	29539	46336	54335	28575	20312	26469	51357
交通运输	4248	5960	4851	26266	9321	4790	4350	26709
资源勘探电力信息等事务	6601	34676	32226	4343	13720	6115	8455	14218
商业服务业等事务	5029	5751	4048	2647	1007	1277	1707	24399
金融监管等事务支出		242			41			125
援助其他地区支出								
国土资源气象等事务	3437	2637	2852	4412	2833	885	1231	15103
住房保障支出	9356	3281	10200	3466	3014	2900	1866	17411
粮油物资储备管理	1793	1494	2667	953	339	387	297	799
国债还本付息支出	471	272	354	9000	133		2483	5083
其他支出	50816	6526	29025	2715	3752	13359	4739	8541
政府性基金支出	**487300**	**441427**	**865151**	**274124**	**102934**	**59418**	**108884**	**304966**

12－6 主要年份金融机构存贷款与现金收支情况

（1978－2013年）

单位：万元

年 份	存款余额	#居民储蓄	贷款余额	现金收入	现金支出	现金投放(＋)回笼(－)
1978	77601	18146	91467			
1979	87455	21716	110420			
1980	151201	29903	138097			
1981	192536	41758	162162			
1982	235293	54044	187095			
1983	265148	70007	204568			
1984	440563	92956	291742	144450	137737	－6713
1985	289820	123555	302934	383319	375659	－7660
1986	378241	166508	366741	462191	456342	－5849
1987	452925	215917	418577	646827	633915	－12912
1988	484704	235407	469953	978225	971666	－6559
1989	618937	350188	559900	1247421	1159087	－88334
1990	854105	518540	677153	1465438	1334921	－130517
1991	1133491	688703	788927	1800124	1684068	－116056
1992	1568301	906030	995055	2605957	2493969	－111988
1993	1817095	1055894	1346071	4282713	4232547	－50166
1994	2566545	1593746	1562959	6604709	6357429	－247280
1995	3971395	2319383	2360780	9698914	9474265	－224649
1996	5184852	3195935	2956459	14524717	14421509	－103208
1997	6078105	3783654	3777974	26480153	26556120	75967
1998	6875763	4355716	4196271	32797002	33003793	206791
1999	9906340	5030220	7970215	37992443	38200333	207890
2000	10338457	4844713	8830450	48839192	48872901	33709
2001	12510171	5590916	11571483	65356687	65345969	－10718
2002	13905993	7106162	11577911	52134542	52131880	－2662
2003	16964051	8762245	13672072	56542003	56509394	－32609
2004	20188730	9962729	15559772	67938302	67730873	－207428
2005	23757542	11550362	17727789	64996351	64815137	－181213
2006	28962492	13113823	21795935	70321239	70074039	－247199
2007	32901090	13753667	26404521	76664702	76248330	－416372
2008	38587590	17098954	30782212	63226947	62801264	－425683
2009	47405776	20475958	40543634	59722733	59318140	－404594
2010	59094203	23269619	49539105	62866429	62558717	－307712
2011	67069357	25422699	58354307			－406530
2012	76357112		66445336			
2013	87202642		77387392			61399

注：1. 本表为中资金融机构的人民币数据，下同。2. 2011年起取消现金收支情况表。

12－7 金融机构信贷资金来源与资金运用

单位:万元

项 目	2012 年	2013 年
资金来源合计	**75931630**	**88073111**
各项存款年末余额	76357112	87202642
单位存款	40049368	45820722
个人存款	30005245	33447268
财政性存款	4146823	4979342
临时性存款	241170	297910
委托存款	218604	467628
其他存款	1695901	2189772
金融债券	3	299292
应付及暂收款	1420516	2001440
同业往来	1747073	2928491
外汇买卖	1542049	2548099
各项准备	1209190	1548209
所有者权益	2897860	3291790
#实收资本	862532	936295
其 他	－9242172	－11746852
资金运用合计	**75931630**	**88073111**
各项贷款年末余额	66445336	77387392
境内贷款	66297851	77244873
短期贷款	21434297	24465448
中长期贷款	44025293	51556065
票据融资	725033	896162
各项垫款	113228	327197
境外贷款	147485	142518
有价证券	1839167	1849871
股权及其他投资	630273	2490515
应收及预付款	657564	1007579
同业往来	1130281	1074503
系统内资金往来	2543248	226876
外汇买卖	1540915	2568999
固定资产	671347	839836
库存现金	473499	627539

12-8 按县(市)区分金融机构信贷资金主要指标

(2013年)

单位:万元

项目	福州市	市区	福清市	长乐市	闽侯县
一、金融机构各项存款余额	**87202642**	**64230205**	**6629986**	**5704050**	**3342276**
单位存款	45820722	36554620	1974743	2733807	1553921
个人存款	33447268	20843014	4560259	2589309	1685648
财政性存款	4979342	4155592	21340	226884	88779
临时性存款	297910	258069	1917	4705	8919
委托存款	467628	421025	33174	7205	3940
其他存款	2189772	1997884	38553	142140	1068
二、金融机构各项贷款余额	**77387392**	**60789842**	**4699061**	**5414426**	**1750142**
境内贷款	77244873	60675986	4688064	5406668	1748634
#短期贷款	24465448	16663935	2057764	3266665	744031
中长期贷款	51556065	42823237	2609051	2133665	998530
票据融资	896162	881033	2723	5447	6073
各项垫款	327197	307780	18526	891	
境外贷款	142518	113856	10997	7759	1508

项目	连江县	罗源县	闽清县	永泰县	平潭县
一、金融机构各项存款余额	**2784663**	**765800**	**945516**	**886131**	**1914015**
单位存款	1017274	332596	236592	327772	1089397
个人存款	1613207	379491	640282	520135	615924
财政性存款	138197	52543	68469	35297	192241
临时性存款	5963	247	166	2922	15003
委托存款	7	910			1367
其他存款	10016	13	7	6	84
二、金融机构各项贷款余额	**1622623**	**783668**	**427285**	**466119**	**1434227**
境内贷款	1616252	782696	427207	466094	1433274
#短期贷款	525158	276464	319469	211819	400143
中长期贷款	1091094	506231	106888	254275	1033094
票据融资			850		37
各项垫款					
境外贷款	6371	972	78	25	953

主要统计指标解释

财政收入 指国家财政参与社会产品分配所取得的收入,是实现国家职能的财力保证。财政收入所包括的内容几经变化,目前主要包括:

(1)各项税收:包括增值税、营业税、消费税、土地增值税、城市维护建设税、资源税、城市土地使用税、印花税、个人所得税、企业所得税、关税、农牧业税和耕地占用税等。

(2)专项收入:包括征收排污费收入、征收城市水资源费收入、教育费附加收入等。

(3)其他收入:包括基本建设贷款归还收入、基本建设收入、捐赠收入等。

(4)国有企业亏损补贴:这项为负收入,冲减财政收入。

财政支出 国家财政将筹集起来的资金进行分配使用,以满足经济建设和各项事业的需要,主要包括:基本建设支出、企业挖潜改造资金、地质勘探费用、科技三项费用、支援农村生产支出、农林水利气象等部门的事业费用、工业交通商业等部门的事业费、文教科学卫生事业费、抚恤和社会福利救济费、国防支出、行政管理费、价格补贴支出。

中央财政收入和地方财政收入 指按财政体制划分的中央本级收入和地方本级收入。1994 年分税制财政体制以后,属于中央财政的收入包括关税、海关代征消费税和增值税,消费税,中央企业所得税,地方银行和外资银行及非银行金融企业所得税,铁道、银行总行、保险总公司等集中缴纳的营业税、所得税、利润和城市维护建设税,增值税的 75% 部分,证券交易税(印花税)50% 部分和海洋石油资源税。属于地方财政的收入包括营业税,地方企业所得税,个人所得税,城镇土地使用税,固定资产投资方向调节税,城镇维护建设税,房产税,车船使用税,印花税,屠宰税,农牧业税,农业特产税,耕地占用税,契税,增值税 25% 部分,证券交易税(印花税)50% 部分和除海洋石油资源税以外的其他资源税。

中央财政支出和地方财政支出 指根据政府在经济和社会活动中的不同职责,划分中央和地方政府的责权,按照政府的责权划分确定的支出。中央财政支出包括国防支出,武装警察部队支出,中央级行政管理费和各项事业费,重点建设支出以及中央政府调整国民经济结构、协调地区发展、实施宏观调控的支出。地方财政支出主要包括地方行政管理和各项事业费,地方统筹的基本建设、技术改造支出,支援农村生产支出,城市维护和建设经费,价格补贴支出等。

存款 指机构和个人在保留资金或货币所有权条件下,以不可流通的存款凭证为依据,暂时让渡或接受资金使用权所形成的债权或债务。

贷款 指机构或个人在保留资金或或货币所有权的条件,以不可流通的贷款凭证或类似凭证为依据,暂时让渡或接受资金使用权所形成的债权或债务。

13 人民生活

13－1　人民生活基本情况

项　　目	单位	2005 年	2008 年	2009 年	2010 年	2011 年	2012 年	2013 年
就　业								
城镇居民家庭每户平均人口	人	3.11	3.10	3.14	3.08	3.11	3.15	2.90
城镇居民家庭每户平均就业人口	人	1.58	1.63	1.66	1.69	1.62	1.69	1.45
城镇居民家庭每户平均就业面	%	50.80	52.58	52.87	54.87	52.09	53.65	50.00
城镇居民家庭每一就业者平均负担人数	人	1.97	1.90	1.89	1.82	1.92	1.86	2.00
农村居民家庭每户平均常住人口	人	3.80	3.78	3.80	3.80	3.80	3.80	3.70
农村居民家庭每户整半劳动力	人	2.61	2.66	2.66	2.71	2.67	2.64	2.39
农村居民家庭每一劳动力平均负担人数	人	1.92	1.42	1.43	1.40	1.43	1.44	1.55
城镇登记失业率	%	3.35	3.30	3.29	3.14	2.36	2.37	2.42
收入与支出								
城镇居民人均可支配收入	元	12661	19009	20289	22723	26050	29399	32265
城镇居民人均消费性支出	元	8382	13541	14105	15778	17847	20040	21695
农村居民人均纯收入	元	5197	7142	7669	8543	10107	11492	12910
农村居民人均生活消费支出	元	3503	5080	5502	6071	7353	8336	9311
生活质量								
居民家庭恩格尔系数								
城　镇	%	43.51	42.60	40.24	38.95	37.66	38.70	36.95
农　村	%	46.93	46.81	45.17	45.48	44.80	44.20	43.10
居住条件								
城镇居民人均现住房建筑面积	平方米	25.74	28.06	30.39	31.22	33.18	32.36	37.03
农村居民人均住房使用面积	平方米	41.52	46.88	46.99	45.41	47.89	48.40	49.58
交通条件								
城镇每百户家庭拥有家用汽车	辆	2.61	10.34	13.21	13.35	19.55	22.11	24.36
农村每百户家庭拥有摩托车	辆	58.00	63.10	62.39	65.77	54.27	53.60	55.11
城市公用设施及占有率								
人均公园绿地面积	平方米	9.60	10.21	10.61	11.15	11.20	11.30	12.80
用气普及率	%	98.10	98.48	98.76	98.85	99.82	99.50	98.60

13－2 城乡居民家庭人均收支情况

（1978－2013 年）

年份	城镇居民人均可支配收入		城镇居民人均消费性支出		农村居民人均纯收入		农村居民人均生活消费支出	
	绝对数（元）	比上年增长（%）	绝对数（元）	比上年增长（%）	绝对数（元）	比上年增长（%）	绝对数（元）	比上年增长（%）
1978	295	3.15	288	3.20	129	21.7		
1979	304	3.05	298	3.47	131	1.55		
1980	314	3.29	308	3.36	135	3.05		
1981	346	10.19	316	2.60	187	38.52		
1982	415	19.94	379	19.94	221	18.18		
1983	450	8.43	402	6.07	287	29.86	243	
1984	506	12.44	453	12.69	349	21.60	273	12.38
1985	678	33.99	638	40.84	423	21.20	354	29.73
1986	829	22.27	771	20.85	463	9.46	404	14.13
1987	888	7.12	845	9.60	535	15.55	463	14.45
1988	1079	21.51	1023	21.07	689	28.79	599	29.48
1989	1332	23.45	1242	21.41	795	15.38	699	16.60
1990	1537	15.39	1381	11.19	864	8.68	765	9.43
1991	1639	6.64	1522	10.21	969	12.15	808	5.68
1992	2273	38.67	1820	19.56	1109	14.45	891	10.23
1993	2769	21.85	2281	25.33	1387	25.07	1141	28.17
1994	4108	48.34	3338	46.34	1801	29.85	1434	25.62
1995	4896	19.18	4021	20.47	2303	27.87	1818	26.78
1996	5545	13.25	4307	7.12	2847	23.62	2063	13.49
1997	6417	15.73	5150	19.58	3223	13.21	2329	12.90
1998	6857	6.85	5459	6.00	3490	8.28	2247	-3.54
1999	7098	3.52	5364	-1.75	3677	5.36	2420	7.69
2000	7944	11.92	6009	12.04	3860	4.98	2921	20.71
2001	8675	9.20	6213	3.39	4020	4.15	2746	-5.98
2002	9147	5.44	6635	6.80	4192	4.28	2811	2.39
2003	10123	10.66	7347	10.72	4402	5.01	2968	5.58
2004	11436	12.98	8042	9.46	4815	9.38	3217	8.39
2005	12661	10.71	8382	4.23	5197	7.93	3503	8.89
2006	14206	12.21	9595	14.47	5592	7.60	3904	11.43
2007	16642	17.14	11790	22.87	6286	12.41	4388	12.39
2008	19009	16.00	13541	14.85	7142	13.62	5080	15.77
2009	20289	9.10	14105	6.57	7669	7.38	5502	8.31
2010	22723	11.99	15778	11.85	8543	11.40	6071	10.33
2011	26050	14.64	17847	13.12	10107	18.30	7353	21.12
2012	29399	12.85	20040	12.29	11492	13.7	8336	13.4
2013	32265	9.75	21695	8.26	12910	12.34	9311	11.69

13－3 主要年份城镇居民家庭基本情况

年份	平均每户家庭人口（人）	平均每户就业人数（人）	平均每户就业面（%）	平均每一就业者负担人数（人）	平均每人年可支配收入（元）	平均每人年消费性支出（元）	平均每人居住面积（平方米）
1952	5.62	1.87	33.3	3.01	104	98	5.7
1957	5.37	2.22	41.3	2.42	152	141	6.1
1959	5.29	2.22	42.0	2.38	177	164	6.5
1962	4.94	2.26	45.7	2.19	168	158	6.8
1963	4.94	2.27	46.0	2.18	199	155	6.8
1964	4.93	2.28	46.2	2.16	177	167	6.9
1965	4.91	2.29	46.6	2.14	197	185	7.0
1966	4.89	2.29	46.8	2.14	203	191	7.2
1975	4.01	2.02	50.4	1.99	268	260	8.0
1978	3.90	2.02	51.8	1.93	295	288	8.2
1980	3.81	2.00	52.5	1.91	314	308	8.5
1981	3.75	2.00	53.3	1.88	346	316	8.6
1982	3.72	2.01	54.0	1.85	415	379	8.7
1983	3.68	2.00	54.3	1.84	450	402	8.7
1984	3.65	2.01	55.1	1.82	506	453	8.8
1985	3.62	2.00	55.2	1.81	678	638	8.8
1986	3.60	2.00	55.6	1.80	829	771	8.9
1987	3.56	2.02	56.7	1.76	888	845	9.0
1988	3.52	2.02	57.4	1.74	1079	1023	9.0
1989	3.50	2.01	57.4	1.74	1332	1242	9.2
1990	3.44	2.02	58.7	1.70	1537	1381	9.3
1991	3.47	2.00	57.6	1.74	1639	1522	9.3
1992	3.45	2.02	58.6	1.71	2273	1820	9.4
1993	3.39	2.00	59.0	1.70	2769	2281	11.6
1994	3.19	1.90	59.6	1.68	4108	3338	11.6
1995	3.17	1.84	58.0	1.72	4896	4021	11.6
1996	3.21	1.88	58.6	1.71	5545	4307	12.1
1997	3.21	1.88	58.6	1.71	6417	5150	12.4
1998	3.19	1.88	58.9	1.70	6857	5459	12.4
1999	3.23	1.86	57.6	1.74	7098	5364	12.5
2000	3.20	1.80	56.3	1.78	7944	6009	12.6
2001	3.23	1.82	56.3	1.77	8675	6213	14.9
2002	3.11	1.66	53.4	1.87	9147	6635	23.1
2003	3.12	1.69	54.2	1.85	10123	7347	24.8
2004	3.11	1.55	49.8	2.01	11436	8042	25.5
2005	3.11	1.58	50.8	1.97	12661	8382	25.7
2006	3.14	1.68	53.5	1.87	14206	9595	25.9
2007	3.10	1.68	54.2	1.85	16642	11790	26.8
2008	3.10	1.63	52.6	1.90	19009	13541	28.1
2009	3.14	1.66	52.9	1.89	20289	14105	30.4
2010	3.08	1.69	54.9	1.82	22723	15778	31.2
2011	3.11	1.62	52.1	1.92	26050	17847	33.2
2012	3.15	1.69	53.7	1.86	29399	20040	32.4
2013	2.90	1.45	50.0	2.00	32265	21695	37.0

注：本表中“人均住房使用面积”2002年起为“人均现住房总建筑面积”口径。

13－4　城镇居民人均现金收支情况

单位:元

项　　目	2005 年	2006 年	2007 年	2008 年	2009 年	2010 年	2011 年	2012 年	2013 年
一、人均总收入	**13682**	**15384**	**18061**	**20841**	**22431**	**25107**	**28603**	**32285**	**34824**
#可支配收入	12661	14206	16642	19009	20289	22723	26050	29399	32265
工资性收入	8689	9909	11580	13477	14846	16646	18848	21334	22479
#工资及补贴收入	8329	9539	11272	13141	14425	16339	18613	20990	22331
其他劳动收入	360	370	308	336	421	308	235	343	148
经营净收入	801	1113	1214	1497	1175	1290	1925	2273	2533
财产性收入	302	365	851	662	940	1134	1395	1532	1727
#利息收入	68	34	38	49	54	204	145	194	153
股息与红利收入	50	89	502	141	186	99	270	221	1047
出租房屋收入	183	231	277	422	568	587	603	816	452
转移性收入	3890	3997	4416	5205	5470	6037	6434	7146	8086
#养老金或离退休金	2530	2549	2978	3630	3901	4198	4410	5225	5460
社会救济收入	1	2	9	1	6	4	4	5	20
辞退金	186	166		57		11			3
保险收入	73	54	81	40	25	12	7	7	24
赡养收入	341	323	507	463	768	696	971	882	1559
捐赠收入	638	741	645	763	504	644	691	455	552
提取住房公积金	13	24	70	71	42	197	57	81	52

13－4　续表　　单位:元

项　　目	2005年	2006年	2007年	2008年	2009年	2010年	2011年	2012年	2013年
二、人均总支出	**12360**	**15321**	**15636**	**17911**	**19480**	**21317**	**22872**	**25994**	**26969**
消费支出	8382	9595	11790	13541	14105	15778	17847	20040	21695
购房与建房支出	1771	3244	1132	761	1510	1153	12	650	419
#购房	1771	3243	1132	761	1510	1151		641	302
转移性支出	1333	1404	1446	1982	1940	2267	2578	2643	2773
#交纳的个人收入税	89	73	96	173	229	279	280	162	200
捐赠支出	686	946	850	1300	1083	1243	1627	1678	1853
购买彩票	8	3	2	3	9	8	13	12	7
赡养支出	517	340	333	414	512	632	504	616	435
#在外就学子女费用	370	188	128	202	295	365	173	192	101
财产性支出	12	46	46	103	155	165	327	301	109
社会保障支出	862	1033	1222	1525	1769	1954	2108	2361	1972
#个人交纳的养老基金	313	376	442	535	622	622	709	795	697
个人交纳的住房公积金	382	473	541	655	799	936	997	1140	898
个人交纳的医疗基金	136	154	203	291	313	358	361	383	348
个人交纳的失业基金	26	28	32	43	34	38	41	39	27

13－5 城镇居民人均消费支出

单位:元

项目	1995年	1997年	1998年	1999年	2000年	2001年	2002年	2003年	2004年
消费支出	**4021**	**5150**	**5459**	**5364**	**6009**	**6213**	**6635**	**7347**	**8042**
#服务性消费支出									
一、食品	**2394**	**2814**	**2819**	**2879**	**2740**	**2852**	**3063**	**3184**	**3442**
粮油类									
#粮食	442	126	355	362	277	281	260	275	332
油脂类	87	92	108	117	83	78	61	71	89
肉禽及制品	458	547	506	496	481	456	515	569	622
#猪牛羊肉	251	306	283	264	228	210	318	333	391
蛋类	88	85	81	79	60	60	69	74	78
#鲜蛋	84	81	77	76	56	56	61	64	70
水产品	429	623	629	627	643	671	735	753	752
蔬菜类	230	260	270	265	261	242	248	263	279
#鲜菜	202	227	239	234	222	211	211	223	234
烟草类	61	79	83	91	81	96	70	86	54
酒和饮料	83	107	114	109	104	113	82	91	99
#饮料(含茶)	25	36	36	38	38	45	37	39	43
干鲜瓜果类	213	251	237	259	237	249	237	252	247
奶及奶制品	47	80	92	118	148	166	158	179	214
糕点类	26	29	29	23	35	33	40	45	43
在外用餐	102	170	188	189	208	288	431	368	457
二、衣着	**355**	**472**	**440**	**378**	**485**	**485**	**438**	**493**	**506**
#服装	244	332	321	278	359	371	334	379	390
三、家庭设备用品及服务	**308**	**360**	**502**	**435**	**523**	**454**	**377**	**443**	**403**
#耐用消费品	156	167	308	225	246	179	162	223	179
#家具	31	28	65	36	41	39	30	45	49
家庭设备	81	95	156	97	131	140	133	178	131
家庭服务	67	52	88	80	109	117	42	36	55
四、医疗保健	**70**	**174**	**225**	**159**	**343**	**318**	**437**	**427**	**569**

13－5　续表1　　　　单位:元

项　　目	2005年	2006年	2007年	2008年	2009年	2010年	2011年	2012年	2013年
消费支出	**8382**	**9595**	**11790**	**13541**	**14105**	**15778**	**17847**	**20040**	**21695**
#服务性消费支出	2128	2523	3251	3734	3620	4089	4537	5024	
一、食　品	**3647**	**4040**	**4670**	**5769**	**5675**	**6145**	**6722**	**7755**	**8016**
粮油类	491	503	574	681	687	769	858	937	866
#粮　食	340	346	377	425	467	519	591	636	575
油脂类	84	90	126	167	126	132	142	157	171
肉禽及制品	674	699	876	1077	1069	1137	1300	1451	1301
#猪牛羊肉	480	507	610	761	758	814	801	888	880
蛋　类	85	81	106	110	109	116	144	139	133
#鲜　蛋	76	72	96	99	97	104	134	128	122
水产品	785	894	986	1024	1135	1226	1193	1431	1428
蔬菜类	336	361	405	452	482	575	540	649	675
#鲜　菜	292	311	342	387	418	505	464	563	590
烟草类	72	84	94	96	122	122	130	155	114
酒和饮料	101	110	110	149	207	218	208	264	238
#饮料(含茶)	45	51	58	95	146	151	130	155	154
干鲜瓜果类	274	319	355	386	414	497	528	620	624
奶及奶制品	187	205	226	283	289	305	290	305	392
糕点类	50	50	56	70	82	92	110	131	190
在外用餐	471	595	744	1219	947	949	1249	1486	1603
二、衣　着	**575**	**683**	**836**	**1209**	**1320**	**1468**	**1875**	**2054**	**2107**
#服　装	435	517	617	939	1006	1122	1431	1566	1571
三、家庭设备用品及服务	**472**	**478**	**658**	**798**	**907**	**1034**	**1420**	**1516**	**1700**
#耐用消费品	217	200	298	275	379	382	549	524	604
#家　具	39	45	46	49	56	59	149	146	217
家庭设备	179	155	243	216	258	230	326	304	386
家庭服务	55	56	67	135	108	124	190	140	238
四、医疗保健	**426**	**677**	**737**	**646**	**678**	**646**	**838**	**853**	**974**

13－5 续表2

单位:元

项目	1995年	1997年	1998年	1999年	2000年	2001年	2002年	2003年	2004年
五、交通与通信	**203**	**240**	**370**	**417**	**528**	**542**	**534**	**727**	**1209**
交　通	93	73	131	152	166	194	188	152	594
#交通费	28	40	38	45	85	90	118	85	114
通　信	110	167	239	266	362	348	346	575	615
#通信工具	13	30	42	49	72	54	52	73	53
电信费	75	130	193	213	285	289	287	497	555
六、教育文化娱乐服务	**268**	**473**	**402**	**355**	**522**	**657**	**750**	**911**	**888**
文化娱乐用品	66	150	118	70	162	157	258	302	255
#彩色电视机	33	68	32	42	42	27	45	60	24
家用电脑		14	11	3	78	62	127	123	102
教　育	146	233	206	210	244	303	322	456	359
#教材及参考书	18	26	38	36	43	44	39	52	32
学杂费	110	183	133	147	162	208	163	303	203
托幼费	9	10	13	12	21	19	10	15	33
七、居　住	**272**	**434**	**455**	**496**	**548**	**706**	**864**	**945**	**754**
住　房	60	135	105	107	107	85	357	319	102
#建筑材料	29	73	34	33	55	31	36	12	1
房　租	25	28	50	47	22	33	51	36	14
水电燃料及其他	212	299	241	389	441	491	478	598	622
#水	22	33	44	56	68	80	80	90	93
电	102	156	194	205	221	245	257	337	350
燃　料	86	106	111	127	149	161	139	168	179
八、杂项商品和服务	**155**	**183**	**248**	**245**	**321**	**198**	**173**	**217**	**271**
杂项商品					281	269			
#金银珠宝饰品	18	18	23	22	24	17	20	17	15
化妆品	15	23	26	31	42	41	38	45	54
服务费	19	28	40	35	41	28			

13－5 续表3 单位:元

项　　目	2005年	2006年	2007年	2008年	2009年	2010年	2011年	2012年	2013年
五、交通与通信	**960**	**1006**	**1722**	**1702**	**2014**	**2308**	**2509**	**3056**	**3435**
交　通	324	258	917	662	990	1254	1418	1803	2239
#交通费	108	107	182	182	160	207	252	292	396
通　信	636	748	805	1040	1024	1054	1091	1254	1196
#通信工具	68	96	101	125	134	139	195	306	322
电信费	560	645	699	903	876	901	882	937	846
六、教育文化娱乐服务	**887**	**1141**	**1482**	**1546**	**1606**	**2077**	**2034**	**2448**	**2748**
文化娱乐用品	257	314	395	443	445	543	573	570	592
#彩色电视机	27	85	87	96	103	89	104	123	95
家用电脑	79	87	162	137	89	124	126	120	188
教　育	363	531	655	572	498	549	595	796	1017
#教材及参考书	29	36	39	30	42	44	43	52	20
学杂费	200	276	378	172	163	228	154	210	420
托幼费	41	36	53	79	69	58	117	125	179
七、居　住	**1120**	**1258**	**1328**	**1252**	**1230**	**1536**	**1591**	**1410**	**1686**
住　房	412	471	479	281	260	475	489	290	353
#建筑材料	7	3	5	24	16	16	32	34	34
房　租	24	27	40	92	58	71	130	67	278
水电燃料及其他	673	751	796	895	886	932	947	962	1047
#水	100	114	118	126	143	140	142	150	167
电	363	419	448	532	557	589	611	620	681
燃　料	204	216	219	229	178	189	184	178	198
八、杂项商品和服务	**295**	**311**	**357**	**618**	**675**	**565**	**859**	**947**	**1028**
杂项商品		173	195	349	379	367	578	669	713
#金银珠宝饰品	19	30	34	99	65	108	168	230	299
化妆品	62	68	82	96	108	119	190	237	205
服务费		139	163	269	296	197	281	278	315

13－6 按地区、市区分居民家庭基本情况

项目	单位	2004年		2005年		2006年		2007年		2008年	
		地区	市区	地区	市区	地区	市区	地区	市区	地区	市区
平均每户家庭人口	人	3.11	3.11	3.11	3.11	3.14	3.14	3.10	3.10	3.10	3.10
平均每户就业人口	人	1.55	1.55	1.58	1.58	1.68	1.69	1.68	1.69	1.63	1.63
平均每户就业面	%	49.84	49.84	50.80	50.80	53.50	53.82	54.19	54.52	52.58	52.58
平均每一就业者负担人数	人	2.01	2.01	1.97	1.97	1.87	1.86	1.85	1.83	1.90	1.90
平均每人可支配收入	元	11436	11516	12661	12757	14206	14321	16642	16765	19009	19140
#转移性收入	元	3415	3453	3890	3938	3997	4042	4416	4460	5205	5287
#离退休金	元	2384	2432	2530	2574	2549	2582	2978	3011	3630	3700
赡养收入	元	167	137	341	318	323	299	507	491	463	451
赠送收入	元	383	390	638	658	741	767	645	667	638	658

项目	单位	2009年		2010年		2011年		2012年		2013年	
		地区	市区	地区	市区	地区	市区	地区	市区	地区	市区
平均每户家庭人口	人	3.14	3.13	3.08	3.06	3.11	3.08	3.15	3.13	2.90	2.90
平均每户就业人口	人	1.66	1.67	1.69	1.71	1.62	1.62	1.69	1.72	1.45	1.48
平均每户就业面	%	52.87	53.35	54.87	55.88	52.09	52.60	53.65	54.95	50.00	51.03
平均每一就业者负担人数	人	1.89	1.87	1.82	1.79	1.92	1.90	1.86	1.82	2.00	1.96
平均每人可支配收入	元	20289	20748	22723	23246	26050	26633	29399	30073	32265	33514
#转移性收入	元	5470	5758	6037	6307	6434	6684	7146	7357	8086	8311
#离退休金	元	3901	4164	4198	4498	4410	4697	5225	5565	5460	6564
赡养收入	元	768	723	696	631	971	925	882	763	1559	885
赠送收入	元	741	767	645	667	763	782	455	445	552	365

13－7 按地区、市区分居民消费性支出

项　目	2004 年		2005 年		2006 年		2007 年		2008 年	
	地区	市区	地区	市区	地区	市区	地区	市区	地区	市区
平均每人消费性支出	**8042**	**8093**	**8382**	**8428**	**9595**	**9671**	**11790**	**11892**	**13541**	**13662**
食　品	3442	3463	3647	3667	4040	4068	4670	4699	5769	5825
#粮　食	332	331	491	340	346	346	377	376	425	434
肉禽蛋	700	702	759	762	780	783	982	982	1187	1214
水产品	752	753	785	785	894	897	986	988	1024	1044
鲜　菜	234	235	292	293	311	313	405	340	387	397
烟、酒、茶及饮料	152	154	173	190	194	197	204	209	245	249
衣　着	506	505	575	571	683	682	836	833	1209	1213
家庭设备用品及服务	403	407	472	477	478	484	658	664	798	802
医疗保健	569	579	426	428	677	690	737	751	646	655
交通和通信	1209	1226	960	969	1006	1013	1722	1747	1702	1717
教育文化娱乐服务	888	891	887	890	1141	1151	1482	1500	1546	1566
#文化娱乐用品	255	260	257	262	314	317	395	402	443	448
居　住	754	753	1120	1129	1258	1274	1328	1338	1252	1258
杂项商品及服务	271	270	295	297	311	310	357	359	618	627
人均现住房总建筑面积(平方米)	25.5	24.8	25.7	25.0	26.9	26.2	26.8	26.1	28.1	27.4

项　目	2009 年		2010 年		2011 年		2012 年		2013 年	
	地区	市区	地区	市区	地区	市区	地区	市区	地区	市区
平均每人消费性支出	**14105**	**14575**	**15778**	**16323**	**17847**	**18363**	**20040**	**20571**	**21695**	**22771**
食　品	5675	5889	6145	6395	6722	6907	7755	7993	8016	8398
#粮　食	467	467	519	530	591	574	636	613	575	564
肉禽蛋	1177	1231	1253	1311	1444	1389	1590	1555	1435	1448
水产品	1135	1143	1226	1252	1193	1165	1431	1408	1428	1341
鲜　菜	482	428	505	527	464	473	563	568	590	589
烟、酒、茶及饮料	329	284	340	296	338	380	418	465	352	374
衣　着	1320	1291	1468	1453	1875	1870	2054	2075	2107	2181
家庭设备用品及服务	907	918	1034	990	1420	1440	1516	1540	1700	1679
医疗保健	678	690	646	682	838	856	853	851	974	970
交通和通信	2014	2180	2308	2497	2509	2642	3056	3170	3435	3828
教育文化娱乐服务	1606	1674	2077	2191	2034	2083	2448	2578	2748	2845
#文化娱乐用品	445	458	543	555	573	587	570	582	592	582
居　住	1230	1243	1536	1539	1591	1659	1410	1421	1686	1827
杂项商品及服务	675	690	565	576	859	907	947	943	1028	1044
人均现住房总建筑面积(平方米)	30.4	27.1	31.2	27.9	33.2	29.9	32.4	29.1	37.0	34.4

注：本表中“人均住房使用面积”2002 年起为“人均现住房总建筑面积”口径。

13－8 按收入五等份分城镇居民家庭基本情况

（2013 年）

单位：元

项目	低收入	中低收入	中等收入	中高收入	高收入
占调查总户数比重（%）	20	20	20	20	20
平均每户人口数（人）	3.25	3.24	2.98	2.76	2.26
平均每户就业人口数（人）	1.39	1.46	1.44	1.49	1.45
平均每户就业面（%）	42.77	45.06	48.32	53.99	64.16
平均每一就业者负担人数（人）	2.34	2.22	2.07	1.85	1.56
人均家庭总收入	16916	24952	31272	40275	72444
#人均可支配收入	15358	23104	29128	37215	67509
#工资性收入	11915	16576	19580	24516	47262
经营性净收入	1285	1110	2237	3386	5697
财产性收入	366	837	625	1176	7043
转移性收入	3350	6429	8830	11197	12443
#养老金或离退休金	2103	4812	6077	7844	7458
赡养收入	691	926	1583	2217	2868
捐赠收入	138	278	690	582	1312
人均消费支出	13127	16855	19199	25601	39332
食　品	5652	6987	7201	8916	12825
#粮　食	547	532	579	621	613
肉禽蛋	1178	1390	1454	1594	1645
蔬菜类	611	678	706	719	669
水产品	1149	1403	1465	1667	1520
衣　着	1081	1554	1970	2324	4274
家庭设备用品及服务	775	1226	1604	2041	3403
医疗保健	571	606	1034	1171	1756
交通和通信	1230	2095	2518	4869	7953
教育文化娱乐服务	1924	2249	2477	3306	4314
#文化娱乐用品	278	390	602	876	971
居　住	1420	1409	1470	1964	2406
#住　房	307	161	203	512	698
#维修用建筑材料	6	35	8	96	32
房　租	265	122	158	307	642
水、电、燃料及其他	987	950	1026	1129	1200
#水　费	147	146	165	190	201
电　费	639	599	655	753	807
燃　料	201	204	204	186	192
杂项商品和服务	474	729	926	1010	2401

注：表中各项支出中均包含各项的服务性支出。

13－9 城镇居民人均日常消费品购买量

项 目	单位	1995 年	2000 年	2001 年	2002 年	2003 年	2004 年	2005 年
粮 食	公斤	141.20	104.40	104.40	94.16	96.36	88.50	88.60
油脂类	公斤	7.80	7.20	8.40	6.74	7.59	7.99	7.90
鲜 菜	公斤	97.17	102.57	100.80	106.09	111.19	107.07	109.23
猪 肉	公斤	14.58	13.89	13.20	21.53	22.78	22.00	22.13
牛羊肉	公斤	1.04	2.04	2.40	2.37	2.43	2.70	3.06
家 禽	公斤	7.10	9.60	7.20	10.25	10.93	9.72	10.35
鲜 蛋	公斤	12.05	10.80	9.60	10.54	11.73	10.05	10.73
鱼 虾	公斤	21.10	24.08	24.00	22.54	23.32	21.97	22.07
茶 叶	公斤	0.39	0.36		0.29	0.22	0.21	0.21
糕 点	公斤	2.43	2.60	2.40	2.95	3.62	3.48	3.47
鲜乳品	公斤	10.62	19.46	20.40	19.92	22.88	23.85	22.35
服 装	件	5.02	7.28	7.20	6.95	7.37	6.49	6.93
鞋 类	双	1.54	1.90	2.40	1.86	2.05	1.73	2.01
煤 炭	公斤	48.12	12.25	13.20	16.08	13.81	4.06	2.41
液化石油气	公斤	18.74	33.15	38.40	32.08	34.18	33.51	31.78

项 目	单位	2006 年	2007 年	2008 年	2009 年	2010 年	2011 年	2012 年	2013 年
粮 食	公斤	87.32				91.94	89.9	91.01	80.72
油脂类	公斤	7.80				8.47	8.21	7.99	9.08
鲜 菜	公斤	107.58	108.86	107.17	114.95	112.43	99.4	101.89	93.47
猪 肉	公斤	22.91	21.00	21.17	22.35	22.48	21.5	22.85	21.03
牛羊肉	公斤	3.46	3.80	3.18	3.39	3.91	4.01	3.67	3.56
家 禽	公斤	10.10				12.26	13.57	14.46	9.56
鲜 蛋	公斤	10.89	11.31	11.22	10.4	10.08	11.23	11.20	9.44
鱼 虾	公斤	24.32	24.63	23.21	24.98	23.13	21.74	22.51	23.24
茶 叶	公斤	0.19	0.18	0.20	0.24	0.23	0.29	0.31	0.25
糕 点	公斤	3.17	3.54	3.71	4.31	4.31	4.62	5.33	7.63
鲜乳品	公斤	21.40	21.88	21.04	20.86	22.86	18.25	18.65	21.25
服 装	件	7.05	9.59	9.11	11.27	9.85	12.59	13.57	
鞋 类	双	2.09	2.35	2.26	2.74	2.68	3.29	3.33	2.87
煤 炭	公斤	0.36	0.25	1.97	0.47	0.17			0.07
液化石油气	公斤	26.69	24.27	19.14	19.57	16.84	13.47	11.21	13.71

13－10 每百户城镇居民家庭耐用消费品拥有量

项　　目	单位	1995 年	2000 年	2001 年	2002 年	2003 年	2004 年	2005 年
摩托车	辆	6.00	32.75	35.43	24.18	26.27	31.55	31.98
家用汽车	辆			0.43	0.67	0.07	2.30	2.61
洗衣机	台	87.75	98.75	97.57	96.84	97.81	102.26	105.80
电冰箱	台	82.25	100.25	98.57	100.38	101.10	102.18	105.59
彩色电视机	台	92.50	145.50	144.43	150.36	163.44	173.33	177.26
家用电脑	台		12.00	16.43	26.38	46.17	50.62	59.05
组合音响	套	11.00	28.00	27.71	21.36	21.07	21.82	18.60
钢琴	架	1.00	2.00	3.00	2.13	2.38	2.42	2.10
其他中高档乐器	件	8.00	5.50	6.71	7.68	7.02	3.16	3.50
照相机	架	24.50	41.25	44.71	49.79	52.98	51.66	56.15
摄像机	台		1.50	2.00	1.75	2.06	3.71	4.67
空调器	台	10.50	75.50	76.29	105.32	129.54	167.54	169.35
淋浴热水器	台	56.25	95.00	96.29	92.96	97.17	101.10	104.07
微波炉	台		35.00	39.86	60.42	74.26	80.14	81.79
健身器材	件		5.25	7.00	4.78	6.69	8.20	6.93
移动电话	台		62.00	69.86	77.98	102.04	131.85	146.26

项　　目	单位	2006 年	2007 年	2008 年	2009 年	2010 年	2011 年	2012 年	2013 年
摩托车	辆	32.66	30.13	24.67	31.33	29.66	25.50	27.21	17.77
家用汽车	辆	3.57	3.58	10.34	13.21	13.35	19.55	22.11	24.36
洗衣机	台	108.06	103.84	99.57	102.72	104.68	101.80	101.75	97.75
电冰箱	台	106.56	101.94	101.68	104.86	105.41	105.03	107.28	101.41
彩色电视机	台	186.65	185.70	188.91	196.23	202.89	193.14	197.41	181.68
家用电脑	台	66.51	71.93	92.77	101.93	110.47	112.76	125.47	115.28
组合音响	套	21.79	25.29	26.93	30.29	31.11	23.92	25.65	16.08
钢琴	架	3.38	3.65	2.94	3.92	4.11	3.23	4.62	
其他中高档乐器	件	6.39	5.03	4.25	5.91	6.15	4.64	5.98	5.92
照相机	架	58.40	56.48	53.86	54.82	61.84	56.99	62.02	55.65
摄像机	台	4.03	5.63	11.09	11.68	11.43	12.04	16.49	14.62
空调器	台	184.81	192.06	208.53	215.59	222.04	227.05	233.75	225.18
淋浴热水器	台	105.71	105.24	102.34	106.95	109.73	113.10	112.14	111.36
微波炉	台	88.21	86.31	88.66	91.62	91.93	88.50	89.26	79.45
健身器材	件	6.93	6.17	4.80	5.41	5.41	7.61	7.10	4.90
移动电话	台	180.44	186.58	202.17	221.75	232.33	231.83	253.26	233.04

13-11 城镇居民家庭居住条件构成

单位:%

项　目	1995 年	2000 年	2001 年	2002 年	2003 年	2004 年	2005 年
按自来水使用情况分							
无自来水	0.3						
独用自来水	87.7	96.8	96.9	97.4	98.6	98.6	97.3
公用自来水	12.0	3.2	3.1	2.7	1.4	1.4	2.7
按卫生设备拥有情况分							
无卫生设备	30.2	10.5	8.6	13.8	9.4	1.4	2.3
有浴室厕所	65.0	86.8	89.0	84.8	88.9	98.1	96.8
有厕所无浴室	1.5	0.5	0.3	1.3	1.6	0.4	0.7
公共卫生设备	3.3	2.2	2.1	0.1	0.1	0.1	0.1
按房屋产权分							
公　房	52.5	20.3	15.8	16.0	12.3	5.4	6.1
租赁私房	1.3	0.2	0.9	3.1	0.5	0.1	0.1
自有房	44.5	77.3	83.0	80.6	85.0	93.8	92.8
其　他	1.7	2.3	0.3	0.2	2.2	0.7	1.0
按燃料使用情况分							
管道煤气	22.0	15.0	12.1	25.7	29.2	33.6	32.6
液化石油气	54.0	81.4	84.0	71.2	69.0	65.8	66.7
煤	15.5	1.8	2.0	2.6	1.4	0.4	
其　他	8.5	1.8	1.9	0.6	0.4	0.3	0.7

项　目	2006 年	2007 年	2008 年	2009 年	2010 年	2011 年	2012 年	2013 年
按自来水使用情况分								
无自来水								
独用自来水	98.3	100.0	100.0	99.4	99.4	99.7	99.7	99.8
公用自来水	1.7			0.6	0.6	0.3	0.3	0.2
按卫生设备拥有情况分								
无卫生设备	2.3		0.9	0.8	0.8			2.0
有浴室厕所	97.2	99.5	96.9	97.2	97.8	99.7	99.7	96.2
有厕所无浴室	0.4	0.3	1.2	1.1	0.8			0.3
公共卫生设备	0.1	0.1	1.0	0.9	0.6	0.3	0.3	1.5
按房屋产权分								
公　房	4.8	5.0	7.3	5.4	5.0	1.7	2.3	1.9
租赁私房	0.4	1.0	2.2	2.0	1.9	3.1	1.9	11.5
自有房	92.9	93.9	89.2	91.5	92.5	95.1	95.9	84.3
其　他	2.0		1.3	1.2	0.6			2.3
按燃料使用情况分								
管道煤气	34.2	38.5	42.1	2.1	1.0	5.9	5.0	2.9
罐装液化石油气	64.8	60.5	50.6	56.4	57.2	46.3	46.9	32.0
管道天然气				33.2	32.5	33.6	35.6	41.2
管道液化石油气			5.0	4.1	3.9	7.1	4.4	2.9
煤			0.3	0.6	0.3			
其　他	1.0	1.0	2.0	3.7	5.2	7.2	8.0	21.0

注:2008 年起燃料情况增加“管道天然气”和“管道液化石油气”指标。

13－12 主要年份城市居民家庭基本情况

年份	平均每户家庭人口（人）	平均每户就业人数（人）	平均每户就业面（%）	平均一就业者负担人数（人）	平均每人年可支配收入（元）	平均每人年消费性支出（元）	平均每人居住面积（平方米）
1952	5.34	1.83	34.30	2.92	125	112	4.5
1957	5.10	2.18	42.70	2.34	183	161	4.9
1959	5.03	2.18	43.30	2.31	213	187	5.2
1962	4.70	2.20	46.80	2.14	202	180	5.4
1963	4.70	2.22	47.20	2.12	199	177	5.4
1964	4.68	2.23	47.60	2.10	213	191	5.6
1965	4.66	2.24	48.10	2.08	237	211	5.7
1966	4.65	2.24	48.20	2.07	245	219	5.8
1975	3.81	1.98	52.00	1.92	324	298	6.4
1978	3.71	1.98	53.40	1.87	356	330	6.5
1980	3.62	1.96	54.10	1.85	379	353	6.8
1981	3.56	1.96	55.10	1.82	418	363	6.9
1982	3.53	1.97	55.80	1.79	495	449	7.0
1983	3.50	1.96	56.00	1.79	560	480	7.0
1984	3.47	1.97	56.80	1.76	618	541	7.0
1985	3.44	1.96	57.00	1.76	836	761	7.1
1986	3.64	2.24	61.54	1.63	1028	921	8.1
1987	3.63	2.27	62.53	1.60	1118	1008	8.4
1988	3.56	2.14	60.11	1.66	1356	1221	8.1
1989	3.49	2.03	58.17	1.72	1658	1483	8.4
1990	3.44	2.02	58.72	1.70	1931	1648	8.6
1991	3.22	1.92	59.63	1.68	2050	1816	8.0
1992	3.24	2.01	62.04	1.61	2598	2125	8.3
1993	3.21	1.99	61.99	1.61	3165	2699	8.5
1994	3.08	1.85	60.06	1.66	4605	3857	9.0
1995	3.05	1.78	58.36	1.71	5485	4513	8.9
1996	3.14	1.84	58.60	1.71	5946	4975	8.7
1997	3.01	1.75	58.14	1.72	7083	5893	9.2
1998	3.05	1.75	57.38	1.74	7363	6258	9.2
1999	3.16	1.74	55.06	1.82	7414	5733	8.9
2000	3.21	1.71	53.27	1.88	8300	6417	9.0
2001	3.26	1.79	54.91	1.82	9053	6493	9.1
2002	3.10	1.65	53.23	1.88	9191	6671	22.4
2003	3.12	1.69	54.17	1.85	10179	7385	24.2
2004	3.11	1.55	49.84	2.01	11516	8093	24.8
2005	3.11	1.58	50.80	1.97	12757	8428	25.0
2006	3.14	1.69	53.82	1.86	14321	9671	26.2
2007	3.1	1.69	54.52	1.83	16765	11892	26.1
2008	3.1	1.63	52.58	1.90	19140	13662	27.4
2009	3.13	1.67	53.35	1.87	20748	14575	27.1
2010	3.06	1.71	55.88	1.79	23246	16323	27.9
2011	3.08	1.62	52.60	1.90	26633	18363	29.9
2012	3.13	1.72	54.95	1.82	30073	20571	29.1
2013	2.9	1.48	51.03	1.96	33514	22771	34.4

注：本表中"平均每人居住面积"2002年起为"人均现住房总建筑面积"口径。

13－13　城市居民人均现金收支情况

单位:元

项　　目	2005 年	2006 年	2007 年	2008 年	2009 年	2010 年	2011 年	2012 年	2013 年
一、人均总收入	**13798**	**15521**	**18209**	**20991**	**22977**	**25738**	**29370**	**33140**	**36416**
#可支配收入	12757	14321	16765	19140	20748	23246	26633	30073	33514
工资性收入	8771	10010	11685	13548	15099	17116	19861	22482	24195
#工资及补贴收入	8410	9638	11376	13221	14690	16801	19609	22116	24001
其他劳动收入	361	372	310	327	409	315	252	365	193
经营净收入	787	1106	1204	1504	1169	1275	1701	2064	2566
财产性收入	301	364	860	652	951	1040	1124	1237	1344
#利息收入	66	30	35	43	43	202	100	80	60
股息与红利收入	46	84	507	133	150	119	328	234	708
出租房屋收入	187	239	285	431	638	635	645	893	517
转移性收入	3938	4042	4460	5287	5758	6307	6684	7357	8311
#养老金或离退休金	2574	2582	3011	3700	4164	4498	4697	5565	6564
社会救济收入	1	2	9	1	5	4			15
辞退金	190	174		59		14			1
保险收入	75	56	84	42	28	11	4	6	35
赡养收入	318	299	491	451	723	631	925	763	885
捐赠收入	658	767	667	782	549	625	732	445	365
提取住房公积金	14	25	72	73	53	230	52	71	33

13－13　续表　　　　　　　　　　　　　　　　　　　　　　　　　　单位:元

项　　目	2005年	2006年	2007年	2008年	2009年	2010年	2011年	2012年	2013年
二、人均总支出	**12507**	**15567**	**15816**	**18081**	**20330**	**22370**	**23731**	**26912**	**28603**
消费支出	8428	9671	11892	13662	14575	16323	18363	20571	22771
购房与建房支出	1842	3375	1171	782	1749	1443		722	417
#购　房	1842	3375	1171	782	1749	1441		722	417
转移性支出	1345	1417	1461	1993	2007	2400	2726	2786	3060
#交纳的个人收入税	92	75	99	179	255	330	342	199	284
捐赠支出	684	953	854	1311	1118	1301	1715	1784	1965
购买彩票	8	3	2	3	10	9	15	15	6
赡养支出	527	344	334	407	511	649	488	612	459
在外就学子女费用	380	191	128	194	294	358	144	159	93
财产性支出	12	48	48	107	169	187	382	332	124
社会保障支出	880	1054	1244	1537	1831	2017	2261	2500	2231
#个人交纳的养老基金	321	386	453	545	684	687	788	878	847
个人交纳的住房公积金	388	480	546	651	767	895	1025	1157	931
个人交纳的医疗基金	139	158	208	297	340	392	399	419	417
个人交纳的失业基金	27	29	33	44	40	43	49	46	33

13－14　城市居民人均消费支出

单位:元

项　　目	1995年	2000年	2001年	2002年	2003年	2004年	2005年	2006年
消费支出	**4513**	**6417**	**6493**	**6671**	**7385**	**8093**	**8428**	**9671**
一、食　品	**2613**	**3001**	**3041**	**3089**	**3202**	**3463**	**3667**	**4068**
#粮　食	410	289	285	261	276	331	340	346
油脂类	72	86	78	62	71	89	84	90
肉禽及制品	535	519	483	527	572	625	677	702
#猪牛羊肉	274	234	211	318	333	392	481	508
蛋　类	95	65	62	69	74	78	85	82
#鲜　蛋	95	65	62	61	64	69	76	72
水产品	488	682	699	738	755	753	785	897
菜　类	243	268	250	250	264	280	337	363
#鲜　菜	211	227	216	212	224	235	293	313
烟草类	58	78	98	71	86	54	73	85
酒和饮料	84	106	119	86	92	100	103	112
#饮料(含茶)				38	40	44	46	52
干鲜瓜果类	228	249	260	239	254	248	275	321
奶及奶制品	66	177	178	159	179	216	188	206
糕点类	37	39	36	40	45	43	51	51
在外用餐	180	309	367	442	376	469	480	607
二、衣着商品	**412**	**447**	**480**	**433**	**489**	**505**	**571**	**682**
#服　装	281	330	371	331	376	388	431	517
三、家庭设备用品及服务	**365**	**598**	**653**	**376**	**447**	**407**	**477**	**484**
#耐用消费品	178	273	362	161	226	182	220	204
#家　具	27	36	44	30	46	50	39	46
家庭设备	86	125	165	131	180	132	181	157
家庭服务	84	141	131	41	35	56	56	56
四、医疗保健	**101**	**397**	**309**	**443**	**434**	**579**	**428**	**690**

13－14 续表1 单位:元

项 目	2007年	2008年	2009年	2010年	2011年	2012年	2013年
消费支出	**11892**	**13662**	**14575**	**16323**	**18363**	**20571**	**22771**
一、食 品	**4699**	**5825**	**5889**	**6395**	**6907**	**7993**	**8398**
#粮 食	376	434	467	530	574	613	564
油脂类	125	172	135	143	161	166	169
肉禽及制品	877	1102	1113	1182	1248	1416	1309
#猪牛羊肉	534	691	673	720	778	867	872
蛋 类	105	113	119	129	141	139	140
#鲜 蛋	95	102	106	115	128	126	126
水产品	988	1044	1143	1252	1165	1408	1341
菜 类	402	464	494	600	550	658	672
#鲜 菜	340	397	428	527	473	568	589
烟草类	97	97	107	105	145	170	109
酒和饮料	112	152	177	192	235	295	265
#饮料(含茶)	59	96	106	122	143	163	172
干鲜瓜果类	358	396	426	512	536	636	635
奶及奶制品	228	292	298	308	323	337	445
糕点类	56	73	82	94	110	133	216
在外用餐	767	1259	1083	1073	1429	1692	1885
二、衣着商品	**833**	**1213**	**1291**	**1453**	**1870**	**2075**	**2181**
#服 装	612	941	980	1112	1417	1572	1601
三、家庭设备用品及服务	**664**	**802**	**918**	**990**	**1440**	**1540**	**1679**
#耐用消费品	301	273	374	333	550	520	553
#家 具	48	51	66	61	174	178	214
家庭设备	253	222	308	272	375	341	339
家庭服务	67	139	122	132	214	148	273
四、医疗保健	**751**	**655**	**690**	**682**	**856**	**851**	**970**

13－14　续表2　　　　单位:元

项　　目	1995年	2000年	2001年	2002年	2003年	2004年	2005年	2006年
五、交通与通信	**174**	**500**	**546**	**530**	**726**	**1226**	**969**	**1013**
交　通	72	173	209	187	151	608	330	260
#交通费	32	96	94	119	85	115	109	109
通　信	103	327	337	343	575	618	639	754
#通信工具	10	69	63	51	73	55	68	97
电信费	80	254	270	285	498	557	563	650
六、娱乐教育文化服务	**366**	**606**	**554**	**752**	**917**	**891**	**890**	**1151**
文娱用耐用消费品	96	222	124	279	307	260	262	317
#彩色电视机	48	58	37	46	61	25	27	86
家用电脑				122	126	105	80	88
教　育	192	247	296	309	457	354	360	536
#教材及参考书	29	53	51	40	53	33	29	37
学杂费	147	177	198	159	303	200	197	276
托幼费	11	9	18	10	14	33	41	35
文化娱乐服务	37	75	81	163	154	278	268	298
七、居　住	**289**	**564**	**593**	**876**	**955**	**753**	**1129**	**1274**
住　房	61	119	103	367	328	100	422	486
#建筑材料	29			37	11	1	7	2
房　租	32	33	46	52	37	14	25	27
水电燃料及其他	228	445	490	480	600	622	673	751
#水	22	69	82	80	90	93	100	114
电	108	232	250	259	339	352	364	420
燃　料	97	136	150	139	168	177	202	214
八、杂项商品服务	**194**	**304**	**318**	**171**	**215**	**270**	**297**	**310**
#金银珠宝饰品	20			21	17	15	19	31
美容化妆品	19			38	45	54	62	68
其他服务	8	30	44	28	22	38	47	13

13－14 续表3

单位:元

项 目	2007年	2008年	2009年	2010年	2011年	2012年	2013年
五、交通与通信	**1747**	**1717**	**2180**	**2497**	**2642**	**3170**	**3828**
交 通	938	666	1114	1403	1523	1899	2538
#交通费	186	185	161	224	262	306	458
通 信	809	1051	1066	1095	1119	1271	1290
#通信工具	101	126	140	149	208	309	343
电信费	704	918	921	940	904	954	915
六、娱乐教育文化服务	**1500**	**1566**	**1674**	**2191**	**2083**	**2578**	**2845**
文娱用耐用消费品	402	448	458	555	587	582	582
#彩色电视机	90	100	123	106	124	146	61
家用电脑	168	142	124	164	151	146	181
教 育	664	579	525	582	629	821	1050
#教材及参考书	32	26	34	33	35	39	24
学杂费	389	177	192	262	163	212	385
托幼费	51	80	81	70	141	149	195
文化娱乐服务	435	540	691	1054	867	1175	1131
七、居 住	**1338**	**1258**	**1243**	**1539**	**1659**	**1421**	**1827**
住 房	488	283	257	470	556	296	401
#建筑材料	4	23	16	4	28	29	7
房 租	41	95	68	86	152	70	369
水电燃料及其他	796	898	895	933	935	951	1073
#水	118	126	142	134	138	148	176
电	449	534	562	593	602	607	697
燃 料	217	228	181	188	183	179	199
八、杂项商品服务	**359**	**627**	**690**	**576**	**907**	**943**	**1044**
#金银珠宝饰品	35	102	73	122	204	277	295
美容化妆品	84	98	118	132	220	267	226
其他服务	23	54	44	206	69	70	318

13－15　按收入五等份分城市居民家庭基本情况

（2013 年）　　　　单位：元

项　　目	低收入	中低收入	中等收入	中高收入	高收入
占调查总户数比重（%）	20	20	20	20	20
平均每户家庭人口数（人）	3.30	3.25	3.07	2.74	2.15
平均每户就业人口数（人）	1.45	1.42	1.47	1.61	1.43
平均每户就业面（%）	43.94	43.69	47.88	58.76	66.51
平均每一就业者负担人数（人）	2.28	2.29	2.09	1.70	1.50
家庭总收入	17575	25776	32630	43389	77123
人均可支配收入	15863	23832	30168	39501	71617
#工资性收入	12616	16379	21067	27934	52937
经营性收入	1212	762	1718	4617	5921
财产性收入	157	910	371	1306	5196
转移性收入	3590	7724	9473	9531	13069
#养老金或离退休金	2669	6699	7541	8189	8763
赡养收入	382	494	1040	302	2730
捐赠收入	99	163	358	513	887
平均每人消费性支出	13680	17279	20156	28238	41435
食　品	5621	7163	7593	11577	11556
#粮　食	526	526	545	654	590
肉禽蛋	1162	1466	1437	1603	1673
蔬菜类	608	697	669	722	676
水产品	1062	1376	1353	1535	1447
衣　着	1046	1397	1909	2627	4874
家庭设备用品及服务	664	1186	1632	1717	3954
医疗保健	603	678	744	1317	1842
交通和通信	1520	2066	2977	4793	9911
教育文化娱乐服务	2148	2488	2934	2959	4150
#文化娱乐用品	368	369	620	726	987
居　住	1578	1461	1713	2093	2571
#住　房	415	132	284	484	842
#维修用建筑材料	2	15	10	4	2
房　租	404	115	224	440	812
水、电、燃料及其他	981	963	1073	1208	1203
#水　费	148	151	177	205	216
电　费	613	601	703	807	817
燃　料	219	210	190	196	170
其他商品和服务	500	840	653	1156	2577

注：各项支出中均包含各项的服务性支出。

13－16 城市居民人均日常消费品购买量

项　　目	单位	1995 年	2000 年	2001 年	2002 年	2003 年	2004 年	2005 年
粮　食	公斤	118.40	103.51	102.50	94.05	96.18	87.85	88.19
油脂类	公斤	6.20	7.72	7.79	6.76	7.58	7.97	7.90
鲜　菜	公斤	99.50	104.22	106.07	106.50	111.61	107.20	109.57
猪　肉	公斤	15.60	13.82	12.66	21.57	22.84	22.00	22.18
牛羊肉	公斤	1.30	2.42	2.31	2.41	2.45	2.73	3.10
家　禽	公斤				10.35	11.02	9.76	10.42
鲜　蛋	公斤	13.00	11.79	10.61	10.60	11.77	10.08	10.78
鱼　虾	公斤	21.70	9.33	9.37	22.53	23.30	21.80	22.00
茶　叶	公斤	0.40			0.30	0.23	0.21	0.22
糕　点	公斤	2.90	2.72	2.42	2.96	3.63	3.48	3.47
鲜乳品	公斤	15.40			20.05	22.98	24.10	22.55
服　装	件	6.40	6.61	7.04	6.93	7.37	6.48	6.93
鞋　类	双	1.90	1.74	1.62	1.84	2.04	1.70	1.99
煤　炭	公斤	69.80	20.17	22.21	16.57	14.12	4.02	1.90
液化石油气	公斤	14.30	25.77	30.74	30.92	33.52	32.71	31.10

项　　目	单位	2006 年	2007 年	2008 年	2009 年	2010 年	2011 年	2012 年	2013 年
粮　食	公斤	86.96				89.17	82.68	82.56	74.23
油脂类	公斤	7.81				9.17	9.28	8.81	8.41
鲜　菜	公斤	107.90	108.02	109.61	115.23	114.08	100.76	100.97	91.55
猪　肉	公斤	22.98	21.00	21.60	23.04	22.61	21.21	22.48	20.11
牛羊肉	公斤	3.52	3.80	3.28	3.54	4.22	3.27	3.38	3.79
家　禽	公斤	10.16				12.35	11.70	13.06	9.62
鲜　蛋	公斤	10.91	11.22	11.51	11.42	11.21	10.75	10.96	9.78
鱼　虾	公斤	24.31	24.80	23.61	25.49	23.81	21.13	21.58	20.96
茶　叶	公斤	0.19	0.18	0.20	0.21	0.22	0.26	0.32	0.28
糕　点	公斤	3.15	3.45	3.79	4.14	4.18	4.15	4.92	8.25
鲜乳品	公斤	21.56	21.89	21.66	20.43	23.39	20.98	20.60	24.26
服　装	件	7.06	8.06	9.00	9.96	10.24	11.52	12.51	
鞋　类	双	2.08	2.35	2.25	2.62	2.71	3.08	3.44	2.79
煤　炭	公斤	0.03	0.26	2.05	0.59	0.22			
液化石油气	公斤	26.06	24.01	18.91	19.15	16.09	11.78	10.80	9.97

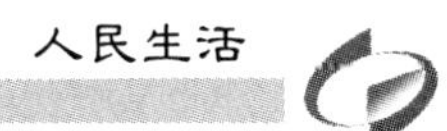

13－17　城市居民家庭每百户拥有耐用消费品拥有量

（年末数）

项　　目	单位	1995年	2000年	2001年	2002年	2003年	2004年	2005年
摩托车	辆	4.00	22.00	23.33	23.19	25.31	30.33	30.67
家用汽车	辆				0.67	0.06	2.33	2.67
洗衣机	台	89.50	100.00	98.00	96.86	98.00	102.33	106.00
电冰箱	台	90.50	99.50	101.33	100.42	101.42	102.33	104.33
彩色电视机	台	100.00	151.50	150.67	150.64	164.33	173.67	177.67
家用电脑	台		18.00	22.33	26.83	47.25	51.33	60.00
组合音响	套	14.00	26.50	26.00	21.06	20.81	21.67	18.33
钢　琴	架	1.00	2.50	3.33	2.08	2.33	2.33	2.00
其他中高档乐器	件	11.50	6.00	6.33	7.67	6.94	3.00	3.33
照相机	架	33.50	45.50	49.00	50.06	53.47	52.00	56.67
摄像机	台		1.50	1.33	1.67	2.00	3.67	4.67
空调器	台	14.50	96.00	102.33	106.81	131.69	170.00	171.67
淋浴热水器	台	61.50	95.00	96.67	92.72	97.14	101.00	104.00
微波炉	台		49.50	55.33	61.42	75.64	81.00	82.67
健身器材	件		10.00	16.00	4.67	6.67	8.33	7.00
移动电话	台		109.00	195.00	77.36	101.89	131.67	146.33

项　　目	单位	2006年	2007年	2008年	2009年	2010年	2011年	2012年	2013年
摩托车	辆	31.33	28.81	22.83	23.26	21.71	17.76	20.27	5.98
家用汽车	辆	3.67	3.64	10.61	14.95	14.80	21.71	24.58	30.66
洗衣机	台	108.33	103.97	99.36	102.33	104.61	101.64	101.33	97.93
电冰箱	台	104.00	101.99	101.61	104.65	104.93	104.61	106.64	101.94
彩色电视机	台	187.33	186.09	189.07	197.67	204.28	193.42	197.67	174.4
家用电脑	台	67.67	73.18	93.57	107.97	117.11	116.12	130.9	119.17
组合音响	套	21.67	25.50	27.01	31.89	32.89	22.04	24.58	17.75
钢　琴	架	3.33	3.64	2.89	3.65	3.95	3.29	4.65	
其他中高档乐器	件	6.33	4.97	4.18	5.98	6.25	3.62	5.32	6.06
照相机	架	59.00	56.95	54.66	58.80	67.11	57.89	63.79	55.92
摄像机	台	4.00	5.63	11.25		11.84	11.84	17.28	16.52
空调器	台	187.67	195.03	210.29	226.58	233.22	236.51	243.52	245.08
淋浴热水器	台	105.67	104.97	101.93	105.65	108.55	108.88	108.31	113.7
微波炉	台	89.33	87.09	89.07	94.68	95.07	88.82	89.7	82.34
健身器材	件	7.00	6.29	4.82	5.32	5.26	6.25	5.98	4.56
移动电话	台	181.67	187.75	201.93	226.25	237.50	230.92	256.15	230.35

13-18 城市居民家庭居住条件构成

单位:%

项目	1995年	2000年	2001年	2002年	2003年	2004年	2005年
按自来水使用情况分							
独用自来水	88.5	95.5	96.0	97.3	98.7	98.7	97.3
公用自来水	11.5	4.5	4.0	2.7	1.3	1.3	2.7
按卫生设备拥有情况分							
无卫生设备	34.0	16.0	14.3	14.3	9.7	1.3	2.3
有浴室厕所	62.5	82.5	84.7	84.4	88.6	98.4	97.0
有厕所无浴室	1.0	0.5		1.4	1.7	0.3	0.7
公共卫生设备	2.5	1.0	1.0				
按房屋产权分							
公　房	66.5	26.0	19.7	16.3	12.4	5.3	6.0
租赁私房	0.5	0.5	1.0	3.2	0.5		
自有房	33.0	73.5	79.3	80.3	84.9	94.0	93.0
其　他				0.2	2.3	0.7	1.0
按燃料使用情况分							
管道煤气	44.0	30.0	28.3	26.8	30.5	35.0	34.0
罐装液化石油气	20.0	66.5	67.0	70.0	67.7	64.4	65.3
煤	4.0	2.5	3.3	2.7	1.5	0.3	
其　他		1.0	1.3	0.5	0.3	0.3	0.7

项目	2006年	2007年	2008年	2009年	2010年	2011年	2012年	2013年
按自来水使用情况分								
独用自来水	98.3	100.0	100.0	99.3	99.3	99.7	99.7	99.7
公用自来水	1.7			0.7	0.7	0.3	0.3	0.3
按卫生设备拥有情况分								
无卫生设备	2.3		1.0	1.0	1.0			
有浴室厕所	97.3	99.7	96.8	96.7	97.4	99.7	99.7	97.7
有厕所无浴室	0.3	0.3	1.3	1.3	1.0			0.3
公共卫生设备			1.0	1.0	0.7	0.3	0.3	2.0
按房屋产权分								
公　房	4.7	5.0	7.4	6.0	5.6	1.6	2.3	2.1
租赁私房	0.3	1.0	2.3	2.3	2.3	3.6	2.0	13.4
自有房	93.0	94.0	89.1	90.4	91.5	94.7	95.7	81.9
其　他	2.0		1.3	1.3	0.7			2.6
按燃料使用情况分								
管道煤气	35.7	40.1	43.7	1.3	1.0	6.6	5.7	4.3
罐装液化石油气	63.3	58.9	49.2	49.2	50.3	39.8	40.9	33.2
管道天然气				41.5	40.7	41.8	43.9	60.2
管道液化石油气			5.1	5.0	4.3	7.2	4.3	2.3
煤			0.3	0.7	0.3			
其　他	1.0	1.0	1.6	2.3	3.6	4.6	5.3	12.8

13－19　按县(市)区分城镇居民家庭基本情况

(2013年)

县(市)	平均每户家庭人口(人)	平均每户就业人数(人)	平均每一就业者负担人数(人)	平均每人全年可支配收入(元)	家庭平均每人全年总收入(元)
福州市	**2.90**	**1.45**	**2.00**	**32265**	**34824**
市　区	2.90	1.48	1.96	33514	36416
福清市	2.96	1.53	1.93	32279	33664
长乐市	2.67	1.11	2.41	33625	35397
闽侯县	3.29	1.75	1.88	32334	34449
连江县	2.83	1.46	1.94	27765	30073
罗源县	2.85	1.30	2.19	23986	26309
闽清县	2.90	1.69	1.72	22602	25243
永泰县	3.16	1.67	1.89	22090	23898
平潭县	3.35	1.55	2.16	27754	28878

县(市)	平均每人全年消费性支出(元)	食　品	衣　着	家庭设备用品及服务	居　住
福州市	**21695**	**8016**	**2107**	**1700**	**1686**
市　区	22771	8398	2181	1679	1827
福清市	21334	8053	2264	1932	1696
长乐市	21587	7591	2150	1826	1212
闽侯县	19818	7134	1819	1127	1274
连江县	18509	7142	1485	2201	1077
罗源县	16573	7236	2139	1029	1320
闽清县	15337	6250	1981	1212	1350
永泰县	15700	6756	1288	964	2270
平潭县	18005	5943	1769	2646	1238

13－20　城乡居民恩格尔系数

年　份	城镇居民恩格尔系数	农村居民恩格尔系数	年　份	城镇居民恩格尔系数	农村居民恩格尔系数
1984	0.64		1999	0.54	0.49
1985	0.58		2000	0.46	0.46
1986	0.56		2001	0.46	0.50
1987	0.60		2002	0.46	0.48
1988	0.63		2003	0.43	0.46
1989	0.63	0.55	2004	0.43	0.46
1990	0.62	0.56	2005	0.44	0.47
1991	0.60	0.53	2006	0.42	0.46
1992	0.58	0.55	2007	0.40	0.47
1993	0.58	0.54	2008	0.43	0.47
1994	0.58	0.57	2009	0.40	0.45
1995	0.60	0.58	2010	0.39	0.46
1996	0.60	0.57	2011	0.38	0.45
1997	0.55	0.51	2012	0.39	0.44
1998	0.52	0.53	2013	0.37	0.43

13－21　农村居民家庭基本情况

（1989－2013年）

年　　份	平均每户常住人口（人）	平均每户整半劳力（人）	平均每个劳力负担人口（人）	平均每人纯收入（元）	平均每人生活消费支出（元）	#食品支出	平均每人使用住房面积（平方米）
1989	5.26	2.65	1.99	795	699	383	
1990	5.13	2.54	2.02	864	765	431	
1991	5.10	2.53	2.01	969	808	431	
1992	5.04	2.57	1.96	1109	891	490	
1993	4.88	2.98	1.63	1387	1141	616	
1994	4.83	3.02	1.59	1801	1434	815	21.3
1995	4.77	2.97	1.60	2303	1818	1050	23.2
1996	4.72	3.01	1.57	2847	2063	1179	24.6
1997	4.57	2.99	1.53	3223	2329	1189	25.5
1998	4.51	3.02	1.49	3490	2247	1182	26.3
1999	4.46	2.94	1.52	3677	2420	1194	28.3
2000	4.01	2.70	1.48	3860	2921	1336	34.3
2001	3.98	2.42	1.65	4020	2746	1372	34.3
2002	3.90	2.61	1.49	4192	2811	1351	38.0
2003	3.90	2.60	1.95	4402	2968	1376	40.4
2004	3.90	2.60	1.90	4815	3217	1486	41.8
2005	3.80	2.61	1.92	5197	3503	1644	41.5
2006	3.81	2.67	1.53	5592	3904	1809	45.5
2007	3.79	2.67	1.42	6286	4388	2062	46.1
2008	3.78	2.66	1.42	7142	5080	2378	46.9
2009	3.80	2.66	1.43	7669	5502	2485	47.0
2010	3.80	2.71	1.40	8543	6071	2761	45.4
2011	3.80	2.67	1.43	10107	7353	3294	47.9
2012	3.80	2.64	1.44	11492	8336	3687	48.4
2013	3.7	2.39	1.55	12910	9311	4017	49.58

13－22 农村居民人均家庭经营纯收入

单位：元

项　　目	2000年	2001年	2002年	2003年	2004年	2005年	2006年
家庭经营纯收入	**2334**	**2387**	**2357**	**1774**	**2422**	**1751**	**1842**
种植业收入	698	629	675	472	791	520	530
林业收入	24	25	27	54	19	15	19
牧业牧入	305	307	251	67	159	73	98
渔业收入	115	175	178	156	198	129	127
工业收入	141	104	132	62	128	93	121
建筑业收入	277	327	309	299	291	159	156
交通、运输和邮电业收入	274	289	341	306	420	284	320
批发和零售贸易、餐饮业收入	215	222	192	171	204	237	238
社会服务业收入	100	149	89	107	138	120	121
文教卫生业收入	22	32	21	34	30	60	76
其他家庭经营收入	129	85	84	44	44	60	36

项　　目	2007年	2008年	2009年	2010年	2011年	2012年	2013年
家庭经营纯收入	**2032**	**2363**	**2431**	**2580**	**3040**	**3455**	**3624**
种植业收入	566	629	630	644	516	486	520
林业收入	21	22	27	17	100	78	66
牧业牧入	98	126	105	93	239	247	243
渔业收入	138	200	196	204	235	348	397
工业收入	120	155	190	188	190	188	142
建筑业收入	184	233	277	369	379	486	445
交通、运输和邮电业收入	356	393	353	400	428	482	510
批发和零售贸易、餐饮业收入	295	308	339	359	578	715	989
社会服务业收入	138	179	194	179	260	305	255
文教卫生业收入	82	79	72	84	65	73	
其他家庭经营收入	35	40	48	44	50	47	59

13－23　农村居民人均生活消费支出

单位:元

项　　目	2000 年	2001 年	2002 年	2003 年	2004 年	2005 年	2006 年
总　计	**2921**	**2746**	**2811**	**2968**	**3217**	**3503**	**3904**
食　品	1336	1372	1351	1376	1486	1644	1809
衣　着	159	147	155	150	173	196	240
居　住	567	341	378	444	471	531	575
家庭设备、用品及服务	134	148	145	159	151	162	216
医疗保健	100	112	155	175	164	191	195
交通与通讯	220	227	239	295	291	332	388
文化教育娱乐用品与服务	302	312	300	300	333	368	377
其他商品和服务	101	88	89	70	85	80	103

项　　目	2007 年	2008 年	2009 年	2010 年	2011 年	2012 年	2013 年
总　计	**4388**	**5080**	**5502**	**6071**	**7353**	**8336**	**9311**
食　品	2062	2378	2485	2761	3294	3687	4017
衣　着	280	331	366	410	528	616	720
居　住	618	742	866	910	1014	1144	1324
家庭设备、用品及服务	239	269	305	335	477	545	624
医疗保健	229	242	270	323	469	541	624
交通与通讯	443	526	562	644	674	745	862
文化教育娱乐用品与服务	413	472	507	528	654	781	812
其他商品和服务	102	119	140	159	243	277	328

13－24 农村居民人均消费品消费量

单位:公斤

项目	2001年	2002年	2003年	2004年	2005年	2006年
粮食	**196.82**	**162.72**	**143.69**	**157.91**	**142.97**	**141.69**
#小麦	8.00	8.46	2.43	3.04	1.74	1.35
稻谷	155.00	131.47	124.19	133.73	118.74	118.30
玉米	0.51	1.46	0.66	0.59	0.33	0.43
薯类	22.20	18.83	2.14	3.07	2.73	2.26
豆类及豆制品	4.70	5.02	5.84	5.70	6.33	6.41
#大豆	0.38	0.30	0.35	0.59	1.01	1.45
杂豆	0.34	0.37	2.13	2.63	2.75	2.94
蔬菜及菜制品	87.00	85.25	72.36	77.80	73.56	75.97
油脂类	5.12	6.20	4.82	4.98	5.20	5.02
植物油	3.67	4.86	3.68	4.16	4.45	4.33
动物油	1.45	1.34	1.15	0.83	0.75	0.69
肉禽及其制品	21.75	21.73	21.46	22.34	23.48	25.06
#猪肉	12.57	12.90	12.41	12.49	13.62	13.90
牛肉	0.25	0.26	0.27	0.47	0.50	0.62
羊肉	0.40	0.40	0.25	0.49	0.52	0.54
家禽	6.50	6.04	5.44	5.65	5.82	6.40
肉禽制品	1.51	1.57	3.09	3.24	3.02	3.60
蛋类及蛋制品	4.74	4.87	4.60	4.66	4.64	4.93
奶和奶制品	2.78	3.42	5.18	7.12	9.06	9.38
水产品	26.70	26.47	26.05	28.05	29.07	29.56
#鱼类	13.05	13.39	12.37	13.01	13.74	14.07
虾、贝、蟹类	9.12	8.97	9.88	10.94	11.17	11.39
藻类	0.73	0.45	0.53	0.85	0.94	0.92
其他	3.79	3.67	3.27	3.26	3.21	3.19
食糖	2.40	2.71	2.09	1.96	1.79	1.87
水果及水果制品	24.50	21.54	18.22	18.91	20.48	18.39
坚果及果制品	1.96	1.28	1.29	1.30	1.44	1.63

13－24 续表 单位:公斤

项 目	2007年	2008年	2009年	2010年	2011年	2012年	2013年
粮 食	**137.24**	**135.81**	**133.06**	**127.73**	**129.24**	**130.6**	**131.08**
#小 麦	1.03	1.06	1.32	1.47	6.23	8.28	11.97
稻 谷	115.30	116.19	113.41	108.10	111.5	110.04	105.21
玉 米	0.45	0.43	0.44	0.28	0.5	0.57	1.33
薯 类	2.35	1.98	1.85	1.20	2.57	3.46	2.07
豆类及豆制品	6.17	5.75	6.11	6.16	5.31	3.43	4.37
#大 豆	0.90	0.49	0.62	0.50	0.68	0.58	0.56
杂 豆	2.87	2.85	3.09	3.16	2.39	2.84	3.82
蔬菜及菜制品	75.65	70.38	70.61	72.60	71.98	75.17	79.52
油脂类	5.43	5.95	6.21	6.56	8.24	8.42	7.64
植物油	4.89	5.56	5.65	6.10	7.88	8.04	7.22
动物油	0.54	0.38	0.56	0.46	0.36	0.38	0.42
肉禽及其制品	24.00	22.75	22.71	24.05	28.15	26.97	28.81
#猪 肉	12.55	11.51	11.99	12.7	14.01	13.47	17.26
牛 肉	0.72	0.50	0.54	0.58	0.78	0.68	1.04
羊 肉	0.55	0.51	0.52	0.45	0.45	0.44	0.64
家 禽	6.31	6.77	5.85	5.79	6.57	6.66	6.81
肉禽制品	3.86	3.45	3.82	4.54	6.33	5.72	3.06
蛋类及蛋制品	4.81	5.25	5.26	5.27	5.61	6.43	5.94
奶和奶制品	9.71	9.36	9.01	8.78	9.6	10.06	9.76
水产品	31.91	31.92	33.21	32.90	29.96	31.25	35.88
#鱼 类	15.31	15.51	14.97	15.11	14.36	14.27	16.72
虾、贝、蟹类	12.02	12.00	13.13	12.57	10.97	11.96	13.07
藻 类	0.77	0.78	0.75	1.05	0.6	0.67	0.63
其 他	3.81	3.62	4.37	4.17	4.03	4.34	5.46
食 糖	1.80	1.78	1.61	1.61	1.53	1.67	1.63
水果及水果制品	18.35	19.73	19.36	18.91	22.6	23.37	14.44
坚果及果制品	1.66	1.85	1.96	1.96	2.59	2.44	2.21

13－25　平均每百户农村居民家庭主要耐用消费品拥有量

单位:公斤

项　　目	单位	2001 年	2002 年	2003 年	2004 年	2005 年	2006 年
自行车	辆	99	92	89	91	75	73
洗衣机	台	46	53	56	65	65	66
电冰箱	台	37	40	42	53	64	67
摩托车	辆	43	48	52	53	58	62
黑白电视	台	32	27	21	20	7	5
彩色电视	台	96	103	105	120	129	139
照相机	架	9	8	13	14	16	17
抽油烟机	台	10	12	18	22	27	30
空调机	台	8	12	20	30	44	53
热水器	台	40	45	58	65	74	80
微波炉	台	8	8	14	18	31	37
电话机	部	79	90	101	106	105	100
移动电话	部	32	38	66	89	118	151
摄像机	台	1	1	1	5	3	4
中高档乐器	件	1	1	2	2	2	1

项　　目	单位	2007 年	2008 年	2009 年	2010 年	2011 年	2012 年	2013 年
自行车	辆	77	73	79	77	55	61	41
洗衣机	台	67	66	68	75	82	87	80
电冰箱	台	74	74	79	87	98	100	96
摩托车	辆	63	63	62	66	54	54	55
彩色电视	台	142	143	145	151	155	156	162
照相机	架	17	16	17	19	16	19	19
抽油烟机	台	31	35	36	40	42	43	39
空调机	台	60	61	65	75	87	89	91
热水器	台	82	81	80	87	94	98	90
微波炉	台	41	42	44	50	52	57	50
电话机	部	105	99	100	98	81	83	64
移动电话	部	159	167	179	187	223	231	214
摄像机	台	5	6	6	6	4	6	4
中高档乐器	件	1	1	1	1	1	1	2

13－26　农村居民家庭房屋情况

项　　　目	单　位	2001 年	2002 年	2003 年	2004 年	2005 年	2006 年
建房情况							
每人新建房屋面积	平方米	0.71	1.24	1.04	0.84	0.57	0.57
#砖木结构	平方米	0.10	0.27			0.21	0.14
钢筋混凝土结构	平方米	0.49	0.85	1.04	0.84	0.36	0.43
每平方米新建房屋价值	元	536.30	430.50	667.32	534.21	360.87	551.45
房屋使用情况							
每人年末使用房屋面积	平方米	34.28	38.00	40.36	41.82	41.52	45.50
#砖木结构	平方米	9.27	8.40	9.18	11.94	9.70	12.59
钢筋混凝土结构	平方米	20.01	25.39	29.25	28.27	27.56	29.36

项　　　目	单　位	2007 年	2008 年	2009 年	2010 年	2011 年	2012 年	2013 年
建房情况								
每人新建房屋面积	平方米	0.42	0.46	0.22	0.74	0.84	0.29	0.1
#砖木结构	平方米		0.03					
钢筋混凝土结构	平方米	0.42	0.43	0.22	0.74	0.84	0.29	0.1
每平方米新建房屋价值	元	454.60	786.24	1029.75	906.73	1447.80	1529.9	1570.04
房屋使用情况								
每人年末使用房屋面积	平方米	46.09	46.88	46.99	45.41	47.89	48.36	49.58
#砖木结构	平方米	10.66	8.24	7.98	7.44	6.38	6.02	6.73
钢筋混凝土结构	平方米	31.95	34.99	35.56	34.68	39.51	40.47	42.48

13－27 按县(市)区分农村居民家庭基本情况

(2013年)

县(市)	平均每户常住人口(人)	平均每户整半劳动力(人)	平均每个劳动力负担人口(人)	平均每人总收入(元)	平均每人纯收入(元)	平均每人使用住房面积(平方米)	平均每人总支出(元)	平均每人生活消费支出(元)
福州市	**3.70**	**2.39**	**1.55**	**14330**	**12910**	**50**	**11005**	**9311**
市　区	3.83	2.58	1.48	17024	16035	46	12709	10915
#仓山区	3.91	2.56	1.52	16555	15701	49	12338	10724
晋安区	3.72	2.76	1.35	18372	16767	35	13447	10658
马尾区	3.38	2.26	1.50	17799	17344	47	14396	13873
福清市	4.16	2.67	1.56	16239	15061	84	10852	9683
长乐市	3.22	2.02	1.59	15546	14839	36	10835	10190
闽侯县	3.73	2.58	1.45	12661	12122	66	10098	9153
连江县	3.50	2.44	1.43	14286	11611	44	11680	8663
罗源县	3.75	2.39	1.57	13268	10521	28	12107	9466
闽清县	3.51	2.14	1.64	11903	10317	52	10226	8155
永泰县	3.52	2.16	1.63	10939	9428	30	8637	6955
平潭县	3.85	2.21	1.74	11976	10408	39	9868	8359

县(市)	食　品	衣　着	居　住	家庭设备用品及服务	医疗保健	交通及通讯	文教娱乐用品及服务	其他商品和服务
福州市	**4017**	**719**	**1324**	**624**	**624**	**862**	**812**	**328**
市　区	4770	876	1413	607	608	927	1303	411
#仓山区	4532	926	1398	569	544	985	1396	373
晋安区	5345	631	1547	715	390	707	1014	309
马尾区	5525	1113	1136	680	2037	1002	1222	1158
福清市	4098	843	1247	778	613	1101	712	291
长乐市	4293	934	1438	853	621	1091	598	361
闽侯县	4313	740	1205	687	610	678	708	213
连江县	4170	524	1068	442	692	603	748	415
罗源县	3592	702	2488	567	599	558	566	393
闽清县	3700	623	1156	471	421	798	792	195
永泰县	3235	478	1219	453	543	519	384	123
平潭县	2897	537	1089	655	803	1129	856	393

主要统计指标解释

城镇就业者负担人数　指城镇居民家庭人口与就业人口之比。

城镇居民家庭总收入　指城镇居民家庭成员得到的工资性收入、经营净收入、财产性收入、转移性收入之和。

城镇居民可支配收入　指城镇居民家庭得到可用于最终消费支出和其它非义务性支出以及储蓄的总和，即居民家庭可以用来自由支配的收入。它是家庭总收入扣除交纳的所得税、个人交纳的社会保障支出以及记帐补贴后的收入。计算公式：

可支配收入 = 家庭总收入 - 交纳所得税 - 个人交纳的社会保障支出 - 记帐补贴

城镇居民消费性支出　指城镇居民家庭用于日常生活的支出，包括食品、衣着、家庭设备用品及服务、医疗保健、交通和通信、娱乐教育文化服务、居住、杂项商品和服务等八大类支出。

农村家庭经营收入　是指农村住户以家庭为生产经营单位进行生产筹划和管理而获得的收入。农村住户家庭活动按行业划分为农业、林业、牧业、渔业、工业、建筑业、交通运输业邮电业、批发和零售贸易餐饮业、社会服务业、文教卫生业和其他家庭经营。

财产性收入　指金融资产或有形非生产性资产的所有者向其他机构单位提供资金或将有形非生产性资产供其支配，作为回报而从中获得的收入。

转移性收入　指农村住户和住户成员无须付出任何对应物而获得的货物、服务、资金或资产所有权等，不包括无偿提供的用于固定资本形成的资金。一般情况下，是指农村住户在二次分配中的所有收入。

现金收入　指农村住户和住户成员在调查期内得到的以现金形态表现的收入。按来源分成工资性收入、家庭经营现金收入、财产性收入、转移性收入。

农村家庭纯收入　是指农村住户当年从各个来源得到的总收入相应扣除所发生的费用后的收入总和。计算方法：

纯收入 = 总收入 - 税费支出 - 家庭经营费用支出 - 生产性固定资产折旧 - 调查补贴 - 赠送农村外部亲友支出

纯收入主要用于再生产投入和当年生活消费支出，也可用于储蓄和各种非义务性支出。“农民人均纯收入”按人口平均的纯收入水平，反映的是一个地区或一个农户农村居民的平均收入水平。

农民生活消费支出　指农村常住居民家庭年内用于日常生活的全部开支。它是来反映和研究农民家庭实际生活消费水平高低的重要的指标。农民家庭生活消费支出，包括用于吃、穿、住、烧、用等生活消费品开支和文化、生活服务费用开支两部分。

恩格尔系数　指食物支出金额在消费性总支出金额中所占的比例。计算公式为：

恩格尔系数 = 食物支出金额/消费性总支出金额 × 100%

14 科技、教育与文化

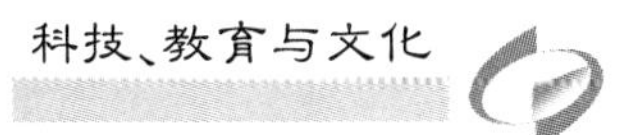

14－1　地方国有企事业单位专业技术人员

（1988－2013年）　　单位：人

年　份	合　计	#工程技术人员	农业技术人员	卫生技术人员	科学研究人员	教学人员
1988	69257	13649	1935	6336	189	33106
1989	74889	14112	1799	6597	186	37403
1990	76161	13057	1760	6788	182	40065
1991	74915	11725	1536	7185	180	41862
1992	78382	12433	1496	7349	176	42855
1993	75214	11905	1376	7108	175	43574
1994	73403	11941	1241	6740	176	43046
1995	75137	12215	1377	6712	202	44256
1996	81731	12322	1682	8899	220	47899
1997	82992	12378	1987	9664	225	48041
1998	82802	11720	1504	8691	192	50619
1999	86069	11227	1624	9373	198	53388
2000	86722	10401	1560	8533	177	54970
2001	85130	10289	1821	8538	189	55040
2002	84521	9194	1645	9048	217	55646
2003	81703	8052	1588	8765	203	55440
2004	85046	8292	1890	10577	157	56632
2005	83275	7207	1854	10402	272	56481
2006	81323	6069	2010	9622	163	57264
2007	81378	6168	1743	8881	169	56276
2008	79901	5387	1656	11102	179	55714
2009	80755	5912	1515	11068	196	56593
2010	73827	5107	1406	10558	106	51872
2011	76688	5304	1312	11354	157	53229
2012	78406	5143	1327	12161	429	53475
2013	80297	5266	1359	12452	439	54758

注：本表为不含省属的市属国有企事业单位专业技术人员数；2010年起数据不含平潭县。

14－2 按行业分地方国有企事业单位各行业技术人员

行业	单位	2005年	2006年	2007年	2008年	2009年	2010年	2011年	2012年	2013年
合计	人	**83275**	**81323**	**81378**	**79901**	**80755**	**73827**	**76688**	**78406**	**80297**
农、林、牧、渔业	人	2809	2650	2427	2114	2062	1911	1707	1557	1594
采矿业	人	3	18	12	10					
制造业	人	1017	584	490	303	402	294	229	189	193
电力、煤气及水的生产和供应业	人	1030	553	617	580	518	497	595	624	638
建筑业	人	3102	2590	2239	893	1219	1038	1830	1787	1829
交通运输、仓储及邮政业	人	811	786	788	780	841	788	624	681	697
信息传输、计算机服务和软件业	人	39	86	57	69	41	29	21	79	81
批发和零售业	人	717	658	590	390	444	482	422	423	433
住宿和餐饮业	人	89	81	82	69	60	66	59	96	98
金融业	人	123	349	409	195	245	217	445	472	483
房地产业	人	630	544	602	214	173	200	421	472	483
租赁和商务服务业	人	272	279	232	113	110	127	82	122	125
科学研究、技术服务和地质勘查业	人	639	598	599	688	654	599	619	944	967
水利、环境和公共设施管理业	人	1095	1125	1287	1225	1325	1135	1105	1151	1178
居民服务和其他服务业	人	240	213	221	197	158	90	166	108	110
教育	人	57200	57785	56970	56456	56911	52385	53907	54010	55306
卫生、社会保障和社会福利业	人	10539	9914	11037	11515	11748	10920	11823	12334	12630
文化、体育和娱乐业	人	1528	1289	1365	1403	1483	1254	1311	2027	2075
公共管理和社会组织	人	1392	1221	1354	2687	2361	1795	1322	1330	1362

注：本表2010年起数据不含平潭县。

14-3 各类型专利申请公告情况

(1985-2013年)　　单位:项

年　份	专利申请公告量	发　明	实用新型	外观设计
1985	76	39	37	
1986	76	32	43	1
1987	121	30	83	8
1988	131	31	99	1
1989	150	32	100	18
1990	142	38	94	10
1991	180	36	101	43
1992	243	35	182	26
1993	211	56	125	30
1994	300	76	175	49
1995	379	61	163	155
1996	423	66	174	183
1997	451	65	177	199
1998	682	78	271	333
1999	737	59	308	370
2000	823	95	331	397
2001	791	96	315	380
2002	946	102	423	421
2003	1294	203	464	627
2004	1241	205	464	572
2005	1354	365	432	557
2006	2468	560	857	1051
2007	3255	994	973	1288
2008	3794	1138	1291	1365
2009	4708	1530	1954	1224
2010	6134	2216	2781	1137
2011	7402	2673	3576	1153
2012	8998	3091	4097	1810
2013	9262	3258	4227	1777

注:2007年前的数字为专利申请公告量,2009年以后的数字为专利申请量。

14-4 主要年份技术市场基本情况

(1991-2013年)

年　份	合同数(项)	合同金额(万元)	年　份	合同数(项)	合同金额(万元)
1991	1212	2034.24	2002	3229	37707.33
1992	4124	5448.40	2003	3158	47075.32
1993	2851	9171.42	2004	3892	40905.92
1994	1936	12387.89	2005	3725	43932.42
1995	2021	15106.43	2006	2790	67424.95
1996	1782	18184.87	2007	3457	96082.04
1997	1976	23788.15	2008	3303	84513.00
1998	2310	28656.56	2009	2511	111411.36
1999	2625	31550.87	2010	2267	105183.66
2000	2859	39528.03	2011	1967	143780.77
2001	3159	43240.92	2012	2123	126516.02
			2013	2522	153378.62

14－5 技术市场基本情况

项目	2002年		2003年		2004年		2005年	
	合同数（项）	合同金额（万元）	合同数（项）	合同金额（万元）	合同数（项）	合同金额（万元）	合同数（项）	合同金额（万元）
合计	**3229**	**37707.23**	**3158**	**47075.32**	**3892**	**40905.92**	**3725**	**43932.42**
按合同类别分								
技术开发合同	295	7927.80	346	13363.08	427	11230.20	539	13407.09
技术转让合同	345	8552.86	140	8424.08	130	6432.59	92	5709.69
技术咨询合同	558	5666.83	957	10370.85	1232	7349.51	1170	10402.64
技术服务合同	2031	15559.84	1715	14916.46	2103	15893.62	1924	14413.00
按服务目标分								
陆地、海洋和大气的开发与估价			2	10.60			4	36.91
农业、林业和渔业的发展	156	4773.70	203	2070.41	160	1751.55	247	2213.20
促进工业发展	371	7765.81	242	7748.72	195	4532.54	301	6553.94
能源的生产、储存和分配	415	4873.67	459	7655.94	386	6149.84	307	4771.12
交通、通讯事业的发展	228	6273.35	224	4629.06	214	3691.16	455	11455.68
教育事业的发展	45	166.03	50	274.16	26	189.07	35	193.88
卫生事业的发展	132	824.64	148	2106.08	111	1500.97	101	1669.17
环境保护	169	3072.69	209	1413.43	195	636.35	261	1579.80
知识全面发展	3	22.00			4	231.00	44	512.92
其他(民用)	902	5392.91	870	15820.62	1476	16619.97	723	7108.26
按技术流向分								
本省	2605	25987.38	3019	44525.48	3736	37827.46	3503	36368.17
省外	624	11719.95	139	2549.84	156	3078.46	222	7564.25

项目	2006年		2007年		2008年		2009年	
	合同数（项）	合同金额（万元）	合同数（项）	合同金额（万元）	合同数（项）	合同金额（万元）	合同数（项）	合同金额（万元）
合计	**2790**	**67424.95**	**3457**	**96082.04**	**3303**	**84513.00**	**2511**	**111411.36**
按合同类别分								
技术开发合同	516	15538.70	689	25450.05	552	26963.88	553	47308.39
技术转让合同	65	37025.42	39	52111.06	45	9219.43	76	12407.48
技术咨询合同	314	4506.77	845	6519.32	1048	6355.50	683	5932.88
技术服务合同	666	10354.06	1884	12001.62	1658	41974.18	1199	45762.61
按服务目标分								
陆地、海洋和大气的开发与估价					2	35.38		
农业、林业和渔业的发展	161	3224.30	119	2334.42	99	2678.14	53	1140.36
促进工业发展	171	33631.94	216	26392.68	145	2733.45	93	16923.90
能源的生产、储存和分配	230	1466.38	60	1988.36	281	1932.10	30	1063.64
交通、通讯事业的发展							187	426279.00
教育事业的发展								
卫生事业的发展			63	3065.41	51	568.08	24	886.80
环境保护	186	1331.75	371	3168.43	348	3174.72	315	4205.93
知识全面发展	4	75.96	17	632.78	20	1031.73	13	991.74
其他(民用)	5	176.85	1681	40944.55	1396	52101.73	1033	55017.75
按技术流向分								
本省			3456	75581.91	3303	84513.00	2223	85119.47
省外			1	20500.13			159	18270.66

注:2009年的交通、通讯事业的发展改为基础设施的发展。

14－5 续表

项目	2010年		2011年		2012年	
	合同数（项）	合同金额（万元）	合同数（项）	合同金额（万元）	合同数（项）	合同金额（万元）
合计	**2267**	**105183.66**	**1967**	**143780.77**	**2123**	**126516.02**
按合同类别分						
技术开发合同	503	40779.50	642	74116.70	806	83981.11
技术转让合同	119	21304.24	97	35555.31	83	18006.33
技术咨询合同	558	4702.87	527	7315.03	915	8897.73
技术服务合同	1087	38397.05	701	2679372.00	319	15630.83
按服务目标分						
陆地、海洋和大气的开发与估价					2	40.80
农业、林业和渔业的发展	48	1501.87	114	2670.17	272	6758.24
促进工业发展	105	14004.98	106	49044.21	149	18008.22
能源的生产、储存和分配	28	1494.98	30	849.84	36	2028.22
交通、通讯事业的发展	185	5114.29	168	5688.04	162	9393.51
教育事业的发展						
卫生事业的发展	11	699.20	19	267.20	31	773.90
环境保护	257	3444.42	192	3120.91	213	2884.95
知识全面发展	4	19.43	7	631.40	12	1191.45
其他(民用)	1051	42781.76	765	40459.42	1246	85436.70
按技术流向分						
本　省	2257	92282.38	1909	115825.56	2104	114119.15
省　外	10	12901.27				

项目	2013年	
	合同数（项）	合同金额（万元）
合计	**2522**	**153378.82**
按合同类别分		
技术开发合同	992	89627.66
技术转让合同	115	33415.47
技术咨询合同	1122	10784.83
技术服务合同	293	19550.64
按服务目标分(新分类)		
环境保护、生态建设及污染防治	303	4668.82
能源生产、分配和合理利用	34	2444.13
卫生事业发展	91	1597.71
教育事业发展	17	1126.51
基础设施以及城市和农村规划	198	4832.57
社会发展和社会服务	1212	89896.59
地球和大气层的探索与利用	1	35.30
民用空间探测及开发	6	52.68
农林牧渔业发展	344	7849.24
工商业发展	104	25125.79
非定向研究	1	12.00
其他民用目标	209	15555.27
国　防	2	182.00

14－6 各单位技术买卖情况

项目	2011年			2012年		
	登记合同数（份数）	合同成交总金额（万元）	#技术交易额（万元）	登记合同数（份数）	合同成交总金额（万元）	#技术交易额（万元）
合计	**1967**	**143780.77**	**129496.34**	**2123**	**126516.02**	**124063.70**
按社会经济目标分						
农业、林业和渔业的发展	114	2670.17	2621.01	272	6758.24	6662.59
促进工业的发展	106	49044.21	36279.53	149	18008.22	17992.12
能源的生产和合理利用	30	849.84	849.84	36	2028.22	2026.92
基础设施的发展	168	5688.04	5682.54	162	9393.51	8018.51
环境治理与保护	192	3120.91	2980.79	213	2884.95	2884.95
卫生(不包括污染)	19	267.20	267.20	31	773.90	769.30
社会发展和社会服务	537	36606.20	36314.78	804	61602.27	60670.07
地球和大气层的探索与利用				2	40.80	40.80
知识的发展	7	631.40	631.20	12	1191.45	1191.45
民用空间	28	4436.36	4436.36	5	19.49	19.49
国　防	1	7.00	7.00	5	235.39	215.00
其　他	765	40459.42	39426.07	432	23579.55	23572.49
按卖方类别分						
机关法人						
事业法人	631	12953.81	12821.01	502	13886.11	12445.11
社团法人						
企业法人	1111	128233.25	114092.60	986	105812.71	104801.40
自然人	225	2593.70	2582.72	634	6767.20	6767.20
其他组织				1	50.00	50.00

项目	2013年		
	登记合同数（份数）	合同成交总金额（万元）	#技术交易额（万元）
合计			
按社会经济目标分(新分类)			
环境保护、生态建设及污染防治	303	4668.82	4602.20
能源生产、分配和合理利用	34	2444.13	2410.70
卫生事业发展	91	1597.71	1458.70
教育事业发展	17	1126.51	1126.50
基础设施以及城市和农村规划	198	4832.57	4437.80
社会发展和社会服务	1212	89896.59	88139.00
地球和大气层的探索与利用	1	35.30	35.30
民用空间探测及开发	6	52.68	51.97
农林牧渔业发展	344	7849.24	7831.30
工商业发展	104	25125.79	18448.00
非定向研究	1	12.00	12.00
其他民用目标	209	15555.27	15340.00
国　防	2	182.00	182.00
按卖方类别分			
机关法人			
事业法人	727	15642.25	15362.35
社团法人			
企业法人	1021	129960.82	120986.48
自然人	771	7695.54	7647.02
其他组织	3	80.00	80.00

14－7　主要年份各类学校数

单位:所

年　份	普通高等学校	中等专业学校	职业中学	普通中学	#高　中	小　学	幼儿园
1952	3	11		30	13	1468	80
1957	3	8		49	26	2044	513
1962	7	11	25	101	37	2597	634
1965	5	7	104	120	40	3600	700
1970	2			111	31	3265	148
1975	2	17	2	156	115	3977	523
1980	5	22	2	178	122	3441	746
1985	8	29	42	199	81	3323	695
1990	12	42	75	247	81	3280	1521
1995	12	44	68	327	82	3047	2503
1996	12	44	65	359	83	2998	2594
1997	12	44	67	369	85	2971	2540
1998	12	44	66	374	87	2903	2494
1999	13	46	56	359	86	2673	2463
2000	13	45	53	364	97	2455	2294
2001	14	46	77	374	109	2272	1809
2002	13	41	74	375	103	2250	1753
2003	31	115		377	102	2081	1681
2004	29	104		273	109	1982	1612
2005	36	95		467	124	1842	1765
2006	37	113		374	132	1729	1737
2007	35	91		377	125	1633	1694
2008	34	84		373	124	1497	1719
2009	34	71		367	124	1350	1649
2010	31	69		326	105	1173	1015
2011	31	61		316	104	1013	1136
2012	32	61		317	102	927	1183
2013	32	56		322	104	905	1204

注:2003 年起“普通高等学校”统计口径包括各类学院;“中等专业学校”改为“中等职业学校”,统计口径包括各类职业中学;2010 年起教育部门数据不含平潭县,下同。

14-8 主要年份各类学校专任教师数

单位:人

年份	普通高等学校	中等专业学校	职业中学	普通中学	#高中	小学	幼儿园
1952	307	529		1002		4888	139
1957	767	347		1772		7410	876
1962	1987	527	97	3322		11794	1242
1965	1672	355	401	4008		14258	1362
1970	320			2216		15513	360
1975	1288	295	12	6265		23239	940
1980	2537	928	15	9906		23166	2115
1985	3890	1432	589	10787		23456	3563
1990	4329	2303	1301	13140	2430	22702	26829
1995	4047	2610	1862	16461	2328	26483	6370
1996	4094	2449	2061	17393	2382	27164	6141
1997	4242	2506	2138	18322	2523	28229	6633
1998	3938	2608	2160	19314	2701	29068	6800
1999	4223	2619	2082	19900	3136	29703	7119
2000	4754	2572	2114	20305	3946	29189	7047
2001	5267	2379	2186	21204	4780	28540	28540
2002	7031	2130	2081	22181	6678	29062	5719
2003	9027	5492		23228	6373	28244	5774
2004	9979	5588		24011	6909	27635	6629
2005	12698	5045		25158	7798	27031	2350
2006	12793	5271		26226	8645	27094	8078
2007	13924	4793		26638	9106	26742	8508
2008	14786	4648		26574	9197	26524	9373
2009	15763	4641		26406	9124	26093	10008
2010	17209	4603		24390	8431	24541	9356
2011	17910	4817		23897	8384	24474	10809
2012	18470	4967		23932	8408	24553	11980
2013	19248	4697		24276	8378	25394	12866

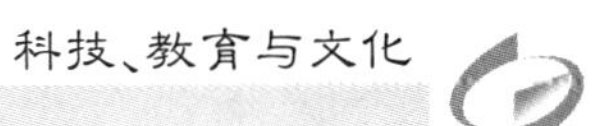

14－9 主要年份各类学校在校生数

单位:人

年　份	普通高等学校	中等专业学校	职业中学	普通中学	#高　中	小　学	幼儿园
1952	2135	6158		22825	3525	200313	6612
1957	5058	3472		44051	11038	294147	31306
1962	12158	2728	1782	125392	15341	372757	39004
1965	8256	3509	8769	79803	17142	507762	40912
1970	245			52444	7209	457894	10541
1975	4276	1925	364	159131	45872	609622	29207
1978	8157	4694	614	210678	74057	572849	41704
1979	11418	6951	382	182015	66906	602954	63736
1980	14410	7368	502	193919	44796	617674	75114
1981	14800	7363	2900	167208	27375	617479	84378
1982	13050	7301	4077	159481	28655	624756	97557
1983	15570	7597	3108	159371	28304	637754	110600
1984	17662	7965	6146	175409	35384	656360	114118
1985	22018	9360	10033	190026	37529	675345	105909
1986	25851	14968	11770	202305	37846	664646	115724
1987	27417	15999	14840	221222	36587	634953	145528
1988	29006	18330	18283	211491	31745	607019	145057
1989	28898	20202	17777	206448	28204	605634	140888
1990	28188	21551	18144	213767	27269	605452	141959
1991	27548	21913	18633	223308	29307	620374	144208
1992	29050	24036	21991	237744	32227	631336	146729
1993	31579	29158	32473	244235	32050	642413	152119
1994	33826	33274	32981	257549	30715	651972	157948
1995	34162	36973	36532	285031	30045	650417	163579
1996	33929	39005	35576	323290	32599	649150	162965
1997	35056	43109	37617	354790	37535	653843	143463
1998	37503	47419	36504	367672	41420	643243	133051
1999	46151	52212	39078	373294	49679	623614	132514
2000	65737	53916	40179	378207	60473	602680	136026
2001	88714	55579	41304	380100	74894	587371	133418
2002	97140	53717	37860	383009	85572	572809	122580
2003	129942	120403		399185	95719	538609	122889
2004	148217	122280		412417	106711	514274	123917
2005	194073	122728		417772	119653	488897	159548
2006	216288	129629		412757	130235	493134	170465
2007	233133	127565		404841	131725	480127	183520
2008	250281	129107		396730	130044	462635	200488
2009	265682	148631		379903	124938	446285	213075
2010	281680	136177		327105	111881	417019	216173
2011	292678	170184		308200	109504	432486	230612
2012	305386	195095		301951	108488	451238	246667
2013	318343	166265		298123	105037	469174	253933

14－10 主要年份各类学校招生数

单位:人

年份	普通高等学校	中等专业学校	职业中学	普通中学	#高中	小学	幼儿园
1952				11958	1974	85024	80
1957				15574	3833	74435	272
1962	1037	97	1053	24051	5721	90163	232
1965	1847	1337	4289	29527	5961	116443	320
1970	245			31214	4402	116488	2446
1975	1251	1015	259	93793	23723	125394	15739
1978	3359	2332	341	93333	34344	126165	28087
1979	3612	2816	158	83450	31463	134173	41892
1980	3027	2937	147	52753	2050	118921	44667
1981	3033	3313	2590	63154	15170	112004	63401
1982	3368	2777	2233	59005	13648	115356	75946
1983	4554	3342	2322	61412	13313	119809	87971
1984	5604	3172	4251	65391	13907	117619	87678
1985	7365	4350	6091	69845	12606	113646	82804
1986	7611	6183	5695	73036	12059	95402	88273
1987	8188	6502	8303	87716	12440	81753	102791
1988	9326	8137	9372	77746	9590	86734	98204
1989	8283	6805	7240	80352	9403	106898	101419
1990	7903	6811	7313	82682	10033	105420	101440
1991	8304	7390	8289	80654	11140	108714	94110
1992	9947	8652	10732	85917	11802	107149	94850
1993	11002	10529	18255	87221	10075	103601	98136
1994	10339	12604	12963	94529	9729	107329	99024
1995	10232	13001	14568	113713	11140	108007	102065
1996	10567	13345	12156	122989	12348	111388	97704
1997	11148	15123	13493	125729	14735	115463	83363
1998	11914	15821	13099	126495	15221	101499	76561
1999	17616	17649	14546	128323	20395	92466	75477
2000	26070	15272	15206	131173	25713	85902	74072
2001	31800	13499	15303	129122	99045	85763	74637
2002	26052	16825	13121	130734	30984	85922	64644
2003	51137	43637		150026	35116	77138	63786
2004	58978	41789		141191	41197	72233	63363
2005	67095	42997		137202	44455	67978	79407
2006	69305	52167		135094	45390	76430	81277
2007	75247	46881		135487	44371	78082	87272
2008	82954	46842		134206	44058	76384	90968
2009	83444	69300		119601	39897	77747	94499
2010	87328	46045		103683	37969	76917	98420
2011	89735	90810		99076	37178	81294	95458
2012	92999	92080		100277	35515	84486	103226
2013	96502	39886		99247	33428	88700	104504

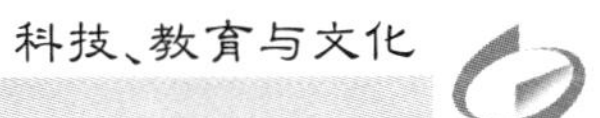

14－11　主要年份各类学校毕业生数

单位：人

年　份	普通高等学校	中等专业学校	职业中学	普通中学	#高　中	小　学	幼儿园
1952	580	1022		4698	803	15422	
1957	442	804		10694	2933	32248	172
1962	2421	1464	103	14798	4196	41178	289
1965	3325	247	288	17572	4417	50536	330
1970				16520	3780	62902	1373
1975	1033	283	54	49474	19460	80697	16121
1978	1652	103	127	86993	23935	75245	21025
1979	186	1018	191	100215	37143	68249	27621
1980	2027	2510	46	25020	21381	72388	23917
1981	2614	3283	122	75193	32494	73785	42432
1982	5686	2789	127	51303	14763	74948	57359
1983	3764	3015	1585	46427	13222	79476	66648
1984	3714	3224	1276	43577	9905	86842	81668
1985	3714	3224	1276	43577	9905	86842	81668
1986	4624	4124	2261	47599	10992	91965	70342
1987	6545	5302	3913	50107	12290	98862	67681
1988	7644	5765	4045	53122	11744	95716	80779
1989	8117	4845	5137	50458	10984	98155	87787
1990	8420	5342	5401	49717	10046	100434	88357
1991	8666	6935	6346	44934	8220	91177	94908
1992	8295	6434	5690	54849	8498	95922	91344
1993	8205	7088	6100	61880	9492	93139	91806
1994	7933	7607	5986	58933	10357	99032	94334
1995	9542	8984	9116	73218	10434	110461	94609
1996	10461	9185	11207	74529	8913	112916	97880
1997	9669	10895	10533	83558	8821	113533	99923
1998	9284	11278	13311	102052	10077	113717	84947
1999	8779	12537	10720	110779	11215	111191	78317
2000	10251	12849	12005	115002	13345	108329	71663
2001	14051	10911	12014	114127	14319	101556	71630
2002	15362	14788	10114	113176	18894	112876	71291
2003	26200	36328		124464	25571	111327	59769
2004	28878	35584		119166	28163	101769	63363
2005	32886	33786		121847	29575	95042	63246
2006	46596	37965		138806	33323	92877	67097
2007	55672	32156		133883	38943	92705	71514
2008	62966	31287		130122	41469	92142	72230
2009	64307	38157		121895	41439	82921	75507
2010	66861	38594		109210	37140	68594	70428
2011	75360	41317		111256	37081	63855	75253
2012	76365	50038		102303	33935	66855	83049
2013	78972	36729		100822	35837	68110	87783

14－12 每万人口拥有在校学生数

年 份	每万人口拥有在校生(人)				初中毕业生升学率(%)	小学毕业生升学率(%)	学龄儿童入学率(%)
	普通高等学校	中等专业学校	普通中学	小 学			
1952	10.11	33.11	96.44	838.92			
1957	16.69	19.54	162.80	1087.64			
1962	39.79	15.29	206.47	1219.85			
1965	27.46	14.05	245.30	1629.80			
1970	0.68	1.30	284.76	1352.97			
1975	10.46	5.86	386.28	1548.30			
1978	18.65	12.77	481.79	1353.35			
1980	25.49	18.25	431.91	1400.96			
1985	44.42	20.42	390.94	1381.47			
1990	52.66	40.26	399.34	1131.05		99.51	99.21
1995	60.76	65.76	506.93	1138.96	61.63	93.00	99.88
1996	59.53	68.44	567.23	1137.41	54.06	98.78	99.90
1997	60.98	74.99	617.19	1109.38	53.29	97.82	99.92
1998	64.68	81.78	634.11	1069.42	51.55	97.90	99.94
1999	79.14	89.54	640.16	1022.83	52.34	97.11	99.95
2000	111.56	91.50	641.87	988.61	55.20	97.41	99.97
2001	149.31	93.54	639.75	988.61	55.20	97.63	99.63
2002	162.57	89.90	640.98	958.61	60.70	97.01	99.83
2003	214.83	199.06	659.96	890.47	69.00	99.01	99.84
2004	243.22	200.65	676.77	843.92	76.00	100.50	99.85
2005	318.47	201.40	685.56	802.28	82.10	107.61	99.67
2006	347.32	208.16	662.82	791.89	83.85	98.74	91.23
2007	369.87	202.38	642.29	761.73	84.64	98.29	91.53
2008	393.55	203.01	623.84	727.47	88.75	97.84	92.28
2009	417.77	233.71	597.38	701.76	92.50	96.12	92.74
2010	470.01	227.23	545.81	695.84	92.15	95.80	92.12
2011	433.11	251.84	456.08	640.00	95.08	96.94	93.70
2012	443.88	283.57	438.89	655.87	96.10	96.87	97.37
2013	458.71	239.57	429.57	676.04	97.80	97.09	98.08

14－13　平均每一专任教师负担学生数

单位:人

年　份	普通高等学校	中等专业学校	职业中学	普通中学	#高　中	小　学	幼儿园
1952	7.59	11.98		22.40		40.98	47.57
1957	6.59	12.07		25.23		40.32	35.74
1962	5.76	7.36	18.37	17.89		30.63	31.40
1965	5.34	10.46	21.87	20.29		34.64	30.04
1970	0.77	4.71		19.91		27.89	29.28
1975	3.48	5.08	30.33	13.74		28.26	31.07
1978	4.12	9.65		20.00		25.23	19.72
1980	4.93	8.07	33.47	19.33		27.56	35.51
1985	5.58	6.97	17.03	17.18		28.03	29.72
1990	6.07	9.36	13.92	16.27	11.22	26.57	13.25
1995	8.44	14.17	15.69	17.31	12.91	24.56	39.64
1996	8.28	15.93	17.26	18.59	13.69	23.90	26.54
1997	8.26	17.20	17.59	19.36	14.88	23.16	21.63
1998	9.52	18.18	16.50	19.04	15.34	22.13	19.57
1999	10.93	19.94	18.77	18.26	15.84	22.35	18.61
2000	13.83	20.96	19.04	18.63	15.33	20.65	19.30
2001	16.84	23.36	18.89	17.93	15.67	20.56	25.36
2002	13.82	25.22	18.19	17.27	12.81	17.71	21.43
2003	14.39	21.92		17.19	15.04	19.07	21.28
2004	14.85	21.88		17.17	15.45	18.61	18.69
2005	15.28	24.33		16.61	15.34	18.09	21.71
2006	16.91	24.59		15.74	15.06	18.20	21.10
2007	16.74	26.61		15.20	14.47	17.95	21.57
2008	16.93	27.78		14.93	14.14	17.44	21.39
2009	16.85	32.03		14.39	13.69	17.10	21.29
2010	16.37	29.58		13.41	13.27	16.99	23.11
2011	16.34	35.33		12.90	13.06	17.67	21.34
2012	16.53	39.28		12.62	12.90	18.38	20.59
2013	16.53	35.40		12.28	12.50	18.48	19.74

14－14 主要年份各类文化事业机构数

单位:个

年份	艺术事业		公共图书馆	博物馆	群众文化事业		
	表演团体	表演场所			艺术馆	文化馆	文化站
1987	12	7	13	1	1	13	11
1988	18	16	15	4	2	13	11
1989	18	9	15	6	2	13	11
1990	18	16	15	6	2	13	11
1991	12	7	15	6	1	13	11
1992	12	7	15	6	1	13	26
1993	12	7	15	6	1	13	7
1994	12	7	15	6	1	13	26
1995	12	7	15	6	1	13	37
1996	12	7	15	11	1	13	173
1997	12	6	14	16	1	13	188
1998	13	6	14	16	1	13	167
1999	14	6	14	17	1	13	165
2000	12	5	14	17	1	13	153
2001	12	7	15	14	1	12	181
2002	12	6	14	14	1	12	167
2003	13	6	14	14	1	12	194
2004	13	6	14	14	1	12	194
2005	13	3	14	15	1	13	191
2006	13	2	14	15	1	13	191
2007	13	2	14	15	1	13	188
2008	13	2	14	15	1	13	188
2009	13	2	14	15	1	13	188
2010	12	2	13	15	1	12	173
2011	12	2	13	15	1	12	173
2012	12	2	13	15	1	12	173
2013	12	2	13	15	1	12	173

注:表中2010年起数据不含平潭县。

主要统计指标解释

科技活动 指在自然科学、农业科学、医药科学、工程与技术科学、人文与社会科学领域(简称科学技术领域)中,与科学知识的产生、发展、传播和应用密切相关的有组织的活动。可分为研究与试验发展(R&D)、研究与试验发展成果应用及相关的科技服务三类活动。

专业技术人员 指从事专业技术工作和专业技术管理工作的人员,即企事业单位中已经聘任专业技术职务从事专业技术工作和专业技术管理工作的人员,以及未聘任专业技术职务,现在专业技术岗位上工作的人员。包括工程技术人员,农业技术人员,卫生技术人员,科学研究人员,教学人员,经济人员,会计人员,统计人员,翻译人员,图书资料、档案、文博人员,新闻出版人员,律师、公证人员,广播电视播音人员,工艺美术人员,体育人员,艺术人员及企业政治思想工作人员,共十七个专业技术职务类别,用来反映科技人力资源情况。

科学家与工程师 指科技活动人员中具有高、中级技术职称(职务)的人员和不具有高、中级技术职称(职务)的大学本科以上学历人员。

发明(专利) 指对产品、方法或其改进所提出的新的技术方案。是国际通行的的反映拥有自主知识产权技术的核心指标。

实用新型(专利) 指对产品的形状、构造或者其结合所提出的适于实用的新的技术方案。反映具有一定技术含量的技术成果情况。

外观设计(专利) 指对产品的形状、图案、色彩或者其结合所作出的富有美感并适于工业上应用的新设计。反映拥有自主知识产权的外观设计成果情况。

普通高等学校 指按照国家规定的设置标准和审批程序批准举办,通过全国普通高等院校统一招生考试,招收高中毕业生为主要培养对象,实施高等教育的全日制大学、独立设置的学院和高等专科学校、高等职业学校和其他机构。

成人高等学校 指按照国家规定的设置标准和审批程序举办的,通过全国成人高等学校统一招生考试,招收具有高中毕业或同等学历的在职从业人员为主要培养对象,利用函授、业余、脱产等多种形式对其实施高等学历教育的学校。包括广播电视大学、职工高等学校、农民高等学校、管理干部学院、教育学院、独立函授学校、其他机构等。

小学学龄儿童入学率 指调查范围内已入小学学习的学龄儿童占校内外学龄儿童总数(包括弱智儿童,不包括盲聋儿童)的比重。

小学学龄儿童入学率 = 已入小学学习的学龄儿童数/校内外学龄儿童总数 * 100%

文化事业机构 指从事专业文化工作和为专业文化工作服务的独立建制的单位,不包括这些单位另外举办独立核算的其他机构和各部门的业余文化组织。

艺术表演团体 指从事戏曲、音乐、舞蹈、杂技等专业艺术表演,有独立帐户的单位,不包括半工半艺、半农半艺和民间职业剧团。

15 卫生、体育与其他

15－1 主要年份卫生事业基本情况

年　　份	卫生机构（个）	# 医院、卫生院	卫生技术人员（人）	# 医生	# 护师（士）	医疗床位（张）	# 医　院
1952	280	41	3178	1484		1820	1800
1957	456	96	6199	2289		4377	4176
1962	979	123	9187	3173		7279	5321
1965	1056	138	10370	3490		8870	6404
1970	565	135	8698	2646		6658	5339
1975	871	153	12967	4164		10745	7685
1978	887	160	13969	4325		11138	8027
1979	855	161	14603	4511		11762	8278
1980	955	200	15622	4214		11757	8711
1981	937	199	15432	4374		12306	9182
1982	916	202	16736	4680		12092	9290
1983	965	210	17213	4914		12339	9391
1984	1036	196	17624	5086		12668	9821
1985	1091	207	18508	5664		13334	10427
1986	1115	204	19837	5779		14035	11430
1987	1151	193	21205	7330	5048	14862	12258
1988	1190	196	22265	8441	5507	15279	12626
1989	1193	199	22011	8819	6251	15844	13263
1990	1208	198	23593	9330	6550	16267	13557
1991	1219	199	24401	9763	7003	16920	14148
1992	1227	203	23961	9748	6858	16700	14044
1993	1149	203	23464	9964	6596	16435	13898
1994	1066	199	23849	9942	6783	17101	14464
1995	1067	199	24180	10275	6959	17137	14760
1996	2347	233	24579	10258	7182	18486	15864
1997	2216	234	25400	10792	7514	18321	15601
1998	2186	235	25906	10780	7705	18890	16237
1999	2184	234	25999	11064	7934	18673	15908
2000	1633	242	23034	10639	7999	19125	16686
2001	1607	244	23224	9369	7554	19079	13390
2002	1601	243	23164	9349	7544	17675	12635
2003	1265	240	22552	9678	7342	18008	13075
2004	1371	237	23763	10298	8246	18792	13902
2005	1675	240	25203	11056	9308	19425	14667
2006	1875	225	25695	11484	9440	19497	15005
2007	1872	221	27255	11601	10192	20159	15710
2008	1988	207	29496	12619	11056	22178	17303
2009	1899	216	32356	13413	12425	23389	18579
2010	1837	202	34366	13813	13480	24035	19290
2011	1934	204	38640	15004	15693	25886	20689
2012	1950	226	42397	16140	17519	28611	22592
2013	1959	230	46466	16880	18652	31175	24926

说明：报送时间为年后4月30日前，报送方式为纸质和电子邮件。

注：1996年起卫生机构数含个体办诊所；表中2010年起数据不含平潭县，下同。

15－2 每千人拥有卫生机构情况

年　份	每千人拥有卫生技术人员数（人/千人）	#医　生	护师（士）	每千人拥有医疗床位数（张/千人）	#医院床位数
1952	1.34	0.63		0.77	0.76
1957	2.29	0.85		1.62	1.54
1962	3.01	1.04		2.38	1.74
1965	3.16	1.06		2.70	1.95
1970	2.43	0.74		1.86	1.49
1975	3.17	1.02		2.63	1.88
1978	3.19	1.00		2.55	1.00
1979	3.29	1.02		2.65	1.86
1980	3.47	0.94		2.61	1.94
1981	3.36	0.95		2.68	2.00
1982	3.58	1.00		2.58	1.99
1983	3.62	1.03		2.60	1.98
1984	3.65	1.05		2.62	2.03
1985	3.79	1.16		2.73	2.13
1986	4.01	1.17		2.84	2.31
1987	4.17	1.46	1.01	2.92	2.41
1988	4.33	1.65	1.08	2.97	2.46
1989	4.24	1.71	1.21	3.05	2.55
1990	4.41	1.77	1.24	3.04	2.53
1991	4.51	1.81	1.30	3.13	2.61
1992	4.41	1.80	1.26	3.07	2.59
1993	4.26	1.81	1.98	2.98	2.52
1994	4.29	1.79	1.22	3.08	2.60
1995	4.30	1.83	1.24	3.05	2.63
1996	4.31	1.80	1.26	3.24	2.78
1997	4.42	1.88	1.31	3.19	2.71
1998	4.47	1.88	1.33	3.16	2.80
1999	4.46	1.90	1.36	3.20	2.73
2000	4.23	1.80	1.36	3.08	2.83
2001	4.27	1.85	1.27	3.21	2.25
2002	4.21	1.82	1.26	3.15	2.20
2003	3.75	1.56	1.36	3.01	2.19
2004	3.89	1.69	1.35	3.08	2.28
2005	3.49	1.46	1.31	3.15	2.38
2006	4.15	1.84	1.51	3.13	2.40
2007	4.03	1.71	1.50	2.98	2.32
2008	4.32	1.85	1.62	3.25	2.53
2009	4.71	1.95	1.81	3.40	2.70
2010	5.67	2.28	2.23	3.97	3.18
2011	6.35	2.46	2.58	4.25	3.4
2012	6.91	2.63	2.85	4.66	3.68
2013	6.70	2.43	2.69	4.49	3.59

注:2013 年前千人均指标按户籍人口计算,2013 年改为按常住人口计算。

15－3　按经济类型分卫生事业基本情况

项　目	2012年					2013年				
	卫　生机构数（个）	卫生技术人员（人）	#医　生	医疗床位（张）	#医　院	卫　生机构数（个）	卫生技术人员（人）	#医　生	医疗床位（张）	#医　院
总　计	**1950**	**42397**	**16140**	**28611**	**22592**	**1959**	**46466**	**16880**	**31175**	**24926**
国有单位	272	28072	9597	22714	20434	285	30683	10515	24565	22150
集体单位	191	5113	1870	3750	310	190	5621	1892	4170	336
私　营	1412	8689	4384	1641	1641	1400	9307	4143	1975	1975
其　他	75	523	289	506	207	84	855	330	465	465

15－4　各类卫生事业机构医疗床位数

单位:张

项　目	1995年	2000年	2005年	2006年	2007年	2008年	2009年	2010年	2011年	2012年	2013年
总　计	**17137**	**19125**	**19425**	**19497**	**20159**	**22178**	**23389**	**24035**	**25886**	**28611**	**31175**
#医院、卫生院	12360	13598	17461	17714	18595	20335	21746	22434	24175	26696	29146
疗养院、所	1020	1133	712	390	230	270	100	100	194	284	299
门诊部、所	127	6	10	28	35	10	30	20	20		
社区卫生服务中心			160	205	155	268	336	278	168	163	199
专科疾病防治所、站	423	273	305	345	150	290	198	198	168	195	207
妇幼保健所、站	27	166	759	800	979	995	979	990	1161	1273	1324
其他卫生事业机构	650	721	18	15	15	10		15			
医学科研机构	100	100									
高等医药院校	30	40									

注:1997年起“门诊部、所”数不包括“门诊所”数,仅包括“门诊部”数。(下同)

15－5 各类卫生事业机构数

单位:个

项目	1995年	2000年	2005年	2006年	2007年	2008年	2009年	2010年	2011年	2012年	2013年
总计	**1067**	**1633**	**1675**	**1875**	**1872**	**1988**	**1899**	**1837**	**1934**	**1950**	**1959**
医院、卫生院	199	242	240	225	221	207	216	202	204	226	230
疗养院、所	5	5	5	3	2	1	1	1	2	2	2
社区卫生服务中心			11	22	22	34	38	45	46	47	49
门诊部、所	32	32	51	52	49	75	80	98	130	129	131
急救中心(站)			2	2	2	2	3	1	1	1	1
专科防治所、站	11	11	11	10	9	10	10	9	8	8	7
疾病预防控制中心	17	16	15	15	15	15	15	14	15	15	15
卫生监督所			6	9	10	10	10	9	9	9	9
妇幼保健所、站	11	14	16	16	16	16	16	14	14	14	14
药品检验所、站	6	6									
其他卫生事业机构	10	15	3	1	4	2	7	5	7	7	8
医学科研机构	5	5	3	3	3	3	3	3	3	3	4
高等医药院校	2	2									
医学在职培训机构	11	12	2	1	3	1	1	1	1	1	1
诊　所	740	1273	902	1079	1079	1259	1201	1105	1175	1178	1172
社区卫生服务站			136	147	147	137	129	136	127	127	124
其　他			272	290	290	216	169	194	192	183	192

注:1997年起“门诊部、所”数不包括“门诊所”数,仅包括“门诊部”数。(下同)

15－6 各类卫生事业机构卫生技术人员数

单位:人

项目	1995年	2000年	2005年	2006年	2007年	2008年	2009年	2010年	2011年	2012年	2013年
总计	**24180**	**23034**	**25203**	**25695**	**27255**	**29496**	**32356**	**34366**	**38640**	**42397**	**46466**
医院、卫生院	16291	18024	17962	17930	19111	20302	22755	24678	27224	29750	32809
疗养院、所	389	361	200	50	49	48	15	23	37	81	81
门诊部、所	2983	652	714	738	845	1059	1093	1351	1945	2077	2193
社区卫生服务中心			187	516	611	939	1039	1160	1258	1283	1529
专科防治所、站	249	256	237	308	256	311	344	344	296	303	303
卫生疾病预防控制中心	1054	979	823	759	700	795	795	752	821	818	838
卫生监督所			156	192	210	188	184	172	258	269	232
妇幼保健所、站	256	383	966	990	1037	1162	1109	1183	1731	1911	1992
药品检验所、站	118	48									
其他卫生事业机构	353	408	107	74	109	127	188	68	89	107	123
医学科研机构	412	375	101	57	52	51	50	49	46	44	120
医学在职培训机构	679	451	2	2	9	2	2	1	1	1	1
中等医药院校	196	190									
诊　所	1200	907	2330	2578	2632	3087	3423	2999	3341	4083	4360
其　他			1418	1501	1634	1425	1359	1586	1593	1670	1885

15－7　各类卫生事业机构医生数

单位：人

项　　目	1995年	2000年	2005年	2006年	2007年	2008年	2009年	2010年	2011年	2012年	2013年
总　　计	**10275**	**10639**	**11056**	**11484**	**11601**	**12619**	**13413**	**13813**	**15004**	**16140**	**16880**
医院、卫生院	6479	7276	7329	7385	7569	7914	8558	8967	9502	10039	10959
疗养院、所	138	134	56	16	10	13	3	12	14	26	26
门诊部、所	1435	360	385	384	423	532	567	704	991	1041	1104
社区卫生服务中心			94	236	280	390	424	480	476	476	523
专科防治所、站	112	115	117	136	113	145	150	147	129	128	125
急救中心站			6	6	6	8	7	7	7	7	7
卫生疾病预防控制中心	683	621	482	397	403	411	468	446	467	439	432
卫生监督所			94	117		80					
妇幼保健所、站	134	181	366	452	430	501	493	515	602	669	681
药品检验所、站	5	2									
其他卫生事业机构	33	82	25	11	19	28	44	12	16	15	14
医学科研机构	176	164	30	27	27	29	28	27	24	23	71
高等医药院校	391	263									
医学在职培训机构			1	1	5	1	1				
诊　所	372	549	1307	1565	1565	1833	1990	1753	2001	2389	2049
其　他			764	751	751	734	680	743	775	888	889

15－8　各类医院数

单位：个

项　　目	1995年	2000年	2005年	2006年	2007年	2008年	2009年	2010年	2011年	2012年	2013年
一、医　院	**60**	**71**	**84**	**78**	**77**	**73**	**82**	**82**	**85**	**103**	**107**
综合医院	15	16	46	43	44	38	41	43	43	55	57
中医医院	10	10	14	12	12	12	13	12	14	15	16
中西医结合医院	4	5	1	1	1	1	1	1	1	1	1
传染病院	1	1	1	1	1	1	1	1	1	1	1
精神病院	2	2	2	3	3	4	4	4	4	6	6
结核病院	1	1	1	1	1	1	1	1	1	1	1
口腔医院	1	1	1	1	1	1	1	1	1	1	1
眼科医院			2	2	2	2	1	1	1	2	3
儿童医院	1	1	1	1	1	1	1	1	1	1	1
骨科医院			1	1	1	1	1			1	1
美容医院	1	1	2	2	2	2	2	2	2	2	3
肿瘤医院	1	1	2	1	1	1	1	1	1	1	1
其他专科医院	1	1	5	5	7	8	14	14	15	16	15
其他医院	6	6	5	4							
二、卫生院	**152**	**171**	**156**	**147**	**144**	**134**	**134**	**120**	**119**	**123**	**123**

15－9 各类医院卫生技术人员数

单位:人

项　　目	1995 年	2000 年	2005 年	2006 年	2007 年	2008 年	2009 年	2010 年	2011 年	2012 年	2013 年
一、医　院	**12762**	**13511**	**14522**	**14825**	**15958**	**16828**	**19049**	**20760**	**23088**	**25159**	**27900**
综合医院	4501	4913	9591	9785	10723	10871	12583	13880	14577	15616	17432
中医医院	780	814	1754	1722	1843	2161	2309	2498	3282	3749	4330
中西医结合医院	3065	3172	625	806	814	979	982	1153	1236	1350	1452
传染病院	288	221	238	244	245	246	252	272	277	407	454
精神病院	620	440	410	426	433	500	522	509	594	656	708
结核病院	313	306	291	281	295	303	302	308	332	337	350
口腔医院	418	444	110	113	112	123	129	140	151	149	164
眼科医院			127	134	166	207	210	212	254	230	342
儿童医院	151	137	155	152	154	156	171	193	226	263	264
骨科医院			8	17	14	12	19			20	21
美容医院			44	49	54	62	64	78	82	65	90
肿瘤医院	532	667	798	797	825	868	909	900	1242	1395	1467
其他专科医院	576	608	117	125	280	340	597	617	835	922	826
其他医院	883	939	254	174							
二、卫生院	**4424**	**4493**	**3440**	**3105**	**3153**	**3474**	**3706**	**3918**	**4136**	**4591**	**4909**

15－10 各类医院医生数

单位:人

项　　目	1995 年	2000 年	2005 年	2006 年	2007 年	2008 年	2009 年	2010 年	2011 年	2012 年	2013 年
一、医　院	**4621**	**5226**	**5738**	**5948**	**6158**	**6460**	**7088**	**7494**	**8068**	**8449**	**9369**
综合医院	1744	1850	3782	3907	4014	4202	4675	4931	5016	5133	5674
中医医院	273	351	793	775	869	892	949	1013	1203	1364	1638
中西医结合医院	978	1229	279	367	343	348	311	377	475	442	532
传染病院	58	61	61	71	78	78	86	93	91	107	120
精神病院	110	102	104	108	119	131	137	146	153	183	183
结核病院	95	93	91	84	98	111	110	115	134	132	135
口腔医院	150	176	67	73	78	84	82	90	112	115	124
眼科医院			60	52	70	74	57	59	89	86	127
儿童医院	87	49	67	64	67	69	81	84	107	89	91
骨科医院			3	6	5	5	6				7
美容医院			19	24	19	28	24	27	29	33	42
肿瘤医院	224	214	246	282	291	309	340	337	361	381	401
其他专科医院	252	244	69	73	107	129	230	222	298	384	295
其他医院	393	420	97	62							
二、卫生院	**1813**	**2032**	**1591**	**1437**	**1411**	**1454**	**1470**	**1473**	**1434**	**1590**	**1590**

15－11 各类医院护士数

单位：人

项　　目	1995 年	2000 年	2005 年	2006 年	2007 年	2008 年	2009 年	2010 年	2011 年	2012 年	2013 年
一、医　院	**4707**	**5610**	**6201**	**6247**	**6928**	**7288**	**8495**	**9424**	**10673**	**11844**	**13076**
综合医院	1852	2164	4175	4139	4741	4774	5782	6500	7011	7603	8456
中医医院	199	243	633	630	661	800	889	978	1258	1450	1709
中西医结合医院	1002	1341	232	308	341	435	475	564	635	697	694
传染病院	100	109	127	122	116	116	116	126	131	217	232
精神病院	293	279	256	261	257	295	289	297	351	366	393
结核病院	170	162	163	144	143	149	149	151	155	156	159
口腔医院	159	167	29	29	28	28	28	28	26	27	27
眼科医院			33	53	63	65	87	87	101	132	190
儿童医院	56	58	62	60	58	57	59	67	79	125	126
骨科医院			3	4	4	6	6			8	11
美容医院			21	20	18	25	27	31	31	28	40
肿瘤医院	200	313	357	367	391	406	369	371	564	626	657
其他专科医院	210	236	35	34	107	132	219	224	331	409	382
其他医院	305	321	75	76							
二、卫生院	**921**	**1083**	**1058**	**939**	**994**	**1106**	**1159**	**1254**	**1387**	**1586**	**1685**

15－12 各类医院医疗床位数

单位：张

项　　目	1995 年	2000 年	2005 年	2006 年	2007 年	2008 年	2009 年	2010 年	2011 年	2012 年	2013 年
一、医　院	**11713**	**13573**	**14667**	**15005**	**15710**	**17303**	**18579**	**19290**	**20689**	**22592**	**24926**
综合医院	4094	4533	9189	9287	10046	10631	11570	11701	12286	13529	14965
中医医院	570	810	1571	1521	1597	1872	2102	2242	2392	2592	3140
中西医结合医院	2239	2658	622	848	753	753	941	1200	1359	1568	1568
传染病院	300	300	300	300	300	450	350	446	516	516	556
精神病院	930	880	890	1090	1090	1366	1190	1290	1290	1490	1576
结核病院	500	500	355	355	355	555	597	564	566	566	566
口腔医院	300	289	30	30	30	30	30	30	30	30	30
眼科医院			70	100	90	99	90	90	90	189	279
儿童医院	100	100	100	100	100	200	200	218	245	245	261
骨科医院			20	20	20	20	20			20	20
美容医院			40	40	27	40	27	27	32	32	60
肿瘤医院	627	722	1030	1058	1088	1099	1069	1088	1300	1149	1300
其他专科医院	489	435	139	144	214	188	393	394	583	666	605
其他医院	1061	1083	311	112							
二、卫生院	**2884**	**3088**	**2794**	**2709**	**2885**	**3032**	**3167**	**3144**	**3486**	**4104**	**4220**

15－13 县及县以上医院工作基本情况

年份	诊疗人数（人次）	#门(急)诊	入院人数（人）	出院人数（人）	病死率（%）	病床周转数（次）
1990	5625373	5576648	174436	174079	1.40	19.1
1993	5053064	4733380	132788	131257	0.80	18.6
1994	4675285	4336221	134944	134493	0.70	18.3
1995	4492111	4212624	124230	124017	0.70	17.1
1996	4838732	4508640	115656	115516	1.00	15.0
1997	4921130	4506292	111251	111370	0.57	14.4
1998	4960208	4580265	109636	109460	0.62	14.5
1999	4995665	4639718	116629	116048	0.65	13.0
2000	5542899	5123333	131586	132433	0.64	16.7
2001	5118519	4651382	134047	134328	0.61	17.4
2002	5441286	5051767	141038	140998	0.60	18.2
2003	5842174	5567886	157800	158143	0.47	21.5
2004	10729268	10467794	275582	275558	0.53	21.3
2005	11933688	11581875	294901	300831	0.53	23.6
2006	11863906	11704586	339960	341670	0.48	23.7
2007	13071508	12966732	393348	389684	0.43	26.1
2008	14018644	13845141	425068	454620	0.38	25.2
2009	15711417	15565915	488820	487759	0.32	26.3
2010	17411149	17282069	563722	562486	0.25	28.9
2011	19596512	19501695	637965	635741	0.22	30.8
2012	22297764	22083839	747587	746702	0.16	33.46
2013	23707151	23396453	780387	778388	0.15	32.2

15－14　各类医院工作基本情况

（2013 年）

项　　目	诊疗人数（人次）	#门(急)诊	入院人数（人）	出院人数（人）	病床周转数（次）
一、医　院	**23707151**	**23396453**	**780387**	**778388**	**32.2**
综合医院	14981350	14687251	514114	512851	36
中医医院	4483686	4473594	77102	76804	26.9
中西医结合医院	1187333	1187333	55047	54959	35.1
传染病院	430733	430733	12267	12266	22.1
精神病院	344282	344282	8826	8658	5.5
结核病院	383718	383718	14659	14722	30.2
口腔医院	340650	340650	259	259	8.8
眼科医院	324872	324872	14147	14062	50.5
儿童医院	643795	643795	13446	13432	54.7
骨科医院	7500	7500	1002	1002	50.2
美容医院	13820	13807	1500	1500	25.1
肿瘤医院	191059	191059	47699	47566	28.1
其他专科医院	374353	367859	20319	20307	36.5
其他医院					
二、卫生院	**4099193**	**3907617**	**116559**	**116298**	**29.5**

15－15　体育设施情况

（年末数）　　单位:个

项　　目	1995 年	2000 年	2005 年	2006 年	2007 年	2008 年	2009 年	2010 年	2011 年	2012 年	2013 年
体育场	185	365	403	416	418	418	418	418	418	418	419
体育馆		1	1	1	1	1	1	1	3	3	17
运动场	6	11	16	15	17	17	18	18	18	18	365
足球场	1	1	1	1	1	2	2	2	2	2	58
游泳池	36	44	79	85	88	49	86	86	86	86	166
有固定看台灯光球场	10	23	14	25	27	28	28	28	28	28	135

15－16 群众体育活动情况

项　　目	单 位	1995 年	2000 年	2005 年	2006 年	2007 年	2008 年	2009 年	2010 年	2011 年	2012 年	2013 年
举办县级以上运动会												
次 数	次	21	36	22	36	270	315	13	8	5	3	4
参加人数	万人	8	11	10	25	60	75	9	10	8	6	7

注：表中2010年起数据不含平潭县，下同。

15－17 等级裁判员和运动员人数

（年末数）　　单位：人

项　　目	1995 年	2000 年	2005 年	2006 年	2007 年	2008 年	2009 年	2010 年	2011 年	2012 年	2013 年
等级裁判员											
国家级裁判	3	1									
一级裁判	25	28			45	20					
二级裁判	40	52	46	156	30	70	129	17			65
三级裁判	181										
等级运动员											
国际级运动健将	1										
运动健将	5	4									
一级运动员	8	15		30	23	17					
二级运动员	52	82	109	243	265	367	276	229	279	293	151

15－18 获国际和全国比赛冠军数

（1985－2013年）

年份	全国冠军世界冠军		全国冠军	
	项数（项）	人数（人次）	项数（项）	人数（人次）
1990	7	14	7	8
1991	1	2	1	2
1992	1	2		
1993	5	6		
1994	3	4		
1995	3	4	4	8
1996	1	1		
1997	1	1	5	7
1998	4	4	6	14
1999	6	8	4	6
2000	6	15	4	15
2001	2	2	2	7
2002	12	12	36	36
2003	5	4	23	23
2004			2	2
2005			8	8
2006	3	1	11	13
2007	3	3	13	12
2008	1	1	10	11
2009			4	8
2010	5	3	19	14
2011	10	5	23	28
2012	10	8	46	23
2013	4	8	10	26

15－19 律师 公证 调解工作基本情况

项目	单位	1995年	2000年	2001年	2002年	2003年	2004年	2005年
一、律师工作								
律师事务所	个	34	40	44	49	50	52	56
取得律师资格	人	118	151		274	171	184	171
#专职律师	人	173	250	273	328	393	412	442
兼职律师	人	57	45	42	40	28	53	32
当年办理诉讼代理总数	件	5011	5970	5198	6906	6601	7573	7966
#经济诉讼代理	件	1083	1085	882	1137	882	873	970
民事诉讼代理	件	2496	2530	2297	3198	3054	3858	4000
刑事诉讼辩护及代理	件	1433	2115	1787	2266	2011	2585	2528
行政诉讼代理	件		240	232	305	93	257	297
聘请常年法律顾问单位	个	1010	1110	648	776	561	742	760
非诉讼法律事务	件	5542	6861	6213	5446	4944	3716	4120
解答法律咨询	件	16300	16750	16550	34393	5472	25342	30008
代写法律事务文书	件	6520	6700	6620	10607	9167	8949	8239
二、公证工作								
公证处	个	14	14	14	14	14	14	14
公证人员	人	129	147	137	144	144	155	180
#公证员	人	86	91	86	87	91	94	89
办理公证书	件	116666	220381	268892	212635	234988	255802	264703
国内公证	件	24494	19469	17966	17812	17115	16637	17569
#国内经济合同公证	件	5545	1980	1332	1602	1167	1142	529
国内民事公证	件	18949	17489	16634	16210	15975	15495	17040
涉外公证	件	92172	200912	250926	194823	200731	236188	232437
三、调解工作								
专职司法助理员	人	112	122	115	126	181	191	216
人民调解委员会	个	3102	3080	2959	2971	3114	3198	3051
调解人员	人	50152	55725	57245	56166	63762	47881	47805
调解民事纠纷	件	26102	29209	29100	30221	30281	29153	19015

注:“律师工作”中的“取得律师资格”2005年起改为“法律职业资格”。

15－19 续表

项　　目	单位	2006年	2007年	2008年	2009年	2010年	2011年	2012年	2013年
一、律师工作									
律师事务所	个	61	66	73	89	97	101	108	118
取得律师资格	人	213	373	708	786	779	883	795	752
#专职律师	人	476	521	581	580	666	756	823	980
兼职律师	人	33	34	56	60	56	55	62	63
当年办理诉讼代理总数	件	9983	9483	8537	9095	9759	10503	11332	12084
#经济诉讼代理	件	1178							
民事诉讼代理	件	4727	5446	5403	5712	6928	7328	8115	8298
刑事诉讼辩护及代理	件	3711	3730	2902	3015	2528	2777	2770	3360
行政诉讼代理	件	367	307	232	370	320	398	447	426
聘请常年法律顾问单位	个	798	916	861	958	1107	1186	1285	1372
非诉讼法律事务	件	3514	1690	2248	2726	2208	1211	1193	3104
解答法律咨询	件	29175							
代写法律事务文书	件	13878	36567	28491	28606	30655	30335	29030	34172
二、公证工作									
公证处	个	14	14	14	14	13	13	14	13
公证人员	人	183	189	191	196	201	210	230	229
#公证员	人	89	82	82	79	76	82	86	83
办理公证书	件	280935	284830	274530	310453	218535	194397	197275	215468
国内公证	件	20748	24702	21086	29328	31485	31829	37575	55582
#国内经济合同公证	件	719	1287	1234	1430	1812	2237	3317	2528
国内民事公证	件	20029	23415	19852	27898	29673	29592	34258	34262
涉外公证	件	248759	248695	240111	257753	167189	147941	145823	147717
三、调解工作									
专职司法助理员	人	225	259	270	263	277	343	346	358
人民调解委员会	个	3087	3090	3078	3091	2917	3178	3021	3052
调解人员	人	40397	38689	33816	37069	28488	21074	14255	15722
调解民事纠纷	件	17920	30636	38581	32652	17695	40102	38360	17157

15－20 国内公证文书办理情况

单位:件

项目	1995年	2000年	2001年	2002年	2003年	2004年	2005年
一、经济合同公证	**5545**	**1980**	**1332**	**1602**	**1167**	**1142**	**529**
#购销	25	4	3		22	9	1
联营	31	25	1	1	1	1	3
贷款	2971	245	31	18	14	8	19
招标、投标	96	73	34	24	22	6	1
科技协作							
劳务合同	80	49		21		178	
建筑工程承包	47	2	2		6		
农村经济承包	139	32	30		2	8	
乡镇企业承包	58	6	10				
财产租赁	29	3		13	4		
企业租赁	7		2	3	2		
其他经济合同	443	428	503	241	238	22	37
法人资格	109	25	7	21	32	22	11
法人委托书	91	111	108	410	522	516	232
二、民事法律关系公证	**18949**	**17489**	**16634**	**16210**	**15795**	**15495**	**17569**
#收养	26	9	131	5	20	18	13
解除收养	2		6	12	9	11	19
继承权	748	1429	1646	1778	2065	2154	2275
遗嘱	484	989	1158	914	614	420	338
产权	2	78	351	218	226	237	113
亲属关系	224	1648	1548	1220	851	734	1030
房屋买卖	219	110	71	50	32	70	59
房屋租赁	63	1	2		4		
留学协议	7	21	32	350	34	7	12
遗赠抚养协议	70	5	61	362	14	390	408
其他民事协议	1093	1341	1608	1376	922	932	769
委托书	444	1295	565	1371	2223	2821	3782
赠与书	589	908	1184	736	449	380	346
声明书	1881	4079	3907	3559	4272	4059	3989
宅基地使用权		3	1	8	7	14	9
计生合同	10750	344	190	194	92	236	430
证据保全	47	160	29	314	105	168	279

15-20 续表 单位:件

项目	2006年	2007年	2008年	2009年	2010年	2011年	2012年	2013年
一、经济合同公证	**719**	**1287**	**1234**	**1430**	**1812**	**2237**	**3317**	**2528**
#购销		2	10	5	8	32	1	21
联营		3	4	3	7	16	10	
贷款	185	548	464	843	1427	1200	519	2
招标、投标	21	13	2	3	8	2		21
科技协作				2	1	1		
劳务合同	1	3		1	2			
建筑工程承包		1						
农村经济承包	4	2	3	3				
乡镇企业承包	1	1						4
财产租赁		37		2	2		1	
企业租赁		1		1			1	
其他经济合同	69	66	17	8	7	66	100	995
法人资格	13	5	22	34	27	44	87	3
法人委托书	165	200	65	261	148	430	254	223
二、民事法律关系公证	**20029**	**23415**	**19852**	**27898**	**29673**	**29592**	**25771**	**34262**
#收养	33	54	27	19		13	11	10
解除收养	27	30				1		
继承权	2954	3476	3474	4229	4478	4405	4291	7808
遗嘱	591	465	416	388	473	560	464	512
产权	179	34	23	57	61	7		25
亲属关系	1097	1000	908	685	789	669	762	580
房屋买卖	41		16	15	29	15	5	
房屋租赁			3			1		
留学协议	9	28	2			11		
遗赠抚养协议	462	492						
其他民事协议	385		353	161	210	4756	103	1507
委托书	5086	6143	5485	11190	12218	12621	13520	15825
赠与书	544	799	683	581	846	1167	1293	1021
声明书	3689	3900	3987	5642	5278	4612	4987	5573
宅基地使用权	8	9						
计生合同	744	555	151	58	58	48	60	65
证据保全	278	267	247	199	457	766	275	469

15－21　企事业单位污染治理情况

项　　目	单位	1995年	2000年	2001年	2002年	2003年	2004年	2005年
一、三废排放与处置								
废水排放总量	万吨	20764	17162	17066	17753	22060	24068	26532
#工业废水	万吨	7878	5555	5021	4368	4951	5053	5113
工业废水处理量	万吨	4873	3013					
废气排放总量	亿立方米	264.65	309.79	424.62	446.45	531.16	624.14	886.98
工业固体废物产生量	万吨	84.74	89.26	92.96	99.71	117.17	130.32	136.32
工业固体废物处置量	万吨	29.33	3.10	4.27	6.16	3.64	2.87	4.12
工业固体废物综合利用量	万吨	54.60	75.58	68.15	89.24	107.53	121.4	126.3
二、污染治理								
污染治理资金总额	万元	4909	5120	18913	35007	24906	27709	34416
#环境保护补助	万元	470	499	276	442	229	107	
#治理废水	万元	1752	3049	1081	7629	3678	6147	3410
治理废气	万元	1497	1366	522	7224	2160	8256	9891
治理固体废物	万元	1238	51	150	3445	1009	17	2517
治理噪声	万元	152	244	27	31	158	324	201
当年安排治理项目	个	138	172	67	94	107	105	104
当年竣工项目	个	116	153	41	84	85	102	88

15－21　续表

项　　目	单位	2006 年	2007 年	2008 年	2009 年	2010 年	2011 年	2012 年	2013 年
一、三废排放与处置									
废水排放总量	万吨	28342	27085	29351	30361	31797	35924.65	36837.16	36949.99
#工业废水	万吨	5631	6220	5659	4288	4920	5487.75	5332.67	4681.99
工业废水处理量	万吨					20580	24381.12	24296.70	17964.12
废气排放总量	亿立方米	756.20	990.00	1209.00	1810.30	3033.00	3593.00	3205.70	3551.47
工业固体废物产生量	万吨	209.16	269.11	380.37	425.13	693.31	693.55	728.40	809.63
工业固体废物处置量	万吨	2.92	2.02	2.30	12.24	122.84	51.50	65.56	43.59
工业固体废物综合利用量	万吨	200.5	251.88	374.64	401.16	557.59	624.54	655.15	763.65
二、污染治理									
污染治理资金总额	万元	41419.1	31789	42102	15196.6	11640.8	18280	24571	27668
#环境保护补助	万元			3631.3	3317.9	2203.6	2184	4881	5214
#治理废水	万元	12847	6126	2678	6563.6	6260	376	1670	35035
治理废气	万元	8196	11547	377	1250	5027	13928	18251	40315
治理固体废物	万元	1300	91	15	7328	309	3	5	
治理噪声	万元	496	24		2	15		7	
当年安排治理项目	个	87	145	50	38	53	17	31	11
当年竣工项目	个	79	137	46	34	47	14	28	17

主要统计指标解释

卫生机构 包括医疗机构、疾病预防控制中心(防疫站)、采供血机构、卫生监督及监测(检验)机构、医学科研和在职培训机构、健康教育所等。医疗机构包括医院、社区卫生服务中心(站)、疗养院、卫生院、门诊部、诊所(卫生所、医务室)妇幼保健院(所、站)、专科疾病防治院(所、站)、急救中心(站)和临床检验中心。

医院 包括综合医院、中医医院、中西结合医院、民族医院、各类专科医院和护理院。

卫生技术人员 指卫生机构中医生、护理人员、药剂人员、检验人员等卫生技术人员。

等级运动员人数 指经考核正式批准授予等级运动员称号的人数。运动员等级分为国际级运动健将、运动健将、一级运动员、二级运动员、三级运动员、少年级运动员。

等级裁判员人数 指经考核正式批准授予等级裁判员称号的人数。裁判员等级分为国际裁判、国家级裁判、一级裁判、二级裁判、三级裁判。

律师 指依法取得律师执业证书,担任法律顾问,民事(刑事、行政)案件代理人、刑事案件辩护人,办理非诉讼业务,解答法律询问,代写法律事务文书等,为社会提供法律服务的人员。

公证人员 指在公证处工作的人员总称,包括公证处主任、副主任、公证员、公证员助理(助理公证员)和其他从事辅助性工作的人员。

公证文书 指公证处根据当事人申请,依照事实和法律,按照法定程序制作的,具有法律效力的司法证明文书。根据公证书用途和使用地,公证书分为国内公证书、国内经济公证书、涉外民事公证书和涉外经济公证书四类。

调解员 指在人民调解委员会担负调解民间纠纷的工作人员,包括调解委员会的委员和调解小组的调解员。

调解民间纠纷 指调解委员会依照法律规定,根据自愿原则,用说服教育的方法调解民间发生的有关民事权利和义务的争执,促成当事双方达到协议和谅解,解决纠纷。包括婚姻家庭纠纷,财产权益纠纷等,不包括法院受理调解的民事案件数。

16 城市比较

16－1 福建省及九个设区市主要经济指标

（2013年）

指标	单位	全省		福州市		厦门市		莆田市	
		2013年	比上年增长(%)	2013年	比上年增长(%)	2013年	比上年增长(%)	2013年	比上年增长(%)
年末常住总人口	万人	3774.00	0.7	734.00	1.0	373.00	1.6	283.00	0.7
城镇化率	%	60.77	1.2	65.9	1.1	88.7	0.1	53.6	1.8
地区生产总值	亿元	21759.64	11.0	4678.50	11.5	3018.16	9.4	1342.86	12.5
第一产业	亿元	1936.31	4.4	402.26	4.6	25.99	0.2	114.58	3.1
第二产业	亿元	11315.30	12.9	2133.60	13.2	1434.79	11.1	783.46	14.3
第三产业	亿元	8508.03	9.6	2142.63	10.8	1557.38	7.7	444.82	11.5
农林牧渔业总产值	亿元	3281.96	4.5	682.75	4.7	42.38	0.4	190.57	3.2
规模以上工业总产值	亿元	33853.36	14.5	6786.33	14.4	4716.21	13.1	2008.92	15.4
全社会固定资产投资	亿元	15526.87	22.2	3869.84	18.5	1347.54	1.1	1191.11	28.0
#固定资产投资(不含农户)	亿元	15245.24	22.4	3834.22	18.5	1337.26	1.1	1164.54	29.3
财政总收入	亿元	3430.35	14.0	689.12	15.4	835.05	11.5	153.16	18.7
地方级一般预算收入	亿元	2119.45	19.3	453.97	18.8	500.56	15.8	94.92	22.6
社会消费品零售总额	亿元	8275.34	14.0	2681.72	15.6	974.51	10.5	444.13	12.5
居民消费价格环比指数	%	102.5	2.5	102.6	2.6	102.3	2.3	102.5	2.5
实际利用外资(验资口径)	亿美元	66.79	5.4	14.31	6.9	18.72	5.5	3.02	18.0
出口总额	亿美元	1064.74	8.8	193.18	-8.6	523.43	15.3	31.69	7.5
城镇居民人均可支配收入	元	30816	9.8	32265	9.8	41360	10.1	27233	10.3
农村居民人均纯收入	元	11184	12.2	12910	12.3	15008	11.5	11600	12.5
城镇非私营单位在岗职工平均工资	元	49328	9.7	53333	10.9	55864	6.4	43963	9.8

16-1 续表1 (2013年)

指 标	单位	三明市		泉州市		漳州市	
		2013年	比上年增长（%）	2013年	比上年增长（%）	2013年	比上年增长（%）
年末常住总人口	万人	251.00	0.4	836.00	0.8	493.00	0.6
城镇化率	%	53.6	1.5	61.6	1.2	53.0	1.0
地区生产总值	亿元	1477.59	11.2	5218.00	11.5	2236.02	11.5
第一产业	亿元	230.97	4.8	171.03	2.1	345.53	4.8
第二产业	亿元	771.92	14.8	3227.03	12.6	1091.71	15.3
第三产业	亿元	474.70	7.9	1819.94	10.2	798.78	9.1
农林牧渔业总产值	亿元	368.31	4.8	298.09	2.1	600.93	4.7
规模以上工业总产值	亿元	2574.75	14.7	9379.11	13.9	3259.21	16.2
全社会固定资产投资	亿元	1361.01	21.8	2502.44	24.1	1761.48	18.5
#固定资产投资(不含农户)	亿元	1334.13	22.1	2443.51	24.5	1713.26	18.6
财政总收入	亿元	136.90	12.5	650.06	13.1	237.79	15.7
地方级一般预算收入	亿元	89.85	16.0	346.91	18.2	154.86	17.6
社会消费品零售总额	亿元	385.53	12.9	1945.57	14.0	746.36	12.9
居民消费价格环比指数	%	102.4	2.4	102.5	2.5	102.5	2.5
实际利用外资(验资口径)	亿美元	1.25	21.4	13.91	5.4	9.46	6.2
出口总额	亿美元	13.75	-54.3	164.70	33.1	71.08	1.7
城镇居民人均可支配收入	元	25724	9.8	35430.44	9.8	26471.06	10.5
农村居民人均纯收入	元	10532	12.3	13315.97	11.8	11639.33	12.0
城镇非私营单位在岗职工平均工资	元	46552	11.0	44895	9.2	46610	10.6

16－1　续表2　　（2013年）

指　　标	单位	南平市		龙岩市		宁德市	
		2013年	比上年增长（%）	2013年	比上年增长（%）	2013年	比上年增长（%）
年末常住总人口	万人	262.00	－0.4	258.00	0.39	284.00	0.0
城镇化率	%	52.6	1.0	50.9	1.5	51.8	1.2
地区生产总值	亿元	1105.82	11.2	1479.90	11.2	1238.72	12.6
第一产业	亿元	257.00	5.0	177.81	4.4	223.65	5.8
第二产业	亿元	481.13	15.0	796.04	14.5	627.59	18.1
第三产业	亿元	367.69	9.5	506.05	7.8	387.48	7.9
农林牧渔业总产值	亿元	422.62	5.2	290.63	4.6	385.67	5.9
规模以上工业总产值	亿元	1317.29	14.5	1488.43	14.8	2323.12	21.6
全社会固定资产投资	亿元	1214.45	35.1	1298.87	29.8	934.49	47.1
#固定资产投资（不含农户）	亿元	1186.59	35.6	1269.92	30.3	910.02	48.3
财政总收入	亿元	106.67	15.9	249.14	5.0	125.79	20.4
地方级一般预算收入	亿元	71.62	21.0	117.21	15.5	88.69	25.6
社会消费品零售总额	亿元	412.68	15.5	490.64	13.5	372.07	15.4
居民消费价格环比指数	%	102.6	2.6	102.4	2.4	102.2	2.2
实际利用外资（验资口径）	亿美元	1.05	20.2	2.16	8.5	1.44	20.2
出口总额	亿美元	15.32	－9.2	21.17	0.4	28.38	29.6
城镇居民人均可支配收入	元	24317.50	9.4	26281.22	10.6	23951.00	9.7
农村居民人均纯收入	元	10030.77	12.8	10578.42	12.6	10039.26	13.7
城镇非私营单位在岗职工平均工资	元	44003	10.5	45845	11.4	47020	8.1

16－2　全国26个省会城市主要经济指标

（2013年）

城市	土地面积（平方公里）	常住人口（万人）	户籍总人口（万人）	地区生产总值		第一产业增加值		第二产业增加值	
				绝对数（亿元）	比上年增长（%）	绝对数（亿元）	比上年增长（%）	绝对数（亿元）	比上年增长（%）
福州	11968	734.00	665.49	4678.50	11.5	402.26	4.6	2133.60	13.2
广州	7434	1292.68	823.21	15420.14	11.6	228.87	2.7	5227.38	9.2
成都	12121	1429.78	1187.99	9108.90	10.2	353.20	3.6	4181.49	12.2
南京	6587	818.78	643.09	8011.78	11.0	204.64	3.4	3450.58	11.1
哈尔滨	53068	1010.96	955.20	5010.80	8.9	592.60	7.5	1743.90	9.0
沈阳	12860	825.70	727.11	7158.57	8.8	335.52	4.7	3709.25	10.1
长春	20571	772.90	752.67	5003.20	8.3	332.00	3.5	2658.70	9.4
济南	8177	699.88	613.23	5230.19	9.6	284.71	3.9	2053.20	10.1
武汉	8494	1022.00	822.05	9051.27	10.0	335.40	4.5	4396.17	10.3
西安	10108	858.81	806.93	4884.13	11.1	217.76	4.8	2117.66	13.9
杭州	16596	884.40	706.61	8343.52	8.0	265.42	1.5	3661.98	7.4
石家庄	15848	1049.80	987.30	4863.60	9.5	488.70	3.0	2359.50	9.8
太原	6988	427.77	367.95	2412.87	8.1	38.73	3.2	1052.08	10.6
合肥	11445	761.10	711.50	4672.90	11.5	247.20	3.2	2583.75	12.9
南昌	7402	515.60	510.08	3336.03	10.7	157.24	3.1	1850.49	11.9
郑州	7446	919.10	731.47	6201.90	10.0	146.96	3.2	3470.52	10.4
长沙	11816	722.14		7153.13	12.0	291.16	3.0	3946.97	12.5
南宁	22122	719.00	724.43	2803.54	10.3	349.93	4.8	1110.89	14.6
贵阳	8034	452.19	379.09	2085.42	16.0	81.52	6.3	848.64	18.6
昆明	21013	657.90	546.79	3415.31	12.8	175.27	6.8	1537.11	13.2
兰州	13086	364.16	321.43	1776.83	13.4	49.70	6.7	820.42	13.5
西宁	7649	226.76		978.53	14.1	36.10	5.1	514.50	18.0
银川	9025	208.27	208.27	1273.49	10.0	55.71	3.8	678.80	11.8
海口	2305	217.11	163.23	904.64	9.9	58.54	6.3	217.03	8.9
乌鲁木齐	13788	346.00	262.93	2400.00	15.0	27.00	6.2	930.00	14.8
呼和浩特	17186	300.11	233.96	2710.39	10.0	134.72	5.3	866.74	14.5

16－2　续表1

城　　市	# 工业增加值		第三产业增加值		农林牧渔业总产值		社会消费品零售总额		全社会固定资产投资额	
	绝对数（亿元）	比上年增长（%）	绝对数（亿元）	比上年增长（%）	绝对数（亿元）	比上年增长（%）	绝对数（亿元）	比上年增长（%）	绝对数（亿元）	比上年增长（%）
福　　州	1654.51	13.2	2142.63	10.8	682.75	4.7	2681.72	15.6	3869.84	18.5
广　　州	4754.85	9.9	9963.89	13.3	391.51	2.7	6882.85	15.2	4454.55	18.5
成　　都	3493.08	13.0	4574.20	8.8	584.60	3.5	3752.90	13.1	6501.10	10.4
南　　京	2997.63	11.1	4356.56	11.3	351.31	10.3	3504.17	13.8	5265.55	12.4
哈 尔 滨	1191.90	9.5	2674.30	9.0	1089.50	7.8	2728.30	13.9	4940.00	25.1
沈　　阳	3348.55	10.0	3113.80	7.6	643.28	6.6	3186.09	13.7	6383.90	13.5
长　　春	2222.20	10.0	2012.50	7.8	602.70	4.9	1970.04	13.2	3408.40	20.0
济　　南	1690.60	10.6	2892.24	9.7	508.84	3.9	2633.90	13.4	2638.30	20.7
武　　汉	3645.32	10.3	4319.70	10.0	530.27	4.5	3878.60	13.0	6001.96	19.3
西　　安	1484.63	14.5	2548.71	9.3	342.89	4.9	2548.02	14.0	5134.56	21.0
杭　　州	3246.67	7.8	4416.12	9.0	399.76	4.0	3531.17	13.0	4263.87	14.5
石 家 庄			2015.40	10.4	762.70	2.6	2154.50	13.8	4369.20	20.0
太　　原	772.27	10.1	1322.06	6.1	72.24	3.3	1281.46	13.5	1670.74	26.5
合　　肥	2053.57	14.1	1842.00	10.6	432.19	3.2	1480.84	14.8	4707.99	23.1
南　　昌	1398.63	11.7	1328.30	9.8	266.12	3.1	1270.01	13.7	2909.76	21.6
郑　　州	3101.38	10.3	2584.40	9.6	263.35	3.3	2586.42	13.0	4509.30	22.9
长　　沙	3352.34	13.2	2915.01	12.1	452.25	3.0	2801.97	14.1	4593.39	20.1
南　　宁	820.60	14.8	1342.73	8.1	577.27	4.7	1450.84	14.0	2432.69	23.7
贵　　阳	608.32	16.8	1155.26	14.6	125.88	6.5	785.66	15.0	3030.38	22.1
昆　　明	1100.06	11.4	1702.93	13.1	298.66	7.2	1702.30	14.0	2931.50	25.0
兰　　州	614.50	14.1	906.74	13.6			843.80	14.7	1623.70	31.0
西　　宁	440.75	18.3	427.93	9.7			365.07	15.0	925.44	32.1
银　　川	524.11	12.0	529.97	8.3	103.95	4.0	348.06	12.2	1149.00	25.1
海　　口	144.72	6.0	629.06	10.5	95.26	6.1	490.05	12.3	649.33	27.2
乌鲁木齐	794.00	14.7	1443.00	15.3	53.76	6.5	970.05	16.3	1271.59	25.9
呼和浩特	690.35	16.4	1708.93	7.9	235.06	3.5	1142.36	11.8	1504.83	15.6

16－2　续表2

城　市	房地产开发投资额		进出口总额		#出口总额		实际利用外资		财政一般预算收入	
	绝对数（亿元）	比上年增长（%）	绝对数（亿美元）	比上年增长（%）	绝对数（亿美元）	比上年增长（%）	绝对数（亿美元）	比上年增长（%）	绝对数（亿元）	比上年增长（%）
福　州	1264.79	30.1	314.29	11.9	193.37	6.8	14.31	6.9	453.97	18.8
广　州	1579.68	15.3	1188.88	1.5	628.06	6.6	48.04	5.0	1141.79	10.8
成　都	2110.30	11.7	506.00	6.4	318.80	5.0	112.16	30.6	898.50	16.6
南　京	1120.18	10.3	557.57	0.9	322.66	1.1	40.33	－2.0	831.31	13.4
哈尔滨	849.70	10.1	65.40	40.3	29.00	53.4	22.60	19.1	402.30	13.4
沈　阳	2184.01	12.4	143.29	12.4	69.96	17.3	58.11	0.1	801.00	12.0
长　春	613.60	－5.6	204.00	3.7	32.90	13.4	9.40	10.4	381.80	12.0
济　南	721.17	8.7	95.66	4.7	54.81	－4.1	13.20	8.2	482.10	13.9
武　汉	1905.60	21.0	217.52	6.9	119.43	11.1	52.50	18.1	978.52	18.1
西　安	1595.64	24.5	179.82	38.2	84.76	16.1	31.30	26.3	501.98	26.5
杭　州	1853.28	16.0	650.70	5.5	447.70	8.5	52.76	6.4	945.20	9.9
石家庄			140.00	8.1	71.20	－3.0	9.70	11.8	315.20	15.8
太　原	635.85	14.5	91.63	8.2	52.95	24.8	9.44	20.7	247.33	14.7
合　肥	1105.81	21.0	181.90	3.1	118.99	－12.7	18.90	18.1	438.62	12.6
南　昌	406.14	17.9	97.22	17.3	73.11	13.1	21.17	11.3	291.91	21.6
郑　州	1445.33	32.0	427.49	19.3	250.66	23.7	33.22	－3.1	723.60	19.3
长　沙	1153.61	11.8	98.93	13.8	61.66	19.2	34.00	14.2	536.63	23.8
南　宁	416.37	14.8	44.21	6.6	23.53	－6.5	5.80	15.5	256.25	11.6
贵　阳	983.09	8.2	63.18	25.1	55.79	32.4	6.30	32.9	277.21	20.2
昆　明	1291.71	40.5	174.22	20.8	104.10	83.1	17.98	13.2	450.75	19.1
兰　州	286.80	28.4	40.63	19.6	35.93	33.5			124.50	20.0
西　宁	195.29	23.4	12.41	32.9	7.79	17.6			67.11	22.5
银　川	330.81	20.0	24.11	80.9	20.78	99.1	1.29	－12.0	134.60	19.0
海　口	256.40	46.1	51.01	21.0	18.85	4.8	5.12	13.1	86.73	15.1
乌鲁木齐	271.43	25.5	77.98	－25.0	63.99	－20.6	2.23	15.6	301.90	19.8
呼和浩特	581.68	29.8	15.99	－5.9	7.35	－11.7	8.83	43.2	182.02	1.9

16－2　续表3

城　　市	年末金融机构人民币存款余额(亿元)	年末金融机构人民币贷款余额(亿元)	城镇居民人均可支配收入		城市居民家庭恩格尔系数(%)	居民消费价格指数(%)(以上年为100)	农村居民人均纯收入	
			绝对数(元)	比上年增长(%)			绝对数(元)	比上年增长(%)
福　　州	8720.26	7738.74	32265	9.8	37.0	102.6	12910	12.3
广　　州	32850.57	20172.97	42066	10.5		102.6	18887	12.5
成　　都	23662.00	17618.00	29968	10.2		103.1	12985	12.9
南　　京	18050.82	13791.06	39881	9.8	33.0	102.7	16531	11.8
哈 尔 滨	8488.20	6275.90	25197	12.0	32.8	102.1	10800	14.1
沈　　阳	11437.20	8867.10	29074	10.0	31.6	102.5	14467	10.9
长　　春	7808.31	6453.35	26034	13.3		103.0	10060	11.0
济　　南	10808.10	7812.50	35648	9.5	30.6	102.8	13248	12.4
武　　汉	14915.69	14701.18	29821	10.2	38.6	102.4	12713	13.6
西　　安	13763.19	10023.63	33100	10.4	32.4	102.7	12930	13.0
杭　　州	22174.71	19350.70	39310	10.1	34.3	102.5	18923	11.2
石 家 庄			25274	9.7		102.9	10066	12.6
太　　原	9819.68	7111.87	24000	11.0	32.1	103.1	11288	12.0
合　　肥	8232.58	7054.99	28083	10.4	35.6	102.7	10352	14.0
南　　昌	6624.57	5464.22	26151	10.8		102.3	10806	11.1
郑　　州	12450.50	9342.30	26615	9.8	32.4	102.8	14009	11.8
长　　沙			33662	10.5		102.8		
南　　宁			24817	10.0		102.1	7685	13.4
贵　　阳	5742.09	4177.93	23376	10.0	38.2	103.2	9595	13.0
昆　　明	10085.36	9148.63	28354	12.3	36.7	103.9	9273	15.3
兰　　州	5499.20	4407.70	20767	12.6		103.5	7114	14.3
西　　宁	2822.47	2727.69	19444	10.3		103.8	9004	15.4
银　　川	2340.93	2660.62	23776	10.0		103.5	9036	12.0
海　　口	2893.80	2547.80	24461	9.5	42.7	102.9	10240	13.2
乌鲁木齐	5590.19	3922.02	20780	13.0	38.2	103.5	12065	16.5
呼和浩特	4437.99	4273.09	35629	9.1	29.8	103.8	12736	12.1

16－3 福州与15个副省级城市主要经济指标

（2013年）

城市	地区生产总值		全社会固定资产投资额		社会消费品零售总额		进出口总额		出口总额	
	绝对数（亿元）	比上年增长（%）	绝对数（亿元）	比上年增长（%）	绝对数（亿元）	比上年增长（%）	绝对数（亿美元）	比上年增长（%）	绝对数（亿美元）	比上年增长（%）
福州	4678.50	11.5	3869.84	18.5	2681.72	15.6	314.29	11.9	193.37	6.8
广州	15420.14	11.6	4454.55	18.5	6882.85	15.2	1188.88	1.5	628.06	6.6
成都	9108.90	10.2	6501.10	10.4	3752.90	13.1	506.00	6.4	318.80	5.0
南京	8011.78	11.0	5265.55	12.4	3504.17	13.8	557.57	0.9	322.66	1.1
哈尔滨	5010.80	8.9	4940.00	25.1	2728.30	13.9	65.40	40.3	29.00	53.4
沈阳	7158.57	8.8	6383.91	13.5	3186.09	13.7	143.29	12.4	69.96	17.3
长春	5003.20	8.3	3408.40	20.0	1970.04	13.2	204.00	3.7	32.90	13.4
济南	5230.19	9.6	2638.30	20.7	2633.90	13.4	95.66	4.7	54.81	-4.1
武汉	9051.27	10.0	6001.96	19.3	3878.60	13.0	217.52	6.9	119.43	11.1
西安	4884.13	11.1	5134.56	21.0	2548.02	14.0	179.82	38.2	84.76	16.1
杭州	8343.52	8.0	4263.87	14.5	3531.17	13.0	650.70	5.5	447.70	8.5
大连	7650.80	9.0	6478.10	15.2	2526.50	13.6	688.23	7.3	374.37	7.9
青岛	8006.60	10.0	5027.90	21.1	2904.30	13.3	779.12	6.5	419.86	2.9
宁波	7128.87	8.1	3422.95	18.0	2635.71	13.3	1003.29	3.9	657.10	7.0
深圳	14500.23	10.5	2501.01	14.0	4433.59	10.6	5373.59	15.1	3057.18	12.7
厦门	3018.16	9.4	1347.54	1.1	974.51	10.5	840.94	12.9	523.43	15.3

城市	实际利用外资		财政一般预算收入		城镇居民人均可支配收入		农村居民人均纯收入	
	绝对数（亿美元）	比上年增长（%）	绝对数（亿元）	比上年增长（%）	绝对数（元）	比上年增长（%）	绝对数（元）	比上年增长（%）
福州	14.31	6.9	453.97	18.8	32265	9.8	12910	12.3
广州	48.04	5.0	1141.79	10.8	42066	10.5	18887	12.5
成都	112.16	30.6	898.50	16.6	29968	10.2	12985	12.9
南京	40.33	-2.0	831.31	13.4	39881	9.8	16531	11.8
哈尔滨	22.60	19.1	402.30	13.4	25197	12.0	10800	14.1
沈阳	58.11	0.1	801.00	12.0	29074	10.0	14467	10.9
长春	9.40	10.4	381.80	12.0	26034	13.3	10060	11.0
济南	13.20	8.2	482.10	13.9	35648	9.5	13248	12.4
武汉	52.50	18.1	978.52	18.1	29821	10.2	12713	13.6
西安	31.30	26.3	501.98	26.5	33100	10.4	12930	13.0
杭州	52.76	6.4	945.20	9.9	39310	10.1	18923	11.2
大连	136.00	10.1	850.00	13.3	30238	9.8	17717	10.8
青岛	55.22	20.0	788.72	17.7	35227	9.6	15731	12.4
宁波	32.75	14.8	792.81	9.3	41729	10.1	20534	11.1
深圳	54.68	4.6	1731.26	16.8	44653	9.6		
厦门	18.72	5.5	500.56	15.8	41360	10.1	15008	11.5

17 附　　录

2013 年福州市国民经济和社会发展统计公报

福州市统计局
国家统计局福州调查队
2014 年 4 月 15 日

2013 年,全市人民在市委、市政府的领导下,全面贯彻党的十八大精神,全力推进福州新区发展,在更高起点上加快建设闽江口金三角经济圈,全市社会经济健康协调发展。

综　合

初步统计,2013 年全市实现地区生产总值 4678.5 亿元,比上年增长(以下简称“增长”)11.5%,其中:第一产业增加值 402.26 亿元,增长 4.6%;第二产业增加值 2133.6 亿元,增长 13.2%;第三产业增加值 2142.63 亿元,增长 10.8%。第一产业占地区生产总值的比重为 8.6%,第二产业增加值比重 45.6%,第三产业增加值比重 45.8%。

图1　2010-2013年地区生产总值(GDP)及其增长速度

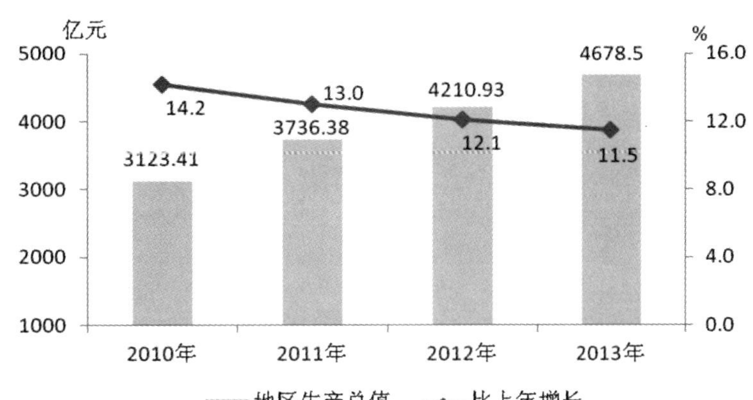

全年居民消费价格比上年上涨 2.6%。其中,城市上涨 2.7%,农村上涨 2.4%;服务项目价格上涨 2.9%,消费品价格上涨 2.5%;食品价格上涨 4.8%,非食品价格上涨 1.5%,食品价格上涨是引起居民消费价格上涨的主导因素。工业生产者出厂价格下降 1.1%。

图2　2010-2013年居民消费价格环比涨跌幅度

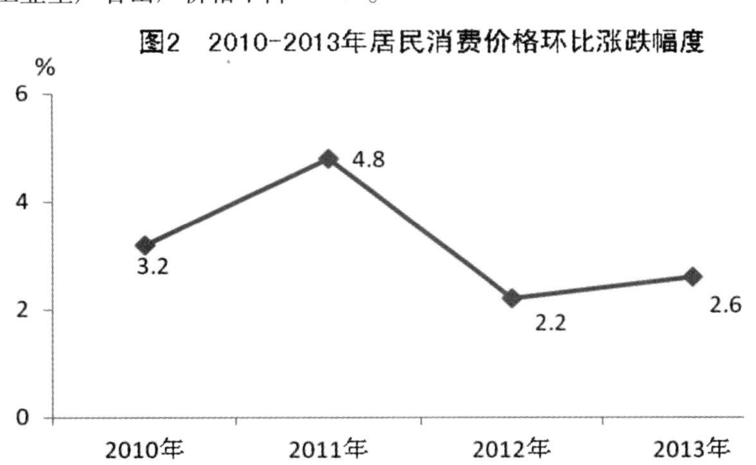

全市完成公共财政总收入(不含基金)689.12 亿元,增长 15.4%,其中,地方公共财政收入 453.97 亿元,增长 18.8%。

图3　2010-2013年地方财政收入及其增长速度

农　业

全市完成农林牧渔业总产值682.75亿元,增长4.7%,其中:农业产值176.16亿元,增长3.7%;林业产值18.85亿元,增长0.8%;牧业产值73.78亿元,增长2.1%;渔业产值392.97亿元,增长5.9%。全年粮食播种面积157.68万亩,同比下降1.7%;粮食产量55.53万吨,同比减少0.8%。农业生产结构持续优化,水产、果蔬、食用菌、茶叶等特色产业产销两旺,高优农产品生产规模进一步扩大。全年食用菌干鲜混合产量14.5万吨,增长10.8%;茶叶产量2.19万吨,增长12.3%;蔬菜瓜果产量323.67万吨,增长3.8%;水果产量45.46万吨,增长10.8%;肉蛋奶产量41.59万吨,增长0.3%;水产品产量207.7万吨,增长5.9%。

图4　2010-2013年粮食产量及其增长速度

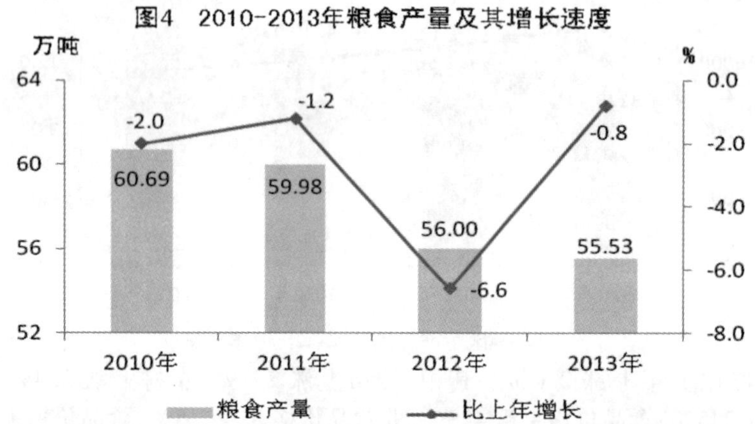

现代农业发展加快。产业化、标准化生产不断推进,年末全市共有市级农业产业化龙头企业231家,全年销售额573亿元。共有国家级农业标准化示范区13个、省级农业标准化示范区17个、市级农业标准化示范区24个。农业品牌创建成效显著,福建农业名牌54项,8项农产品获得国家地理标志登记保护。年末共有有效无公害农产品产地认定企业121家,新增45家;有效无公害农产品认证企业88家,新增29家,有效无公害产品128个,新增33个;有效使用绿色食品标志的企业46家,产品118个;有效使用中绿华夏有机认证的企业1家,产品4个(系指通过农业部中绿华夏有机食品认证中心认证的)。都市休闲农业发展迅速,年末全市各种休闲农场143家,农家乐313家,总投资规模23亿元,带动就业8000人,全年接待游客600万人。科技兴农不断强化,全年认定22家现代农业技术创新基地,年末共有57家现代农业技术创新基地;全年共有12个农业项目获国家、省星火科技项目立项。

工业、建筑业

工业经济稳健增长,全市完成全部工业增加值1654.51亿元,增长13.2%。轻、重工业发展齐头并进,化学纤维制造业、非金属矿物制品业、电气机械和器材制造业、纺织业、黑色金属冶炼和压延加工业等主导行业保持较快增长,成为工业经济增长的领头羊。工业投资力度加大,转型升级步伐加快,工业投资完成1036.78亿元,增长25.1%。

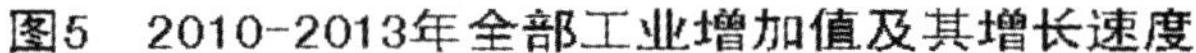

图5　2010-2013年全部工业增加值及其增长速度

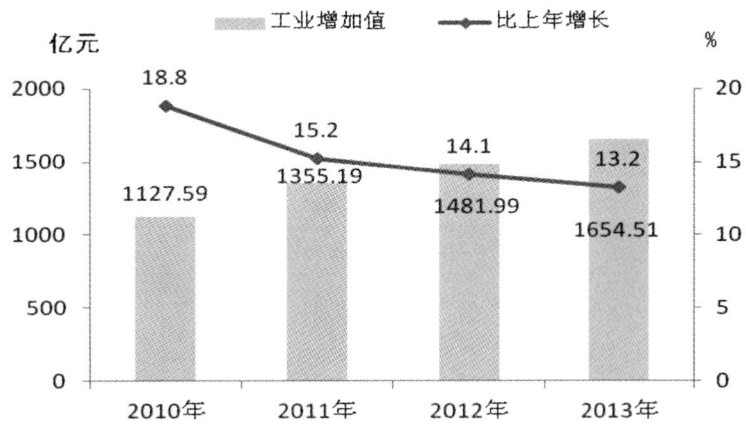

全年规模以上工业企业实现利润422.51亿元。规模以上工业十大行业增加值总量达1178.33亿元，增长14.4%。十大行业中有六个增加值增速在两位数，其中，纺织业增长18.6%、计算机、通信和其他电子设备制造业增长8.5%、皮革、毛皮、羽毛及其制品和制鞋业增长13.6%、电力、热力生产和供应业增长7.6%、黑色金属冶炼和压延加工业增长17.0%、非金属矿物制品业增长23.3%、农副食品加工业增长9.6%、电气机械和器材制造业增长19.2%、化学纤维制造业增长26.4%、汽车制造业增长5.5%。

表1　2013年规模以上工业主要产品产量

产品名称	单位	绝对数	比上年增长(%)
发电量	亿千瓦时	431.47	2.8
#火　电	亿千瓦时	354.49	8.7
水　电	亿千瓦时	63.80	-22.8
食用植物油	万吨	19.58	19.9
纱	万吨	213.91	7.8
化学纤维	万吨	211.40	36.7
人造板	立方米	313011	3.4
皮革鞋靴	万双	14987.79	13.2
塑料制品	万吨	99.68	-5.2
水　泥	万吨	847.89	24.1
花岗石板材	万平方米	12851.40	26.3
粗　钢	万吨	682.45	10.3
钢　材	万吨	865.67	17.2
铝　材	万吨	52.03	23.8
汽　车	万辆	13.92	10.0
显示器	万台	3330.18	11.5
打印机	万台	130.27	22.4

全年全社会建筑业实现增加值479.09亿元，比上年增长13.1%。

图6　2010-2013年建筑业增加值及其增长速度

亿元　%

600　500　400　300　200　100　0

25　20　15　10　5　0

20.8　18.6　18.3　13.1

274.33　356　423.51　479.09

2010年　2011年　2012年　2013年

建筑业增加值　比上年增长

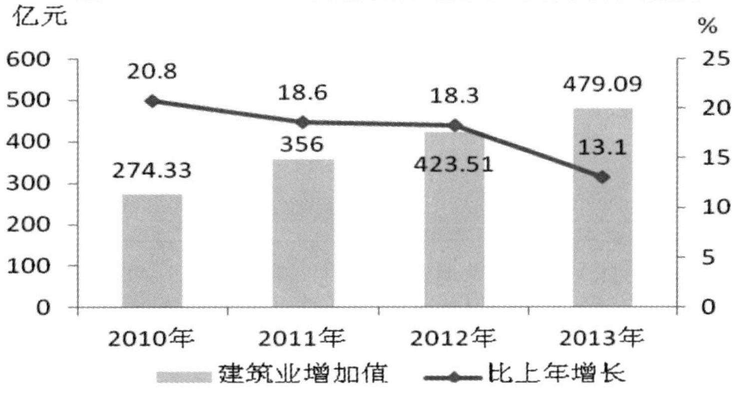

固定资产投资

全市完成固定资产投资3834.22亿元,增长18.5%。民间投资快速增长,有力拉动全市固定资产投资增长,在固定资产投资中占比显著提高。三次产业投资结构持续优化,第二产业投资稳步增长,第三产业投资占据主导位置。高新产业投资增势良好,有力促进产业结构转型升级。

表2　2013年全社会固定资产投资情况

指　　标	投资额(亿元)	比上年增长(%)
全社会固定资产投资	3869.84	18.5
按构成分		
农　户	35.62	12.3
固定资产投资(不含农户)	3834.22	18.5
第一产业	40.66	-8.8
第二产业	1047.24	25.6
其中:工业	1036.78	25.1
第三产业	2746.32	16.5

表3　2013年分行业固定资产投资(不含农户)情况

行　　业	投资额(亿元)	比上年增长(%)
总　　计	**3834.22**	**18.5**
农、林、牧、渔业	40.66	-8.8
采矿业	0.42	-44.2
制造业	762.99	28.0
电力、燃气及水的生产和供应业	273.37	17.7
建筑业	10.45	129.0
批发和零售业	104.52	52.6
交通运输、仓储和邮政业	415.85	8.4
住宿和餐饮业	40.91	-30.3
信息传输、软件和信息技术服务业	104.75	1.0
金融业	29.36	50.8
房地产业	1433.06	27.5
租赁和商务服务业	63.64	36.5
科学研究和技术服务业	15.45	116.0
水利、环境和公共设施管理业	307.16	-0.5
居民服务、修理和其他服务业	8.71	-34.6
教　育	54.86	-15.4
卫生和社会工作	25.39	62.5
文化、体育和娱乐业	67.21	12.8
公共管理、社会保障和社会组织	75.45	-9.0
国际组织		

重点项目建设进展顺利。地铁1号线建设加快,地铁2号线前期工作有序推进,向莆铁路、福永高速公路建成通车,福平铁路动工建设,合福铁路福州段等铁路项目建设提速,沈海复线福州段、京台建闽高速福州段等高速公路项目建设步伐加快,建成或部分建成螺洲大桥、通用航空产业基地、福清宏港纺织科技建设等项目,开工建设神华煤港电一体化、三坊七巷保护修复南街项目、巴陵石化等项目,罗源火电厂一期、福清中石油

LNG 接收站、申远化工可门己内酰胺等一批重点项目前期工作取得突破性进展。

房地产开发投资增长较快，商品房销售高位增长。保障性安居工程稳步推进，完成投资额 97.87 亿元，增长 20.8%，全年在建面积 85.66 万平方米，全年竣工 101.09 万平方米。

表 4　2013 年房地产开发和销售主要指标完成情况

指　　标	单位	绝对数	比上年增长(%)
投资完成额	亿元	1264.79	30.1
其中：住宅	亿元	865.41	37.7
房屋施工面积	万平方米	6871.04	20.4
其中：住宅	万平方米	4961.57	16.0
商品房销售面积	万平方米	1256.49	49.3
其中：住宅	万平方米	1105.48	50.6

城乡建设

年末市区面积 1786 平方公里，其中建成区面积 248.12 平方公里，比上年扩大 8 平方公里。年末城镇化率 67.4%，比上年提高 1.2 个百分点。城乡路网进一步完善，年末城市道路总长度 1180.8 公里，道路面积 2590.82 万平方米；全年新建改造农村公路 255 公里，建设完成 1558 公里农村公路安保工程，新增更新农村客车 120 辆，年末建制村通客车率 97.1%。公用事业发展步伐加快，公共交通服务水平明显提升，供电、供水、供气能力进一步增强。福州成为国家公交都市建设示范工程试点城市，全年新增更新公交车 779 辆，新辟公交线路 25 条，优化公交线路 46 条，年末全市共有公交线路 318 条，公交车 4310 辆，全年公交车客运总量 72710 万人次；全年新投入使用出租车 378 辆，年末共有各类出租车 6682 辆。全市共有自来水厂 30 座，综合生产能力 252.14 万吨/日，全年供水总量 48448.21 万吨，其中生活用水 19476.67 万吨。全年液化气供气总量 8.29 万吨，其中家庭用气 4.87 万吨；天然气供气总量 32894.75 万立方米，其中家庭用气 10599.5 万立方米，城市用气普及率 98.6%。全社会用电量 337.57 亿千瓦时，增长 10.6%，其中居民用电 70.19 亿千瓦时，增长 7.7%；工业用电 198.51 亿千瓦时，增长 10.9%。城市绿化水平不断提高。建成区新增绿地面积 829 公顷，年末建成区绿地面积 9750 公顷，绿地率 39.2%，比上年提高 2.05 个百分点；建成区绿化覆盖面积 10594 公顷，绿化覆盖率 42.7%，比上年提高 2.1 个百分点。公园建设力度加大，建设提升东江滨公园、国光公园、金鸡山公园等一批公园，有序推进飞凤山公园等公园建设前期工作，全年建成城市公园 11 座，新增公园绿地面积 410 公顷，年末城区共有公园 74 座，公园绿地面积 2954 公顷，人均公园绿地面积 12.8 平方米，比上年增加 1.5 平方米。

贸易、旅游

消费市场繁荣兴旺，全市实现社会消费品零售总额 2681.72 亿元，增长 15.6%。

城乡消费市场协调发展，乡村市场商品零售额增势强劲，增幅领先城镇市场。限额以上企业商品零售额增长有力，消费热点不断涌现，食品饮料烟酒类、日用品类等基本生活消费品保持较快增长，通讯、家装、健康保健、金银收藏等相关热点商品消费增长迅猛。城乡流通体系不断完善，全年新建和改造农家店 50 家、社区便利店 100 家，升级改造城乡农贸市场（含农改超）29 个。年末共有大中型专业批发市场 52 个，总面积 213.69 万平方米；连锁经营企业 170 家，连锁网点 3300 个。

会展业稳步发展。福州市荣获第十二届中国会展业金海豚大奖和 2012—2013 年度中国品牌会展城市称号，成为中国会展城市联盟首批成员。年末全市共有会展场馆 2 个，场馆面积 8.45 万平方米。全年共举办各类展会 86 场，其中全国性展会 12 场，分别比上年增加 10 场、5 场，全年展览面积 89.05 万平方米，增长 20.6%。成功举办第十五届海峡两岸经贸交易会暨第十届中国福建商品交易会、2013 海峡（福州）渔业周暨第八届海峡（福州）渔业博览会、第 21 届福州国际汽车展览会、第三届中国（福州）家具建材装饰品博览会等展会。

图7　2010-2013年社会消费品零售总额及其增长速度

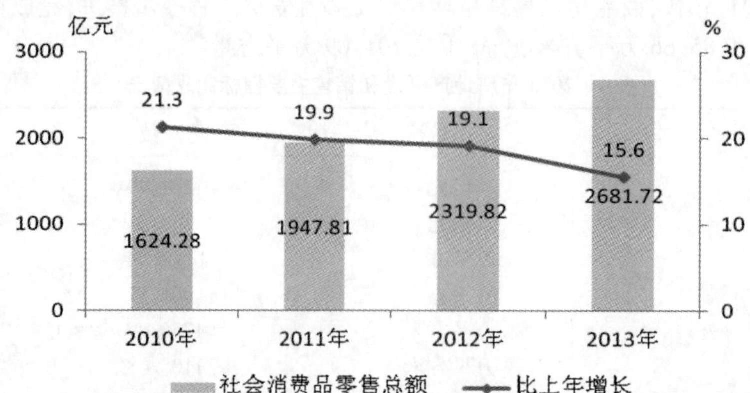

旅游业加快发展。大力推进三坊七巷争创国家5A级旅游景区,永泰云顶旅游景区创建国家4A级旅游景区。积极开展马尾船政文化建设年主题活动。完成编制并推动实施《福州市“中国温泉之都”发展建设总体规划》。加快推进三江口旅游文化城、福清市东壁岛滨海旅游项目、黄岐环马祖澳旅游综合体项目等一批大型滨海旅游休闲项目建设。推出多款具有四季特色的闽江游产品,白马河旅游首段游船航线正式运营。年末全市共有A级景区26家,其中4A级旅游景区9家。全年共接待境内外游客(含一日游)3536.67万人次,增长17.1%,其中境外游客90.50万人次,国内游客3446.17万人次;实现旅游总收入403.17亿元,增长16.8%,旅游外汇收入12.88亿美元,增长16.2%。年末全市共有星级宾馆饭店62家,客房10995间。全年经福州口岸赴台旅游48982人次,增长18.6%。

对外经济

全市新批合同外资项目135项,新批合同外资金额20.57亿美元,增长0.03%;实际利用外资(按验资口径)14.31亿美元,增长6.9%。全年完成进出口总额314.29亿美元,增长11.9%,其中:进口总额120.92亿美元,增长21.1%;出口总额193.37亿美元,增长6.8%,产品主要出口美国、欧盟、东盟、日本、荷兰等地。对台贸易平稳增长,全年对台贸易额20.56亿元,增长7.9%,其中进口15.49亿元,增长8.4%;出口5.07亿元,增长6.4%。

全年新批境外投资项目39项,新批境外协议投资总额3.51亿美元,增长2.8%,其中中方协议投资额3.24亿美元,增长31.4%。对外劳务合作完成营业额4786.75万美元,增长35.9%,年末劳务合作在外人员6422人,增长50.3%。

交通、邮电

立体化交通网络不断完善。全年新增高速公路里程67.44公里,福永高速公路通车标志福州实现“县县通高速”;新增高速铁路里程117公里,向莆铁路开通拉近闽赣两省城市间距离;航线覆盖点日益增多,新开辟福州—南昌—重庆、福州—暹粒、福州—深圳—曼谷等20条航线。年末全市境内公路总里程10948.67公里,其中高速公路总里程488.14公里;高速铁路总里程274.9公里;福州港生产性泊位131个,其中万吨级以上泊位45个;福州空港国内航线(含港澳台)69条、国际航线8条。交通运输能力不断增强。货物运量中,公路货运量12234.06万吨,增长14.6%;水路货运量7294.5万吨,增长11.8%;民航货邮吞吐量11.02万吨,增长13.7%,其中货邮出港量6.50万吨,增长14.4%。旅客运量中,公路客运量18531.21万人次,增长0.7%;水路客运量100.32万人次,增长0.9%;民航旅客吞吐量892.59万人次,增长13.7%,其中旅客出港量458.90万人次,增长13.9%。全年港口货物吞吐量10504.87万吨,增长12.1%,其中外贸货物吞吐量4859.77万吨,增长17.9%;集装箱吞吐量197.79万标箱,增长8.4%。全年对台客运直航进出旅客14.44万人次,增长4.1%;对台直航集装箱吞吐量33.27万标箱,增长6.1%;榕台空中直航旅客吞吐量30.18万人次,下降4.0%,货邮吞吐量0.66万吨,增长22.8%。

邮电业务平稳发展,全市完成邮政业务总量5.65亿元,增长6.95%,实现邮政业务收入7.18亿元,增长13.0%;完成电信业务总量108.9亿元,增长7.9%,实现电信业务收入106.9亿元,增长7.2%。年末全市共有邮政局(所)232处;固定电话交换机容量300.37万门,比上年末减少26.88万门;移动电话交换机容量635.60万门,与上年持平;固定电话用户213.9万户,比上年末增加7.1万户;移动电话用户901.5万户,比上年末增加67.2万户,其中3G电话用户294.6万户,比上年末增加108.2万户;互联网宽带接入用户197.1万户,比上年末增加26.2万户。

金融、证券和保险

年末全市共有金融机构(不含保险和证券机构)54家,比上年末增加8家,其中:银行业存款类金融机构41家,银行业非存款类金融机构1家,其他金融机构12家;各类金融机构营业网点1354个,比上年末增加62个;共有3家外资金融机构在福州设立分行。年末全市金融机构存款余额(本外币,下同)8950.14亿元,比上年末增长13.2%,其中:储蓄存款余额3296.65亿元,增长9.5%;单位存款余额4715.49亿元,增长12.5%。全市金融机构贷款余额8159.89亿元,增长15.7%,其中:短期贷款余额2652.03亿元,增长12.4%;中长期贷款余额5292.49亿元,增长17.1%。

年末全市共有境内上市公司29家,总市值3655.24亿元,增长10.9%;共有证券公司2家,证券营业部87家,股民资金开户总数172.85万户,其中全年新开户数16.17万户,全年股票、基金交易额17029.65亿元,增长44.6%;共有期货公司3家,期货营业部25个,全年期货交易额38797.96亿元,增长41.5%。

年末全市共有各类保险营业网点395个,外资保险机构在福州设立9家分公司和2个代表处。全年保险业务保费收入147.22亿元,增长15.3%,其中:财产险保费收入54.83亿元,增长17.3%;人身险保费收入92.39亿元,增长14.1%。保险业务赔付支出50.67亿元,增长20.3%,其中:财产险赔付支出29.05亿元,增长14.6%;人身险赔付支出21.62亿元,增长28.7%。

教育、文化和科技

教育基础设施建设不断加强,新建和改扩建中小学35所、公办幼儿园45所;拆除重建、加固改造校舍21万平方米,创建“义务教育标准化学校”2所,扩容中小学学位1.03万个。各类教育均衡发展,全市共有高等学校32所,研究生教育专任教师1.07万人,在校研究生1.95万人,学年初招生数0.65万人;高等教育专任老师1.92万人,在校生31.83万人,学年初招生数9.65万人。共有中等职业技术学校56所,专任教师0.47万人,在校生16.63万人,学年初招生4.0万人。共有高中94所,专任教师0.84万人,在校生10.50万人,学年初招生3.34万人。共有初中268所,专任教师1.59万人,在校生19.31万人,学年初招生6.58万人。共有小学905所,专任教师2.54万人,在校生46.92万人,学年初招生8.87万人。共有幼儿园1204所,专任教师1.29万人,在校生25.39万人,学年初招生10.45万人。共有民办小学18所,民办普通中学39所,民办职业中学12所,民办高等学校12所,民办高校在校生8.10万人。

文化事业发展迅速。全市实现文化产业增加值287.27亿元,增长26.0%。举办首届福州话大赛、第五届少儿故事大王比赛和第七届合唱艺术周等群众文化赛事。“新福州人歌手大赛”获第十届中国艺术节项目类“群星奖”;福州小茉莉合唱团获第五届中国少年儿童合唱节“小百灵奖”及第十届中国艺术节合唱类“群星奖”等奖项;福州九日台音乐厅爱乐合唱团获第十二届中国合唱节金奖;闽剧《红裙记》入围国家舞台艺术精品工程;闽剧《林则徐复出》获第八届全国戏剧文化奖优秀剧目调演金奖;舞蹈《同桌的你》获第十届全国舞蹈比赛优秀表演奖;“激情广场大家唱”入围创建国家公共文化服务体系示范项目;“两马同春闹元宵”等2项活动入选文化部春节文化特色地区项目。历史文化名城保护持续推进,启动朱紫坊、上下杭、烟台山等历史文化街区(风貌区)保护修复工程。公共文化服务网络不断健全,年末全市共有文化馆12个、群艺馆1个、艺术表演团体9个,艺术表演团体演出2402场次;电影院28个,剧场、剧院3个;博物馆、纪念馆15个,收藏文物3.25万件;公共图书馆13个,总藏书239.31万册,图书流动点247个;乡镇综合文化站172个,农家书屋2195个。年末全市共有市级广播电台1座,自办广播节目11套;电视台1座,自办电视节目6套。年末广播综合人口覆盖率98.3%,电视综合人口覆盖率99.1%,行政村有线电视联网率83.7%。年末共有有线电视用户176.16万户，增长1.4%，有线电视入户率92.3%；数字电视用户82.04万户，增长42.1%，数字电视入户率43.0%。

科技创新助推经济增长方式转变。年末全市共有高新技术企业346家，行业技术创新中心41家；共有国家创新型试点企业4家，国家创新型企业3家，省级创新型（试点）企业122家；共实施星火计划项目80项，其中国家级3项；火炬计划项目57项，其中国家级6项；全年共有4项科技成果获得市科学技术进步奖一等奖、14项成果获二等奖、42项成果获三等奖；全年共登记各类技术合同2010项，技术合同成交金额12.12亿元。全市实现高新技术产业增加值789.46亿元，增长25.0%。

卫生、体育

科学统筹全市医疗资源，成立全省首个医疗联合体，推广建设社区"中医馆"和"健康小屋"，扩大公立医院对口支援社区卫生服务中心覆盖面，启动新一轮基层医疗卫生机构设备更新，为全市基层医疗卫生机构配置6大件基本诊疗设备，持续提升基层卫生机构医疗服务能力。年末全市共有卫生机构1959家，其中医院107家，比上年末分别增加9家、4家；卫生机构床位31175张，增长9.0%，其中医院床位24926张，增长10.3%；专业卫生技术人员46466人，增长9.6%，其中：执业（助理）医师16880人，增长4.6%，注册护士18652人，增长6.5%。年末全市共有社区卫生服务中心49个，卫生技术人员1529人；社区卫生服务站144个，卫生技术人员1053人；乡镇卫生院123个，卫生技术人员4909人。年末新型农村合作医疗参加人数332.19万人，参合率99.98%。

体育事业蓬勃发展。成功举办2013年环福州？永泰国际公路自行车赛、2013年全国击剑冠军赛、2013年国际排联世界沙滩排球巡回赛"融侨杯"福州公开赛等大型体育赛事活动，在十二届全运会上福州运动员共取得7枚金牌、10枚银牌、10枚铜牌的良好成绩。全民健身活动高潮迭起，举办2013年全国群众登山健身大会暨福建？福州第七届海峡两岸十万人登山活动、2013中华龙舟大赛（福建？福州站）、第五届海峡论坛？海峡两岸门球公开赛、福州市首届全民健身运动会等一系列群众体育活动。全民健身公共服务体系建设不断完善，年末全市共有体育场馆469个，体育场馆面积342.35万平方米；全民健身路径3752条，比上年增加367条。全年共举行县以上群众性体育竞赛活动235项。

民生保障

年末全市户籍总户数204.90万户，户籍人口665.49万人，其中市区户籍人口194.76万人。户籍人口中，男性人口341.94万人，女性人口323.55万人。全市常住人口734万人，其中市区常住人口302.75万人，人口自然增长率6‰，控制在7‰以内。

城乡居民收入稳步增长，农村居民增收步伐连续三年快于城镇居民。城镇居民人均可支配收入32265元，增长9.8%。农村居民人均纯收入12910元，增长12.3%。物价涨幅控制在合理水平，居民消费价格总水平上涨2.6%。

社会保障水平进一步提高。居民社会养老保险实现城乡一体化，养老、失业保险实现同城同待遇，在全省率先建立城镇居民大病保险制度，加大对困难群体医疗救助力度。企业退休人员养老金、城乡居民基础养老金、城镇居民医保财政补助标准等进一步提高。年末社会养老保险参保人数399.19万人，其中：城镇企业职工基本养老保险参保人数141.78万人，城乡居民养老保险参保人数207.09万人，被征地农民养老保障参保人数31.48万人，机关事业单位养老保险参保人数18.84万人。城镇基本医疗保险参保人数261.72万人，其中：城镇职工基本医疗保险参保人数125.71万人，城镇居民基本医疗保险参保人数136.01万人。失业保险参保人数109.02万人，领取失业保险金人数4215人。生育保险参保人数108.09万人；工伤保险参保人数120.98万人。全年共保障城市低保对象9226户，16517人，发放城市低保金7377.07万元；保障农村低保对象40180户，76173人，发放农村低保金19792.17万元；保障农村五保对象7862人，发放农村五保金4940.25万元。全年新增建设保障性安居工程28828套，开工率103.7%，基本建成18549套。

就业工作进展顺利，全年城镇新增就业14.62万人，失业人员再就业8778人，就业困难人员再就业4352人，转移农业富余劳动力5.48万人，年末城镇登记失业率2.42%，控制在2.5%以内。年末全市经工商注册登记的个体工商户 17.56 万户，增长 11.1%，从业人员 36.86 万人，增长 14.7%；城镇个体私营从业人员 94.30 万人，增长 10.0%。

生态环保、安全生产

生态创建工作有序推进，年末共有 4 个县(市)区通过国家级生态县(市)区评估，6 个县(市)区获省级生态县(市)区命名，累计完成 89 个国家级、125 个省级生态乡镇和 1873 个市级生态村创建。全年植树造林总面积 2.76 万公顷，年末森林覆盖率达 55.3%，比上年提高 0.31 个百分点。城市空气质量优良率 94.0%，综合指数排名持续居全国大中城市前列。区域环境噪声 57.4 分贝，交通噪声 69.2 分贝，均优于国家规定标准。重点流域水环境综合整治工作取得成效，水质总体保持良好，闽江(福州段)干流水质功能区达标率 97.9%，敖江(福州段)干流水质功能区达标率 100%，龙江流域水质功能区达标率 91.7%，6 个市级饮用水水源地水质达标率 100%，县级以上饮用水水源地水质达标率 99.5%。工业固体废物综合处置利用率达 97.9%，危险废物全部实现无害化处理。化学需氧量、二氧化硫、氨氮、氮氧化物排放量分别比上年减少 1.82%、1.33%、2.51 %和 8.9%。全市垃圾无害化处理率 99.85%，污水处理率 89.66%。福州闽江河口湿地获评"中国十大魅力湿地"，年末全市共有自然保护区 10 个，其中国家级 2 个，年末自然保护区面积 648.35 平方公里。

全市全年发生生产经营性安全事故共 384 起，比上年下降 23.8%；死亡 171 人，下降 0.6%；受伤 331 人，下降 33.1%；直接经济损失 299.2 万元。全年发生生产经营性火灾事故 892 起，比上年减少 9 起，死亡 1 人，直接经济损失 1720 万元。

注：1、公报中所列数据均为初步统计数，部分合计数或相对数由于单位取舍不同而产生计算误差，均不做机械调整；

2、公报中地区生产总值、增加值、工业增加值、建筑业增加值和农林牧渔业总产值按现价计算，增长速度按可比价格计算；

3、本公报未包括马祖列岛。